KB068989

경찰사회

김용철 김동복 김형만 박영하 조만형

박영사

≫ 머리말

새로운 일 년, 새 학기가 시작되었다. 학교에는 새로운 사람들과 새로운 경험들이 펼쳐지리라 더러는 기대할 사람들이 있을 것이라 여겨지지만, 새로운 것은 설렘이 아니라 새로운 대책이 필요함을 말하는 것이기도 하다.

2012년 공무원계에도 변화의 바람이 불었다. 기존의 국어, 영어, 한국사, 행정법, 행정학에서 고등학교 졸업자들도 공직진출에 어려움이 없도록 하겠다는 대통령의 연설과 함께 선택과목이라는 제도가 도입되었고, 이에 따라 기존의 행정법과 행정학을 수학, 과학, 사회로 대체할 수 있게 되었다. 또한 2013년에는 경찰과목에도 포함됨으로써 이러한 변화에 따라 이제는 대학에서도 사회과목에 대한 대비가 필요하게 되었다.

본 교재는 고등학교 사회과목 8차 교육과정을 기준으로 법과 정치, 경제, 사회·문화의 총 세 영역으로 구성되었다.

2012년 여름 당시 행정안전부(현 안전행정부)에서 발표한 사회과목 문제는 고등학교 8차 교육과정에 맞춘 것으로 문항의 난이도가 크게 높지는 않았고, 경제 6문항, 사회·문화 6문항, 법과 정치 8문항으로 제시되었다. 그러나 실제 주요 공무원시험에서는 경제 6문항, 사회·문화 4문항, 법과 정치 10문항으로 출제되었다. 경제는 도표와 그래프를 해독하는 능력을 요하는 문제 위주로, 사회·문화는 무난한 문제로, 법과 정치의 경우에는 행안부(당시)에서 제시했던 8차 교육과정의 내용에서 벗어나는 문제들이 출제되어, 특히 법과 정치의 난이도가 가장 높았다.

그렇다면 사회시험에 대한 대비를 어떻게 해야 하는가? 우선 사회·문화와 법과 정치의 경우에는 제시문을 해석하는 능력이 필요하다. 이를 위해서는 명확한 개념을 숙지하여야 하고, 제시문에서 묻는 바를 정확히 파악하는 연습이 필요하다. 그러나 시험은 20분 내에 20문항을 풀어야 하는 신속성과 정확성을 요하는 시험이므로 되도록 개념에 대한 사례 몇 가지 정도는 숙지하는 것이 좋다. 경제의 경우 처음 보는 도표와 그래프를 해석하는 능력을 요하므로 도표와 그래프를 직접 해석해 보고 선택지를 구별해 내는 연습이 필요하다.

따라서 이러한 출제경향에 맞추어 본 교재는 경제는 도표 위주로 이해를 돕기 위한 상세한 설명을 덧붙였다. 사회 · 문화는 기본적인 용어의 개념을 명확히 이해할 수 있도록, 법과 정치는 그 내용과 범위가 매우 넓기 때문에 8차 교육과정의 내용에 조금 더 상세하게 참고사항과 관련 법조문을 첨가하여 구성하였다.

여러분에게 당부하고 싶은 것은 어떤 벽이 여러분의 앞을 가로막는다고 하더라도, 결코 그 벽이 너무 높아 넘을 수 없을 것이라고 지레 겁먹거나, 벽을 뛰어서든 기어서든 넘으려는 생각조차도 못하는 사람이 되지 말라는 것이다. 그것이 사회라는 벽이라도, 겁먹지 말라. 하나씩 정복해 가라. 할 수 있는 것이 무엇인지 찾고, 그것부터 행하며 여러분의 꿈에 한 발짝씩 더 가까워지길 바란다.

끝으로 출판을 위헤 애써주신 모든 분들께 감사의 인사를 드린다.

2014. 03.

김용철

≫ 차 례

법과 정치

| 제1편 | 민주사회와 법

| 제3편 | 우리나라의 헌법

| 제4편 | 개인생활과 법

| 제6편 | 국제정치와 법

경 제

| 제1편 | **경제생활의 이해와 경제문제 해결**

| 제5편 | 국제경제

사회 · 문화

법과 《 정치

제1편 ≪
민주사회와 법

≫ 제1장
정치의 의미와 정치권력

| 들어가기 전에 |

　정치란 넓은 의미로 공동체의 의사결정 과정에서 일어나는 일련의 활동을 의미하나, 좁은 의미에서는 정치인에 의해 이루어지는 권력추구 활동만을 말한다. 이러한 정치를 바라보는 관점으로는 국가현상설과 집단현상설 두 가지 관점이 있다. 전자는 국가와 관련된 활동만을 정치라고 여기지만, 후자는 모든 사회집단에서 발생하는 것이 정치라고 본다. 정치란 양면성과 권력성이라는 성격을 지니며, 지속성 · 강제성 · 합법성의 특성을 나타낸다.

　정치권력은 법에 합당할 것이라는 조건과 도덕적이고 정의로워야 한다는 것을 그 정당성의 근거로 삼기 때문에, 만일 합법성을 잃은 정치권력이라면 국민은 부당한 정치권력에 저항권을 행사할 수 있게 된다.

Ⅰ. 정치의 의미와 성격

1. 정치의 의미

(1) 좁은 의미(일상적 의미)

　좁은 의미에서의 정치란 정치인에 의해 이루어지는 권력추구 활동을 말하며, 국가권력을 획득, 유지, 사용하는 인간의 활동을 의미한다.

(2) 넓은 의미(본질적 의미)

광의의 정치란 공동체의 의사를 결정하는 일련의 작용으로 국가나 집단이 스스로 의사결정하는 과정을 모두 의미한다. 즉, 이해관계를 조정하거나 사회적 갈등을 조정하는 과정 혹은 권위 있는 기관에 의한 자원을 배분하는 과정, 사회변화에 따른 국민의 요구를 수렴하여 사회의 통합과 질서를 유지하는 행위를 모두 의미하는 것이며, 따라서 정치란 나라를 다스리는 일로 국가의 권력을 획득하고 유지하며 행사하는 활동으로, 국민들이 인간다운 삶을 영위하게 하고 상호간의 이해를 조정하며, 사회질서를 바로잡는 따위의 역할을 의미한다.

2. 정치를 바라보는 관점

정치를 바라보는 관점에는 정치를 국가현상으로만 파악하는 국가현상설과 어떠한 집단에서든지 나타날 수 있는 현상이라는 집단현상설의 두 가지 관점이 있다.

(1) 국가현상설(좁은 의미)

① 의미 국가와 관련된 일을 결정하는 사람들의 활동이 정치(국가사회집단 이원론)라는 견해이다. 이 이론은 국가권력이 곧 정치권력이며, 정치는 국가를 떠나서는 존재할 수 없다고 말한다. 또한 정치를 통치기구를 중심으로 전개되는 국가의 근본적 활동으로 본다.

② 특징 국가현상설은 질서유지를 위해서는 물리적 강제력(국가의 독점적 강제력)이 필요하다고 주장하며, 정치현상을 국가 주체에 한정하는 특징을 가진다. 총체성, 전체성 강조

③ 한계 국가현상설은 정치대상을 편협적으로 바라본다는 점, 국가 개념의 추상성을 간과하고 있다는 점, 정치를 정태적으로 분석하는 견해로 정치제도와 같은 공식적 측면의 연구에만 치중하는 한계를 가지고 있다.

(2) 집단현상설(넓은 의미)

① 의미 모든 사회집단에서 일반적으로 이루어지는 일반적 의사결정 과정을

정치(국가사회집단 일원론)라고 한다. 따라서 국가는 여러 사회집단 중 하나일 뿐이다는 견해이다. 즉, 모든 인간사회집단에는 권력관계, 지배-피지배관계가 있으므로 모든 집단에서 정치가 나타난다는 견해이다.

② 특징 　　정치 담당자는 국가에 한정되지 않으며 정치는 실존하는 각종 집단에서 일어나는 현상이라고 보는 견해이다. 즉 국가도 집단의 하나일 뿐이라고 보는 입장으로서 집단 구성원인 인간의 행위를 본질로 보는 관점이다.

③ 한계 　　국가는 다른 사회집단을 통제, 지배하는 권력적 집단이라는 사실을 간과한다는 점과 국가와 사회집단과의 차이점을 간과하고 있다는 한계가 있다.

💡 보충

● **동양의 정치를 바라보는 관점**

1. 패도정치
(1) 의미: 소수 권력자들의 특권을 유지하기 위한 수단
(2) 힘과 법률에 의힌 강한 통치 필요(수단방법을 가리지 않음)
(3) 마키아벨리: 무력(사자)이나 권모술수(여우)를 가진 군주의 통치
2. 왕도정치
(1) 의미: 국민 전체의 이익과 공공복지를 위한 수단
(2) 플라톤: 철인정치(철학과 능력을 지닌 군주만 이상사회 구현 가능)
(3) 맹자: 왕도정치(민생의 안정과 인간다운 삶을 위해서는 통치자의 인격과 덕의 감화력에 의한 평화적인 방법이 필요)

3. 정치의 성격

정치는 양면성과 권력성을 갖고 있으며 민주정치의 본질이라는 성질도 함께 갖고 있다.

① **양면성** 　　정치적 쟁점은 대립하는 양측의 이해와 가치를 반영한다.

② **권력성**   권력성이란 정치는 대립하는 세력들 간의 힘의 대결로 표현될 수 있는데, 이 과정에서 합법적·민주적인 방법으로 영향력을 행사하는 점을 정치의 권력성이라 한다.

③ **민주정치의 본질**   양면성과 권력성이 갖는 갈등적 성격을 극복하기 위해 정책결정과 집행과정에서 국민의 자발적 동의와 지지를 바탕으로 하는 것이 민주정치의 본질이다.

4. 정치의 기능

(1) 정치의 기능 변화

근대 이전 사회에서 정치란 사회적 갈등 해결 및 사회질서와 안정을 유지하는 기능을 중시하였다. 근대사회로 변화하면서 권력기관에 의한 지배와 통치를 중시하게 되었으며, 현대사회에서 정치는 이해관계의 조정, 정부정책의 감시와 비판, 정치적 의사의 형성을 중시하는 방향으로 변화하였다.

(2) 정치의 규범적 기능

① **의미**   국민적 합의와 참여로 사회적 조건을 개선해 가는 것이다.

② **등장배경**   삶의 질의 평가기준이 사회 구성원이 느끼는 행복의 정도로 바뀌면서 중시되었다.

🔍 보충

● **정치에 대한 정의**

    1. 아리스토텔레스

"인간은 정치를 필요로 하지 않는 신도 아니고,'정치가 불가능한 하급 동물도 아닌 중간적 존재로 정치 공동체 생활을 통해 인간다운 생활을 누릴 수 있다"고 정의하며, 인간은 누구나 끊임없이 정치행위를 하고 있다는 의미에서 '인간은 정치적 동물'이라고 정의

    2. 베버(M, Weber)

"정치란 권력의 세계에 참여하려고 하는 또는 권력의 분배에 영향을 미치려는 노력이다."

3. 이스턴(D. Easton)

"정치란 부, 권력, 명예 등의 사회적 희소가치를 인위적으로 배분해 나가는 활동이다."

◇◇

Ⅱ. 정치권력의 정당성

1. 정치권력의 의미

(1) 정치권력

정치기능을 수행하는 데 작용하는 외부적인 강제력으로 일종의 권력관계를 정치권력이라 한다. 이는 다른 사람을 자기가 원하는 방향으로 제어하기 위해 조직화된 힘을 의미하는 것이기도 하며, 라스웰(Lasswell)은 권력은 정치학의 전반에 걸쳐 가장 기본적인 개념이며, 정치과정은 권력의 형성, 분배, 행사와 관련된 것이라고 한 바 있다.

(2) 폭력과의 구분

정치권력은 강제력을 그 본질로 하고, 시민의 의사와 상관없이 강제력을 행사한다는 점에서 폭력과 공통적인 면을 보인다. 그러나 정치권력은 정당성에 기초하여 국민들의 자발적 지배와 복종관계가 형성되지만, 폭력은 정당성이 없어 국민들이 권위를 인정하지 않으므로 강압이나 강제를 통한 지배·복종의 관계가 형성된다는 점, 즉 정당성의 유무가 폭력과 다른 점이다.

💡 보충 ◇◇

● **권력, 권위 비교**

1. 권   력

다른 개인 또는 집단의 행태에 영향을 미칠 수 있는 잠재적 능력(정당성, 합법성, 공식성 없는 권력도 가능)

2. 권   위

다인 또는 사회로부터 정당성을 부여받은 합법회된 권력

● **정치권력(政治權力)**

강제를 수반하는 영향력의 행사를 항상 잠재하도록 하면서 그러나 이데올로기적으로도 정당한 것이라는 장치를 하여 강제에 따르는 비용을 최소화하면서 최대의 편익을 끌어내고자 하는 것이 정치권력이며, 강제장치를 독점하고자 하는 것이 정치권력의 큰 특징이다. 국내와 국외를 불문하고 군대, 경찰, 정부조직, 행정조직, 폭력단, 범죄기업 등의 강제장치가 광범위하게 존재하고 있으며, 평소부터 반항 세력에 대해 억제를 시도하고 필요한 경우에는 실력행사로 정치의사의 관철을 도모하고자 한다. 물론 강제장치를 실제로 독점할 수 있는지 어떠한지는 별도이다. 대부분의 경우 정치권력은 강제장치를 독점할 수 없다.

2. 정치권력의 특성

정치권력은 지속성, 강제성, 합법성, 상호작용성의 특징을 지닌다.

(1) 지속성

정치권력의 주체가 바뀌어도 정치권력 자체는 존속하는 것이 정치권력의 지속성이다.

(2) 강제성

지배−복종의 관계를 형성함에 있어서 자발적인 동의와 합의에 따른 지배와 복종관계를 형성한다는 것과 국가가 국민에게 물리적 강제력을 행사할 수 있다는 성질 모두가 강제성을 뜻한다.

(3) 합법성

국가에서 정한 법의 테두리 안에서 정치권력이 행사되어야 한다는 것이 합법성이며, 공권력 행사는 국가라는 공적 영역에서의 행위여야 한다.

(4) 상호작용

자발적인 동의와 복종에 의해 정치권력이 더욱 강화되며 정당성을 갖게 된다. 구성원들의 자율적 동의와 합의로서의 계약행위로 계약적 상호작용이 발생하게 되며, 국민으로부터 권위를 인정받게 된다. 이와 같이 정치권력은 국민과 상호작용하는 특징도 보인다.

3. 정치권력의 정당성

(1) 정치권력의 정당성

① **의미**　　국민주권설을 바탕으로 국민의 지지와 동의를 바탕으로 부여받은 힘을 정치권력의 정당성이라 하며, 정당성을 부여받은 권력 자체를 권위라 한다.

② **특징**　　민주적 절차에 의해 정치권력을 획득하고, 법과 제도에 따라 공정하게 행사되어야 한다는 특징이 있다. 따라서 정당하지 못한 권력의 획득이나 행사에 대해서는 저항권 행사가 가능하다.

우리나라 「헌법」 제1조 제2항은 "대한민국의 주권은 국민에게 있고, 모든 권력은 국민으로부터 나온다"고 규정하고 있으며, 이는 국민주권원리를 직접적으로 규정한 조항이다. 여기에서 주권이란 국가의 최고의사를 결정하는 힘, 즉 한 나라의 최종적인 의사결정권을 의미한다. 모든 권력이라 함은 통치권력 혹은 정치권력을 의미하며 모든 권력은 국민으로부터 나온다는 부분의 의미는 정치권력은 주권행사자인 국민에 의해 정당성이 부여됨을 뜻하는 것이다.

(2) 정치권력의 정당성 요건

정치권력이 정당성을 가지기 위해서는 합법성과 도덕성을 갖추어야 한다.

① **합법성**　　합법성이란 법에 근거하여 정치권력을 행사한다는 뜻으로 정치권력 행사의 형식적인 근거를 말한다. 합법성을 갖추기 위한 정치적 장치의 예로는 고대 그리스의 도편(패각)추방제, 국민소환제, 탄핵심판 등이 있다.

② **도덕성**　　권력행사의 의도가 헌법 및 민주주의의 근본이념, 사회의 기본적 가치에 부합해야 하는 것을 말하며, 정치권력 행사의 실질적인 근거가 된다. 만약

비도덕적인 권력을 행사한다면 국민의 지지와 신뢰를 상실할 것이다.

③ **양자관계**   정치권력의 행사 과정에서 합법성과 도덕성이 모두 충족되어야만 정당한 정치권력의 행사가 가능할 것이다.

4. 저항권

(1) 의   미

주권자로서 국민이 공권력에 의해 침해된 헌법질서를 회복하기 위해 취할 수 있는 비상적인 헌법보호수단이자 기본권 보장을 위한 기본권을 저항권이라 한다.

(2) 성   격

자연권적 기본권의 성격을 지닌다(단, 규정된 법은 창설적 의미가 아니라 선언적인 의미).

(3) 사   상

저항권 사상에 대하여 긍정한 학자들은 플라톤(Platon), 아리스토텔레스(Aristoteles), 맹자, 알투지우스(Althusius), 로크(J. Locke) 등이 대표적이며, 저항권을 부정하였던 학자들로는 보댕(Bodin), 칸트(Kant), 홉스(Hobbes), 헤겔(Hegel) 등이 있다.

(4) 행사조건

저항권은 인간의 존엄성 유지와 민주주의적 헌법질서 유지가 목적일 경우에만 행사가 가능하며 사회 · 경제개혁 목적의 저항권 행사는 불가능하다. 또한 공권력의 위법성이 객관적으로 명백하고, 기본질서를 전면 부인하는 경우에는 행사가 가능하다고 보며 보충적으로, 최후 수단으로, 성공 가능성이 있어야만 행사가 가능하다고 본다.

(5) 우리나라

우리나라는 저항권에 대해서 명문으로는 규정하고 있지 않다. 다만 「헌법」전문에서 "… 불의에 항거한 4·19 민주이념을 계승하고 …"라고 규정한 전문 규정을 저항권의 근거규정으로 보기도 한다.

참고 시민불복종과 저항권의 비교

구분	저항권	시민불복종
발동요건	헌법의 기본질서와 가치의 위협	불법적 개별법령, 명령
행사방법	폭력적 수단도 가능	폭력적 수단 배제
보충성	보충성 적용(다른 구제수단 없는 경우 가능)	보충성 배제
사례	4·19혁명, 5·18광주민주항쟁, 6월 민주항쟁	납세 거부 운동

≫ 제2장
민주주의의 의의

| 들어가기 전에 |

민주주의는 정치형태로서의 민주주의와 이념으로서의 민주주의(사회구조 원리로서의 민주주의), 그리고 생활양식으로서의 민주주의의 세 가지 의미로 나누어 볼 수 있다. 민주주의의 이념은 인간의 존엄성을 그 궁극적인 목표로 하며, 이념의 실현 수단으로 자유와 평등이 있다.

자유는 18세기 소극적 자유(From the State)인 자유권적 기본권(국가로부터의 자유)에서 19세기 능동적 자유(To the State)인 참정권적 기본권(국가에의 자유)로, 20세기 적극적 자유(By the State)인 사회권적 기본권(국가에 의한 자유)의 개념으로 발전해 왔다.

평등이란 같은 것은 같게 취급하는 형식적 평등과 다른 것은 다르게 취급하는 실질적 평등 모두를 의미하는 것이나 현대사회에서는 실질적 평등이 강조되고 있다.

민주주의의 원리로는 국민주권, 입헌주의(법치주의), 권력분립, 대의제, 지방자치의 원리가 있고, 국민투표, 국민소환, 국민발안 등 참여가 중시되는 직접민주정치의 유형과 선거가 중심이 되는 간접민주정치(대의제)의 유형이 있고, 간접민주주의를 원칙으로 하고, 직접민주주의 원리로 보완하는 혼합 민주정치의 유형, 전자 민주정치의 유형이 있다.

Ⅰ. 민주주의의 의미

1. 정치형태로서의 민주주의(고대에 형성-협의의 민주주의)

(1) 의   미

다수의 지배를 의미하는 정치형태로 국민이 스스로 다스리고 다스림을 받는 자치로서의 정치, 국민의 의사에 절대적 가치를 인정하는 형태를 정치형태로서의 민주주의라 한다.

(2) 문제점

추구하는 이념이나 가치와 무관하게 다수에 의한 정치를 민주주의로 간주하므로, 다수 국민의 지지를 받는 독재자에 의해 이념의 침해가 발생할 우려가 있다는 문제점이 있다.

(3) 관련 개념

ⓐ 링컨 게티스버그 연설문: 국민의, 국민에 의한, 국민을 위한 정부

ⓑ 민주주의의 어원: 다수 민중에 의한 지배(Demos+Kratos)

ⓒ 아리스토텔레스의 정치학: 민주정치란 모든 사람이 각자를 지배하고 각자는 모든 사람을 지배하는 체제

ⓓ 정당, 선거, 투표, 국민주권, 대의제, 지방자치제, 참여민주주의

ⓔ 플라톤의 정치형태: 군주정, 귀족정, 민주정(공화정)

(4) 우리나라

> **헌법 제1조** ① 대한민국은 민주공화국이다.
> ② 대한민국의 주권은 국민에게 있고 모든 권력은 국민으로부터 나온다.

위 규정에서 볼 수 있듯이 대한민국 헌법은 공화국임을 명시적으로 규정하고 있으므로 형식적인 왕도 둘 수 없다. 민주공화국은 국가형태와 정치형태의 구별을

부인하며, 국가형태를 의미한다(권영성, 109면).

참고 플라톤의 정치형태

정치형태	주권자 수	한계
군주정	1인	1인 독재자에 의한 폭군, 참주정 등장 우려
귀족정	소수	소수의 독재자들에 의한 과두정(寡頭政)
민주정, 공화정	다수	어리석은 다수의 정치로 인한 사회적 혼란(중우정치)

플라톤은 독재와 중우정치의 한계를 극복하기 위해 귀족정을 현실적인 형태로 인식

보충

● **C. 베커의 민주주의**

1. 의   미

민주주의라는 말은 1차적으로 정치형태에 관한 말이며, 이것은 한 사람에 의한 정치에 대립되는 다수자에 의한 정치를 의미함(민중에 의한 정치)

2. 조   건

(1) 시민주권

(2) 자유로운 정책 비판 허용

(3) 신체와 양심의 자유 보장

(4) 결사의 자유 보장

(5) 시민이나 시민의 대표는 법률을 자발적으로 제정, 폐지 가능

2. 이념으로서의 민주주의(근대 시민혁명시에 형성-광의의 민주주의)

(1) 의 미

자유롭고 평등한 사회를 건설하는 것을 의미한다. 봉건제적 신분사회에서 절대군주의 속박에 반대하는 시민들에 의해 기본적 인권을 보장받는 새로운 사회를 구성하면서 주장하게 되었다. 실현되어야 할 이념(국민주권, 자유, 평등, 정의)을 추구하는 것이 민주주의라고 말한다.

(2) 관련 개념

근대적인 권력분립원리의 기초 이념이며, 시민혁명기 민주주의 사회의 건설을 목표로 할 때 적용되었던 원리이다.

(3) 예시 규정(우리나라)

헌법 전문 ··· 자율과 조화를 바탕으로 자유민주적 기본질서를 더욱 확고히 하여 정치·경제·사회·문화의 모든 영역에 있어서 각인의 기회를 균등히 하고 ···

헌법 제10조 모든 국민은 인간으로서의 존엄과 가치를 가지며, 행복을 추구할 권리를 가진다. 국가는 개인이 가지는 불가침의 기본적 인권을 확인하고 이를 보장할 의무를 진다.

헌법 제37조 ② 국민의 자유와 권리는 헌법에 열거되지 아니한 이유로 경시되지 아니한다.

• 전문은 국민의 자유와 평등을 보장해야 함을 천명하고 있다.
• 제10조와 제37조는 기본권의 자연권성을 강조한다고 볼 수 있다.

3. 생활양식으로서의 민주주의(현대사회에 형성-최광의의 민주주의)

(1) 의   미

구성원들이 타인의 인격과 의사를 존중하는 관용정신을 바탕으로 대화와 타협을 통해 국가, 사회 및 개인의 문제를 해결하려는 생활방식으로서의 민주주의를 말한다.

(2) 관련 개념

민주주의를 정부형태 또는 정치제도로 국한하지 않고, 민주주의가 달성해야 할 도덕적 가치, 궁극적 이상과 관련하여 설명한다.

(3) 민주생활양식

㉠ 주인의식: 공동체 일을 능동적으로 참여하려는 마음
㉡ 비판: 비판을 위한 비판, 대안 없는 비판은 지양
㉢ 타협: 각자의 처지를 조정하여 대립을 해소하려는 마음
㉣ 관용: 자기와 다른 타인의 이견(異見)을 수용하려는 개방적인 자세
㉤ 다수결의 원리 존중

💡 보충

● **다수결의 원리**

1. 전제 조건
   (1) 자율성: 자유로운 토론과정의 보장, 다양한 형태의 결정 가능성
   (2) 평등성: 결정에 참여하는 사람들 간의 평등, 소수의견 존중
   (3) 동질성: 다수결 원리는 질적 차이가 아닌 양적인 개념
   (4) 상대성: 절대적으로 옳은 의견은 없음, 다수와 소수의견의 역전 가능성
   (5) 한계성: 진리문제, 자연권문제, 정의원칙에 적용하는 데 한계가 있음
2. 다수결 원칙의 장점(Dahl)
   (1) 자기 결정을 행할 수 있는 사람의 숫자 극대화 가능(자치원리 충실)

(2) 민주적 의사결정을 위한 필요조건들의 귀결

(3) 커다란 실수를 할 가능성이 줄어듦

(4) 최대 다수의 최대 행복 실현(다수의 자유와 평등, 공리주의적 관점)

참고 민주주의의 변천 과정

(1) 자유민주주의: 국가권력 간섭 배제, 시민의 자유 옹호(시민계급에 의해 주장)

(2) 사회민주주의: 경제적 불평등을 해결하고자 하는 실질적 평등 지향

(3) 동일성 민주주의

 ① 국민 전체를 통일된 전체로서 유일한 정치(일반)의사로 이해

 ② 통치권 행사는 항상 정당하다고 여겨 독재권력 합리화

(4) 상대적 민주주의

 ① 가치중립적 입장에서 민주주의 내용을 다수결원칙에 따라 결정

 ② 민주주의를 경기규칙으로 보고 다수결에 절대적인 힘 부여

 ③ 한계: 다수결원칙은 민주주의 실현을 위한 수단이나, 민주주의의 본질로 간주, 소수보호에 한계

(5) 방어적 민주주의

 ① 민주주의 가치가 다수결에 의해 정해지는 것이 아니라, 이미 민주주의라는 개념 속에 내재하는 것으로 보고 이 가치를 부정하는 세력으로부터 보호하려는 민주주의

 ② 이념으로서의 민주주의와 유사

 ③ 수단: 위헌정당해산, 위헌법률심판

Ⅱ. 민주주의의 이념

1. 인간의 존엄성-민주주의의 근본 이념

(1) 의   미

이성적 존재인 인간은 인격의 주체가 될 수 있는 존귀한 가치를 지닌 존재이다. 이때의 인간은 고립된 인간이 아닌 사회적 관계 속에서 자기 운명을 스스로 결정하는 자주적 주체를 의미한다.

(2) 의   의

인간은 그 자체가 목표가 될 뿐, 어떠한 이유로도 수단이 될 수 없음을 뜻한다. 따라서 이는 국가 자체가 목적이 될 수 없음을 뜻하기도 하는 것이다. 인간의 존엄에는 저항권 사상과 반(反)전체주의 이념이 내재해 있는 것이며, 헌법질서의 최고 구성 원리이자 법해석의 최고기준이라 할 수 있다. 다른 기본권의 이념적 출발점으로서 헌법 개정시 권력의 한계를 설정하는 이념이기도 하다.

(3) 우리나라

「헌법」 제10조는 모든 국민은 인간으로서의 존엄과 가치를 가지며, 행복을 추구할 권리를 가진다. 국가는 개인이 가지는 불가침의 기본적 인권을 확인하고 이를 보장할 의무를 진다.
- 제10조는 인간의 권리를 규정한 것으로 국민의 권리인 실정권과 구분하고 있다.
- 인간은 외국인을 포함한 자연인을 의미하며 법인에게는 적용되지 않는다.

2. 자유(Freedom)-인간의 존엄성 실현을 위한 수단

(1) 소극적 자유(Liberty)(18C~시민혁명 직후)

시민혁명이 일어나면서 군주의 억압과 구속으로부터 자유로울 것을 원하는 시민계급의 의식이 투영된 자유권이다. 국가로부터의 자유(from)로 자유권적 기본권, 외부로부터 구속당하지 않을 자유를 중점으로 한다.

(2) 능동적 자유(19C~20C 초)

국가에의 자유(to)로서 참정권적 기본권을 말한다. 일부 세금을 내는 계급인 부르주아만이 국가의 정책결정에 참여하여 스스로에게 유리한 정책을 시행하거나 제도를 만든다는 인식을 배경으로 공동체나 국가운영에 능동적으로 참여할 수 있는 자유를 주장하여 20세기 초 여성참정권이 인정되면서 확립되었다.

(3) 적극적 자유(20C~현대)

현대 복지국가의 등장으로 자유에 대한 개념이 국가에 의한 자유(by)로 변천되면서 사회권(생활권, 환경권)적 기본권이 강조되었다. 국가에 인간다운 생활의 보장을 요구할 수 있는 자유를 의미한다.

3. 평등-인간의 존엄성 실현을 위한 수단

(1) 의   의

기회균등의 보장과 공권력을 행사함에 있어서 자의의 금지가 평등의 핵심적인 의의이다. 같은 것은 같게 다른 것은 다르게 다루어 합리적이고 정당한 차별을 허용함으로써 사회정의를 실현하는 원리를 말한다.

(2) 법적 성격

평등의 성격은 자연권이자 객관적 법질서로 모든 기본권 실현의 방법적 기초가 되는 성격을 지녔다. 법 앞에 평등은 법집행, 적용뿐 아니라 법의 제정(법의 내용)까지도 평등해야 함을 의미한다.

(3) 유   형

평등은 차별을 인정하지 않는 형식적 평등과 합리적인 차별을 인정하는 실질적 평등으로 나눌 수 있다.

① **형식적(절대적·기계적·산술적) 평등**　　평균적 정의를 실현하고 참정권에서 중시하는 평등의 유형이다. 국가는 질서유지와 경찰에만 필요하며 필요악이라는 소극적 국가론의 관점에서 강조한다.

형식적 평등은 같은 것은 같게 대우하며 차이를 인정하지 않는다(일체의 차별을 금지한다). 신 앞의 평등과 아리스토텔레스의 평균적 정의와 관련 있는 평등의 유형이다.

② **실질적(상대적·비례적) 평등**　　배분적 정의를 실현하는 적극적 국가론의 관점인 평등의 유형으로 사회권에서 중시한다. 다른 것은 다르게 대우하며, 능력에 따른 차별을 인정하는 입장이다. 아리스토텔레스의 배분적 정의와 유사한 개념이다.

(4) 관련 조항

> 헌법 제11조　① 모든 국민은 법 앞에 평등하다. 누구든지 성별·종교 또는 사회적 신분에 의하여 정치적·경제적·사회적·문화적 생활의 모든 영역에 있어서 차별을 받지 아니한다.
> 헌법 제41조　국회는 국민의 보통·평등·직접·비밀선거에 의하여 선출된 국회의원으로 구성한다.
> 헌법 제31조　모든 국민은 능력에 따라 균등하게 교육을 받을 권리를 가진다.
> 헌법 제32조　여자의 근로는 특별한 보호를 받으며, 고용·임금 및 근로조건에 있어서 부당한 차별을 받지 아니한다.

헌법 41조는 절대적 평등, 제31조와 제32조는 상대적 평등과 관련이 있다.

📋 참고

● **상대적 평등과 관련된 우리나라의 제도**
　① 누진세 제도
　② 비례대표 여성 할당제
　③ 공무원 시험 가산점

④ 지역 인재 선발 제도

● Rawls의 정의론

(1) 정의의 제1원리: 다른 사람의 동일한 자유와 상충되지 않는 범위 내에서 최대한 자유에 대하여 동등한 권리를 지님(자유의 원리)

(2) 정의의 제2원리: 정당한 불평등의 원리(분배의 원리)
① 기회균등의 원리
② 가장 불리한 입장에게 최대한 이익이 되도록 조정(결과의 평등)

(3) 제1원리가 제2원리에 우선하며, 제2원리 중에서는 기회균등의 원리가 우선함

---

4. 자유와 평등의 관계

(1) 상충관계

자유를 지나치게 강조하면 불평등이 심화되고, 평등을 지나치게 강조하면 자유에 제한이 가해지거나 시민의 개성이 무시될 수 있어 양자의 관계는 상충적인 관계이다.

(2) 보완관계

모든 사람의 자유와 평등이 조화롭게 보장되어야 한다는 의미에서 자유와 평등은 보완적인 관계이기도 하다.

Ⅲ. 민주주의의 원리

1. 국민주권의 원리

(1) 의   미

주권이 국민으로부터 나오고, 국민의 뜻에 따라 행사된다는 것을 의미한다. 국

가의 최고의사를 결정할 수 있는 원동력인 주권은 국민이 소유하고 있으며, 모든 국가권력의 정당성 근거가 국민에게 있다는 원리이다. 대개 각국 헌법에 규정하고 있는 원리이다.

(2) 형   성

사회계약론자들이 왕권신수설에 바탕을 둔 군주주권론을 비판·극복하면서 형성되었다(보댕의 군주주권론: 왕권신수설 → 홉스의 군주주권론: 왕권민수설 → 알투지우스의 국민주권론 → 로크, 루소).

(3) 실현방법

기본권 보장, 간접민주제, 직접민주제, 복수정당제도, 지방자치제도, 직업공무원제도, 권력분립제도가 국민주권원리를 실현하는 방법이다.

(4) 관련조항

ㄱ 「헌법」 제1조 제1항: 대한민국은 민주공화국이다.
ㄴ 「헌법」 제1조 제2항: 대한민국의 주권은 국민에게 있고 모든 권력은 국민으로부터 나온다.

💡 보충 ◇◇

● 주권론
  1. 군주주권론
  (1) 의미: 국가의 주권이 군주에게 있음
  (2) 등장배경: 근대초기 유럽에서 절대군주들의 중앙집권적 국가의 형성을 합리화하기 위한 이데올로기로 등장. 왕의 권력은 신으로부터 물려받았다는 '왕권신수설'에 의해 뒷받침
  (3) 이론가: 보댕(J. Bodin) – 왕권신수설, 홉스(Hobbes) – 왕권민수설
  2. 국민주권론
  (1) 의미: 국가권력의 기초는 국민에게 있고 권력을 행사하는 자의 권한은 국민에 의하여 위탁된 것임

(2) 등장배경

    ① 근대초기 절대군주에 대한 대항 이데올로기로 등장

    ② 시민계급이 시민혁명을 통해 '왕권신수설'을 부정하고 국민주권을 주장

(3) 이론가: 로크(Locke), 루소(Rousseau)

---

2. 입헌주의의 원리

(1) 의 미

정부가 헌법에 따라 구성되고 국가권력이 헌법에 따라 행사되는 것을 의미한다. 근대 시민혁명의 영향으로 국민의 자유와 권리가 국가권력으로부터 침해당하지 않도록 헌법에 규정된 후 국가의 모든 권력작용은 헌법에 근거를 두도록 하고 있다. 사회에 일반적으로 승인된 행동양식 및 확신을 규정함으로써 권력보유자와 피치자에 대한 지배복종관계에 합리적인 근거를 제공하는 의미도 가진다. Thomas Paine은 "헌법은 정부의 결의가 아니라 정부를 구성하는 인민의 결의이며, 헌법이 없는 정부는 정당성이 없는 권력이다. 헌법은 정부에 선행하는 것이며 정부는 헌법의 소산일 뿐이다."

(2) 등장배경

입헌주의의 원리는 절대군주의 권력을 제한하려던 시민혁명 과정에서 성립되었다. 인간(절대군주)에 대한 불신을 배경으로 하고 있기도 하다.

(3) 목 적

입헌주의 원리의 목적은 국가권력을 통제하고 국민의 기본권을 보장하며 민주주의 이념을 실현하려는 것이다.

(4) 특 징

입헌주의 원칙은 권력남용을 제한하며 법치주의를 확립하였고 민주정치를 위해 필수적인 제도라고 할 수 있다. 법치주의란 법률에 의한 통치, 즉 그것이 좋은 법

이든 나쁜 법이든 따르는 것이기 때문에 실질적 법치주의와 함께 형식적 법치주의를 포함하는 개념이다. 입헌주의는 국민의 기본권을 위한 최고의 법인 헌법에 의한 통치이기 때문에 사실상 실질적 법치주의와 입헌주의는 유사한 개념이라고 할 수 있다.

3. 권력분립의 원리

(1) 의   미

국가권력을 여러 국가기관에 분산시킴으로써 권력 상호간의 견제와 균형을 통하여 국민의 자유와 권리를 보호하려는 통치기관의 구성원리를 말한다.

(2) 의   의

권력분립의 원리는 액튼(Acton)의 절대권력은 절대부패한다는 인간에 대한 불신에서 유래한다. 독재 출현의 가능성을 방지하여 국민의 기본권을 보장하기 위해 마련된 원리이며, 국가활동의 효율성 증대가 아니라 권력남용 방지를 목적으로 한다. 직접민주제는 국가권력 제한을 부인하기 때문에 권력분립과 무관하며, 국민주권주의와는 달리 군주제와 공화제와도 결부 가능한 중성적 성격을 지녔다. 최근 들어 행정부의 거대화로 인하여 권력분립의 의미가 축소되는 경향이 있다.

(3) 관련조항

ㄱ 「헌법」 제40조: 입법권은 국회에 속한다.
ㄴ 「헌법」 제66조: 행정권은 대통령을 수반으로 하는 정부에 속한다.
ㄷ 「헌법」 제101조: 사법권은 법관으로 구성된 법원에 속한다.

> **📋 참고** **권력분립의 유형**

1. 고전적 · 수평적 권력분립
(1) 로크
- 기능상 4권, 조직상 입법부 우위의 2권분립(국회−입법권, 행정부−집행권, 동맹권, 대권)

- 사법권은 집행권에 당연히 포함(사법권 미독립)
- 영국의 의원내각제에 영향

(2) 몽테스키외
- 3권분립(의회-입법권, 1인-집행권, 국민에 의해 선출된 비상설 법원-사법권)
- 입법권과 집행권 간의 균형과 견제를 중시하였고, 사법권에 대해서는 소극적 독립성 강조
- 미국의 대통령제 영향

2. 현대적(기능적 · 수직적) 권력분립

뢰벤스타인(Löwenstein)의 기능 중심 권력분립: 정책결정(국회, 정부, 국민 참여), 정책집행(입법부의 입법작용, 행정부의 행정입법과 법적용 작용, 사법부의 사법작용), 정책통제권(가장 핵심적 기능), 연방국가제도, 지방자치제도, 직업공무원제도, 복수정당제도, 분권형 대통령제

---

4. 대의제의 원리

(1) 의　　미

국민이 대표자를 선출하여 정부를 구성하는 방식(국민주권 실현 방식)을 대의제라 한다.

(2) 배　　경

국가의 규모가 커지고 사회가 복잡 · 전문화됨에 따라 국민이 직접 정치에 참여하는 것이 불가능해져 대표를 통해 간접적으로 주권을 행사하게 되었다.

(3) 이념적 기초

선거를 통한 대표자를 선출하는 것을 기본으로 하여 국민전체의 대표자를 선출함과 동시에 치자와 피치자의 차별을 두는 것으로 국가구성권과 정책결정권을 분리하는 역할을 한다. 국민이 선거로 선출한 대표에게 정책결정권을 자유위임과 무기속 위임, 추정적 의사 우선

(4) 문제점

현대 복지국가의 등장으로 행정부로 권한이 집중되면서 국민의 대표기관인 의회의 기능이 약화되는 문제점이 나타나고 있다.

💡 **보충** ◇◇◇

● **대의제 관련 발언**

1. Burke

선출된 의원은 지역구의 의원이 아니라 의회의 의원이다. 의원은 선거구민의 지시에 따라 움직이는 것이 아니고 독자적인 양식과 판단에 따라 행동해야 한다.

2. Montesquieu

대의제의 큰 장점은 대표자가 국무를 처리할 수 있다는 점이다. 국민은 이에 적합하지 못하다.

3. Sieyes

국민의 경험적 의사와 추정적 · 잠재적 의사는 일치하지 않을 수 있다고 보고, 대표는 국민의 의사에 기속하지 않고 추정적 의사를 우선시해야 한다. → 무기속 위임, 면책특권

4. Rousseau

국민의 경험적 의사와 추정적 의사는 항상 일치해야 하며, 대표는 국민의 의사를 그대로 반영해야 한다. → 기속 위임, 국민소환(대의제 반대)

◇◇◇

5. 지방자치의 원리

(1) 의   미

일정한 지역을 단위로 그 주민이 자신의 책임하에 자신들이 선출한 기관을 통해 그 지방사무를 직접 처리하는 방식을 의미한다.

(2) 기   능

지역주민의 공동관심사에 대한 자율적 처리 의욕을 증진시키는 기능을 한다. 소

극적으로 중앙정부에 대해 권력을 통제하는 기능을, 적극적으로는 자치능력 향상을 통해 민주시민을 양성하는 민주주의의 학교 혹은 풀뿌리 민주주의의 기능을 수행한다.

💡 보충

● **지방자치**

지방자치는 단체자치(團體自治)와 주민자치(住民自治)가 결합된 것으로서 자신이 속한 지역의 일을 주민 자신이 처리한다는 민주정치의 가장 기본적인 요구에 기초를 두고 있다.

J. 브라이스는 "지방자치란 민주주의의 최상의 학교이며 민주주의 성공의 보증서라는 명제를 입증해 준다"고 하였다. 이 밖에도 J. S 밀은 "지방자치는 자유의 보장을 위한 장치이고 납세자의 의사표현 수단이며 정치의 훈련장이다"고 하였다.

Ⅳ. 민주주의의 유형

1. 참여방식에 따른 유형

(1) 직접민주정치

① **의미** 　공동체 구성원 전체가 직접 참여해서 공동체의 정책과 목표를 설정하는 일에 참여하는 체제를 직접민주주의라 한다.

② **조건** 　직접민주주의는 영토와 인구규모가 작은 국가에서 실현이 가능하고, 분화되지 않은 사회 혹은 직업의 동질성을 갖춘 사회에서 실현이 가능하다.

③ **장점** 　국민자치의 원리(치자 · 피치자 동일성 원리)에 가장 충실하다는 점과 시민의 정치적 능력을 함양할 수 있다는 점, 민주성을 실현하기에 유리(장기적 효율성 향상 가능)하다는 점이 직접민주정치의 장점이다.

④ **단점** 　그러나 직접민주정치는 위와 같은 장점에도 불구하고 대규모 사회나 전문화된 사회에서 실현이 곤란하다는 한계가 있으며, 정책결정 과정에서 혼란

을 초래하는 등 효율성이 저하될 수 있다는 단점도 있다.

⑤ 사례 　 이와 같은 직접민주정치의 사례는 고대 아데네 민회, 스위스 일부 자치단체(란츠게마인데), 이스라엘 농촌 공동체(키부츠, Kibbutz)가 있다.

🔍 보충

● **스위스 란츠게마인데(주민집회)**

　스위스는 23개의 칸톤(州)으로 구성된 연방공화국이다. 몇몇 주에서는 참정권을 가진 주민이 매년 한 번씩 모여 주법을 표결하거나 주지사, 주정부 각료 등을 거수로 직접 선출한다. 칸톤 밑에는 코뮨이 있으며, 국민은 코뮨의 여러 결정에 참가할 의무가 있다. 600여 년의 역사를 가진 란츠게마인데는 주민들이 광장에 모여 1년간의 살림살이, 법의 개정·제정에 관한 결정을 하는 제도이다.

(2) 간접민주정치(대의정치)

① 의미 　 대중이 스스로 권력을 행사하는 것이 아니라 자신의 이해관계를 위해 통치하고자 하는 사람을 선출하는 것을 말한다. 단 정부와 피통치자 사이에 신뢰할 수 있고 효과적인 연결을 확립하는 한에서만 민주적일 수 있다.

② 등장배경 　 영토의 확대, 인구증가 등 국가의 규모가 커짐에 따라 모든 시민이 한 자리에 모이는 것이 현실적으로 불가능해졌다. 또한 사회의 복잡화, 전문화로 공공정책에 대한 전문적 지식을 갖춘 사람들이 필요해진 것도 간접민주정치의 등장배경이다.

③ 전제조건 　 다만 간접민주정치의 전제조건이 있다. 보통·평등선거에 의해 대표를 선출해 민주적 참여에 의한 정부를 구성해야 한다는 것과, 정부기구 간의 견제와 시민단체 등의 감시를 통해 지속적 통제, 선거를 통해 대표의 정치적 책임을 확보하는 것이다.

④ 장점 　 신속한 정책결정을 통한 정책결정 과정의 효율성을 증진시킨다는 점, 다음 선거까지 임기가 보장되어 책임정치를 구현할 수 있기 때문에 임기 중 의사결정에 있어 법적 책임을 추궁당하지 않는다는 점과 국민의 경험적 의사와 관계

없이 전문적 식견을 가진 대표(엘리트)에 의한 전문 정치 실현이 가능하다는 점, 대표는 선거구의 부분이익만을 대표하는 것이 아니라 국민전체 이익을 대변하므로 사회통합을 위한 소수의 이익을 배려하여 사회통합의 기능을 수행할 수 있다는 점 등이 간접민주정치의 장점이다.

⑤ 단점   그러나 국민의 정치적 무관심이 증대되어 관객 민주주의로 전락할 수 있다는 점, 이익집단·압력단체들의 등장과 같이 집단이기주의가 발생할 수 있다는 점은 간접민주정치의 단점이다.

📋 참고 | 대의제를 옹호하는 견해

1. 대표자는 소위 엘리트로서 보다 정보화되어 있고, 타인을 대표한다는 점에서 보다 객관적이고 수준 높은 정치 가능
2. 다원주의 엘리트 이론
   일정한 사람들의 정치적 무관심은 오히려 정치의 효율성과 안정성에 기여, 엘리트 구조의 다원성과 이들 간의 경쟁이 민주주의를 가능케 함.
3. 국민은 대표자를 선임할 경우에만 통치에 관여한다. 일반적으로 자기 능력을 정확히 알기는 힘드나, 자기가 선정한 사람이 대부분의 다른 사람보다 명석한지 아닌지에 관하여는 잘 알 수 있다. 간접민주제의 큰 장점은 대표자가 국무를 처리할 수 있다는 것이다. 국민은 이에 적합하지 못하다. 국민 모두가 국무의 처리를 담당하게 되면 그것은 민주주의의 큰 흠결이 된다. - 몽테스키외

📋 참고 | 대의제의 위기

원인	① 대표기관의 대표성 약화 ② 국민의 직접 참정욕구 증대 ③ 대중사회화 ④ 무기속 위임 원칙에 대한 위협 ⑤ 엘리트 정치의 타락 ⑥ 이익집단, 압력단체들의 등장
내용	① 정당국가화 현상 ② 행정국가화 현상 ③ 관객 민주주의
대책	① 직접민주주의 도입 ② 입법부의 전문성 강화 ③ 정당의 민주화 ④ 전자 민주주의 도입 ⑤ 지방자치제도 시행

● 행정국가화 현상

1. 과학기술 발달, 인구급증, 도시화, 시장실패에 따른 정부 개입의 증가(복지국가 지향)

2. 고전적 권력분립의 의미가 쇠퇴하고 행정부 우위의 권력분립 형성

● 정당국가화 현상

1. 정당 중심 입법활동과 정당 공천권 강화로 개별적 대표성 약화

2. 의원의 정당 예속화 강화

(3) 혼합민주정치

① **의미**　간접민주정치의 문제점 보완을 위해 직접민주정치 요소를 도입한 정치형태를 의미한다.

② **지방자치제도**　지역의 특수성을 바탕으로 지역주민이 지역의 문제를 스스로 결정하는 제도이다.

③ **국민투표**　헌법 개정이나 중요 정책결정시 국민의 의사를 직접 묻는 제도를 말한다. 우리나라는 5차 개헌시 채택되어 지금까지 직접민주정치의 요소로서 기능하고 있다.

④ **국민소환**　국민이 공직자를 임기만료 전에 해직시킬 수 있는 권리로, 그리스 · 로마시대 도편(패각)추방법과 유사한 제도이다. 그러나 정적(政敵)을 제거하는 수단으로 악용할 우려가 있으며, 우리나라는 한 번도 채택되어 시행되지 않았다. 다만 유사한 수단으로 주민소환제가 채택되어 시행 중이다.

⑤ **국민발안**　국민이 헌법 개정안이나 법률안을 제안할 수 있는 권리를 말하는데 우리나라는 5차 개헌 때 규정 후 7차 때 폐지되어 지금은 시행하고 있지 않다.

⑥ **법률규정**

> **헌법 제72조**　대통령은 필요하다고 인정할 때에는 외교 · 국방 · 통일 기타 국가안위에 관한 중요정책을 국민투표에 붙일 수 있다.

헌법 제130조 ② 헌법 개정안은 국회가 의결한 후 30일 이내에 국민투표에 붙여 국회의원선거권자 과반수의 투표와 과반수의 찬성을 얻어야 한다.

지방자치법 제14조 지방자치단체의 장은 주민에게 과도한 부담을 주거나 중대한 영향을 미치는 지방자치단체의 주요 결정사항 등에 대하여 주민투표에 부칠 수 있다.

지방자치법 제15조 … 시·도와 50만 이상 대도시에서는 19세 이상 주민 총수의 100분의 1 이상 70분의 1 이하, 시·군 및 자치구에서는 19세 이상 주민 총수의 50분의 1 이상 20분의 1 이하의 범위에서 지방자치단체의 조례로 정하는 19세 이상의 주민 수 이상의 연서로 해당 지방자치단체의 장에게 조례를 제정하거나 개정하거나 폐지할 것을 청구할 수 있다.

지방자치법 제17조 … 감사 청구한 사항과 관련이 있는 위법한 행위나 업무를 게을리한 사실에 대하여 해당 지방자치단체의 장을 상대방으로 하여 소송을 제기할 수 있다.

지방자치법 제20조 주민은 그 지방자치단체의 장 및 지방의회의원(비례대표 지방의회의원은 제외한다)을 소환할 권리를 가진다.

📑 참고   우리 헌법의 직접민주정치 관련 제도

	성격	연혁	내용	특징
국민투표	제72조 국민투표 Plebiscite	제2차 개정헌법	중요정책	① 임의적 절차 ② 국가기관의 신임과 연계 가능
	제130조 국민투표 Referendum	제5차 개정헌법	헌법개정	① 필수적 절차 ② 순수한 직접민주주의
	국민투표의 한계 - 국민대표성 확보 곤란: 기권율이 높은 경우 소수 의견을 국민 전체 의사로 간주 - 독재권력에 이용: 국민들의 일반 의사에 배치되는 방향으로 여론 조작			
주민투표	지방자치단체의 장: 주민 또는 지방의회의 청구, 직권에 의해 실시 - 주민투표 청구권자 총수의 1/20~1/5 범위에서 단체장에게 청구 - 지방의회 재적 과반수 출석과 출석 2/3 이상 찬성으로 단체의 장에게 청구 - 단체장 직권시: 지방의회 재적의원 과반수 출석과 출석 과반수 찬성 동의			

주민소환	• 대상: 지방자치단체장(교육감 제외), 지방의원(비례대표의원 제외) • 서명인 수: 광역자치단체장-유권자의 10% 이상, 기초자치단체장-15% 이상, 지방의원-20% 이상 • 확정: 투표권자의 1/3 이상 투표에 과반수 찬성(1/3 미만 투표시 개표하지 아니함) • 효력: 소환 공직자는 보궐선거 입후보 불가
주민발안	조례제정 · 개정 · 폐지 요구(시 · 도 및 50만 이상 대도시-19세 이상 주민의 1/100~1/70, 시 · 군 · 구-19세 이상 주민의 1/50~1/20 범위 연서)
주민소송	자치단체의 위법한 행위에 대해 개인의 피해 여부와 상관없이 청구할 수 있는 소송절차(민중소송의 일종)

(4) 전자 민주주의

① 의미   정보 · 통신 매체를 활용하여 자신의 의사를 표출할 수 있는 민주정치의 한 형태이다.

② 배경   컴퓨터와 정보통신의 발달이 전자 민주주의가 등장하게 된 배경이다.

③ 의의   전자투표, 전자여론 수렴 등의 방법을 통해 시민들이 자신의 의사를 표출하고 정책결정에 참여할 수 있게 되어 직접민주정치의 실현이 가능해졌다는 의의를 가지고 있다.

④ 장점   공간적 제약을 극복할 수 있다는 점, 정치참여에 따른 개인적 · 사회적 비용을 절감할 수 있다는 점, 시민들의 정치참여 기회의 확대 및 정치참여도 향상을 통해 양방향 의사소통이 강화될 수 있다는 점, 대표의 대표성을 향상(특히, 젊은 세대 중심)시킬 수 있다는 점, 자치원리(직접민주정)에 충실한 점, 저비용 고효율(간접민주정)의 정치가 가능해지고 정보 · 통신 매체를 통한 정치권력의 감시가 가능해져 정치의 투명화를 추구할 수 있다는 점 등이 전자 민주주의의 장점이다.

⑤ 단점   그러나 정보를 조작하거나 여론을 조작할 가능성(댓글 및 비판 글 작성 아르바이트생을 고용)도 배제할 수 없으며, 익명성에 기대어 무책임한 의견을 표출한다거나, 인신공격, 사생활 침해, 여과되지 않은 정보가 유통되는 등의 부작용도 나타날 수 있다. 또한 사이버 포퓰리즘(인기영합주의)에 의한 중우정치가 될 가능성과, 참여민주주의의 과잉에 따른 대의민주주의의 위기를 초래할 가능성도 있

다(의회 기능 약화, 대의제 취지(정책의 전문성) 훼손). 전자 민주주의를 통한 투표는 대리투표(反: 직접선거), 공개투표(反: 비밀선거)로 선거의 원칙을 훼손할 가능성도 배제할 수 없다. 사회적 감시, 통제장치로 원형 감옥(panopticaon)이 될 가능성과, 오히려 대표자와 대면접촉의 기회가 감소하고 세대별 · 계층별 정보격차로 인해 정보의 불평등이 초래될 우려도 있다.

⑥ **활용사례**　 전자 민주주의를 현재 정부는 정보통신매체를 통한 행정 서비스(청와대 신문고, 각종 행정정보 열람 등)로 제공하고 있고, 인터넷상의 토론과 전자투표(정당 내 경선, 학생회장 선거 등)로 전자 민주주의가 나타나고 있다.

2. 이념에 따른 유형

(1) 자유민주주의

평등보다 자유를 우선시하며, 사유재산을 강조하는 근대 이후 다수 국가가 채택한 이념이다.

(2) 사회민주주의

자유보다 사회적 평등을 우선시하며, 사회정의와 국민복지에 관심을 가지고 19세기 이후 자본주의 경제발달에 따른 문제점을 해결하고자 등장한 이념이다.

🔍 보충

● 이스턴(D. Easton)의 정책결정모형

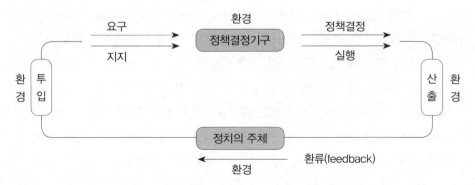

1. 특   징

(1) 정책결정 과정은 유기적인 생물체에 비유하여 '투입-체제-산출-환류'라는 자동조절 체계(문지기 이론-정치체계의 부담을 최소화하기 위해 환경으로부터의 요구 중 일부만 수용)

(2) 정치가 불안정한 후진국의 경우 조화하기 힘듦

(3) 투입은 정책담당자의 능력이나 성향, 정치체계의 분위기와 이념, 정치체제의 구조 등의 변화를 통해 간접적으로 정책에 영향을 줌

2. 과   정

(1) 투입: 국민 개개인, 집단, 계층 등의 정부에 대한 정책 요구, 정부에 대한 지지 혹은 정부에 대한 불만 표시(선거, 여론 형성)

(2) 산출: 정부의 정책 의미, 행정 · 사법 · 입법부의 결정과 행동은 모두 해당

(3) 환경: 경제체계, 사회체계, 생태체계 등 정치 외적 모든 요소 지칭

(4) 환류: ① 정부의 산출이 환경과 투입에 동시에 영향을 미치는 과정, ② 처음의 요구와 지지가 정책결정기구를 통과하는 동안 변형될 수 있으므로, 산출된 정책이 다시 정책결정기구로 유입되는 현상(선거, 여론형성)

● **정책결정 참여자**

• 공식적 참여자: 의회, 행정수반과 행정부, 사법부, 헌법재판소, 지방자치단체 등

• 비공식적 참여자: 시민단체, 정당, 이익집단, 언론, 전문가

● **자유와 평등의 의미 확대**

자유	소극적 자유 → 적극적 자유 (국가로부터의 자유) (국가에의 자유, 국가에 의한 자유)
평등	형식적 평등 → 실질적 평등 (기회의 균등 보장) (결과적 차이의 극복)

≫ 해설

근대 초기에 자유는 국가에 의한 간섭을 배제하기 위한 소극적 의미에, 평등은 모든 시민에게 똑같은 기회를 제공한다는 형식적 의미에 머물렀다. 그러다 차츰 시민의 사회참여가 활성화되고 국가에 의한 복지가 강조되면서 자유와 평등의 의미가 확대되었다.

≫ 제3장
민주정치의 발전

I. 고대 아테네의 민주정치

1. 아테네 민주정치 확립 과정

(1) 솔론 개혁

솔론은 우선 경제개혁을 통한 빈농의 소지주화를 통해 주력군대로 편성되었다. 노예제도가 형성됨에 따라 노예가 농민의 역할을 대행하고, 자유를 얻었으며 남성 시민들에게는 여가가 발생하게 되었다. 또한 공직 임용자격에 경제적 요소를 가미한 금권정치적인 개혁이었다.

(2) 클레이스테네스 개혁

고대 아테네 민주정치의 대부분의 기반을 마련한 개혁으로, 민회의 권한을 강화하여 20세 이상 모든 시민이 정책을 직접 결정하게 되었다. 또한 500인의 평의회를 구성하고 추첨으로 뽑힌 30세 이상 시민으로 민회의 행정을 조직하고 기능하였다. 10인의 행정관을 민회에서 선출해 구성하였으며, 도편추방법을 실시해 독재자(참주) 출현을 방지하고자 하였다.

(3) 페르시아 전쟁

이 전쟁에서 아테네를 중심으로 한 도시국가연합의 승리는 민주정치가 발전하는 계기가 되었으며, 민회와 500인 평의회의 정기회의가 1년에 40회 이상 열리는 등 기능이 강화되었다.

(4) 펠로폰네소스 전쟁

스파르타와 아테네의 전쟁에서 아테네가 패한 이후 민주주의가 쇠퇴하기 시작했다.

2. 아테네 민주정치의 특징

(1) 아테네의 특징

주변이 산지로 둘러싸여 외부와 차단된 분지형태로 소규모의 공동체사회인 도시국가를 형성하였다. 노예가 농경을 담당하여 시민들은 외적 방어, 공무집행, 재판 등 공적인 일에 종사할 수 있었다.

(2) 출   현

클레이스테네스에 의한 참주정치가 종식되며(기원전 510년), 민주정치가 시작되었다.

(3) 시민자격

아테네 시민(20세 내지 18세 이상의 시민권을 가진 남성)과 아테네 시민의 딸 사이의 합법적인 결혼에서 태어난 자손(BC 451 페리클레스)으로, 따라서 여성, 노예, 이방인은 시민에서 제외되었다.

(4) 특   징

최초의 직접민주제라는 특징을 지닌다. 전 시민이 모인 민회에서 모든 정치적 의사결정이 이루어졌으며, 추첨과 윤번제로 운영되었기 때문에 대부분의 공직을 시민이 돌아가면서 맡았고, 시민이라면 평생 한 번은 치자의 위치에 오를 수 있었다. 또한 도편추방제(패각추방제; 오스트라키스모스)가 운영되었는데, 공동체에 위협적인 정치인을 추방하는 제도로 참주 출현을 방지할 목적으로 설치되었다. 민회와 평의회, 민선 재판소를 통해 입법 및 사법 업무에 시민이 직접 참여하는 직접민주정치의 형태를 띠고 있었으며, 공직자는 추첨제 또는 윤번제 등의 방식을 통한 선출로 이루어졌다. 일반 시민과 공직자는 권한에 차이가 없었으며, 동일인이 같은 직위를 연임할 수 없었고, 모든 공직의 임기는 단기간이며 보수를 지급하였다.

(5) 장　점

폴리스라는 소규모 국가에서 가능한 직접민주제로 치자가 곧 피치자라는 동일성 원리에 충실하였다는 장점이 있다(폴리스 운영 전반에 시민이 직접 참여하였다). 또 추첨제, 수당제, 중임 제한을 통해 시민들의 평등한 참여를 보장하였다는 점, 가문, 재산, 능력에 대한 차별 없이 국정에 참여할 수 있었다는 점, 단임 규정을 통해 많은 시민의 참여가 확보되었다는 점, 관직 취임 전에 후보자에 대한 평판이나 결격 사유를 확인하는 오늘날 청문회와 유사한 제도가 운영되었다는 점, 임기 중에는 소환제도로, 임기종료 후에는 직무에 대한 감사제도를 두어 관리들을 통제하였다는 장점이 있다.

(6) 한　계

그러나 아테네의 민주정치는 여성, 노예, 외국인은 배제한 20세 이상의 성인 남자만이 민회에 참여한 제한적 민주정치라는 커다란 한계가 있었다. 또한 인간의 존엄성을 무시한 노예제도에 기반한 노예의 노동력이 없었다면 실현이 어려웠을 민주정이었다는 점, 사실상 참여의 범위가 광범위하지 않았다는 점(원거리 시민은 참여가 곤란), 도편(패각)추방제가 정적제거수단으로 이용되면서 중우정치가 출현하였다는 점과 같은 한계가 있었다.

3. 아테네의 정치제도

(1) 민회(6,000명)

시민 전체로 구성된 아테네의 최고 주권기구이다. 법을 제정하고, 주요 정책을 심의·의결하며, 행정관·배심원을 선출하였다. 1년 40회 이상의 회의가 열렸으며, 추첨과 윤번에 의해 공직자가 결정되어 대부분의 시민이 일생에 한 번쯤은 공직에 참여할 수 있었다.

(2) 평의회(500명)

10개 부족에서 30세 이상의 남자를 50명씩 추첨하여 구성된 민회의 집행위원회 겸 운영위원회이다. 민회의 의제 및 의안협의, 민회소집권이 있었고, 1년 임기로 연임이 허용되었다. 특별한 기준은 없었고, 모든 공직자는 보수를 지급받았다.

(3) 행정관(10인)

지원자 중 투표에 의해 선출되는 행정관과 추첨에 의해 선출된 행정관으로 총 10명이 구성되었다. 30세 이상의 모든 시민이 입후보가 가능했었고, 민회와 시민법정의 끊임없는 감시를 받았다.

(4) 재판소(6,000명의 배심원 중 지명)

배심원의 자격은 30세 이상의 모든 아테네 남성 시민들로 구성되었으며, 재판 당일 추첨으로 해당 재판 담당 배심원을 선정한 후 변론을 듣고서 표결하였다. 행정관을 통제하거나, 평의회나 민회가 내린 결정에 대해 법률을 위반하였는지 여부를 심사하는 등의 기타 기능도 담당했다.

(5) 도편추방법(Ostrakismos)

참주가 될 우려가 있는 인물을 시민투표에 의해 약 10년간 해외로 추방하는 제도이다. 오늘날 국민소환제도와 유사하지만, 참주와 무관하게 정적(政敵) 제거수단으로 악용되기도 하였기 때문에 중우(衆愚)정치라고 비판받았다(플라톤).

> ## 보충 ◇◇

● 도편추방제

오스트라키모스(Ostrakismos)라고도 한다. 그러나 그 추방은 당사자의 명예나 시민권·재산권과는 상관없이 시효(時效)기간만 지나면 귀국할 수 있게 되어 있었다. 원래 참주(僭主)의 재현을 막기 위해 실시한 것으로, 평민 지도자이며 장군인 페이시스트라토스 참주가 죽은 후, 클레이스테네스가 설치하여 BC 487~BC 485년에 처음으로 실시되었다. 이 제도는 아르고스에서도 실시되었고, 시라쿠사에서도 똑같은 목적으로 엽편추방(葉片追放)이 실시되었지만 가장 유명한 것은 아테네의 오스트라키스모스였다.

추방자 결정방식은 이른 봄 민회(民會)에서 오스트라키스모스 시행의 가부(可否)를 거수로 결정하고, 아고라에서 국가에 해를 끼칠 위험한 인물의 이름을 도편(陶片: 오스트라콘)에 기입하는 비밀투표를 하였다. 총 투표자수가 6,000명을 넘으면 유효투표가 되어, 단순다수결 방식으로 추방자가 결정되었다고도 하고, 6,000표 이상의 최고 득표자가 추방되었다.

이 제도는 민주적 대개혁의 하나로 시작되었지만, 시대의 흐름에 따라 참주와는 관계도 없는 유력한 정치가를 추방하기 위한 정쟁(政爭)의 도구로 이용되었다. 페르시아전쟁에서 유명한 장군 아리스테이데스, 테미스토클레스, 키몬 등도 그 희생자가 되었다. 그러나 BC 417년 히페르보로스를 마지막으로 이 제도는 사라졌다. 근래에, 아테네의 아고라에서 투표에 사용된 인명(人名)을 기입한 도편이 다수 출토되었는데, 그 중 테미스토클레스의 것이 가장 많으며, 말리쿠세스라는 인물의 이름을 기입한 것도 250장 발견되었다.

4. 고대 민주정치의 특징

(1) 직접민주정치

사회의 미분화, 비전문성으로 인해 모든 시민이 정치에 직접 참여가 가능했다.

(2) 제한민주정치

고대에는 여성, 노예, 외국인은 정치참여에서 배제한 제한적인 민주정치의 형태였다.

Ⅱ. 근대사회의 민주정치

1. 근대 시민혁명의 배경

(1) 사회적 배경

근대 시민혁명은 봉건제 붕괴 후 왕권신수설을 바탕으로 한 전제군주제를 강화하는 과정에서 나타났다.

전제왕권을 확립하려는 왕은 중상주의 정책을 통해 그의 지원을 받는 제3신분(부르주아, 신흥 시민계급, 상공업자)의 경제적 성장을 가져왔고, 1, 2신분은 의무 없이 모든 특권을 누리지만, 3신분은 특권 없이 의무만 부담하는 구제도의 모순이 심화됨에 따라 시민혁명이 발발하게 되었다.

(2) 사상적 배경

① **사회계약설** 정치·사회로서의 국가는 자연발생적으로 존재하는 것이 아니라 사회구성원들의 동의나 계약에 의해 성립한다는 원리를 사회계약설이라 한다. 자연상태(국가성립 이전의 상태)에서는 권리의 보장이 불확실하므로 이를 제도적으로 보장하기 위하여 개인들 스스로 계약을 맺어 국가를 구성하였으므로 국가권력이 국민으로부터 비롯되었음을 분명히 하였다(국민주권)는 데 이론적 의의가 있다.

② **천부인권사상** 모든 사람은 누구나 자신의 뜻에 따라 행동하고 자신의 인신(人身)과 재산을 처분할 수 있는 자유를 천부적으로 가지고 태어난다는 것을 천부인권사상이라 한다. 이는 절대권력으로부터 시민의 기본권(자유권: 국가로부터의 자유)을 수호하려는 이념으로부터 출발하였으며, 인간은 불가침·불가양의 하늘이 부여한 자연법상의 권리를 지닌다는 것이다.

③ **입헌주의** 헌법에 의해서만 국가가 운영되어야 한다는 것이 입헌주의이다.

④ **개인주의** 개인의 존엄성(인간의 존엄성)을 존중하며, 개인의 가치가 국가보다 우선한다는 사상이다.

⑤ **계몽사상** 인간의 이성을 바탕으로 사회 모순에 대한 자각을 통해 무지와 불합리한 구습으로부터 인간을 해방하고자 하는 운동을 이르는 말이다. 인간의 이성의 힘을 강조하고, 인간의 주체성을 일깨우며 국가와 국민의 관계에 대한 새로운 사고방식을 제시한 사상이다.

⑥ **국민주권** 국가의 최고 의사가 국민으로부터 나온다는 사상을 국민주권이라 한다.

참고 | 사회계약설

1. 계약방식비교

홉스	• 자연상태의 인민들 간에 성립(왕은 계약당사자 ×, 계약준수 의무 ×) • 안전보장을 위해 절대복종 조건으로 모든 권리를 양도하는 계약체결
로크	• 왕은 계약의 주체임, 계약준수 의무 있음 • 인간의 권리를 일정한 대표에게 위임, 신탁(정부에 범죄 처벌권 양도)
루소	• 인민 상호간에 체결된 계약(인민 대 통치자 간 계약 아님) • 인간의 권리는 양도될 수 없음. 국민의 의사는 대표될 수 없으며 대리만 가능

2. 내용비교

구분	홉스	로크	루소
공통점	자발적 동의에 의한 계약, 자연권(천부인권) 인정		
대표 저서	리바이어던(1651)	통치론(1689)	사회계약론(1762)
인간관	성악설	성무성악설(백지설)	성선설
자연상태	만인의 만인에 대한 투쟁 상태(전쟁상태)	대체로 평화롭지만 불안, 불편 (잠재적 전쟁상태)	자유롭고 평등함
사회계약 필요성	사회질서론(개인의 안전과 질서확보)	자연상태에서 이해관계 충돌시 심판관 부재로 해결 불가 → 권리보호 한계	인간의 욕망과 자유의 남용으로 자연의 아름다움과 자유 파괴
계약방식	복종계약(전부양도)	신탁·위임계약 (일부양도)	양도불가론
국가관	절대국가	제한국가	국가에 대해 부정적
저항권	×	○	×
주권소재	군주주권	국민주권	인민주권
정치체제	절대군주제	입헌군주제, 간접민주제	공화정, 직접민주정
권력분립	부정	인정	부정
기타	자기 보존권, 자연적 자유권 강조, 절대적 제3자	재산권과 자유 강조, 신탁	쇠사슬, 평등 강조, 일반의사는 무오류·불가양·불가분성

3. 로크와 루소의 국민주권론 비교

구분	로크	루소
국민	이념적 · 추상적 국민	유권자의 총체
위임의 성격	자유(무기속)위임(면책특권)	명령(기속)위임(국민소환)
주권주체와 행사자	분리	일치(치자, 피치자 동일)
권력분립	필수(시민정부2론)	불필요

2. 3대 시민혁명

(1) 영국의 명예혁명(1688년)

① **과정**   대헌장(1215-귀족의 권리보호를 위한 왕위권한 제한) → 권리청원
(1628) → 청교도혁명(1642~1660-국왕과 의회 충돌) → 2대 정당 성립(1670-토리당,
휘그당) → 제임스 2세의 전제정치→명예혁명(1688~1689-권리장전 승인)

② **핵심 문서**   권리장전

③ **의의**   최초의 입헌군주제, 의회정치의 발달

(2) 미국의 독립전쟁(1775~1783년)

① **과정**   차 조례제정(1773)으로 영국의 과도한 과세→보스턴 차 사건(1773)
→ 영국의 강경책 → 대륙회의(1774) → 독립전쟁 시작(1775) → 독립선언서 채택
(1776-제퍼슨 기초 → 파리강화조약(1883-13개주 독립 인정)

② **핵심 문서**   독립선언서(국민주권, 입헌주의 사상, 최초로 행복추구권 명시)

③ **의의**   미국의 독립, 최초의 민주공화정 수립

(3) 프랑스의 대혁명(1789년)

① **과   정**

㉠ 1789: 삼부회 소집(왕실의 사치) → 테니스코트 선언(절대왕정 폐지 요구) → 바
  스티유 감옥 습격 → 국민의회 인권선언

ⓒ 1792: 자코뱅당(좌파, 과격파) 중심으로 루이 16세 처형(↔지롱드파(우파, 보수파)) → 제1공화정 수립(로베스피에르의 공포정치(루소의 급진적 평등주의 수용))

ⓒ 1794: 로베스피에르 처형(국민공회에 의한 총재정부 수립)

② 핵심 문서   인권선언(천부인권, 저항권 사상)

③ 의의   민주공화국 성립, 봉건제로부터 자본주의로의 이행, 국민적 통합을 실현시킨 혁명, 자유와 평등의 혁명

3. 시민혁명의 결과

(1) 의   의

① 절대왕정의 전제정치와 불합리한 신분제 타파

② 간접민주정치 확립

③ 개인주의, 자유주의, 인간의 존엄성, 자유와 평등이념을 확산

④ 단지 정치형태로 쓰이던 민주주의의 의미가 자유와 평등과 같은 사회 구성원리로 사용

⑤ 입헌주의, 법치주의 등에 근거한 근대 민주주의 정착

(2) 한   계

① 국민주권은 시민만 해당

② 빈곤층에 대한 관심 부족

③ 재산권에 따른 참정권 제한(여성, 노동자, 외국인 참여 배제)

4. 근대 민주정치의 특징

① 간접민주정치   근대 이후 국가의 규모가 확대되고 사회가 복잡화·전문화됨에 따라 직접민주주의 실현 곤란 → 의회를 중심으로 한 민주정치 발달

② 제한민주정치   재산을 가진 일부 시민계급만 정치에 참여

● 시민혁명 문서

1. 권리장전

제1조   국왕은 의회의 동의를 받지 않고 법의 효력을 정지할 수 없다.

제4조   의회의 승인 없이 … 국왕이 쓰기 위해 금전을 징수하는 것은 위법이다.

제5조   국왕에게 청원을 하는 것은 국민의 권리이다.

제8조   의회선거는 자유로워야 한다.

입헌주의 원리 · 의회정치 확립의 기초, 미국독립선언 · 프랑스인권선언에 영향

권리장전(權利章典, Bill of Rights)은 명예혁명의 결과 1689년 12월 16일 '국민의 권리와 자유를 선언하고 왕위계승을 정하는 법률'이라는 이름으로 공포된 의회제정법이다. 1688년 가톨릭교도인 영국 국왕 제임스 2세는 종교탄압과 함께 전제정치를 실시하였고, 크리스트교도인 장녀 메리 대신 갓난 아들을 후계자로 하려 하였다. 이에 의회는 메리와 네덜란드 총독인 남편 오렌지공을 끌어들여 윌리엄 3세로 옹립하였다. 세가 불리했던 제임스 2세는 전쟁을 피해 두피함으로써 무혈로 왕권이 교체되었다. 의회는 1689년 2월 윌리엄 부처에게 '권리선언' 승인을 요청하여 승인되었고, 이로 인해 왕위에 올랐다. 권리선언은 이후 1689년 12월 권리장전으로 재차 승인되었다.

2. 미국독립선언문

모든 사람은 평등하게 창조되었으며, 생명과 자유 및 행복을 추구할 권리를 포함하여 누구도 침범할 수 없는 권리를 신으로부터 받았다. 바로 이러한 권리를 확보하기 위해 정부가 조직되었다. 따라서 모든 정부의 정당한 권력은 통치를 받는 사람들의 동의에서 생겨났다. 어떤 형태의 정부이든 만일 위에 적은 목적을 침해하게 된다면, 그 정부는 개혁하거나 폐지하여 민중의 안녕을 가져올 수 있다고 생각되는 새로운 정부를 수립하는 것이 진정 국민의 권리이다(최초의 민주공화제 정부수립, 천부인권사상, 자연권사상, 사회계약설, 국민주권, 저항권사상).

영국의 통치로부터 13개 식민지의 독립을 선포한 미국의 역사적인 문서. 이 문서를 통해 최초로 국민의 정부 선택권이 조직체를 통해 공표되었다. 1776년 7월 2일 필라델피아에서 열린 제2차 대륙회의는 리처드 헨리 리가 요구한 독립 제안을 받아들이고(뉴욕 기권), 이후 독립기념일이 된 7월 4일에 독립선언서를 승인했다. 서명은 8월 2일부터 시작해 여러 달이 걸렸으며 마침내 56명이 서명했다. 독립선언서는 주로 존 로크의 이론에 바탕을 두고 토머스 제퍼슨이 초안을 잡았으며 영국 국왕 조지 3세에 의해 침해당했다고 대륙회의가 주장해

온 인간의 자연권과 계약에 의한 통치원칙을 천명했다. 또한 식민지에게는 영국에 반기를 들 권리와 의무가 있다는 주장을 뒷받침하는 뜻에서 불만 요인들을 구체적으로 열거했다.

3. 프랑스인권선언(인간과 시민의 권리선언)

제1조 인간은 자유롭고 평등하게 태어나서 생활할 권리를 가진다.

제3조 모든 주권은 국민에게만 있다. 어떤 단체나 개인도 명백히 국민에게서 유래하지 않은 권력을 행사할 수 없다.

제6조 모든 시민은 직접 또는 대표자를 통해서 법 제정에 참여할 권리를 갖는다. 법의 보호법에 의한 처벌에서 만인은 평등하다.

제11조 사상 및 의견의 자유로운 교환은 사람의 가장 귀중한 권리이다.

⇒ 세습 전제군주제 타파, 법치주의 확립, 국민주권, 자연권, 천부인권, 표현의 자유

Ⅲ. 현대 민주정치의 과제와 발전방향

1. 대중민주주의의 성립

(1) 참정권 확대 운동

① **차티스트운동(1838~1848년)**   영국의 제1차 선거법 개정 결과, 노동자와 농민이 제외되자 노동자층을 중심으로 일어난 선거법 개정 운동을 말한다.

💡 보충

● **차티스트운동(1838~1848년)**

　영국에서 1832년의 제1차 선거법 개정이 이루어진 후에도 선거권을 얻지 못하자, 노동자 계급을 중심으로 1830년대 후반부터 1950년대 초에 걸쳐 경제적·사회적으로 쌓여온 불만과 함께 선거권 획득을 위한 민중운동이다. 의회의 개혁을 요구하고, 성인 남자 보통선거권을 비롯하여 무기명 투표, 의원에 대한 급여의 지급, 의회의 매년 개선, 선거구의 평등, 의원의 재산자격 철폐의 6가지 항목을 중심으로 한 인민헌장의 청원이 1839년, 1942년,

1948년의 3차에 걸쳐 이루어졌다. 아일랜드의 명망가 출신이었던 오코너(Feargus O'Connor)가 기관지적인 역할을 한 '노던스타'지를 매개로 가장 중심적인 지도자로서 활약하였다. 1840년에 조직된 '전국헌장협회'는 1950년대에 들어서자 실태를 상실하지만 노동자를 중심으로 한 전국적인 정치조직의 기초가 되었다.

◇◇◇

② **여성 참정권 운동**(19C 중반 이후) 영국에서 여성들이 남성들과 동등한 참정권을 요구하며 일어난 참정권 확대 운동이다.

③ **미국 흑인 민권운동**(1950~1960년대) 흑인들이 백인들과 동등한 권리를 부여해 줄 것을 요구한 민권운동이다.

(2) 대중민주주의 시대의 도래

① 제2차 세계대전 이후 보통선거의 정착으로 모든 국민이 정치에 참여하게 되었다.

② 보통선거가 확립되었다.

  ㉠ 의미: 일정 연령에 도달하면 성별, 신분, 재산 등에 상관없이 모든 사람에게 선거권을 부여하는 제도를 말한다.

  ㉡ 확립과정: 참정권을 가지지 못했던 노동자, 농민, 여성들의 끈질긴 노력으로 얻게 된 산물이다.

  ㉢ 의의: 평등한 시민사회를 형성하였으며, 대중민주주의의 실현이 가능해졌다.

2. 현대 민주정치

(1) 특   징

① **대의민주제의 확산** 거대한 규모의 영토와 인구에 적합

② **보통선거의 실시** 모든 국민이 시민으로서 대표자를 선출하는 과정에 참여함

③ **직접민주제의 요소로 보완** 국민투표, 지방자치 등

(2) 한　　계

현대 민주정치는 정치가 복잡해지고 전문화되면서 정치적 무관심이 증대되었다. 정치적 무관심으로 인해 시민의 정치참여 수준이 저하되었고, 의회는 복잡한 이익 대립의 해결 능력이 부족해졌다. 현대 복지국가의 등장으로 비대화된 행정부는 선출된 대표자가 아닌 엘리트 공무원 집단이 정부의 구성원으로서 국가정책을 실질적으로 좌우하게 되었다.

(3) 과　　제

줄어든 정치참여율을 높이기 위해 개인 혹은 시민단체의 자발적인 참여를 통한 참여민주주의의 확대가 필요하며, 급속한 사회변동의 문제를 해결하기 위하여 의회의 사회통합 능력을 제고할 필요성이 있고, 다문화 가정, 외국인, 저소득층, 장애인, 노약자 등의 사회적 소수자를 위한 인권보장 방안을 마련해야 할 필요성이 있다.

≫ 제4장
법치주의 원리

1. 법치주의

(1) 등장배경

근대 계몽사상을 바탕으로 한 민주정치 발달과정에서 법의 지배(법치주의)에 의해 등장하게 되었다.

(2) 의   미

모든 권력이 법에서 창출되며, 법에 따라 행사되도록 하는 원리를 말한다.

(3) 목   적

국민의 자유와 권리를 보장하는 데 그 목적이 있다.

(4) 국가권력과의 관계

법치주의하에서 입법부는 헌법에 부합하는 법률을 제정하여야 하고, 행정부는 헌법과 법률에 따른 정책을 집행하여야 하고, 사법부는 헌법과 법률에 따른 재판을 실시하여야 한다.

(5) 기   능

법치의 1차적 기능은 국가권력의 발동 근거로 전제군주나 전체주의 국가를 포함한 모든 국가에서 이루어지는 것이다. 2차적 기능은 국가권력을 제한하고 통제하는 기능으로 자유주의 국가에서만 이루어진다.

2. 법치주의의 전개

(1) 영미법계의 법의 지배

영미법계는 보통법이 군주의 대권이나 의회 제정법보다 우위에 있다는 보통법 지배원리로 발전하였다. 영국은 명예혁명 이후 의회의 권한 확대로 보통법 우위 대신 의회제정법 우위원리가 성립되어 위헌법률심판의 전통이 약화되었다.

그러나 미국은 자연법우위 사상이 헌법우위 사상으로 이어져 위헌법률심판제도 확립에 기여하였고, 절차적 정당성과 실체적 정당성을 동시에 요구하였다.

(2) 독일의 법치주의

독일의 법치주의는 R. Von Mohl에 의해 정치적 · 구조적 원리로 처음으로 사용되었으며, 시민적(형식적) 법치국가로 시작되었다. 절대군주의 자의적 권력행사로 인한 시민의 자유와 권리의 침해를 방지하기 위해 성립된 개념으로 초기에는 시민 대표의 동의 또는 의회제정법률에 의하지 아니하고는 국가가 시민사회에 개입하는 것이 불가하다는 원리였으나, 점차 무산자 계층으로부터 시민사회의 방어를 위한 원리로 변질되었다.

사회적(실질적) 법치국가의 성립은 바이마르 공화국이 법률의 형식만을 강조한 것에 대한 반동으로 사회적 약자의 생존권을 보장하고 정의의 실현 등을 독일 기본법에 규정하며 실질적 법치로 이행되었다.

3. 형식적 법치주의(근대의 법치주의)

(1) 의   미

법치주의란 국가가 국민의 자유와 권리를 제한하거나 새로운 의무를 부과하려면, 반드시 의회가 제정한 법률에 의해야 한다는 것을 말한다.

(2) 의   의

통치의 합법성을 중시하여 의회가 제정한 법률에 의한 지배라는 의의가 있다.

(3) 특   징

삼부(의회, 정부, 법원) 중 의회우위의 권력분립을 지향한다. 형식적 법치주의에서 의회는 법치주의에 구속되지 않는다는 특징을 보이고, 위헌법률심판제도와 양립하지 않으며, 의회 다수당의 횡포나 합법적 독재가 발생할 우려가 있다.

(4) 사   례

독일 히틀러의 수권법과 우리나라의 유신헌법(제7차 개헌)을 그 사례로 들 수 있다.

💡 보충

● **독일의 수권법에 나타난 법치주의**

- 라이히(제국) 법률은 라이히 헌법이 규정하고 있는 절차에 의하는 외에, 라이히 정부에 의해서도 의결될 수 있다.
- 라이히 정부가 의결하는 법률에는 라이히 헌법과는 다른 규정을 둘 수 있다.
- 라이히의 입법사항에 관한 라이히 정부와 외국과의 조약에는 입법에 참어하는 기관의 동의를 필요로 하지 않는다.

≫ 해설

독일의 수권법은 히틀러와 나치 세력이 자의적으로 권력을 행사하도록 초헌법적인 권한의 행사를 규정하였다. 이러한 법률규정에 따라 제국주의에 반대하는 양심 있는 시민세력의 기본권이 유린되고 정치적인 탄압이 자행되었다. 이처럼 법에 의한 지배만을 강조하는 법률체계는 인권침해가 일어날 수 있는 형식적 법치주의의 폐해를 낳는 것이다.

● **형식적 법치주의 위헌판결**

1. 유신헌법

(1) 대통령 직선제의 폐지 및 통일주체국민회의에서 대통령을 간접 선거

(2) 국회의원의 1/3을 대통령 추천으로 통일주체국민회의에서 선출

(3) 대통령에게 헌법 효력까지도 일시 정지시킬 수 있는 긴급조치권 부여

(4) 대통령이 국회해산권 및 법관 임면권 보유

(5) 대통령의 임기를 6년으로 연장하고 연임 제한을 철폐하여 종신 집권 가능

2. 국민주권 원리 위배, 의회제 무시, 권력분립 위배(행정부의 군림)
① 1970년대 박정희 대통령이 유신헌법에 근거해 선포한 대통령 긴급조치 제1호는 국민의 기본권을 침해하는 것이어서 위헌(2013.3.21 자 2010헌바70)
② 긴급조치 제1호는 유신헌법에 대한 논의 자체를 전면 금지함으로써 이른바 유신체제에 대한 국민적 저항을 탄압하기 위한 것이 분명하다. 현행 헌법은 물론, 당시 유신헌법상의 긴급조치 발동 요건조차 갖추지 못한 채 한계를 벗어나 국민의 기본권을 침해했기 때문에 위헌

4. 실질적 법치주의(현대의 법치주의)

(1) 의   미

통치의 합법성뿐 아니라 법률의 목적과 내용이 민주주의 이념에 합치해야 한다는 의미이다.

(2) 의   의

통치의 정당성을 강조하는 법에 의한 통치(입헌주의와 유사)라는 의의가 있다.

(3) 특   징

의회도 법치주의에 구속된다. 국민의 자유와 권리를 실질적으로 보장하는 것이 법치주의의 목적이기 때문이다.

(4) 제도적 장치

제도적으로는 권력분립, 위헌법률심판, 헌법소원, 사법권의 독립, 국민의 기본권 보장을 위한 장치들로 보장된다.

제2편 ≪
민주정치의
과정과 참여

≫ 제1장
정부형태와 정치제도

I. 정부형태

1. 의원내각제와 대통령제

(1) 의원내각제

① 의미　　의회에서 선출되고 의회에 대해 책임을 지는 내각중심으로 국정이 운영되는 정부형태를 말한다.

② 유래　　의원내각제는 영국의 역사와 함께 형성·발전되어 온 역사적 산물로서 절대군주의 권력을 제한하는 과정에서 성립되었다.

(2) 대통령제

① 의미　　의회로부터 독립하고 의회에 정치적 책임을 지지 않는 대통령을 중심으로 국정이 운영되고 대통령에 대해서만 정치적 책임을 지는 국무위원에 의해 구체적인 집행업무가 행해지는 정부형태를 대통령제라 한다(허영).

② 유래　　대통령제는 미국 공화정의 이론적 산물로 독립혁명 당시 영국에서 독립한 주들이 모여 미국 연방 공화국을 형성하고서, 강력한 힘을 가진 대통령제를 채택한 것에서 유래하였다.

(3) 대통령제와 의원내각제의 특징 비교(구분기준 : 입법부와 행정부의 관계)

① 공통점　　대통령제와 의원내각제는 모두 철저한 사법부의 독립을 보장한다. 그러나 관련이론과 입법·행정권의 관계, 의원의 집행부 겸직가능 여부, 정부의

[대통령제]

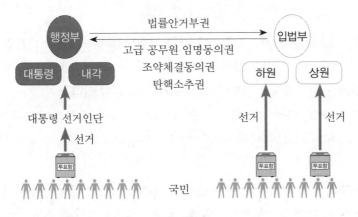

[의원내각제]

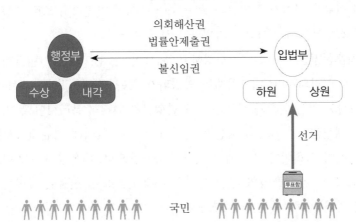

법률안제출권의 유무, 각료의 의회의 출석·발언이 가능한지 여부, 내각불신임권, 의회해산권, 탄핵소추권, 정부의 법률안거부권 등의 차이점도 분명히 존재한다.

② **사상**　　우선, 의원내각제는 로크의 2권분립으로부터 출발한다(시민정부2론). 그러나 대통령제는 몽테스키외의 3권분립으로부터 시작한다는 차이점이 있다.

③ **입법권과 행정권의 관계**　　또한 입법권과 행정권의 융합과 협조를 중시하는 의원내각제와는 달리 대통령제는 3권분립에 기초한 상호견제와 균형에 그 중심을 두고 있다.

④ **의원의 집행부 겸직**　　의원의 정부내각을 겸직하는 것이 입법권과 행정권

의 융화와 협조를 기초로 하는 의원내각제는 당연히 가능하지만, 견제와 균형에 중점을 둔 대통령제에서는 대개 허용하지 않는다.

⑤ **행정부 법률안제출권**　　같은 논리로 의원내각제는 정부가 법률안을 제출하는 것이 가능하지만, 의회와 정부가 서로 견제할 수 없다는 단점이 지적된다. 그러나 대통령제는 원칙적으로 정부에게는 법률안제출권이 없다.

⑥ **각료의 국회 출석·발언권**　　또 의회와 내각의 융합과 협조를 기초로 하는 의원내각제는 각료의 의회 출석·발언이 가능하지만, 대통령제에서는 불가능하다.

⑦ **집행부의 구조**　　의원내각제는 정부가 이원적인 구조로 이루어져 있다. 즉, 대통령(군주)은 대외적·형식적 지위를 맡고, 총리가 집행부 수반으로서 정부의 대부분의 업무를 맡아서 처리한다. 반면 대통령제는 일원적 구조로 대통령에게 국가원수와 집행부의 수반이라는 지위가 동시에 주어진다.

⑧ **내각불신임권**　　내각을 구성하고, 내각이 곧 정부인 의원내각제에서는 내각불신임이 인정되지만, 대통령제는 인정되지 않는다. 대통령제하에서 내각인 의원이 구성하고 있는 의회와 정부는 그 권한행사가 엄격히 분리되어 있기 때문이다.

⑨ **의회해산권**　　의회를 해산할 권한이 있는가에 대해 의원내각제는 내각을 구성하는 것이 의회이기 때문에 당연히 가능하겠으나, 대통령제는 권력분립에 기초해 있고, 또한 정치책임의 대상이 의회와 대통령 모두 선출한 국민이기 때문에 대통령이 의회를 해산하는 것은 불가능하다.

⑩ **민주적 정당성**　　의원내각제는 국민이 입법부만 선출한 것이기 때문에 일원적 정당성을 지녔다 할 것이나, 대통령제는 입법부와 행정부가 국민에 의해 각각 선출되기 때문에 이원적 정당성을 가진다.

⑪ **의회의 탄핵소추권**　　의원내각제에서 의회는 고위 공직자 및 대통령에 대한 탄핵소추가 불가능하나, 대통령제는 가능하다. 이는 내각불신임권이 없는 대통령제의 특징을 보완하는 의회가 행정부를 견제하는 장치 중 하나이다.

⑫ **행정부의 법률안거부권**　　의원내각제는 정부를 구성하는 의회가 정부에 대한 통제가 가능하기 때문에 법률안을 거부할 수 있는 권한은 없다. 그러나 대통령제에서는 정부가 의회를 견제하는 수단으로써 법률안거부권을 행사할 수 있다. 이

는 여소야대시 거부권을 통해 다수당의 횡포를 방지할 수 있으며, 대통령제만의
큰 특징이다.

참고 ▸ 특징 비교

1. 의원내각제
(1) 내각과 의회가 연대하여 국민에 대한 정치적 책임을 부담
(2) 집단 책임원칙: 개별 장관만 책임지는 것이 아닌 내각 전체가 책임
(3) 단독 내각구성을 위해 양당제와 조화(과반수 정당이 없는 경우 연립내각이 구성되어
    정국의 혼란 가능)
(4) 영국 · 독일 등 유럽 주요국, 일본, 호주

2. 대통령제
(1) 대통령의 정치적 책임은 국민에게 한정되며 의회에 대해 책임지지 않음(대통령 임기
    고정성)
(2) 대통령의 각료 임면권
(3) 행정부에 다양한 의견 반영을 위해 다당제 형태와 조화
(4) 미국, 남미 · 중동 · 아프리카 주요국

보충

● 내각불신임권
  의원내각제에서 내각은 의회의 신임에 의해 구성되므로 의회가 내각에 정치적 책임을
물어 불신임을 결의하면 내각은 연대책임을 지고 총사퇴해야 한다.

● 법률안거부권
  국회에서 의결되어 정부에 넘어온 법률안에 대하여 대통령이 이의(異議)가 있을 경우에
대하여 이의서를 첨부하여 국회에 제출, 재의(再議)를 요구할 수 있는 권한이다.

⑷ 대통령제와 의원내각제의 장단점 비교

1) 의원내각제 장점

의원내각제는 의원이 곧 정부를 구성하기 때문에 정치적 책임과 국민적 요구에 민감하다는 민주적 요청에 충실하다는 장점이 있다. 또 정치상황 변화에 유연한 대처가 가능하고, 의회와 내각의 긴밀한 협조가 용이하기 때문에 능률적인 정책수행이 가능하다. 이에 따라 정치적 대립의 신속한 해결도 가능하다. 정당정치에 유리하며, 유능한 인재를 등용하는 것도 용이하다는 장점이 있다.

2) 의원내각제 단점

그러나 의원내각제는 군소정당 난립시 빈번한 불신임이 이어질 가능성과 정국이 불안정해지는 치명적인 단점을 지닌다. 즉 연립정권(내각) 수립시 강력한 정책추진이 곤란해지며, 단독 내각의 경우 다수당의 횡포를 막을 길이 없다는 단점도 있다. 따라서 의회가 정쟁의 장소가 될 수도 있다. 그러므로 효율적인 의원내각제가 운영되기 위한 전제조건은 양대정당제가 확립되어 있어야 한다는 것이다.

3) 대통령제 장점

대통령제는 대통령의 임기 동안은 정국이 안정되어 국가정책의 연속성이 보장된다는 장점이 있다. 이에 따라 대통령 중심의 강력한 정책수행이 가능해 능률행정의 실현이 가능하다. 또한 대통령의 법률안거부권으로 의회 다수당의 횡포를 방지하는 것이 가능하다. 그러므로 의회의 졸속 입법 방지가 가능하다는 장점이 있다.

4) 대통령제 단점

그러나 임기가 보장되기 때문에 대통령은 임기 동안 정치적 책임에 둔감해질 수 있으며, 급변하는 정치상황에 탄력적인 대응이 곤란하다. 또 의회와 행정부가 대립시 조정이 곤란하며, 의회와 행정부가 상호 독립되어 있기 때문에 정당정치와 부조화를 이룰 가능성도 있다. 또 정치적 엘리트의 훈련 기회가 적고, 강력한 대통령 권한으로 독재정치로 변질될 가능성도 배제할 수 없다.

● 대통령제의 기타 문제점

1. 임기 말 권력누수 현상 발생(레임덕)

2. 단임제의 경우 여론평가에 둔감(국민의사와 부합하지 않는 정책추진 가능)

3. 임기 중 업적을 내기 위해 무리한 정책집행 우려(회고적 투표-기존 정부의 행정에 만
   족하면 동일 정당 후보를, 그렇지 않은 경우 상대당을 지지, 개인의 책임을 정당의 책
   임으로 전가)

4. 여소야대(분점 정부)인 경우 책임 소재 불명확

2. 이원집정부제(프랑스의 경우)

(1) 의   미

의원내각제 요소와 대통령제 요소를 결합한 정부형태로 위기시에 대통령의 행
정권 행사가 허용되나 평상시에는 내각수상이 행정권을 담당하고 의회에 책임을
지는 형태를 말한다. 프랑스는 정치적 스펙트럼이 매우 다양했던 나라로 독특한
정치체제를 이루고 있다.

(2) 정부형태

① 내각이 의회에 구성되므로 의원내각제로도 운영이 가능하다.

② 대통령이 직선되고 강력한 권한을 가지므로 순수한 의원내각제와는 다르며,

③ 평상시 대통령은 외교 · 국방의 대외적 권한을 행사하고, 수상은 행정의 전반
적인 역할을 수행한다.

④ 비상시 대통령은 비상대권을 발휘하여 수상을 해임하고 행정권을 장악해 강
력한 업무수행이 가능하다.

(3) 장   점

대통령과 수상이 동일한 정당일 경우 강력한 대통령 중심의 국정운영이 가능하

나, 독재가 우려되고, 대통령과 수상이 다른 정당일 경우 의원내각제적 운영이 가능하다. 일명 동거내각이라 하나 이때 정국이 불안해진다는 단점도 있다.

그러나 대통령의 중재로 내각과 의회의 대립을 해소하기 수월하고, 국가 비상시 신속하고 효율적인 대처가 가능하며, 내각제의 장점인 정당정치 발전에 기여한다는 장점이 있다.

(4) 단　점

그러나 전시가 아닐 경우 의원내각의 단점이 모두 나타날 가능성이 있다. 대통령과 수상이 동일 내각시 내각이 대통령에 소속된 보좌기관으로 전락할 가능성이 있고, 동거내각시 대통령(소수당)과 수상(다수당) 간 갈등으로 정국이 매우 불안할 가능성, 행정권의 이원화에 따른 정치적 책임이 불명확해질 수 있다는 점, 대통령의 비상대권 남용시 대통령의 독재 가능성도 배제할 수 없다는 점이 단점으로 지적된다.

📋 참고	이원집정부제의 구성
대통령	• 국민이 직접 선출(민주적 정당성이 있어 의회는 대통령 불신임 불가) • 비상시 긴급권 행사 • 내각과 의회에 대해 우월적 지위
내각	• 의회에 의해서 구성되고, 의회에 의해서만 책임을 짐 • 수상은 다수당이 추천한 자를 대통령이 임명 • 내각구성원은 의원 겸직 불가 • 의회해산권 없음 • 야당이 다수당인 경우 다수당이 추천한 자 임명(동거정부 성립 가능-대통령과 다수당이 임명한 내각이 다른 경우)
의회	• 국민회의(하원)-직선, 상원-간선 • 내각에 불신임 가능(의원내각제적 요소)

Ⅱ. 각국의 정부형태 특징

1. 우리나라의 정부형태

(1) 원 칙

대통령제를 기반으로 의원내각제적 요소를 가미한 혼합형 정부형태로 구성되어 있다.

(2) 대통령제 요소

① 대통령과 의회의원을 국민이 직접 선출하며 국민의 직접선거에 의해 선출된 대통령이 행정부를 구성한다. 여기에서 직접선거란 대의제에 의한 국회 간접선거도 포함된다.

② 대통령제는 엄격한 권력분립을 추구하며 견제와 균형을 정부구성에 중요한 축으로 본다.

③ 또한 대통령의 법률안거부권은 의회 다수당의 횡포를 저지할 수 있는 수단이다.

| 관련조항 |

헌법 제53조 법률안에 이의가 있을 때에는 대통령은 이의서를 붙여 국회로 환부하고, 그 재의를 요구할 수 있다. 국회의 폐회 중에도 또한 같다.

(3) 의원내각제적 요소

① 국무총리제, 국무회의제, 부서제도

| 관련조항 |

헌법 제82조 대통령의 국법상 행위는 문서로써 하며, 이 문서에는 국무총리와 관계 국무위원이 부서한다. 군사에 관한 것도 또한 같다.

헌법 제87조 국무위원은 국무총리의 제청으로 대통령이 임명한다.

헌법 제88조 국무회의는 정부의 권한에 속하는 중요한 정책을 심의한다.

② 행정부의 법률안제출권(대통령제 ×)

> | 관련조항 |
> 헌법 제52조   국회의원과 정부는 법률안을 제출할 수 있다.

③ 국회의원의 국무위원 겸직 가능

> | 관련조항 |
> 헌법 제43조   국회의원은 법률이 정하는 직을 겸할 수 없다.
> 국회법 제29조   의원은 정치활동 또는 겸직을 금지하는 다른 법령의 규정에 불구하고 다음 각호의 1에 해당하는 직을 제외한 다른 직을 겸할 수 있다.

④ 국회의 국무총리와 국무위원에 대한 해임건의권

> | 관련조항 |
> 헌법 제63조   국회는 국무총리 또는 국무위원의 해임을 대통령에게 건의할 수 있다.

⑤ 국무총리와 국무위원의 국회 출석 · 발언권

> | 관련조항 |
> 헌법 제62조   국무총리 · 국무위원 또는 정부위원은 국회나 그 위원회에 출석하여 국정처리상황을 보고하거나 의견을 진술하고 질문에 응답할 수 있다.

⑥ 국회의 국무총리 임명동의권

> | 관련조항 |
> 헌법 제86조   국무총리는 국회의 동의를 얻어 대통령이 임명한다.

⑦ 국회의 대통령 결선투표제도

> | 관련조항 |
> 헌법 제67조   최고득표자가 2인 이상인 때에는 국회의 재적의원 과반수가 출석한 공개회의에서 다수표를 얻은 자를 당선자로 한다.

(4) 우리나라 정부형태에 대한 평가

① **장점**   임기가 보장되기 때문에 대통령의 임기 동안은 지속적이고 강력한 정책수행이 가능하고, 대통령의 법률안거부권 행사로 다수당의 횡포를 견제할 수 있다.

② **단점**   대통령 단임제로 임기 후반에 정책의 연속성 저하와 권력누수현상 (레임덕)이 주로 나타난다. 또한 임기가 보장되기 때문에 무능한 정권에 대한 심판이 오로지 선거로만 가능하다는 단점도 있다.

(5) 우리나라 정부형태의 변화과정

① 제1공화국: 대통령제
- 1차 개헌(발췌개헌): 간선제 → 직선제, 양원제(실시되지 않음)
- 2차 개헌(사사오입개헌): 초대 대통령에 한해 중임 제한 폐지

② 제2공화국: 의원내각제
- 3차 개헌(4 · 19개헌): 내각책임제
- 4차 개헌(소급입법): 반민족행위자 처벌

③ 제3공화국: 대통령제
- 5차 개헌(5 · 16개헌): 대통령 1차 중임 가능, 단원제 국회
- 6차 개헌(삼선개헌): 대통령 재임 3기로 연장

④ 제4공화국: 신대통령제(영도적 대통령제, 강력한 대통령제)
- 7차 개헌(유신헌법): 임기 6년, 통일주체국민회의에서 간선 중임, 연임제한 규정 폐지

⑤ 제5공화국: 대통령제
- 8차 개헌(12 · 12개헌): 7년 단임, 대통령 선거인단에서 선출

⑥ 제6공화국: 대통령제
- 9차 개헌(6 · 29개헌): 5년 단임, 직선제(현재 시행 중)

● 3권분립 및 견제와 균형의 원리

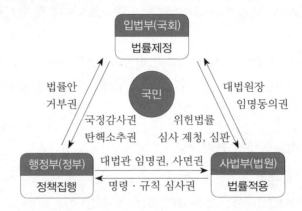

대통령제는 입법, 사법, 행정의 삼권을 엄격히 분리시키는 특징이 있으며, 견제와 균형의 원리에 충실한 정부형태이다. 우리나라 헌법도 입법권은 국회에(제40조), 행정권은 대통령을 수반으로 하는 정부에(제66조 제4항), 사법권은 법관으로 구성된 법원에(제101조) 속한다는 것을 명시하고 있으며, 삼권이 서로 견제할 수 있는 제도적 장치를 규정하고 있다.

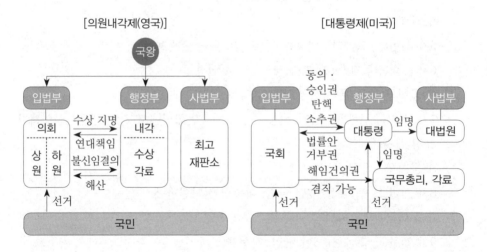

대통령제에서는 대통령과 의원을 국민이 각각 선출하므로 대통령은 유권자에게 책임을 질 뿐 의회의 신임과 무관하다. 반면, 의원내각제에서는 의회선거만 치르며, 의회 다수당이 내각을 구성하기 때문에 총리는 의회의 신임에 구속되고 내각은 의회에 대해 책임을 진다.

● 우리나라 정부형태

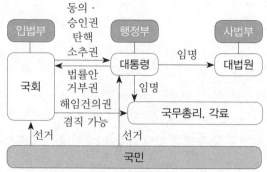

우리나라 정부형태는 대통령제를 기반으로 의원내각제적 요소를 가미한 것이다.

● 이원집정제

이원집정제는 프랑스가 대표적으로 채택하고 있는 정부형태이다. 대통령과 의회는 국민에 의해 직접 선출되지만, 총리가 헌법에 근거하여 행정권을 대통령과 공유한다. 대통령은 총리를 임명하고 내각을 통해 통치하며, 총리는 내각의 각료를 임명한다. 한편, 총리와 내각은 의회의 신임에 의존한다. 즉, 이원집정제는 외형상 대통령제와 유사하지만 작동 원리는 의원내각제적 속성을 많이 포함하고 있다. 또한 대통령의 정당이 의회 내에서 소수당일 경우 대통령은 다수당 출신의 총리를 임명하게 되는데, 이처럼 서로 다른 정당 출신의 대통령과 총리가 행정권을 나누어 가지는 경우를 '동거정부'라고 부른다.

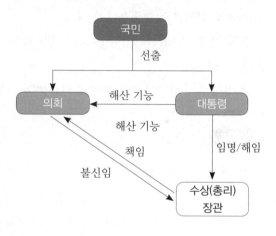

2. 미국의 대통령제

(1) 구   성

대통령 4년 임기로 선거인단에 의해 선출된다. 부통령은 상원 의장직을 겸임하며, 투표권은 없으나 가부동수일 때 casting vote(캐스팅보트)를 행사한다. 상원은 각주 2명씩 6년 임기로 선출되며, 하원은 각주의 주민 수에 따라 2년 임기로 선출된다. 연방대법관은 상원의 동의를 얻어 대통령이 임명하고 종신제이다.

(2) 기능적 독립

대통령은 의회에 대해 책임지지 않는다. 입법권은 의회가 독점하며, 행정부는 법률안제출권이 없다.

(3) 견제 · 균형 원리

① **의회**   의회는 전쟁선포권한(선전권한)이 있으며, 탄핵심판의 경우 하원이 소추하고, 상원은 심판권을 갖는다.

② **행정부**   법률안거부권(10일 이내 재의요구)과 법률안에 대한 보류 거부가 가능하다.

③ **법원**   헌법상 명문은 없지만 위헌심사권을 보유하고 있는 것으로 본다.

🔎 보충

● **미국의 대통령 선거 방식**

① 형식적 간접선거: 국민은 선거인단을 선출하고, 선거인단이 대통령 선출

② 실질적 직접선거: 선거에서 각 정당의 대통령 후보를 지명할 대의원 선출, 선거인단은 미리 자신이 선출할 대통령 후보를 정해 놓기 때문에 이를 감안하여 선거인단을 선출하므로 실질적인 직접선거

③ 대통령 당선을 위해서는 전체 선거인 538명 중 270명 이상 확보해야 함

④ 문제점: 승자독식제도(winner-take-all)로 유권자 득표수에서 지고도 선거인단 수에서 승리하여 당선 가능

---

3. 한국과 미국의 대통령제 비교

구분	미국	한국
행정부의 법률안제출권	×	○
국무위원의 의회발언권	×	○
의원의 국무위원 겸임	×	○
부통령제	○	×
대통령의 법률안 보류거부권	○	×
대통령의 법률안 환부거부권	○(10일 내)	○(15일 내)
부서제도	×	○
국무회의 성격	자문기관, 임의기관	심의기관, 필수기관
대통령 권한 대행	부통령	국무총리 → 국무위원
대통령 임기	4년 연임제	5년 단임제
상원(국회)의장	미국 부통령이 겸임	국회에서 선출

4. 영국의 의원내각제

(1) 상 원

왕이 임명하며 정원이 없다. 재정법안을 제외하고 법안제출이 가능하며, 최고법원(法院)의 기능을 한다. 상원의장인 대법관도 수상의 지명에 의해 국왕이 임명한다.

(2) 하 원

국민에 의해 직선되며 다수당의 대표가 내각의 수상이 된다. 내각이 하원 다수당의 간부회의와 유사하며 내각이 실질적인 정책결정을 담당하게 된다.

≫ 제2장
정치참여와 선거

I. 선거제도

1. 선거의 의의

(1) 의　　미

국민의 합의에 바탕해 민주주의 구현을 위한 국가기관을 선임하는 행위를 말한다.

(2) 의　　의

대의제를 위해 필수적인 제도인(대의제의 필요조건) 선거는 국민이 정책결정 과정에 참여하는 가장 기본적인 수단으로 국민의 주권을 실현하는 수단이기도 하다. 선거를 통해 국정에 다양한 국민여론을 반영할 수 있고, 대표자가 선거를 통해 나타난 민의(民意)에 따라 사회문제를 해결함으로써 사회통합에 기여할 수 있다.

(3) 기　　능

선거제도는 대표자를 선출하며, 정치권력에 정당성을 부여하고, 권력을 통제하는 수단의 기능을 하며, 여론을 표출하여 전달하는 기능과 국민의 주권의식을 함양하는 기능을 수행한다.

① 대표자 선출　행정사무와 사법부처럼 전문적 지식이나 경험을 요구하는 직책을 충원하는 수단으로는 부적합하다. 대표자를 선출할 때 대개 그의 전문성보다는 인기 또는 명성에 기대 선출되는 경우가 많기 때문이다.

② 정치권력에 정당성 부여　당선된 대표자에게 정치권력과 정책결정권에 대

한 지지를 통해 정당성을 부여한다. 그러나 투표율이 낮은 경우 정당성 확보가 곤란하다.

③ **권력 통제수단**　다음 선거 재신임을 위해 임기 중 책임정치를 하도록 하는 권력을 통제하는 수단으로써 기능한다.

④ **여론 표출 · 전달**　의석수 확보를 위해 유권자의 의사를 반영하는 정책을 개발하여 여론을 표출하고 전달하는 기능을 한다.

⑤ **주권의식 함양**　국민의 국가정책에 대한 관심과 주인의식을 고취시킨다.

2. 민주선거의 4대 원칙

(1) 보통선거(↔제한선거)

일정 연령 이상이면 모든 국민에게 성별, 이념, 인종, 재산, 학력 등과 무관하게 선거권과 피선거권을 부여해야 한다.

(2) 평등선거(↔차등선거)

표의 수와 가치가 동일해야 되는 원칙(one man, one vote/one man, one value)을 말한다.

(3) 직접선거(↔간접선거)

선거인이 대리인을 거치지 않고 직접 대표자를 선출하는 제도이며, 선거인단을 통한 선출방식, 우편투표, 전자투표 등을 포함하는 개념이다.

(4) 비밀선거(↔공개선거)

선거인의 의사결정이 타인에게 알려지지 않도록 하는 원칙을 말한다. 선거기관을 일반행정기관과 별도로 구성하는 것은 비밀선거원칙과 관련된 예이다.

● 4대원칙 관련 사례

구분	합리적 사례	위반사례
보통선거	외국인 선거권 배제 피선거권자의 연령 제한	과도한 기탁금 요구 선거 연령 제한을 지나치게 높게 규정
평등선거	비례대표제의 의석배분과 관련한 봉쇄 조항	무소속과 정당 후보자 간 차등 기탁금 선거구 간 인구차가 과도한 경우
직접선거	고정명부제에 의한 비례선거 직접선거원칙에 부합 순서- 고정 < 가변 < 개방	투표실시 후 비례대표제에 의한 전국구 후보 순위나 사람을 바꾸는 것
비밀선거	무소속 후보자의 추천자 서명요구 출구조사	투표 불참자의 명단공개

3. 선거의 종류

(1) 총선거

임기종료 후 전원을 선출하는 것을 말한다.

(2) 재선거

임기 개시 전의 사유로 당선이 무효가 되어 다시 선출하는 것을 말한다(선거 기간 중 부정선거에 대한 당선 무효나, 임기 개시 전 당선자가 사망하는 경우, 선거 전부가 무효판결이 난 경우에 해당한다).

(3) 보궐선거

임기 개시 후 결원이 생겨 하는 선거를 말한다.

헌법 제68조 ① 대통령의 임기가 만료되는 때에는 임기만료 70일 내시 40일 전에 후임자를 선거한다.

② 대통령이 궐위된 때 또는 대통령 당선자가 사망하거나 판결 기타의 사유로 그 자격을 상실한 때에는 60일 이내에 후임자를 선거한다.

공직선거법 제201조 보궐선거 등은 그 선거일부터 임기만료일까지의 기간이 1년 미만이거나, 지방의회의 의원정수의 4분의 1 이상이 궐원되지 아니한 경우에는 실시하지 아니할 수 있다.

4. 바람직한 선거문화

(1) 태   도

① 유권자   유권자는 선거에 적극적으로 참여하며, 합리적인 근거에 따라 자유로운 의사결정으로 소신투표를 해야 할 것이다.

② 입후보자   입후보자는 법을 준수하는 선거운동을 하여야 하며, 실천 가능한 정책 중심의 공약을 제시하여야 할 것이다.

(2) 올바른 선거문화 정착

올바른 선거문화 정착을 위해 입후보자와 유권자의 의식개혁이 필수적이다.

(3) 민주정치와 공명선거 실현

① 공명정대한 선거를 실현하기 위하여 선거인 명부 확인, 선거의 전 과정 공고, 참관인제도 도입 등을 실시한다.

② 민주정치의 발전의 조건: 국민의 자유로운 의사결정과 입후보자들의 공정한 경쟁을 통한 대표가 선출되어 정부를 구성한다면 국가권력의 정당성이 확보될 것이며, 민주정치가 발전하게 될 것이다.

5. 선거구제의 종류

(1) 소선거구

① 의미　　하나의 선거구에서 1인만 선출하는 제도이다.

② 대표제　　다수대표제(최다 득표자 1인만 당선)와 결합되어 운영된다.

③ 장점　　1인을 선출하기 때문에 다수세력 형성에 용이하고 따라서 양당제 확립이 용이해진다. 양당제가 확립되면 정국이 안정되고, 연립내각의 필요성이 감소(의원내각제와 융화 가능)된다. 좁은 범위에서 선거운동을 하기 때문에 유권자의 관심이 증가하고, 당선자의 지역 대표성이 향상되며, 선거비용이 절감되고, 선거 관리와 감독이 용이하다는 장점이 있다.

④ 단점　　그러나 1인을 선출하는 것은 유력한 정당소속 후보만 당선 가능성이 증가하여, 정치신인 발굴이 곤란해지며, 사표가 증가하고, Bias 현상이 발생할 수 있다. 또 소수당의 원내 진출이 곤란하며, 좁은 범위에서 지역적 인물이 당선될 가능성이 높으며, 투표 결정시 정책보다는 학연·지연을 중시하게 되고, 선거운동이 과열될 우려와 게리멘더링 가능성이 증가하고, 부정선거 발생 가능성이 높아지며, 유권자의 인물 선택의 범위가 좁다는 단점이 있다.

(2) 중대선거구

① 의미　　하나의 선거구에서 2인 이상을 선출한다.

② 대표제　　소수대표제와 결합(득표순으로 2인 이상 당선)하여 운영된다.

③ 장점　　다수를 선출하기 때문에 소수 세력 형성이 용이하고, 정치신인의 당선 가능성, 사표 감소, Bias 현상 감소와 소수당의 원내 진출이 가능해지고 다양한 이해관계를 정책에 반영할 수 있게 된다. 넓은 범위에서 전국적 인지도가 있는 후보가 당선될 가능성이 높고, 투표 결정시 학연·지연보다 정책을 중시하고, 금권선거 등 부정선거가 감소한다. 또한 유권자는 많은 후보로 선택 범위가 확대된다는 장점이 있다.

④ 단점　　다수를 선출해 군소정당 소속 후보의 당선 가능성은 증가하나, 군소정당이 난립할 가능성도 높아진다. 따라서 군소정당이 난립함에 따라 정국이 불안

정해질 수 있고, 동일 선거구 내 투표 가치의 차등 문제가 발생할 수도 있다. 선거가 넓은 범위에서 이루어지다 보니 유권자의 무관심을 유발하거나, 후보자의 선거비용이 증가하는 문제, 선거관리·감독이 곤란해지고, 유권자와 당선자의 유대관계가 저하될 수 있다는 단점이 있다.

💡 보충

● Bias 현상

득표율과 의석수가 역전되는 현상(평등선거원칙 문제 발생)

● 표의 등가성 보장

선거구별로 선거인 수에 큰 차이가 있는 경우 1인 1표의 선거라 해도 1표의 차이가 달라지므로 법률로 선거구의 크기를 결정하여 이를 방지

6. 대표선택제도

(1) 다수대표제

① **상대다수대표제**　　상대다수대표제는 한 표라도 많은 득표자가 당선(영, 미국)되는 형태이다.

당선자 결정이 쉽고 간편하며, 정국이 안정된다는 장점이 있으나, 사표 발생 가능성이 높고, 소수 정당 후보를 지지하는 유권자들의 투표율이 낮아질 수밖에 없다. 또한 투표(대표)의 역설이 발생할 우려가 있다.

② **절대다수대표제**　　절대다수대표제란 과반수 이상 득표자 1인만 선출하는 제도를 말한다. 대표적으로 프랑스가 채택하고 있다.

　㉠ 결선투표제: 과반수 도달시까지 반복투표를 실시하는 방법으로, 선거를 두
　　　번 이상 실시하므로, 경제적 낭비(선거비용)와 시간이 낭비될 가능성이 높다.

　㉡ 선호투표제: 유권자의 선호 순서대로 투표용지에 기표해 1순위 득표에서 과
　　　반 득표자가 없을 경우 가장 적은 표를 얻은 후보를 탈락시키고, 탈락자의 2

순위 지지자를 나머지에 배분하여 합산하여 과반수가 나올 때까지 반복하는 형태이다.

(2) 소수대표제

한 선거구에서 2인 이상 선출하는 제도로 중대선거구를 전제로 한다. 단기투표제(후보자 1명에게 투표)와 제한연기투표제(의원정수보다 적은 수 투표), 누적연기투표제(가진 투표 수 중 한 후보자에게 중첩하여 투표 가능)가 있다.

(3) 비례대표제

정당의 유효 득표율에 따라 의석수를 배분한다. 평등선거원칙에 가장 충실한 방법이며, 소수 보호에 유리하고, 사표를 방지할 수 있으며, 정당본위 선거제도를 발전시키는 데 기여할 수 있다. 또한 보궐선거를 줄여 선거비용의 절감을 가져오며, 선거구획 문제를 해결하는 장점이 있다. 그러나 군소정당 난립시 연립내각의 필요성이 증가하고, 정국이 불안정해지며, 선거인과 의원과의 유대관계가 약화될 우려와 정당의 민주화가 안 된 경우 간부의 횡포 가능성도 배제할 수 없다.

(4) 직능대표제

직업별 의석수 배분으로 다양한 직업군의 이익을 대변하는 제도이다.

참고   대표제별 비교

(1) 사표 발생 가능성: 다수대표제 > 소수대표제 > 비례대표제
(2) 선거관리 용이성: 다수대표제 > 소수대표제 > 비례대표제
(3) 소수정당 진출 가능성: 비례대표제 > 소수대표제 > 다수대표제
(4) 유권자와의 친밀도: 다수대표제 > 소수대표제 > 비례대표제

● 비례대표제 유형

1. 정당명부식

정당 득표율에 따라 정당이 미리 정해 놓은 순위대로 당선자 확정

2. 단기이양식

(1) 선호투표제를 바탕으로 함

(2) 투표지에 선호에 따라 기표하고 당선 확정자의 잉여표와 당선 불가능 후보자의 표는 다음 선호 후보의 표로 이양

● 정당명부식 비례대표제

구분	고정명부식	가변명부식
의미	정당은 후보자의 순번 결정 후 명단 제출 유권자는 선호 정당에만 기표	정당은 명단만 제출 선호 정당과 선호 후보에 모두 기표
유권자선택	선호 정당 지지	선호 정당의 후보자 직접 선택(직접 선거 원칙에 더욱 충실)
당선자결정	의석수: 정당 득표율에 따라 결정 당선자: 명부 순번에 따라 결정	의석수: 정당 득표율에 따라 결정 당선자: 유권자 선호도에 따라 결정
선거운동	후보자는 정당에 대해서만 선거운동	후보자는 정당과 본인에 대해 모두 선거운동
지도층의 권한	순번 결정에 대한 당 지도부의 권한 강화	• 당 지도부의 권한 약화

II. 우리나라의 선거제도

1. 각 선거 비교

우리나라는 총 3회의 선거를 치르고, 3회의 선거에서 총 11표—대통령(1표), 국회의원선거(총선 2표: 지역구와 비례대표), 지자체장(2표)과 지방의원(4표) 그리고 교육감(1표)과 교육의원선거(1표)—의 투표권을 행사한다. 우리나라 국민이라면 일정 연령에만 달한다면 누구나 피선거권과 공무담임권을 가지며, 이에 따라 대통령은 만 40세 이상, 국회의원·지자체장·지방의원·교육감·교육의원은 만 25세 이상이면 출마가 가능하다.

구분	대통령 (1표)	국회의원 (2표)	지자체장 (2표)	지방의원 (4표)	교육감 (1표)	교육의원 (1표)
피선거권	40세 이상	25세 이상				
임기	5년	4년				
연임	단임	연임 가능	3선 가능	연임 가능	3선 가능	연임 가능
기탁금	3억원	1,500만원	광역: 5천만원 기초: 1천만원	광역: 300만원 기초: 200만원	1천만원	300만원
선거기간	23일	14일				
정당공천		가능			불가능	

💡 보충

● 기탁금

제도 자체는 후보자 난립 방지와 불법행위에 대한 제재금의 사전 확보라는 차원에서 합헌이나, 고액의 기탁금 요구는 보통선거원칙, 평등권과 피선거권 침해(15% 이상 득표인 경우 전액, 10~15% 득표인 경우 반액 반환)

2. 국회의원 선거

(1) 지역구(244)

지역구 선거는 소선거구제도를 채택하고 있으며, 각 정당은 전국 지역구 총수의 30% 이상은 여성을 추천하도록 노력해야 한다.

(2) 전국구(56)

우리나라는 정당별 득표수에 비례해 의석을 배분하는데, 이를 정당명부식 비례대표제라 한다. 종전의 1인 1표제(지역구 의석수 비례의석 배분)는 정당득표율과 의석배분율의 왜곡을 더욱 심화시키고, 직접선거·평등선거 원칙에 위배되어 위헌 결정을 받아 개선입법으로 현재 정당명부식 비례대표제가 시행 중이다.

정당이 명단을 제출할 때에는 50%는 여성을 의무적으로 추천해야 하며, 일반적으로 홀수 번에 여성을 추천한다. 의석은 군소정당 난립 방지를 위해 유효 총투표수의 3% 또는 5석 이상을 차지한 정당만 배분하는 봉쇄 조항이 있다. 전국구 의원은 당적을 변경할 시에는 의원직을 상실하게 된다.

| 관련조항 |
공직선거법 제21조 ② 하나의 국회의원지역선거구에서 선출할 국회의원의 정수는 1인으로 한다.

| 관련판례(2001.10.25, 95헌마92) |
단원제를 채택하고 있는 우리나라는 국회의원이 법리상 국민의 대표이기는 하나, 현실적으로 어느 정도의 지역 대표성도 겸하고 있다. 또한 인구의 도시 집중으로 도·농 간 인구편차와 지역 간 불균형이 현저한 우리의 현실로 인해 선거구 간의 인구비례의 원칙을 완화해야 할 필요성이 있다. 다수대표제하에서는 사표가 많이 발생하기 마련인데, 거기에 덧붙여 선거구 간 인구수의 현저한 편차까지도 허용한다면, 이는 곧바로 대의제 민주주의의 기본을 흔드는 결과를 초래할 수 있다. 따라서 선거구 간 어느 정도의 인구편차는 인정할 수 있지만, 3:1(상하 50% 편차)이 넘으면 안 된다. 향후 2:1까지 하향 조정해야 한다.

3. 지방선거(유권자 투표수 8개)

일반지방자치	단체장	광역	시장, 도지사	단순 다수대표제
		기초	시장, 군수, 구청장	
	지방의원	광역	지역구의원	소선거구제
			비례대표의원	정당명부제
		기초	지역구의원	중선거구제
			비례대표의원	정당명부제
특별지방자치	단체장	광역	교육감	단순 다수대표제
	지방의원	기초	교육의원	중선거구

4. 공정선거를 위한 제도

(1) 선거관리위원회

① **지위**   정치적으로 중립적인 독립된 합의제 헌법기관이다.

② **구성**   선거관리위원의 구성은 대통령이 임명하는 3명, 국회에서 선출하는 3명, 대법원장이 지명하는 3명으로 총 9인으로 구성된다. 위원장은 위원 중에서 호선(互選)하며, 임기는 6년이다.

③ **권한**   선거와 국민투표관리(선거법 위반 단속, 선거비용 조사), 정당사무 관리, 정치자금 배분 등을 한다.

(2) 선거구 법정주의

게리맨더링 방지를 위해 선거구는 법률로써 규정하며, 국회(선거관리위원회 ×)가 소속의 선거구획정위원회를 설치하여 정한다.

(3) 선거공영제

국가기관이 선거과정을 관리하고, 선거비용을 일부 부담한다는 것을 말한다. 기회균등과 선거과열을 방지하고 금권선거를 예방하는 기능을 하지만, 국가재정 부담과 후보자 난립 가능성의 문제점이 있다.

헌법 제114조 ① 선거와 국민투표의 공정한 관리 및 정당에 관한 사무를 처리하기 위하여 선거관리위원회를 둔다.

② 중앙선거관리위원회는 대통령이 임명하는 3인, 국회에서 선출하는 3인과 대법원장이 지명하는 3인의 위원으로 구성한다. 위원장은 위원 중에서 호선한다.

③ 위원의 임기는 6년으로 한다.

⑥ 중앙선거관리위원회는 법령의 범위 안에서 선거관리ㆍ국민투표관리 또는 정당사무에 관한 규칙을 제정할 수 있으며, 법률에 저촉되지 아니하는 범위 안에서 내부규율에 관한 규칙을 제정할 수 있다.

헌법 제41조 ③ 국회의원의 선거구와 비례대표제 기타 선거에 관한 사항은 법률로 정한다.

공직선거법 제21조 ① 국회의원지역선거구와 자치구ㆍ시ㆍ군의원지역선거구의 공정한 획정을 위하여 국회에 국회의원선거구획정위원회를, 시ㆍ도에 자치구ㆍ시ㆍ군의원선거구획정위원회를 각각 둔다.

헌법 제116조 ① 선거운동은 각급 선거관리위원회의 관리하에 법률이 정하는 범위 안에서 하되, 균등한 기회가 보장되어야 한다.

② 선거에 관한 경비는 법률이 정하는 경우를 제외하고는 정당 또는 후보자에게 부담시킬 수 없다.

💡 보충

● 게리맨더링(Gerrymandering)

'게리맨더링'이란 기형적이고 불공평한 선거구획정을 지칭하는 용어이다. 즉, 자기 정당에 유리하도록 선거구를 변경하는 일을 말한다. 선거구의 구분을 객관적이고 공평하게 실행하는 것이 어렵고 인원수가 적을수록 불공평한 구분을 하기 쉽다. 불공평한 구분으로 유명해진 것은 1812년 미국 매사추세츠주의 게리(Elbridge Gerry) 지사히에 만들어진 것으로 자기 당인 공화당에 유리하도록 선거구를 구분하였는데, 그 모양이 샐러맨더(salamander: 도롱뇽)와 같아서 상대편 당에서 샐러 대신에 게리의 이름을 붙여 게리맨더링이라고 비난한 데서 유래한 것이다. 거기에서 불공평한 구분을 일반적으로 게리맨더링(gerrymandering)이라고 하게 되었다. 어느 나라에서나 구분의 불공평을 호소하는 경우 그 구분을 '~맨더링'이라고 부르는 경우가 많다. 예를 들면 아일랜드에는 유명한 털리맨더링(tullymandering)이 있었으며, 일본에는 1954년의 하토(비둘기)맨더링(hatomandering)도 있었다.

◇◇◇

5. 우리나라 선거제도의 문제점

(1) 현 제도의 문제점

선거주기가 불규칙하여 사회적 비용(선거비용)이 증대되는 문제점과 다수대표제의 문제점인 사표의 과다 발생, 군소징당의 새로운 정치인이 진출하기 곤란하다. 대통령 단임제로 단기성과 위주의 정책을 진행하는 폐단이 발생하기도 한다. 또한 지역주의적 색채가 강한 투표로 당선자의 지역이 편중되어 있으며, 투표율이 저조해 당선자의 대표성과 정당성이 결여되는 문제점이 발생한다. 지방선거의 정당공천제로 인한 지방정치의 중앙정당에 의한 예속화도 심각하며, 정당의 비민주적 운영으로 유력 정치인에 의한 공천 영향력이 행사되기 때문에 부정부패가 발생하기도 한다. 또한 선거공약을 남발하는 경향으로 대중 영합적이거나 인기에 영합하는 공약이 남발되기도 한다.

(2) 논의되는 개혁안

선거주기로 인한 선거비용의 문제는 대통령 선거를 4년으로 총선과 일치시키는 방안으로, 사표문제와 군소정당의 정치신인 등장의 어려움은 중대선거구제로 개정함으로써, 지역주의적 색채는 비례대표의원 수를 확대하여, 단기성과 위주의 정책은 4년 중임제의 실시, 중대선거구제로 개정하여, 투표율 저조는 투표 인센티브제의 실시로, 정당의 비민주적 운영은 기초의원에 한해 정당공천을 금지하는 방안과 국민참여 경선 실시로, 공약의 남발은 매니페스토 운동을 전개하는 방법으로 선거제도의 문제점을 시정하는 개혁안으로 제시되고 있다.

🔎 보충

● 재외국민 참정권 보장

1. 배   경

2007년 헌법재판소에 의해 주민등록 여부를 요건으로 참정권을 행사하도록 한 규정의 헌법불합치 결정. 2009년 1월 1일부터 관련 규정 효력 상실

2. 내   용

국내에 거소신고를 한 재외국민에게 지방선거 (피)선거권 부여. 국정선거와 지방선거시 선거인명부에 등재 가능

3. 대   상

단기 체류자(여행자, 유학생, 주재원 등)는 물론 영주권자를 포함한 전 세계 모든 국민 참여

4. 의   의

(1) 재외 교표들의 국민으로서의 소속감, 일체감 부여

(2) 우리나라 민주주의 발전의 계기(참정권의 확대)

(3) 세계 속에 한인 사회 및 대한민국 국민의 위상 제고

(4) 재외국민들을 위한 한국 정부의 실질적 정책 가능

5. 문제점

(1) 교포 사회의 정치적 분열 초래

(2) 한국사회의 고질적 파벌 정치의 확산

(3) 투표 설비 인프라 부족

(4) 공관직원의 선거관리 경험 부족

(5) 부정선거 감독 기능 부족(복수 국적 적발 곤란)

(6) 납세와 국방의 의무를 지지 않는 재외국민들에게 동일한 권리 부여

(7) 재외공관에서만 투표가 가능해 접근성이 부족한 외국민 간 형평성 문제

● 매니페스토(manifesto)

1. 의　미
'손(manus)'과 '치다(fenere)'의 합성어로 약속이행을 다짐할 때의 '선언'에서 유래. 유권자에게 공약을 제시할 때 이행 가능성, 예산확보 근거 등 구체적 제시

2. 의　의
막연한 장밋빛 공약 감소, 실현 가능한 정책 제시, 임기 중 공약에 대한 사후 평가 가능

3. 전제 조건
시민단체의 불편부당한 자세와 전문성 구비 필요

≫ 제3장
정당, 이익집단과 시민단체

I. 정당과 민주정치

1. 정당의 의미

(1) 의   미

정당이란 정치적 견해를 같이 하는 사람들이 정권획득을 목적으로 만든 집단이다.

(2) 특   성

정권획득을 목적으로 하는 정치집단으로 정치적 책임을 지며, 특수 이익이 아닌 국민전체 이익(공익)을 대변하는 정강을 수립한다. 공개적이고 민주적 절차에 따라 수립된 공개 단체이지만 국가기관은 아니다.

(3) 유   형

① 일당제   일당제는 단일 정책을 강요해, 정부기구를 통제하여 독재의 가능성이 크다. 구소련과 동유럽의 공산주의 국가들, 독일의 나치당과 같은 독재정권이 대표적인 일당제의 예이다.

② 복수정당제   가치와 이념의 다양성을 보장하며, 유권자의 선택의 기회를 존중하는 제도로, 대부분의 민주주의 국가에서 정치적 다원주의의 실현을 위해 복수정당제를 채택하고 있다. 양당제와 다당제로 세분화된다.

(4) 기   능

① **정치적 충원**   정당의 가장 중요한 기능 중 하나로 선거에 후보자를 육성하고, 검증하여 배출하는 기능을 한다.

② **정강 개발**   유권자 지지 확보를 위해 국민의 의견이 반영된 정책을 개발하는 역할도 한다.

③ **정부조직과 통제**   정권을 획득한 정당(여당)은 정부를 조직하고, 그렇지 못한 정당(야당)은 정부를 비판하고 통제하여 여당을 견제한다.

④ **국민과 정부의 매개체**   국민들의 이익을 집약하여 정부에 전달하는 매개체 역할을 수행한다.

⑤ **의회와 정부의 매개체**   행정부를 장악한 정당(여당)과 의회를 장악한 정당(다수당)과의 교류(당정 협의체)를 통해 의회와 정부의 매개체 역할을 한다.

⑥ **정치사회화**   국민의 정치적 관심과 참여를 유도하는 정치사회화 기능을 한다.

⑦ **여론의 형성 및 조직화**   여론을 수렴, 취합하여 구체화하는 동시에 정책결정 과정에 반영하는 역할을 한다.

⑧ **사회통합**   시민사회 내의 갈등을 체제 내로 수용하여 조정하는 등 사회통합의 기능을 수행하기도 한다.

🔎 보충

● **정당형태의 변천**

간부정당	• 보통선거 확대 전 시간적 · 경제적 여유가 있는 유력 인사들로 구성
대중정당	• 보통선거 실시 후 대중의 지지를 기반으로 형성된 정당 • 다수의 소액 기부 형태로 운영 • 조직화된 정당운영(중앙당을 통한 중앙집권적 체제)
포괄정당	• 당파적 이해관계보다 국민전체를 고려하는 정당으로 발전 • 당원 이외의 다양한 계층(상대당 지지자 포함)의 지지를 얻어야 선거에서 승리(승리를 위해 이념적 정체성보다 정책적 합의 중시) • 당원들의 충성도, 결속력 약화(유권자 중심으로 변화)

카르텔정당	정당의 준국가 기관화: 시민들의 정당참여 감소로 국고보조금에 의존(정당 간의 담합을 통해 공생 모색)

2. 정당제도

(1) 민주국가의 정당

민주국가에서는 정당활동의 자유와 복수정당(양당제, 다당제)의 보장이 전제되어야 한다. 또한 정당 자체도 상향식 의사결정구조의 정착을 통해 민주적으로 운영되어야 할 것이다.

(2) 양당제와 다당제의 비교 – 의회 내 의석분포에 따른 구분

① 양당제

㉠ 특징: 의회 내 다수당이 될 능력이 있는 정당이 둘이고, 두 정당 사이에 정권교체가 일어나면서 다수당이 존재하는 정당제 유형을 양당제라고 한다. 소선거구제(다수대표제)에서 형성이 유리하며, 의원내각제와 조화가 가능하다.

㉡ 장점: 양당제는 정치적 책임 소재가 명확하며, 유권자의 정당선택이 용이하고, 정국안정 및 강력한 정책을 추진하는 것이 가능해지는 점과 평화적 정권교체가 용이하다는 점을 장점으로 들 수 있다.

㉢ 단점: 그러나 국민의 다양한 의견을 반영하기 곤란하며, 정당 간 대립시 중재 또한 곤란하다. 다수당의 횡포시 소수당이 무시할 수 있으며, 국민선택의 폭이 좁아질 우려도 있다.

㉣ 국가: 양당제를 택하고 있는 나라는 미국, 영국, 한국이 대표적이다.

② 다당제

㉠ 특징: 다당제는 의회 내 다수당이 존재하지 않아 다수결(과반)을 위해 정당연합이 일상화되어 있는 정당제 유형을 말하며, 세 개 이상의 정당이 경쟁하는 중·대선거구제, 비례대표제 내에서 형성되는 데 유리하다.

㉡ 장점: 양당제와 달리 다당제는 정당 간 대립시 중재가 용이하며, 유권자의 정

당선택의 범위가 넓고, 따라서 다양한 민의기 국정에 반영될 수 있으며, 소수자 이익 보호에도 유리한 장점이 있다.

ⓒ 단점: 그러나 군소정당 난립시 정국이 불안정해지는 것과 연립내각시 책임소재가 불분명하다는 점, 강력한 정책실현이 곤란하며, 국민의 정당선택에 혼란을 야기할 수도 있다는 단점도 있다.

ⓔ 국가: 대표적으로 이탈리아, 프랑스, 독일이 다당제를 취하고 있다.

3. 한국의 정당제도(선관위에 의해 관리)

(1) 복수정당제도

정당설립의 자유와 정당 가입 · 탈퇴의 자유가 보장되고 정당 등록제의 실시로 복수정당제를 보장하고 있다.

(2) 권   리

일반 법원이 아닌 헌법재판소의 위헌정당해산심판에 의해서만 해산되며, 국고보조금이 지급되는 권리를 누린다.

(3) 의   무

정당에도 자유민주적 기본질서를 존중할 의무가 있으며, 민주적인 조직 · 활동과 정당의 재원을 공개할 의무가 있다.

(4) 정치자금

당비, 후원금, 기탁금, 국고보조금(선관위에 의해 분배) 등의 정치자금을 후원받는다.

(5) 정당해산

민주적 기본질서 위배시 헌법재판소에 의해 해산 판결로써 혹은 정당원들의 해산결의로 해산된다.

⑹ 등록취소

4년간 국회의원선거 · 지방선거에 참여하지 않은 경우나, 국회의원 총선거에서 의석을 얻지 못하거나 유효총투표수의 2/100 미획득시에는 정당의 요건에 미달한 경우로 보아 중앙선관위에 의해 등록이 취소된다.

| 관련조항 |

헌법 제8조 ① 정당의 설립은 자유이며, 복수정당제는 보장된다.

② 정당은 그 목적 · 조직과 활동이 민주적이어야 하며, 국민의 정치적 의사형성에 참여하는 데 필요한 조직을 가져야 한다.

③ 정당은 법률이 정하는 바에 의하여 국가의 보호를 받으며, 국가는 법률이 정하는 바에 의하여 정당운영에 필요한 자금을 보조할 수 있다.

④ 정당의 목적이나 활동이 민주적 기본질서에 위배될 때에는 정부는 헌법재판소에 그 해산을 제소할 수 있고, 정당은 헌법재판소의 심판에 의하여 해산된다.

정당법 제15조 등록신청을 받은 관할 선거관리위원회는 형식적 요건을 구비하는 한 이를 거부하지 못한다. 다만, 형식적 요건을 구비하지 못한 때에는 상당한 기간을 정하여 그 보완을 명하고, 2회 이상 보완을 명하여도 응하지 아니할 때에는 그 신청을 각하할 수 있다.

정당법 제44조 ① 정당이 다음 각호의 어느 하나에 해당하는 때에는 당해 선거관리위원회는 그 등록을 취소한다.

1. 법정시 · 도당수 및 시 · 도당의 법정당원수의 요건을 구비하지 못하게 된 때

2. 최근 4년간 임기만료에 의한 국회의원선거 또는 임기만료에 의한 지방자치단체의 장 선거나 시 · 도의회의원선거에 참여하지 아니한 때

3. 임기만료에 의한 국회의원선거에 참여하여 의석을 얻지 못하고 유효투표총수의 100분의 2 이상을 득표하지 못한 때

4. 우리나라 정당정치의 문제점

(1) 문제점

① **비민주적 정당**　후보자 공천과 정강수립 과정에서 당 간부가 절대적인 영향력을 행사하는 상향식 제도로 정당이 비민주적으로 운영되고 있다. 따라서 당원이 아닌 정당의 핵심인물에 의해 정당이 독점 운영되는 폐단을 보이기도 한다. 당직, 후보 선출시 경선제를 도입하며, 경선에 국민이 직접 참여하는 국민경선제도를 도입하는 방법과 공천제도를 개혁하거나, 지역조직 중심의 운영체계를 마련, 정당을 집단지도체제로 운영하는 방법과 당권과 대권을 분리하는 방법 등으로 비민주적인 정당의 문제점을 해결할 수 있다.

② **권력투쟁형 정당**　정당이 국민을 의식하기보다 정치권력 자체를 추구하는 오로지 선거 승리가 정당의 목표이며, 정책대결보다는 파벌정치화로 흐르는 권력투쟁형으로 변모하는 경향이 있다. 이러한 경향은 정당의 정책연구 기관을 강화하여 권력의 획득에 국민의 의사를 최대한 반영하는 방법으로 개선할 수 있다.

③ **지역주의 정당**　정당이 지역 간 분열을 조장하여 정책과 무관한 학연·혈연 등에 기초한 판단을 국민으로 하여금 내리게 하는 폐단이다. 이러한 문제점의 원인은 전국 정당이 부재하기 때문이다. 따라서 정당은 정책정당화하여야 하며, 중선거구 및 비례대표제를 확대하고, 지역감정을 조장하는 후보를 강력하게 처벌하는 방안이 대책으로 제시된다.

④ **하루살이 정당**　정치적 이해관계에 따라 창당·분당·통합 등이 이루어져 정치적 이념이나 원칙이 실종되는 이른바 하루살이 정당의 문제이다. 철새 정치인의 낙선을 통해 정치인의 정치의식을 고쳐시키고 국민이 정치의 중심에 있다는 것을 정치인들에게 각인시켜야 할 것이다.

⑤ **부정부패**　공천권을 이용한 정치자금을 요구하거나 정책 반영을 구실로 한 이익집단의 로비활동 등으로 정당의 부정부패현상이 일어나고 있다. 조직축소를 통한 정당의 효율성을 증대하여야 할 것이다.

⑥ **공약남발**　승리를 위해 실천의지와 가능성을 무시한 선심성 공약을 제시한다. 매니페스토 운동(공약실천운동)으로 공약을 철저히 분석하고, 실현 가능성이

있는지 여부를 국민이 스스로 판단하려는 노력을 하여야 한다. 또한 정당 내부에서도 이러한 공약을 남발하는 정당인에 대한 제재가 필요할 것이다.

⑦ 조세부담   정당이 국고보조금에 지나치게 의존하기 때문에 조세부담이 증가하게 되는데, 이는 진성당원을 장려하는 방안으로 해결할 수 있을 것이다.

💡 보충

● **정당의 후보선출 방식의 다양화에 따른 문제점**

1. 여론조사

질문지에 따라 결과가 왜곡될 수 있으며, 일반 유권자의 경우 정책이나 인물보다 이미지 등에 영향을 받음

2. Open Primary(개방형 예비선거)

일반 국민의 정치사회화 기능은 강화되나, 당원과 일반 유권자를 동일한 권한 부여로 인해 당원의 응집력 약화, 후보자는 정강보다 일반 이익에 부합하는 정책 중시(당의 정체성 약화)

3. 공천심사위원회

당 내·외 인사들로 구성된 위원회에서 선출(2~3배 선출 후 경선 실시하기도함)

4. 전략공천

당에서 필요하다고 인정되는 지역에서 경선과정을 생략, 당 간부의 권한 강화, 공천권을 이유로 불법정치자금 거래 가능

● **진성당원(기간당원, 주권당원)**

1. 평당원이 당비를 내고 이 당비로 당을 운영하는 정당을 지칭
2. 진성당원의 비중이 높은 경우 상향식 의사결정 구조가 형성됨

Ⅱ. 이익집단

1. 이익집단의 의미와 등장배경

특정문제에 관해 직·간접적인 이해관계 및 관심을 공유하고 있는 사람들의 자발적인 집단을 말하며, 압력단체라고도 한다. 이익집단은 구성원들의 공통의 이익을 증진시키기 위해 정책과정에 일정한 영향력을 행사한다. 즉, 이익집단은 스스로의 이익을 위해 집단을 구성하여 공동이익을 표명(interest articulation)하고 정책의제화를 위해 정치적 지지를 동원하며, 정책대안을 제시하는 등의 활동을 한다. 우리나라에서 영향력 있는 이익집단으로는 노동조합, 전국경제인연합회, 의사협회, 변호사협회, 약사회 등을 들 수 있다.

(1) 의   미

동일한 이해관계를 가진 사람들이 자신들의 이익을 위해 정부의 정책이나 행동에 영향을 주기 위해 결성한 단체를 말한다.

(2) 등장배경

현대사회의 다원화, 전문화, 급속한 변동으로 대의제의 한계로 등장했다. 한 집단이 형성되면 이에 반대되는 집단도 상응하여 형성된다(파도이론). 소비자집단과 같은 형태에 의한 혜택은 무임승차가 가능하여 조직결성이 쉽지 않다.

(3) 활동양상

자신들의 이익을 반영한 정책을 제시 또는 요구하거나, 정치 후원금을 제공하거나, 로비 활동, 소송제기, 집회 및 홍보 활동, 국제적 연대 활동, 정책결정자에게 정보제공, 언론보도, 파업 등을 통해 활동한다.

(4) 사   례

전경련(전국경제인연합회), 전교조(전국교원조합), 변호사협회, 약사협회 등이 있다.

2. 이익집단의 기능

(1) 순기능

정당의 기능을 보완하고 국민의 다양한 정치적 의사를 반영하며, 직능대표제적 역할을 통해 지역대표제의 결점을 보완하고 정부에 대한 견제와 감시의 기능과 정책결정시 정보를 제공하는 긍정적인 기능을 수행한다.

(2) 역기능

그러나 집단 이기주의(님비 · 핌피 현상, 바나나 현상)로 공익과 충돌하여 정책결정 과정에서 혼란을 초래하기도 하며, 정치권과 결탁하여 부정부패가 발생하여 민주 정치가 퇴보하거나, 건전한 의회정치 · 정당정치 발전에 역행하고, 침묵하는 소수의 의견을 무시할 가능성 등의 역기능을 초래하기도 한다.

3. 이익집단 간 갈등 극복을 위한 노력

이익집단 간 갈등 극복을 위해 민주적 가치와 절차에 따른 다양한 해결방안을 모색하여야 할 것이며, 국가별로 다양한 방식의 대안이 모색되고 있다. 예를 들어 직능대표제 도입, 로비제도, 사회적 합의제도(노사정위원회), 비례대표 후보자 명부 작성 과정에 직능대표성을 가미하는 등의 노력이 그것이다.

Ⅲ. 시민단체

1. 시민단체의 의의

(1) 의   미

공공이익(공공선)을 실현하기 위해 시민들의 자발적 참여로 구성된 단체를 시민 단체라 한다.

(2) 등장배경

정부 및 정당이 관심을 두지 않거나 해결하지 못하는 문제가 발생하였고, 대의민주제하에 시민의 의사가 제대로 반영이 되지 않으며, 고도의 산업사회로의 진입과 시민의 관심 분야의 다양화로 정부 능력의 한계와 같은 사회적 배경과 참여민주주의의 등장으로 시민의 정치참여가 활성화되는 정치적인 배경으로 또한 인류 공동의 문제해결을 위한 국제적 연대가 강화되는 국제적인 배경으로 인해 등장하기 시작하였다.

(3) 특   징

시민단체는 비영리, 비당파 단체로 공익을 추구한다. 첫째, 비영리단체로서 정부와 기업활동에 대한 감시와 견제역할을 비당파단체로서 정권획득을 목표로 하지 않아 정당과 구별할 필요가 있다. 둘째, 공익을 추구하므로 개인이나 집단의 사적 이익을 추구하지 않아 이익집단과 구별된다. 정부로부터의 독립을 추구하고 자발적인 단체이다.

(4) 종   류

환경단체, 소비자단체, 인권단체, 평화단체, 여성단체 등이 있다.

2. 시민단체의 활동과 문제점

(1) 활   동

시민단체의 활동은 시민사회의 활력을 증진시키며, 민주주의의 건강한 토대를 구축한다. 또한 정부의 정책을 비판하며, 여론을 형성하고, 대안을 제시하는 활동과 국제적인 연대 등의 활동을 통해 시민들의 자발적인 참여를 유도하고 일상생활에서의 변화와 개선을 추구하는 활동을 한다.

(2) 기   능

행정권력과의 갈등의 해결을 통해 정책조정자로서의 역할과 시민과 정부의 연결고리로 정책에 대한 의식 증진 및 변화를 시도하는 기능, 국가권력에 대한 감시와 견제기능, 정부와 관련된 공정한 정보를 제공하는 정보제공자로서의 역할, 시민의식을 계도하여 시민들의 사회참여 의식을 함양시키는 기능 및 사회적 약자의 권익보호와 사회문제의 정책의제화의 기능을 수행한다.

(3) 문제점

그러나 소수의 지도자에 의해 운영되는 '시민 없는 시민운동'의 경향이 나타나기도 하고, 재정자립도가 열악해 정부의 지원금에 의해 운영되어 관변단체로 전락할 수도 있는 문제점도 내포하고 있다.

(4) 방   향

시민단체의 방향은 초국가적 차원의 협력활동과 인터넷을 통한 참여를 확대하여야 할 것이다.

3. 우리나라 시민단체활동의 문제점('시민 없는 시민운동')과 과제

(1) 시민단체의 문제점

재정자립도가 취약하고, 일부 명망가 및 사회 지도층 중심으로 운영되는 비민주적인 문제점과 중앙집중식 조직구조, 과두적인 체제, 영향력에 비해 사회적 책임성이 취약한 점이 문제이다.

(2) 시민단체의 과제

시민단체의 공정성을 유지하며, 전문성을 제고하고, 전문적인 조직체계의 구축과 조직운영의 민주성을 확보하여 시민의 광범위한 참여를 유도하고 재정자립도를 확보하여야 하는 과제가 남아 있다.

● 시민단체의 종류

1. 정치분야

(1) 종류: 경실련, 참여연대, 시민사회단체연대회의, 언론개혁시민연대 등

경제정의실천시민연합(경실련): 경제정의의 안정적 유지를 통해 공정하고 깨끗한 사회를 만들기 위한 목적으로, 1989년 7월 시민 · 청년 · 서민층 등이 결성한 시민단체이다.

(2) 참여연대: 국가권력 감시 및 시민권리 획득을 목적으로 1994년 9월 10일에 설립되었으며, 시민참여, 시민연대, 시민감시, 시민대안을 목표로 범사회적 운동을 전개하고 있다.

2. 경제분야

(1) 종류: 녹색소비자연대, 한국소비자생활연구원, 우리농산물살리기운동본부 등

① 녹색소비자연대: 소비자의 권리를 보호하고 인간다운 사회를 건설하기 위해 소비자들이 1996년에 만든 시민단체이다.

② 한국소비자생활연구원: 시민들의 소비생활에 대한 전반적인 연구와 활동을 하는 곳으로 소비자 교육, 환경친화적 소비생활 연구 개발, 대정부 정책제안 등의 활동을 벌이고 있다.

3. 환경분야

(1) 종류: 환경운동연합, 녹색연합, 녹색교통운동 등

① 환경운동연합: 우리가 살고 있는 지구의 환경문제를 사회적으로 해결하기 위해 1993년 4월에 만든 환경운동단체이다.

② 녹색연합: 국토오염 방지를 목적으로 1994년 4월 7일에 설립되었다. 각종 환경운동을 펼치며 정부의 환경정책을 감시하고 야생동물 보전에도 노력하고 있다.

4. 문화보전 분야

(1) 종류: 문화시민운동중앙협의회, 청주시민회 직지 찾기 운동본부 등

① 문화시민운동중앙협의회: '작은 친절이 아름다운 세상을 만든다'는 구호 아래, 친절운동, 질서운동, 청결운동, 문화시민운동 등의 사업을 펼치고 있다.

② 청주시민회: 세계에서 가장 오래된 금속 활자본인 직지심체요절을 찾기 위해 1997년 3월에 조직되었으며, 여러 가지 문화사업을 벌이고 있다.

● 비정부기구(NGO)

NGO(non-governmental organization, 비정부기구)는 지역-국가-국제적으로 조직된 자발적인 비영리 시민단체로, '비정부성'을 강조한 개념이다.

(1) 개념: UN(국제연합)에 의해 공식적으로 사용되었던 NGO의 개념은 UN에서 국가기구와 관계를 맺고 협의하는 조직, 곧 정부 이외의 기구로서 국가주권의 범위를 벗어나 사회적 연대와 공공목적을 실현하기 위한 자발적인 공식조직을 의미한다.

(2) 기능: 공동의 이해를 가진 사람들이 특정목적을 위해 조직한 NGO는 다양한 서비스와 인도주의적 기능을 수행한다.

(3) 목적: 정부정책을 감시하고, 정보제공을 통해 시민의 정치참여를 장려하며 인권, 환경, 보건, 성차별 등의 특정 이슈를 추구하기도 한다.

국내 NGO 숫자는 1,000여 개. 6 · 29 이후 민주화 세대와 비판적 지식인들이 합법적 공간으로 자리를 옮겨 시민운동에 가담하면서 급증했다.

● 정당의 특징

정권획득이 목표, 공익추구 ↔ 이익집단과의 차이점

공개적인 정권획득 추구 ↔ 비밀결사와의 차이점

민주적 조직, 국민 전체의 이익도모 ↔ 당파와의 차이점

● 정당, 시민단체, 이익집단의 차이점

구분	목표	방향	정치적 책임	정부지원	공통점
정당	정권획득	공익추구	있음	있음	정부 비판 · 감시
이익집단	특수이익 달성	사익추구	없음	없음	정책결정에 영향력
시민단체	사회문제 해결	공익추구	없음	있음	행사

제4장
여론과 정치문화

Ⅰ. 여론정치와 언론

1. 여론정치

(1) 여론의 의의

① 의미　　특정 사회문제나 정치적 쟁점에 대하여 다수 사회 구성원이 가지는 공통된 의견(조직화되지 않은 시민의 의견)을 여론이라 하며, 마키아벨리는 이를 의사표현과 전달이 상호 가능한 능동적인 백성들의 소리(The voice of the people, the voice of God)라 칭한 바 있다.

② 특징　　여론의 영향력은 개별의견이 토론과 합의, 동의를 통해 여론으로 발전해 정책결정·집행 단계보다 정책의제를 설정하는 과정과 정책평가 단계에서 크게 나타난다.

③ 기능　　법률제정과 정책결정 과정에 영향을 미치며, 정치권력에 대한 비판과 견제의 기능, 국민적 통합과 사회적 안정의 기능을 수행—소수 의견도 고립되지 않기 위해 지배적 의견에 동조하는 경향이 있다(부화뇌동 현상이라는 부작용 발생)—한다. 자신의 의견이 집단성원에 의해 공유된다고 믿을 때 심리적인 안정감을 향유해 대중의 정서적 안정을 가져오는 기능과 여론이 반영된 정책이 결정될 때 자신의 행동이나 발언에 책임감을 갖게 되어 자율성과 일체감을 고취시킨다.

④ 부작용　　그러나 중우정치로 전락할 우려가 있으며, 정치권이 자신들의 유·불리에 따른 아전인수식 해설을 할 가능성과 여론조사 질문 조작 등을 통한 여론의 왜곡현상이 발생(대중 조작)할 수 있고, 승산 높은 후보에게 투표하는

Bandwagon 효과와 열세인 후보에게 동정표가 쏠리는 Underdog 효과가 발생할 가능성이 있다.

⑤ 유형　　여론의 유형으로 분산형과 합의형이 있고, 분산형은 찬성과 반대가 양극화되어 의견대립이 극심한 특징을 보이며, 합의형은 지배적인 의견이 형성되는 특징을 보인다.

| 관련조항 |

공선법 제108조　① 누구든지 선거일 전 6일부터 선거일의 투표마감시각까지 선거에 관하여 정당에 대한 지지도나 당선인을 예상하게 하는 여론조사의 경위와 그 결과를 공표하거나 인용하여 보도할 수 없다.

(2) 여론의 형성

① 주도집단　　민주주의 사회에서는 대중매체, 정당, 이익집단, 시민단체, 전문가 집단 등이 여론을 주도하지만, 권위주의 사회에서는 행정관료가 여론을 형성한다.

② 전제조건　　올바른 여론형성을 위해서는 표현의 자유, 언론 · 출판 · 집회 · 결사의 자유, 정보공개청구 보장, 언론의 자유가 보장되어야 할 것이다.

참고　여론조사 방법

1. ARS조사
응답률 저조로 대표성 약화, 집 전화 사용시 대상의 편협성
2. 방문조사
시간과 비용의 과다 소요
3. 인터넷 설문
익명성으로 인한 중첩 응답 및 왜곡 가능
4. 우편 설문조사
회수율 저조

(3) 여론정치

① 의미　　국민의 여론을 정치과정 속에 반영할 수 있는 민주정치를 여론정치라 한다.

② 중요성　　국민의 여론을 정책 속에 구체화하여 참다운 민주정치를 구현하고, 국민여론을 통한 정부나 정치세력의 정책반영을 통해 국민의 지지를 이끌어내기 때문에 국민여론을 반영하는 여론정치는 꼭 필요하다.

③ 과제　　그러나 여론조사 결과의 신뢰성 문제가 발생할 수 있고, 여론의 유동성으로 정확한 파악이 어려워 충분한 시간을 두고 여론을 수렴하고 파악하는 태도가 필요할 것이며, 분산형 여론이 형성될 경우 정책결정 후에 사회갈등과 혼란이 발생할 수 있기 때문에 대화와 설득을 통한 합의가 필요하다.

💡보충

● **여론분포의 유형**

1. 합의형 여론

특정 문제에 대해 지배적 여론 형성 → 국민적 합의가 쉬워 정치가 안정을 유지할 수 있음

2. 분산형 여론

중립적 입장의 비율이 낮고, 찬성과 반대가 양극화 → 양자 간에 갈등이 발생할 가능성이 높음

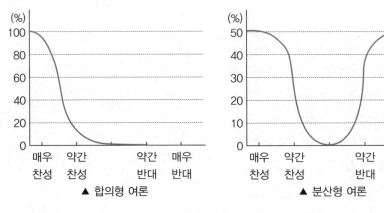

▲ 합의형 여론　　▲ 분산형 여론

2. 언론(대중매체)

(1) 기   능

언론은 사회적 쟁점에 대한 토론의 장을 마련하고, 사회적 감시자로서의 역할을 수행하며, 정보를 제공하여 시민들의 정보접근성을 강화한다. 또한 개인의 정치사회화를 담당하는 기능(개인의 사회적 신념, 가치관, 규범 습득)과 여론을 수렴·형성·전달하는 기능을 수행한다.

(2) 언론의 자유

정치권력이나 광고주로부터 기사의 독립성을 유지하고, 취재의 자유보장 및 정부의 정보제공, 취재원의 비닉권(秘匿權: 정보제공자의 신분을 밝히지 않을 권리)을 보장하는 것 등이 언론의 자유를 보장하는 방법의 일환이 될 수 있다.

(3) 언론의 책임

객관적인 사실에 근거한 정확한 보도로 국민의 알권리를 충족시킬 것과 특정 정당이나 가치에 치우치지 않는 공정한 보도, 그리고 언론의 신뢰성을 위해 다른 어떤 기관보다 더 높은 청렴성이 요구된다. 또한 알권리와 사생활의 침해 간의 조화로운 해결이 필요하며, 광고주와 같은 특정 이익이 아닌 사회전체 이익을 고려하는 편집권이 보장되어야 할 것이다.

| 관련조항 |

헌법 제21조 ① 모든 국민은 언론·출판의 자유와 집회·결사의 자유를 가진다.

② 언론·출판에 대한 허가나 검열과 집회·결사에 대한 허가는 인정되지 아니한다.

③ 통신·방송의 시설기준과 신문의 기능을 보장하기 위하여 필요한 사항은 법률로 정한다.

④ 언론·출판은 타인의 명예나 권리 또는 공중도덕이나 사회윤리를 침해하여서는 아니 된다. 언론·출판이 타인의 명예나 권리를 침해한 때에는 피해자는 이에 대한 피해의 배상을 청구할 수 있다.

● **정부와 언론과의 유착**

1. 엠바고(Embargo)

일정기간 동안 보도를 하지 않겠다는 정부와 기자들과의 암묵적 약속

2. 오프더레코드(Off the record)

기사화하지 않을 것을 전제로 정보를 제공하는 약속

● **정정보도청구권 vs 반론보도청구권**

1. 정정보도청구권

개인의 명예를 회복하도록 언론사에 정정보도를 청구할 수 있는 권리(액세스권의 한 형태), 사실 보도에 한해 청구 가능

2. 반론보도청구권

언론의 보도로 피해를 받은 자가 해당 언론사에 자신이 작성한 반론문을 게재(방송)해 줄 것을 요구할 수 있는 권리

Ⅱ. 정치사회화와 정치참여

1. 정치사회화

(1) 의   미

사회 구성원들이 정치적 태도, 신념, 가치관, 규범, 행동양식 등을 습득해 나가는 과정을 말한다.

(2) 담당기관

가족, 친구집단, 이익집단, 시민단체, 대중매체 등이 정치사회화에 기여한다.

2. 시민의 정치참여

(1) 기   능

정부의 자의적인 결정을 방지하며, 민주시민 의식을 학습할 기회를 제공하고, 시민과 엘리트 간 의사소통 수단으로 기능하며, 국민의사의 투입 과정에서 시민의 의사를 공공정책에 반영하여 대의민주정치의 한계를 극복하는 기능을 수행한다.

(2) 유   형

① **개인적 참여**   선거, 투표, 언론사 투고, 행정기관에 진정 및 건의로 개인적인 참여가 가능하다.

② **집단적 참여**   집단적인 참여방법으로는 시민단체 혹은 이익집단을 구성하거나, 정당에 가입하여, 시위 또는 집회로 참여할 수 있다.

(3) 방   법

① **선거**   가장 보편적인 기본적 참여 수단으로 대표를 선출하여 간접적인 영향력을 행사한다.

② **국민투표**   정책을 국민이 직접 결정하는 방식으로 국가의 중요한 사안에 대한 투표로 직접적인 영향력을 행사한다.

③ **시민단체 활동**   가장 지속적이고 적극적인 참여 수단이다.

④ **이익집단 활동**   국회의 지역대표제 한계를 보완할 수 있다.

⑤ **청원**   관공서, 국회 등에 국민이 원하는 바를 문서로 요구하는 권리로 원하는 바를 청원하여 정치에 참여할 수도 있다.

⑥ **주민감사청구**   주민들이 지방자치단체에 감사를 청구하는 제도이다.

⑦ **공청회**   공공기관이 중요 안건에 대해 공개석상에서 의견을 듣는 제도로 국민은 공청회에 참가하여 공청회에서 다루는 정치현안에 대한 의견을 제시할 수 있다.

⑧ **투표 인센티브제**   투표참가율을 높이기 위하여 투표참가자에게 인센티브를 부여하는 제도이다(2008년부터 적용).

⑨ **사전예고제**   정책 · 민원 · 규제내용 등에 관한 정보를 미리 예고하여 국

민의 의견을 듣는 제도이다.

⑩ 토론, 언론, 여론, 인터넷, 투고, 집회, 시위, 행정심판, 행정소송 등의 기타 방법들로 정치에 참여할 수 있다.

참고 **시민의 정치참여를 둘러싼 논쟁**

1. 시민참여 중시

정당성 강조

2. 시민참여 반대

전문성과 효율성 강조 → 엘리트 중심의 의사결정 강조(민주적 참여에 대해 부정적으로 평가할 위험이 있음)

보충

● 옴부즈맨제도

북유럽에서 발달한 시민행정감사관제도이다. 정부나 의회에 의해서 임명된 관리가 시민의 각종 민원을 해결해 주는 제도로, 우리나라는 국민고충처리위원회에서 이러한 역할을 수행한다.

3. 정치적 무관심

(1) 원   인

현대 정치과정의 거대화·복잡화로 일반 대중의 무력감과 소외감이 더해져 정치적 무관심의 원인으로 작용하고 있다. 현대사회의 관료화로 인한 심신의 수동화와 매스컴 중독, 소비문화로 인한 정치영역에 대해 관심이 미미하고, 생활수준의 향상으로 사회적 불만이 해소된 점과 효과적인 힘을 내기에는 자신의 힘이 미약하다는 생각 때문에 정치적 무관심이 날로 심각해지고 있다.

(2) 영 향

정당정치와 의회정치 침체, 독재, 관객 민주주의, 국민의 의사가 왜곡되거나, 부정부패가 발생할 가능성이 정치적 무관심으로 인하여 우려된다.

(3) 유 형

① 무정치적 무관심

정치는 일부 특권층만 하는 행위라는 인식을 하는 전통형과 정치참여로 얻어지는 것이 없다고 판단하여 비정치영역에 관심을 가지는 현대형으로 나뉜다.

② 탈정치적 무관심

정치에 관심을 가졌었으나, 자신의 욕구나 기대가 좌절되어 환멸과 무력감으로 인해 관심을 갖지 않는 탈정치적 무관심

③ 반정치적 무관심

자신의 가치가 본질적으로 현재 정치권력과 충돌된다고 생각되어 일시적으로 관심을 갖지 않는 반정치적 무관심으로 극단적 · 소수적 사상을 갖거나 개인주의적 무정부주의자, 종교적 신비주의자일 경우 발생할 수 있다.

Ⅲ. 정치문화와 법문화

1. 바람직한 정치문화의 정착

(1) 정치문화

한 사회 구성원들이 정부와 정치문제에 대해 가지는 정치적 방향성에 의해 형성되는 태도와 행동양식을 정치문화라 한다.

(2) 정치문화의 중요성

정치문화가 중요한 점은 법적 · 제도적 장치뿐만 아니라 올바른 정치문화가 형성되어야 정치발전이 가능하다는 것이다.

(3) 바람직한 정치문화

참여형 정치문화의 형성과 타협의 문화를 정착시키는 것이 바람직한 정치문화를 형성하는 배경이 된다.

(4) 민주적 정치문화의 형성

시민의 적극적인 참여와 높은 수준의 정치적 지식과 소양, 관용의 자세, 대화와 설득을 통해 갈등을 조정하려는 노력 등이 민주적 정치문화 형성에 도움이 된다.

2. 법문화의 발전방향과 법의식의 함양

(1) 법문화

법문화란 법제도, 법이론, 법의식 등을 총체적으로 이르는 말이다.

(2) 우리나라의 법문화

우리나라의 법문화는 일제 강점기와 권위주의 정권을 거치면서 법에 대한 부정적인 인식이 강하여 사회의 발전을 배경으로 개인 간 권리의 조화, 사회정의, 공공복지를 위한 방향으로 법개정이 필요하다는 인식이 확산되고 있다.

(3) 바람직한 법의식 함양

올바른 법의 제정, 준법정신, 잘못된 법이나 시대에 맞지 않는 법의 개정과 폐지를 요구하는 적극적인 자세가 필요하다.

🔆 보충 〰️

● 정치문화

1. 의   미
사회 구성원들의 정치적 정향에 의해 형성된 정치행동 양식

2. 유   형

개인의 성향에 따라	향리형	• 정치적 역할의 분화가 이루어져 있지 않은 전통사회 • 투입과 산출과정 모두에 수동적 • 정치공동체에 대한 명확한 의식이 없음
	신민형	• 투입구조가 분화되지 않은 권위주의 사회 • 투입에는 수동적이나 산출에는 능동적 • 정치공동체에 대한 의식 있음 • 전문화된 정치조직이나 권위에 복종
	참여형	• 오늘날의 민주시민사회 • 투입, 산출과정 모두에서 능동적(개인은 자신 역할 인식) • 정치공동체에 대한 의식 있음
정치적 의견의 동질성	합의형	• 사회 구성원이 사회적 쟁점에 대해 대체로 공통된 견해를 지님(정치적 안정성 유지)
	다극형	• 사회 구성원이 사회적 쟁점에 대해 이질적인 견해(사회적 갈등, 혁명 발생 가능)

3. 유형별 대상에 대한 태도

구분	일반대상	투입대상	산출대상	적극적 참여자로서의 자아
향리형	–	–	–	–
신민형	+	–	+	–
참여형	+	+	+	+

제3편 ≪

우리나라의 헌법

≫ 제1장
우리나라 헌법의 기초 이해

I. 헌법의 의의

1. 헌법의 의미와 발달과정

(1) 헌법의 의미

국가의 근본법으로서 국가의 통치조직과 통치작용의 원리를 규정하고, 국민의 기본권을 보장하는 국가의 최고법을 말한다.

(2) 헌법의 발달과정

① **고유의미의 헌법**　국가통치기관을 조직·구성하고 이들 기관의 권한과 상호관계 등을 규정한 규범을 말하며, 국가가 존재하는 한 어떠한 형태로든지 존재한다. '국가 있는 곳에 헌법 있다'라는 말이 반증하듯이 고대에도 조선시대에도 존재했었던 것이 고유의미의 헌법이다.

② **근대 이후의 헌법**　개인의 자유권을 중심으로 국민의 기본권을 실질적으로 보장하기 위해 권력분립을 특징으로 하는 국가권력을 제한하는 근본규범으로 등장하였으며, 소극국가, 자유방임국가 때의 헌법을 말한다. 버지니아 권리장전(1878년)이 최초의 근대적 헌법이다(조선, 북한에는 근대 헌법이 존재하지 않음).

③ **현대 헌법**　국민의 생존권적 기본권을 보장하여, 누구나 인간다운 생활을 영위할 수 있도록 하는 사회적 법치국가의 이념을 추구하는 헌법을 말하며, 적극국가를 표방하는 헌법이다. 독일의 바이마르 헌법(1919년)이 최초의 현대적 의미의 헌법이다.

2. 헌법의 의의

(1) 사실적 의의

① **정치적 의의**　여러 정치세력 간의 공존을 위한 최소한의 정치질서를 규정하고 국가권력의 형성과 행사절차, 한계를 규정하는 통제규범으로 헌법재판은 정치적 성격을 지닌다.

② **구조적 의의**　정치현실의 변화를 반영하기 때문에 유동적이고, 법률에 비해 추상적인 내용을 규정하고 있다. 최소한의 기본적인 사항만 기술하고 세부적인 내용은 향후 합의하여 규정하므로 개방성을 지닌다.

③ **이념적 의의**　일정한 정치이념, 가치질서를 내용으로 규정한다.

(2) 법적 의의

① **최고규범**　우선 헌법은 모든 법령 제정의 근거이자 법령의 정당성을 평가하는 기준이 되며, 헌법의 최고규범성을 확보하기 위하여 경성(硬性)적 헌법 개정절차, 헌법재판제도, 명령·규칙의 위헌·위법 심사제도를 두고 있다.

② **조직수권규범**　국가기관의 설치·조직에 관한 사항을 규정하고 이들 기관에게 권한을 부여하는 수권규범으로 국가권력에 정당성을 부여한다.

③ **권력제한규범**　국가권력의 분립과 상호 견제의 내용을 규정하고 있으며 이는 국민의 기본권을 실질적으로 보장하기 위함이다.

💡 보충

● **헌법의 분류**

1. 실질적 의미의 헌법과 형식적 의미의 헌법

(1) 실질적 의미 헌법: 법의 내용이 통치기구의 조직과 작용, 국가와 국민의 관계에 관한 사항인 경우 법의 형식과 무관하게 헌법에 해당(정부조직법, 국회법 등은 헌법의 하위법인 법률에 해당하나, 통치기구를 규정하였기 때문에 실질적 의미의 헌법에 해당)

(2) 형식적 의미 헌법: 법의 내용과 무관하게 헌법전에 규정된 경우 헌법에 해당(스위스 헌법의 도살조항은 통치기구나, 기본권과 무관하여 실질적으로는 헌법이 아니지만,

헌법에 규정되어 있기 때문에 형식적 의미의 헌법에 해당)

2. 성문헌법과 불문헌법

(1) 성문헌법: 명문으로 규정된 헌법, 성문헌법 국가에서도 헌법적 관습법은 인정될 수 있으나 성문헌법을 보충하는 것에 그쳐야 함(대부분의 국가가 성문헌법에 해당)

(2) 불문헌법: 명문 규정이 없는 헌법(영국)

행정수도 이전 판례에서 대한민국의 수도가 서울이라는 것을 관습법적 헌법이므로 행정수도를 변경하기 위해서는 헌법을 개정하여야 하거나 국민투표를 시행해야 한다고 판시하여 불문헌법을 성문헌법에 우선시했다는 논란이 있었음

3. 경성헌법과 연성헌법

(1) 경성헌법: 일반법률보다 개정절차가 까다로운 헌법(헌법의 최고규범성을 위해 경성헌법인 경우가 대부분)

(2) 연성헌법: 일반법률의 개정절차로 개정이 가능한 헌법

◇◇

3. 입헌주의의 이해

(1) 입헌주의의 의미

헌법에 의한 통치로써 헌법을 통해 국민의 자유와 권리를 명확히 규정하고, 국민의 자유와 권리가 국가권력에 의해서 부당하게 침해당하지 않도록 국가권력을 헌법에 구속하는 통치원리를 말한다.

(2) 입헌주의의 지향점

형식적 통치가 아닌 실질적으로 국민의 기본권을 보장하여 민주주의 이념을 실현하는 것이 입헌주의가 지향하는 것이다.

(3) 입헌주의의 성격변화

① 근대: 자유주의적 입헌 질서   국가권력의 남용을 방지하기 위해서 권력분립의 원리가 운용되는 등 절대권력으로부터 개인의 자유를 보장하는 데 이바지하였다. 그러나 국가의 역할이 지나치게 소극적인 유지에만 국한되어 빈부격차나 경

제공황 등의 사회문제의 발생을 해결하지 못하게 되었다.

② 현대: 복지국가로서의 입헌 질서　국민의 생존과 인간다운 생활을 보장하기 위해 국가의 적극적인 개입을 강조하여 근대 입헌주의의 문제점을 보완하기 시작하였다.

📋 참고	근대 입헌주의와 현대 입헌주의의 비교	
구분	근대의 자유주의적 입헌 질서	현대 복지국가적 입헌 질서
시기	18~19세기	20세기
국가관	소극국가, 야경국가, 자유방임국가	적극국가, 복지국가, 행정국가
주된 기본권	• 자유권(국가로부터의 자유) • 재산권 보장의 절대성	• 사회권(국가에 의한 자유) • 재산권 보장의 상대성
경제체제	자유시장경제질서	사회적 시장경제질서
특징	기본권 보장, 권력분립, 법치주의	국제평화주의, 사회권수용, 행정국가화 경향

Ⅱ. 우리 헌법의 기본이념과 기본원리

1. 기본이념-인간의 존엄성 실현

(1) 의　　미

인간은 인간이라는 자체만으로 존중할 만한 가치가 있다.

(2) 의　　의

인간의 존엄성이란 인간은 어떠한 이유로도 수단이 될 수 없음을 말하며, 개인주의 사상과 밀접한 관련이 있다. 또한 인간의 존엄은 헌법질서의 최고 구성원리이자 해석의 최고기준으로 다른 기본권의 이념적 출발점이며, 헌법개정 권력의 한계를 정하고 있다. 이는 인권은 선험적이고 독립적으로 존재하는 것으로 인식하기 때문이다.

(3) 발　달

① 버지니아 권리장전　　모든 인간은 나면서부터 자유 독립적인 존재이며 …

② 미국독립선언서　　… 모든 사람은 평등하게 창조되었으며 … 양도할 수 없는 권리가 부여되어 있다. …

③ 프랑스인권선언서　　… 사람은 나면서부터 자유이며, …

④ 세계인권선언　　사람은 태어날 때부터 자유이며, 평등한 존엄성과 권리를 가지고 있다. …

(4) 실현방안

인간의 존엄은 행복추구권을 실현하고, 자유와 평등을 보장하며, 사회보장제도를 실시하는 등의 노력을 통하여 실현가능할 것이다.

💡 **보충**

● **우리나라의 건국 과정**

1. 3 · 1운동(1919)
일제강점기에 전개된 최대 규모의 자주독립운동 → 대한민국 임시정부 수립의 계기

2. 8 · 15광복(1945)
제2차 세계대전에서 일본이 패전하면서 일제의 강점에서 벗어남

3. 분　단
일본군 무장해제를 위해 미 · 소 양국의 한반도 진주로 국토 분단

4. 대한민국 정부수립
5 · 10 총선거(1948)로 제헌국회 구성 → 제헌헌법 제정(1948. 7. 17) → 정부수립(1948. 8. 15)

● 제헌헌법에 나타난 건국 이념

1. 헌　　법
국가통치조직과 작용의 기본원리 및 국민의 기본권을 보장하는 최고의 법

2. 건국이념
홍익인간 이념을 바탕으로 민족주의 실현, 민주주의 실현, 국제평화주의 실현

(1) 민족주의: 민족통일과 민족의 번영 추구 → 평화통일 지향, 민족의 화해와 인도주의
정책

(2) 민주주의: 국민주권과 국민의 자유와 평등보장 추구 → 입헌주의 헌법, 참정권 보장,
권력분립

(3) 국제평화주의: 침략전쟁 부인과 인류평화 유지 추구 → 침략전쟁 부인과 국제법 존
중, 세계평화에 기여하고자 하는 노력과 정책

2. 헌법의 기본원리의 의의

(1) 의　　미

헌법을 총체적으로 지배하는 지도원리이자 헌법이 추구하는 이념이 실현될 수
있도록 하는 실천적 원리가 헌법의 기본원리이다.

(2) 우리나라 헌법의 기본원리

우리나라 헌법의 기본원리에는 ① 국민주권주의 ② 자유민주주의 ③ 복지국가
의 원리 ④ 국제평화주의 ⑤ 평화통일 지향 ⑥ 문화국가의 원리 등이 있다.

(3) 우리나라 헌법의 특징

현행 헌법은 1948년 7월 17일 제정 이후 1987년 6월 민주 항쟁을 계기로 9차 개정
이 이루어져 현재까지 시행 중이며, 현행 헌법의 개정 내용은 대통령 국민 직선제,
국회권한 강화, 헌법재판소 신설, 폭넓은 기본권 보장의 방향으로 개정되었다.

유구한 역사와 전통에 빛나는 우리 대한민국은 ① 3·1운동으로 건립된 대한민국임시정부의 법통과 불의에 항거한 4·19민주이념을 계승하고, ① 조국의 민주개혁과 평화적 통일의 사명에 입각하여 ① 정의·인도와 동포애로써 민족의 단결을 공고히 하고, 모든 사회적 폐습과 불의를 타파하며, ② 자율과 조화를 바탕으로 자유민주적 기본질서를 더욱 확고히 하여 정치·경제·사회·문화의 ② 모든 영역에 있어서 각인의 기회를 균등히 하고, 능력을 최고도로 발휘하게 하며, 자유와 권리에 따르는 책임과 임무를 완수하게 하여, ③ 안으로는 국민생활의 균등한 향상을 기하고 밖으로는 ④ 항구적인 세계평화와 인류공영에 이바지함으로써 우리들과 우리들의 자손의 안전과 자유와 행복을 영원히 확보할 것을 다짐하면서 … 국회의 의결을 거쳐 ⑤ 국민투표에 의해 개정한다.

① 민족주의: 통일을 향해 대화와 교류를 지속하며 민족의 발전을 꾀함
② 민주주의: 국가는 개인을 위해 존재하며, 국민에 의한 정치를 행함
③ 복지국가원리: 사회적 약자를 배려하며, 최소한의 인간의 삶을 보장함
④ 국제평화주의: 세계평화 유지에 기여하며 인류의 번영을 위해 노력함
⑤ 국민주권원리: 국가의 모든 권력은 국민으로부터 나옴

보충

● 제헌헌법

우리나라의 헌정사는 통상 1948년 제헌헌법부터 시작한다. 우리나라는 1945년 8월 15일 일제로부터 해방되었다. 그로부터 3년 동안의 미군정기를 거쳐 1948년에야 비로소 「헌법」을 제정하였다. 1948년 5월 10일 제헌국회 구성을 위한 국회의원선거를 실시하여 5월 31일 198명의 국회의원으로 구성된 역사적인 제헌국회가 개회되었다. 제헌국회는 헌법기초위원회를 조직하여 곧바로 헌법제정 작업에 착수하였다. 6월 3일부터 유진오의 헌법 초안을 원안으로, 권승렬의 초안을 참고안으로 하여 토의를 진행하였다. 그 결과 의원내각제와 양원제를 골격으로 하는 헌법초안이 완성되었다. 그러나 이승만과 미군정당국이 대통령제를 주장함에 따라 대통령제(임기 4년, 1회 중임 가능)와 단원제국회 및 국무총리제를 채택한 제

헌헌법이 완성되어 7월 17일 공포되었다.

　제헌헌법의 주요 내용은 다음과 같다.

　첫째, 국회를 단원제로 하였다.

　둘째, 정부형태를 대통령중심제로 하였다.

　셋째, 국민의 기본권을 규정하였다.

　넷째, 대통령 · 부통령 · 국무총리 · 국무위원 등의 직무수행에 관하여 헌법과 법률에 위배된 때에는 국회는 탄핵의 소추를 결의할 수 있도록 하였다.

　다섯째, 탄핵사건을 심판하기 위하여 탄핵재판소를 설치하였다.

　여섯째, 대통령과 부통령을 국회에서 선출하도록 하였다.

　일곱째, 대통령과 부통령의 임기는 4년으로 하고, 1차 중임을 허용하였다.

　여덟째, 대법원장인 법관은 대통령이 임명하고 국회의 승인을 얻도록 하였다.

　아홉째, 법률의 위헌심사권을 헌법위원회에 부여하였다.

3. 국민주권주의

(1) 의　　미

　국가의 최고의사를 결정할 수 있는 원동력인 주권을 국민이 지님과 국가권력이 특정 집단이나 개인 간에 세습되는 것을 허용하지 않는다는 것이 국민주권주의이다.

(2) 실현방법

　선거제도, 국민투표, 복수정당제도, 참정권, 언론 · 출판 · 집회 · 결사의 자유의 보장, 지방자치제도, 권력분립, 직업공무원제도를 통해 실현할 수 있다.

　| 관련조항 |
　헌법 제1조　② 대한민국의 주권은 국민에게 있고 모든 권력은 국민으로부터 나온다.

1. 국가권력의 대내적 최고성, 대외적 독립성
2. 국가의 최고의사를 의미 → 국가정치형태의 최고결정권
3. 국가권력 또는 통치권 → 국가권력 또는 단일의 근원적 · 고유적 · 불가항적 · 불가분적인 국가권력을 의미

4. 자유민주주의

(1) 의　　미

자유주의와 민주주의가 결합된 체제를 자유민주주의라 하며, 개인의 자유를 중시하는 동시에 국가권력이 국민의 합의에 의해 창출 · 행사됨을 말한다.

(2) 실현방법

기본권 보장과 권력분립, 사유재산을 바탕으로 한 경제질서와 사법권의 독립, 의회제도, 복수정당제도, 선거제도 등을 통해 실현한다.

| 관련조항 |

헌법 전문　… 자율과 조화를 바탕으로 자유민주적 기본질서를 더욱 확고히 하여 …
헌법 제8조　④ 정당의 목적이나 활동이 민주적 기본질서에 위배될 때에는 정부는 헌법재판소에 해산을 제소할 수 있고 정당은 헌법재판소의 심판에 의해 해산된다.

5. 복지국가원리

(1) 의　　미

인간의 존엄에 적합한 기본적 생활수요를 보장하고 국민의 생활여건을 조성하는 것이 국가의 책임이라는 뜻으로 사회적 약자의 생존권 보장과 자유 · 평등 · 정의의 실현이 목표이며, 경제질서에 대한 규제와 조정을 통해 경제적 강자의 경제

적 남용을 방지하고 경제적 약자의 경제활동을 보장하는 원리를 말한다.

(2) 실현방법

보건, 근로, 교육, 환경 등의 사회적 기본권을 보장하고, 사회보장제도를 확립하며, 소득의 재분배를 실현하고, 재산권의 사회적 책임성(재산권 행사시 공공원칙에 입각할 의무)을 중시하여 소비자 보호, 독과점 규제, 중소기업 육성 등을 통한 경제에 대한 규제와 조정기능을 통해 복지국가원리를 실현할 수 있다.

| 관련조항 |

헌법 전문   … 인간다운 생활의 보장을 요구할 수 있는 사회권 보장 …

헌법 제34조   ① 모든 국민은 인간다운 생활을 할 권리를 가진다.

헌법 제119조   ② 국가는 균형 있는 국민경제의 성장 및 안정과 적정한 소득의 분배를 유지하고, 시장의 지배와 경제력의 남용을 방지하며, 경제주체 간의 조화를 통한 경제의 민주화를 위하여 경제에 관한 규제와 조정을 할 수 있다.

6. 국제평화주의

(1) 의   미

모든 침략적 전쟁을 부인하고, 세계평화에 기여해야 한다는 원리이다.

(2) 실현방법

외국인의 상호주의에 입각한 지위를 보장하는 것과 국제법을 존중하여 국내법(법률)과 동위의 효력을 부여하는 것, 침략전쟁을 부인하는 것(그러나 방어적 차원의 전쟁은 인정), 저개발국의 원조 등으로 국제평화주의 원칙을 실현한다.

| 관련조항 |

헌법 전문   … 항구적인 세계평화와 인류공영에 이바지함으로써 …

헌법 제5조   ① 대한민국은 국제평화의 유지에 노력하고 침략적 전쟁을 부인한다.

> 헌법 제6조 ① 헌법에 의하여 체결·공포된 조약과 일반적으로 승인된 국제법규는 국내법과 같은 효력을 가진다.
> ② 외국인은 국제법과 조약이 정하는 바에 의하여 그 지위가 보장된다.

7. 조국평화통일

(1) 의   미

민족의 공동번영을 추구하며, 평화적 통일을 위해 노력해야 한다.

(2) 실현방법

「남북교류협력에 관한 법률」(북한에 대한 경제적 지원 및 교류)과 북한주민은 귀화절차 없이 대한민국 국적을 보유하는 방식 등을 취하고 있다.

| 관련조항 |

헌법 전문 … 조국의 민주개혁과 평화적 통일의 사명에 입각하여 …

헌법 제4조 대한민국은 통일을 지향하며, 자유민주적 기본질서에 입각한 평화적 통일정책을 수립하고 이를 추진한다.

헌법 제66조 ③ 대통령은 조국의 평화적 통일을 위한 성실한 의무를 진다.

헌법 제92조 ① 평화통일정책의 수립에 관한 대통령의 자문에 응하기 위하여 민주평화통일자문회의를 둘 수 있다.

🔖 보충 ◇◇

● 영토조항의 의의

> 헌법 제3조 대한민국의 영토는 한반도와 그 부속도서로 한다.

1. 이북 지역도 대한민국의 범위로 규정하고 있으므로, 북한을 국가가 아닌 반국가단체로 인식(「국가보안법」의 헌법근거 조항)

2. 북한주민은 대한민국 국민으로 인정되고, 입국의 자유를 향유

3. 통일 조항은 남북교류에 관한 법률의 근거 규정으로 종래에는 영토조항과 모순되는 것으로 보는 학설이 주를 이루었으나, 최근엔 이 두 조항을 조화롭게 해석하는 견해가 제기됨

8. 문화국가의 원리

(1) 의   미

국가로부터 문화의 자율성을 보장하면서 국가가 문화를 형성하고 보호하는 원리이다.

(2) 실현방법

무상의무교육제도를 실시하고, 평생교육제도, 교육의 중립성과 문화의 자율성 보장, 종교 · 학문 · 예술의 자유를 보장하는 방법으로 실현하고 있다.

| 관련조항 |

헌법 제9조 국가는 전통문화의 계승 · 발전과 민족문화의 창달에 노력하여야 한다.

헌법 제31조 ⑤ 국가는 평생교육을 진흥하여야 한다.

≫ 제2장
기본권의 보장과 제한

Ⅰ. 기본권의 의의와 기능

1. 기본권의 본질

(1) 전 개

① **자연권 사상 등장**   절대주의 시대의 무제한적 국가권력에 대한 시민계급의 저항으로 등장하였으며, 기본권의 절대성을 강조하여 초국가적 기본권을 헌법에 규정하였다.

② **실정권 사상 등장**   절대군주로부터 쟁취한 시민계급의 자유영역을 노동자계급으로부터 지키기 위해 그들의 대표에 의해 만들어진 법질서를 옹호하는 실정권 사상이 등장하였다.

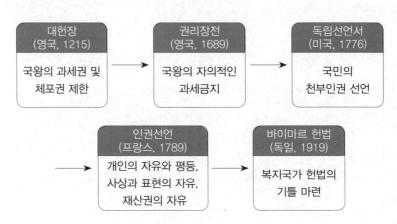

③ **자연권 사상의 재강조** 나치의 수권법의 형식적 법치주의에 의해 인권이 유린되는 상황이 발생하여 기본권의 자연권성을 재강조하게 되었다.

④ **사회적 기본권의 등장** 자본가에 의해 사회적 약자의 불평등이 심화되어 이에 대한 해결책으로 등장한 것이다.

(2) 확   대

18세기 시민혁명으로 자유권을 얻은 시민층은 여전히 세금을 내는 유산계급에 한하여 정치에 참여할 수 있었다. 이에 따라 차티스트운동을 계기로 참정권, 그리고 1929년 경제공황으로 사회권이 강조되었다.

(3) 기   능

① **사회통합기능** 기본권은 인간의 존엄성 실현이라는 공동의 목표를 제시하여 기본권 보장이 인간존중의 이념 아래 사회 구성원을 결속하는 수단으로 작용하므로 사회통합에 기여한다.

② **국가권력 통제** 기본권을 침해하는 국가권력의 정당성을 부정하고, 국가권력은 언제나 기본권을 보장하고 존중하는 방향으로 행사되어야 하므로 국가권력을 통제하는 기능도 수행한다.

③ **국가권력 창출** 정치적 기본권을 통해 대표를 선출하는 국가권력을 창출하는 기능도 수행한다.

● 헌법관에 따른 기본권관

헌법관	의미	기본권의 의미
법실증주의	법전에 충실한 법의 해석을 강조하며, 자연법 사상을 배제하고 실정법 중시	국가가 강제력을 사용하지 않는 범위에서만 국민이 누릴 수 있는 반사적 이익
결단주의	법이란 실력자의 의지의 결단이며, 역사와 현실 등을 모두 고려해서 판단해야 함	자유의 영역은 국가 이전의 자유이므로 국가가 침해할 수 없고, 오히려 자유에 의해 국가권력이 제한됨
통합주의	헌법은 사회구성원이 합의한 가치질서이며 이것은 끊임없이 변화함	사회구성원이 동화·통합되는 과정에서 구성원 간에 합의된 가치체계

2. 기본권을 바라보는 관점

(1) 자연권

기본권은 헌법 이전에 인간으로서 당연히 가지는 권리로서 인식하는 것이 자연권적 기본권 사상이다. 따라서 헌법의 기본권 조항은 창설적 조항이 아닌 확인적 조항일 뿐이라는 것으로 기본권을 제한하는 법은 악법에 해당하며, 법에 의한 기본권의 제한이 불가능한 것으로 본다.

(2) 실정권

기본권은 헌법에 규정되어야만 비로소 인정되는 권리로 보는 관점이 실정법적 기본권의 사상이다. 이는 법실증주의에 입각하여 헌법에 의해 기본권이 창설된다는 관점으로, 법의 규정에 의해 기본권의 제한이 가능하다는 입장이다.

| 관련조항 |

헌법 제10조 모든 국민은 인간으로서의 존엄과 가치를 가지며, 행복을 추구할 권리를 가진다. 국가는 개인이 가지는 불가침의 기본적 인권을 확인하고 이를 보장할 의

무를 진다.

헌법 제37조 ① 국민의 자유와 권리는 헌법에 열거되지 아니한 이유로 경시되지 아니한다.

헌법 제37조 ② 국민의 모든 자유와 권리는 국가안전보장, 질서유지 또는 공공복리를 위하여 필요한 경우에 한하여 법률로써 제한할 수 있으며, 제한하는 경우에도 자유와 권리의 본질적인 내용을 침해할 수 없다.

보충

● **실정법과 자연법**

실정법은 경험적 · 역사적 사실에 근거하여 성립되고 현실적 제도로 시행되는 법을 말한다. 이와 반대로 자연적 성질에 바탕을 둔 보편적이고 항구적인 법을 자연법이라고 한다.

● **인권과 국민의 권리**

1. 인권은 인간의 권리, 즉 자연권을 의미한다. 인권은 내국인은 물론 외국인에게도 당연히 보장되는 권리이다. 행복추구권, 자유권, 평등권 등이 해당한다.
2. 국민의 권리는 국적에 근거한 권리이다. 즉, 실정권이다. 이는 내국인에게만 보장되는 권리이다. 사회권, 청구권, 참정권 등이 해당한다.
3. 재판청구권은 외국인에게도 보장된다는 것이 일반적이다.

3. 기본권의 효력

(1) 대국가적 효력

기본권을 주관적 공권으로 인식하여 국가에 의한 기본권 침해를 방지하고 기본권 보장방법을 강구하기 위해 국가권력을 직접적으로 구속하는 힘을 가지는 것이 바로 기본권의 대국가적 효력이다.

(2) 대사인적 효력

기본권을 주관적 공권인 동시에 객관적 질서로 인식하고, 국가뿐 아니라 사회적 강자에 의한 기본권 침해가 발생하게 될 수 있으므로 기본권이 국가뿐 아니라 사인도 구속한다는 대사인적 효력이론이 등장하게 되었다. 현행헌법상 기본권의 사인간 적용을 언론·출판의 자유에서 규정하고 있다.

| 관련조항 |

헌법 제21조   ④ 언론·출판은 타인의 명예나 권리 또는 공중도덕이나 사회윤리를 침해하여서는 아니 된다. 언론·출판이 타인의 명예나 권리를 침해한 때에는 피해자는 이에 대한 피해의 배상을 청구할 수 있다.

4. 기본권 제한

(1) 형식상 한계

기본권의 제한은 국회에서 제정한 법률에 의한 제한이어야 한다. 또한 법률과 동위의 법으로 제한이 가능하므로 긴급명령·긴급재정경제명령, 조약 등의 국제법규, 법률의 위임 범위 내에서의 명령·규칙으로도 기본권의 제한이 가능하다.

(2) 목적상 한계

그러나 국가안전보장, 질서유지, 공공복리를 위하여만 제한할 수 있다.

(3) 방법상 한계

필요한 경우에 한하는(비례의 원칙과 과잉금지원칙 준수) 방법상의 한계가 뒤따른다.

(4) 내용상 한계

또한 자유와 권리의 본질적인 내용은 침해할 수 없으며, 침해로 인해 자유나 권리가 유명무실해지는 정도의 침해(토지거래허가제를 실시할 경우 사유재산제가 유명무실)는 허용되지 않는다.

헌법 제37조 ② 국민의 모든 자유와 권리는 국가안전보장, 질서유지 또는 공공복리를 위하여 필요한 경우에 한하여 법률로써 제한할 수 있으며, 제한하는 경우에도 자유와 권리의 본질적인 내용을 침해할 수 없다.

🔆 보충

● 기본권의 갈등

1. 기본권의 경쟁

(1) 기본권의 동일한 주체가 여러 가지 기본권 침해를 받은 경우 국가에 대해 기본권 보장을 주장하는 상황

(2) 사례: 정치단체에 가입했다는 이유로 파면된 경우 결사의 자유, 직업수행의 자유 동시 침해 주장 가능

(3) 해결 방법

① 일반적 기본권과 특별기본권이 경합하는 경우 특별기본권 우선 심사(공무담임권과 직업선택의 자유 경합시 공무담임권 침해 여부 심사)

② 제한 정도가 다른 기본권인 경우 효력이 강한 기본권 우선 적용

2. 기본권의 충돌

(1) 복수의 기본권 주체가 상호 충돌하는 기본권을 국가에 대해 주장하는 경우

(2) 사례: 재산권의 행사로 인한 재산권 보호와 타인의 환경권 침해 문제

(3) 해결 방법

① 이익형량원칙: 법익이 더 큰 기본권을 우선하여 보호(언론의 자유와 개인의 사생활 보호, 흡연권과 혐연권의 충돌)

② 규범조화적 해석: 기본권 모두를 최대한 보호하기 위한 해결원칙(교사의 수업권과 학생의 학습권의 충돌)

5. 기본권 침해의 구제 방법

(1) 입법기관에 의한 기본권 침해

입법청원권, 위헌법률심판, 헌법소원

(2) 행정기관에 의한 기본권 침해

행정기관에 의해 침해당했다면, 청원 또는 행정심판, 형사보상제도, 행정상 손해배상제도 등을 통해서 구제받을 수 있을 것이며, 법원에 의한 침해는 행정소송, 명령·규칙 심사제도, 형사보상청구권 등을 통해 구제받을 수 있을 것이다.

입법부에 의한 침해는 법률개정에 의한 구제, 청원 처리, 탄핵소추 의결, 옴부즈맨제도(우리나라는 행정부에 설치된 국민권익위원회 산하 고충처리위원회가 유사한 제도에 해당) 등을 통해 구제를 도모하고, 헌법재판소에 의한 침해는 헌법소원심판, 탄핵심판을 통해 구제받을 수도 있다.

(3) 사법기관에 의한 기본권 침해

사법기관에 의한 침해는 상소, 재심청구, 헌법소원청구, 사면권 등으로 구제받을 수 있다.

(4) 사인에 의한 기본권 침해

만일 사인에 의해 기본권이 침해당했다면, 고소·고발 조치 혹은 민사상 손해배상, 범죄 피해인의 국가구조청구권의 행사를 통해 구제받을 수 있다.

참고 행정심판과 행정소송 비교

구분	행정심판	행정소송
성질	약식쟁송	정식쟁송
재판기관	행정부 소속의 재결청	법원
쟁송대상	행정청의 위법·부당한 처분	행정청의 위법한 처분
의의	임의절차(행정심판을 거치지 않고 행정소송 제기 가능)	정식절차, 사법부에 의한 행정부 견제 수단

II. 기본권의 종류−포괄적 기본권

1. 행복추구권

(1) 의   미

행복추구권이란 안락하고 만족스러운 삶을 추구하는 권리이다.

(2) 특   징

① 국가에 적극적인 급부를 요구할 수 있는 구체적 권리이며,

② 태어날 때부터 주어지는 자연법적 권리의 성질을 지닌다.

③ 헌법에 규정되지 않은 것도 보장되는 권리(헌법에 열거되지 아니한 이유로 경시되지 아니한다)로 포괄적인 기본권이다.

(3) 내   용

① 행복추구권의 내용은 계약의 자유, 18세 미만 노래방 출입 등 일반적 행동자유권과

② 자기성적 결정권, 혼인의 자유 등 자기결정권이 있다.

| 관련조항 |

헌법 제10조 모든 국민은 인간으로서의 존엄과 가치를 가지며, 행복을 추구할 권리를 가진다. 국가는 개인이 가지는 불가침의 기본적 인권을 확인하고 이를 보장할 의무를 진다.

2. 자유권

(1) 의   미

국가권력의 간섭으로부터 배제받을 권리를 자유권이라 한다.

(2) 특   징

소극적 권리, 포괄적 권리, 역사상 가장 오래된 권리라는 의미를 지닌다.

(3) 종   류

그 종류로는 신체의 자유, 거주이전의 자유, 직업선택의 자유, 주거이전의 자유, 사생활의 자유, 통신의 자유, 양심의 자유, 종교의 자유, 언론·출판·집회·결사의 자유, 학문의 자유, 재산권이 헌법에 규정되어 있다.

① **신체의 자유**   신체의 자유는 실체적으로 죄형법정주의, 일사부재리의 원칙, 연좌제 금지, 형벌불소급의 원칙으로, 절차적으로는 적법절차원리, 영장주의, 고지·통지 제도, 체포·구속적부심사제도로 보장되며, 기타 무죄추정원칙, 변호인의 조력을 받을 권리, 진술거부권 등으로도 보장될 수 있다.

② **정신적 자유**   정신적인 자유권으로는 양심, 종교, 학문, 언론·출판·집회·결사의 자유가 있다. 양심의 자유는 양심추지의 금지(십자가 밟기), 양심적 반전(反戰)이 있으나 우리나라는 대체복무를 부인하고 있다. 종교의 자유에 따라 국공립학교 교사가 특정 종교를 선전할 수 없고, 국공립학교에서 특정종교시간을 갖는 행위, 특정종교 기념일에 기념우표를 발행하는 것을 금지하며, 국교를 부정한다. 학문의 자유는 초중고 교사에게는 보장되지 않고(교과서 검인정제도), 대학의 자치는 보장된다. 언론·출판의 자유는 의사표현의 자유, 알권리(정보획득에만 한정), 언론기관의 자유, Access권, 검열금지원칙, 언론·출판에 대한 허가제를 금지하는 것으로 보장되며, 집회·결사의 자유는 집회·결사의 허가제를 금지(신고제 가능)하는 것으로 보장된다.

③ **경제적 자유**   재산권, 직업선택의 자유, 소비자의 권리 등이 경제적 자유권이다.

④ **사회적 자유**   주거의 자유, 사생활의 비밀과 자유, 거주·이전의 자유, 통신의 자유가 있다.

참고 **언론기관의 특권과 개인의 청구권**

1. 언론기관의 특권

(1) 정보청구권

(2) 명예훼손: 보도내용이 진실이고 공익을 위한 것일 때 형사상 처벌 면제

(3) 취재원 비닉권: 취재원을 밝히지 않을 권리(부정이 다수(독일은 인정))

2. Access권

(1) 의미: 인격권과 사생활의 비밀과 자유에 바탕을 둔 권리

(2) 내용: 반론보도청구권, 추후보도청구권

(3) 한계: 언론기관의 보도의 자유와 충돌 가능

보충

● **신체의 자유 보장을 위한 헌법규정**

① 죄형법정주의: 어떤 행위가 범죄가 되고 그 범죄에 대하여 어떠한 처벌을 할 것인가를 미리 성문의 법률로 정해 놓아야 한다는 형법의 원칙

② 적법절차원리: 국민의 권리를 제한하는 경우에는 반드시 적법한 절차와 국회가 정한 법률에 근거하여야 한다는 원칙

③ 고문금지 및 불리한 진술거부권

④ 영장주의: 강제처분을 함에 있어서는 원칙적으로 법원 또는 법관의 영장을 필요로 하는 주의

⑤ 변호인의 도움을 받을 권리

⑥ 신체의 자유 제한시 이유 고지 및 가족에게 고지할 의무

⑦ 구속적부심사제: 일단 영장에 의해 수사기관에 체포 또는 구속되었다고 하더라도 피의자는 적부심사절차에 따라 다시 법원으로부터 체포 또는 구속의 적부(適否)여부를 심사받을 수가 있다.

⑧ 피고인 자백의 증거 능력 제한

⑨ 형벌불소급의 원칙: 법은 그 시행 이후에 성립하는 사실에 대하여만 효력을 발하고, 과거의 사실에 대하여는 소급적용될 수 없다는 원칙

⑩ 일사부재리의 원칙: 형사소송법에 일단 판결이 확정되면 같은 사건에 관하여 다시 공

소(公訴)의 제기가 허용되지 않는다는 원칙이다. 이에 위배된 공소는 면소(免訴)의 판결을 받는다.

⑪ 연좌제금지: '연좌제'란 '범죄인과 특정한 관계에 있는 사람에게 연대책임을 지게 하고 처벌하는 제도'를 말하며, 조선시대에는 반역죄를 범하면 3족(친족, 외족, 처족)을 멸하기도 하였다.

⑫ 형사피고인의 무죄추정원칙: 피고인 또는 피의자는 유죄판결이 확정될 때까지는 무죄로 추정한다는 원칙으로 프랑스의 권리선언에서 비롯된 것

| 관련조항 |

헌법 제12조 ① 모든 국민은 신체의 자유를 가진다. 누구든지 법률에 의하지 아니하고는 체포·구속·압수·수색 또는 심문을 받지 아니하며, 법률과 적법한 절차에 의하지 아니하고는 처벌, 보안처분 또는 강제노역을 받지 아니한다.

② 모든 국민은 고문을 받지 아니하며, 형사상 자기에게 불리한 진술을 강요당하지 아니한다.

③ 체포·구속·압수 또는 수색을 할 때에는 적법한 절차에 따라 검사의 신청에 의하여 법관이 발부한 영장을 제시하여야 한다. 다만, 현행범인인 경우와 장기 3년 이상의 형에 해당하는 죄를 범하고 도피 또는 증거인멸의 염려가 있을 때에는 사후에 영장을 청구할 수 있다.

④ 누구든지 체포 또는 구속을 당한 때에는 즉시 변호인의 조력을 받을 권리를 가진다. 다만, 형사피고인이 스스로 변호인을 구할 수 없을 때에는 법률이 정하는 바에 의하여 국가가 변호인을 붙인다.

⑤ 누구든지 체포 또는 구속의 이유와 변호인의 조력을 받을 권리가 있음을 고지받지 아니하고는 체포 또는 구속을 당하지 아니한다. 체포 또는 구속을 당한 자의 가족 등 법률이 정하는 자에게는 그 이유와 일시·장소가 지체없이 통지되어야 한다.

⑥ 누구든지 체포 또는 구속을 당한 때에는 적부의 심사를 법원에 신청할 권리를 가진다.

⑦ 피고인의 자백이 고문·폭행·협박·구속의 부당한 장기화 또는 기망 기타의 방법에 의하여 자의로 진술된 것이 아니라고 인정될 때 또는 정식재판에 있어서 피고인의 자백이 그에게 불리한 유일한 증거일 때에는 이를 유죄의 증거로 삼거나 이를 이유로 처벌할 수 없다.

헌법 제13조 ① 모든 국민은 행위시의 법률에 의하여 범죄를 구성하지 아니하는 행위로 소추되지 아니하며, 동일한 범죄에 대하여 서듭 저빌빌지 아니한디.
③ 모든 국민은 자기의 행위가 아닌 친족의 행위로 인하여 불이익한 처우를 받지 아니한다.
헌법 제27조 ③ 모든 국민은 신속한 재판을 받을 권리를 가진다. 형사피고인은 상당한 이유가 없는 한 지체없이 공개재판을 받을 권리를 가진다.
④ 형사피고인은 유죄의 판결이 확정될 때까지는 무죄로 추정된다.

3. 평등권

(1) 의   의

기회균등의 보장과 자의의 금지를 말하는 평등은 사회정의를 실현하는 원리로써 합리적이고 정당한 차별은 허용된다는 뜻이다. 정치적 기본권은 절대적 평등이 중시되며, 사회적 · 경제적 영역에서는 상대적 평등이 중시된다.

(2) 특   징

자연권이자 객관적인 법질서이고 모든 기본권 실현의 방법적 기초가 된다. 법 앞에 평등은 법집행과 적용뿐 아니라 법의 제정(법의 내용)에도 적용되는 원리이다.

(3) 유   형

① **형식적(절대적 · 기계적 · 산술적) 평등**   평균적 정의의 실현을 중시하며 특히 참정권에서 중시된다. 같은 것은 같게 대우하고, 차이를 인정하지 않으며, 일체의 차별을 금지하는 것이다. 소극적 국가론의 관점과 관련해 근대에서 현대에 발달한 개념이며, 성별, 종교, 사회적 신분에 따른 차별을 금지한다.

② **실질적(상대적 · 비례적) 평등**   사회권에서 중시되는 실질적 평등은 배분적 정의를 실현하는 데 그 목적을 두고, 다른 것은 다르게 대우한다. 따라서 능력에 따른 차별을 인정하는 적극국가론적 관점(현대에 새롭게 등장)과 밀접하게 관련되

어 있다. 성과급, 누진세, 장학금 지급 등으로 실시되고 있으나, 우선처우론에 의해 사회적 약자를 위한 적극적 행위(Affirmative Action, 할당제, 목표제)가 취해질 경우 역차별(Reverse Descrimination)이 발생할 가능성도 배제할 수 없다.

참고

● **합리적 차별로 인정된 사례(평등권 침해가 아닌 경우)**

1. 강간죄의 주체를 남자로 한정한 것
2. 남자에게만 병역의무를 부과한 것
3. 초등학교에 남교사 임용할당제
4. 국가 유공자에게 공무원 시험에서 가산점을 부과한 것
5. 국민건강보험료 산정에서 직장가입자는 표준보수월액을, 지역가입자는 표준소득액을 기준으로 하는 것
6. 일부 공무원에게 근로3권 행사를 일부 제한하는 것
7. 국가에 대해서만 인지첩부의무를 면제한 것

● **형식적 평등과 실질적 평등 관련 판례**

1. 형식적 평등

(1) 민간 재산과는 달리 국유 잡종 재산(현 일반재산)에 대하여 시효취득을 배제하는 구(舊) 「국유재산법」의 규정은 평등권을 침해한다(1991.5.13. 89헌가97).

(2) 교육위원과 달리 지방자치단체의 장이 당해 지역의 국회의원 선거에 입후보하고자 하는 경우, 선거일 180일 전까지 사퇴하도록 하는 것은 평등의 원칙에 반한다(2003.9.25. 2003헌마106).

(3) 변호사, 세무사, 회계사 등은 법인을 구성하여 해당 직종을 영유할 수 있도록 하면서 약사들은 법인을 구성하여 약국을 개설할 수 없도록 한 것은 평등원칙에 반한다(2002.9.19. 2000헌바84).

(4) 국·공립 사범대학과 사립의 사범대학 사이에는 설립주체가 다르다는 점 이외에는 교육과정 등에서 아무런 차이점을 발견할 수 없으므로 국·공립 사범대학 졸업자를 우선 채용하도록 한 「교육공무원법」은 평등권 침해이다(1990.10.8. 89헌마89).

2. 실질적 평등

(1) 지기 또는 배우자의 직계존속을 고소하지 못하도록 규정한 「형사소송법」은 합리적 차별에 해당한다(2011.2.24. 2008헌바56).

(2) 대도시 법인의 부동산등기에 대해서는 중과세하도록 한 「지방세법」은 대도시가 그 외의 도시에 비해 보다 큰 편익과 경제적 이득을 얻을 수 있으므로 평등원칙에 위반하지 않는다(1996.3.28. 94헌바42).

(3) 국가유공자 가족에게 가산점 10%를 부여하는 것은 목적은 정당하나, 10%는 차별의 효과가 지나쳐 「헌법」에 일치하지 않는다. 국가유공자 가산점 10%는 합헌(2006.2.23. 2004헌마1022)

Ⅲ. 기본권의 종류—구체적 기본권

1. 참정권

(1) 특   징

정치적 기본권으로서 능동적 기본권(국가에의 권리, To the State)으로 양도 또는 대리할 수 없는 권리의 성질을 지닌다.

(2) 내   용

① 대표를 선출할 수 있는 권리인 선거권

② 선거직 공무원을 포함한 모든 국가기관의 공직에 취임할 수 있는 권리인 공무담임권

③ 중요한 법안이나 정책을 직접 결정할 수 있는 권리인 국민투표권이 참정권의 내용이다.

2. 사회권

(1) 등장배경

자본주의로 인해 빈부격차가 극심해지고, 계급 간 갈등이 격화되며 1919년 바이마르(Weimar)헌법에서 최초로 규정하며 등장하였다.

(2) 특   징

단체주의적 사회실현을 위한 사회국가이념으로 국가에 적극적인 급부를 요청할 수 있는 적극적 권리의 성질을 지닌다. 인간다운 생활을 할 권리를 필두로 최근에 등장한 현대적 권리이다.

(3) 내   용

교육의 권리, 근로의 권리, 노동3권, 환경권, 혼인ㆍ모자ㆍ보건ㆍ순결 등 사회보장에 대한 권리로 이루어져 있다.

ㄱ 교육을 받을 권리: 능력에 따라 균등하게 교육을 받을 수 있는 수학권을 의미한다.

ㄴ 근로의 권리: 근로자가 자신의 의사능력에 따라 직장을 선택하여 근로관계를 형성하고 국가에 대해 근로의 기회를 요구할 수 있는 권리이다.

ㄷ 노동3권: 단결권ㆍ단체교섭권ㆍ단체행동권을 말한다. 근로3권이라고도 하며, 노동자의 권익과 근로조건의 향상을 위하여 헌법상 보장되는 기본권으로서 생활권(생존권 또는 사회권)에 속한다. 「헌법」 제33조에서는 노동3권을 보장하고 있으나, 단체행동권의 행사는 법률이 정하는 범위 내에서 보장된다.

ㄹ 환경권: 쾌적한 환경에서 생활을 누릴 수 있는 권리이다.

ㅁ 보건권: 국민이 자신과 가족의 건강을 유지하는 데 필요한 국가적 급부와 배려를 요구할 수 있는 권리를 말한다.

ㅂ 모성을 보호받을 권리: 모성은 가족과 사회구성원의 모체가 되므로 가족과 국가사회의 존속ㆍ발전을 위해 보호해야 한다.

1. 인간의 권리가 아닌 국민의 권리(외국인 배제 가능)
2. 포괄적 권리가 아닌 실정법상 권리(법규정에 의해 보장)
3. 수동적·소극적 권리가 아닌 적극적 권리
4. 법인에게는 적용되지 않고 자연인에게만 적용되는 권리

보충

● **공공부조와 사회보험**

구분	특징	내용	재원	이념
공공부조	국가책임의 원리	최저생활 보장	조세	선별주의
사회보험	연대책임의 원리	건강, 소득 보장	기여금, 부담금	보편주의

3. 청구권

(1) 특   징

고전적 기본권으로 수단적 기본권, 즉 기본권 보장을 위한 기본권이다. 또한 국가에게 작위 또는 부작위를 청구하는 적극적 성질의 기본권이다.

(2) 내   용

① **청원권**   공권력과의 관계에서 의견, 희망 등에 관해 문서로 요청할 수 있는 권리로 모든 관서는 청원을 수리하여 심사·처리 후 통지하여야 한다. 그러나 재판 관여, 국가원수모독 청원은 청원 불가능한 사항이다.

② **재판청구권**   독립된 법원에서 신분이 보장된 법관에 의해 적법한 절차에 따라 공정한 재판을 받을 권리를 말하며, 군사재판을 받지 않을 권리, 신속한 공개재판을 받을 권리가 포함된다.

③ 형사보상청구권　　형사피의자 또는 형사피고인으로 구금되었던 자가 불기소처분을 받거나 확정판결에 의해 무죄를 선고받은 경우 물질적·정신적 손실을 국가에 청구할 수 있는 권리이다.

④ 국가배상청구권　　공무원의 직무상 불법행위로 손해를 받은 국민이 국가 또는 공공단체에 그 손해를 청구하는 권리를 말한다.

⑤ 범죄피해인의 국가구조청구권　　본인의 잘못 없이 타인의 범죄행위로 생명을 잃거나 신체상 피해를 입은 국민이나 그 유족이 범죄자로부터 충분한 피해보상을 받지 못한 경우, 국가에 대해 일정한 보상을 요구할 수 있는 권리로 사회보장적인 성격도 지닌다.

Ⅳ. 국민의 의무

1. 국민의 의무의 의의

(1) 의　　의

구성원들의 자발적인 참여와 복종을 바탕으로 헌법질서를 유지하는 것을 의미하며 소극적 의미로는 헌법질서에 대한 순종을 의미하고, 적극적 의미로 국민의 자유와 권리를 지켜 나가기 위한 수단을 말한다.

(2) 필요성

국민의 기본권 보장과 국가존립, 공동체에 대한 능동적인 참여와 충실한 권리의 행사, 성실한 의무의 이행을 위해 필요하다.

2. 국민의 6대 의무

헌법상 의무규정은 자의적인 의무를 부과하는 것을 방지하여 국민의 자유권 보장을 위한 것이지 의무를 강제하기 위한 목적이 아니다.

(1) 고전적 의무

㉠ 납세의 의무: 조세평등주의와 조세법률주의를 존중하며, 위반시 처벌된다.

㉡ 국방의 의무: 모든 국민의 의무로, 병역의무의 대상은 남자만 해당하고 위반
시 처벌된다.

(2) 현대적 의무

현대적 의무는 권리인 동시에 의무에 해당하며, 교육·근로의 의무, 재산권 행
사시 공공원칙에 입각할 의무, 환경보전의무가 대표적이다.

㉠ 교육의 의무: 취학아동을 둔 친권자의 의무이며 위반시 처벌된다.

㉡ 근로의 의무: 강제적 근로를 부과할 수는 없으며 위반시 처벌되지는 않으나
사회적 비난을 받는다.

㉢ 재산권행사의무: 재산권 행사시 공공복리에 적합하게 재산권을 행사해야 할
의무로 위반시 처벌된다.

㉣ 환경보전의무: 환경을 오염시키지 않을 의무이며 위반시 처벌된다.

| 관련조항 |

헌법 제23조   재산권의 행사는 공공복리에 적합하도록 하여야 한다.

헌법 제27조   모든 국민은 법률이 정하는 바에 의하여 납세의 의무를 진다.

헌법 제39조   ① 모든 국민은 법률이 정하는 바에 의하여 국방의 의무를 진다.
 ② 누구든지 병역의무의 이행으로 인하여 불이익한 처우를 받지 아니한다.

헌법 제31조   ② 모든 국민은 그 보호하는 자녀에게 적어도 초등교육과 법률이 정하
는 교육을 받게 할 의무를 진다.

헌법 제32조   모든 국민은 근로의 의무를 진다. 국가는 근로의 의무의 내용과 조건을
민주주의원칙에 따라 법률로 정한다.

헌법 제35조   국민은 환경보전을 위하여 노력하여야 한다.

● 자유권적 기본권과 사회권적 기본권의 차이점

구분	자유권적 기본권	사회권적 기본권
이념	개인주의적 · 자유주의적 세계관	단체주의적 · 사회정의의 세계관
전제국가	시민적 법치주의	사회복지국가
성격	소극적 권리 전 국가적 자연권 포괄적 권리	적극적 권리 국가 내적 실정권 개별적 권리
효력	재판규범성이 강함	행위규범성이 강함

≫ 제3장
국가기관의 구성과 기능

I. 통치기구의 구성원리

1. 대의제의 원리

(1) 의   미

국민이 국가의사나 국가정책 등을 직접 결정하지 않고 대표자를 선출하여 그 대표를 통하여 간접적으로 국가의사나 정책결정에 참여하는 통치구조의 구성원리이다.

(2) 이념적 기초

선거를 통한 대표자 선출과 치자와 피치자를 구별하는 것을 기초로 주권자인 국민은 국가기관구성권을, 대표자는 국가의사결정권을 지니는 것을 의미한다. 그렇지만 정책결정권을 자유위임(무기속 위임)하기 때문에 국민의 의사와 대의기관의 의사가 항상 일치하는 것은 아니다(면책특권과 관련). 또 대표자는 국민전체의 대표자이므로 지역구 주민이 아닌 전체이익을 우선해야 한다.

2. 권력분립의 원리

(1) 의   미

국가권력을 여러 국가기관에 분산시켜 권력 상호간의 견제와 균형을 통해 국민의 자유와 권리를 보호하려는 구성원리이다.

(2) 궁극적 목적

권력분립의 궁극적인 목적은 국민의 기본권 보장에 있다.

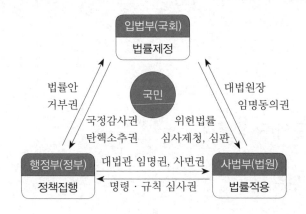

Ⅱ. 국 회

1. 국회의 구성과 지위

(1) 구 성

국회는 단원제로 구성되며, 단원제의 특징상 양원제에 비해 효율성이 증진되며, 책임소재가 명확하고, 의회의 지위를 강화한다. 국회의원수는 총 300명으로 지역구 246명은 소선거구제도에 의해 선출된다. 비례대표는 54명으로 정당명부식 비례대표제에 의해 선출되며, 임기는 4년이며 연임할 수 있다.

(2) 국회의장

국회의장은 2년 임기로 본회의에서 선출된다. 의장은 위원회에 출석 및 발언이 가능하나, 표결은 할 수 없다. 또한 의장은 당적을 보유할 수 없으나 임기종료 후에는 복귀할 수 있다.

(3) 위원회

① **의미**　국가의 기능 확대로 인해 본회의의 모든 영역 심의는 비효율적일 수밖에 없다. 이를 극복하기 위해 각 분야별 전문적 식견을 가진 의원들로 구성된 위원회가 심의하는데 국회운영의 효율성과 전문성을 제고하기 위해 둔 제도이다.

② **의의**　행정부와 의회 간 의사소통의 통로가 되기도 한다. 특히 대통령제하에서 필요성이 크며, 각료 겸직이 가능한 우리나라의 경우 남용할 수 있다는 문제점도 있다.

③ **원칙**　상임위원회 중심주의와 본회의 의결주의를 채택하고 있다.

④ **장점**　능률적이고 효율적·전문적 심의와 신속한 의안처리가 장점이다.

⑤ **단점**　본회의의 형식화, 국회의 대정부 견제기능이 약화될 수 있고, 이익집단의 매개체를 제공할 수 있다는 점, 정당간부의 권한이 강화되어 권위적인 정당운영에 영향을 줄 수 있다는 점, 행정관청의 출장소로 전락될 수 있다는 점이 문제점으로 지적된다.

(4) 교섭단체

① **의미**　교섭단체는 의사진행에 관한 중요 안건을 협의하기 위해 구성된 의원단체를 말한다.

② **특징**　일반적으로 동일 정당 의원으로 구성되며(20명 이상 구성) 다른 정당 또는 무소속 의원들로도 구성할 수 있고, 교섭단체의 대표를 원내대표라 한다. 그러나 20명 이하의 의원이 소속된 소수정당의 의견이 무시될 가능성이 있다.

(5) 지　위

국회는 국민대표기관으로 국민에 의해 선출된 대표로 구성되며, 입법기관으로서 국정운영의 근간이 되는 법률을 제정하고 개정한다. 또한 국정을 통제하는 기관으로서 헌법상 보장된 각종 권한을 통해 국정을 감시하고 통제하는 역할을 수행한다.

| 관련조항 |

헌법 제48조 국회는 의장 1인과 부의장 2인을 선출한다.

국회법 제15조 ① 의장과 부의장은 국회에서 무기명투표로 선거하되 재적의원 과반
수의 득표로 당선된다.

국회법 제20조 ① 의원이 의장으로 당선된 때에는 당선된 다음 날부터 그 직에 있는
동안은 당적을 가질 수 없다. 다만, 국회의원총선거에 있어서 정당추천후보자로 추
천을 받고자 하는 경우에는 의원 임기만료일 전 90일부터 당적을 가질 수 있다.

| 관련조항 |

국회법 제35조 국회의 위원회는 상임위원회와 특별위원회의 2종으로 한다.

국회법 제39조 ① 의원은 2 이상의 상임위원회의 위원이 될 수 있다.

② 각 교섭단체의 대표의원은 국회운영위원회의 위원이 된다.

③ 의장은 상임위원이 될 수 없다.

| 관련조항 |

국회법 제33조 ① 국회에 20인 이상의 소속의원을 가진 정당은 하나의 교섭단체가
된다. 그러나 다른 교섭단체에 속하지 아니하는 20인 이상의 의원으로 따로 교섭단
체를 구성할 수 있다.

🔎 보충

● 전원위원회

1. 도입 배경

위원회 중심주의로 운영되어 본회의의 심사가 형식화됨. 상임위원회 중심제도의 문제점
을 개선하고 의안의 심도 깊은 심사를 위해 시행

2. 개   회

정부조직에 관한 법률안 등 주요의안의 심사를 위하여 의원전원으로 구성되는 전원위원
회를 개회할 수 있다.

국회법 제63조 ① 국회는 위원회의 심사를 거치거나 위원회가 제안한 의안 중 정부 조직에 관한 법률안, 조세 또는 국민에게 부담을 주는 법률안 등 주요의안의 본회의 상정 전이나 본회의상정 후에 재적의원 4분의 1 이상의 요구가 있는 때에는 그 심사를 위하여 의원전원으로 구성되는 전원위원회를 개회할 수 있다. 다만, 의장은 주요의안의 심의 등 필요하다고 인정하는 경우 각 교섭단체대표의원의 동의를 얻어 전원위원회를 개회하지 아니할 수 있다.

④ 전원위원회는 재적위원 5분의 1 이상의 출석으로 개회하고, 재적위원 4분의 1 이상의 출석과 출석위원 과반수의 찬성으로 의결한다.

● **특별위원회**

1. 예산결산특별위원회(상설)

예산안·기금운용계획안 및 결산을 심사하기 위하여 설치

2. 윤리특별위원회(상설)

의원의 자격심사·징계에 관한 사항을 심사하기 위하여 설치

3. 인사청문특별위원회(비상설)

임명동의안 또는 의장이 각 교섭단체대표의원과 협의하여 제출한 선출안 등을 심사하기 위하여 설치

〰〰〰〰〰〰〰〰〰〰〰〰〰〰〰〰〰〰〰〰〰〰〰〰〰〰〰〰〰〰〰〰

🖥 참고 　**양원제의 장단점**

장점	단점
신중한 의사결정 일원이 타원과 정부 간의 충돌 완화 의회의 다수파 견제 가능	효율성 저하와 국비 낭비 책임소재 불명확 정부에 대한 의회의 지위 약화

(1) 단원제의 장단점은 양원제와 반대

(2) Rousseau: 일반의사론에 입각, 국민의사가 하나이므로 단원제 주장

(3) Sieyes: 제2원이 제1원과 의사를 달리하면 그 존재는 유해할 것이고, 양자의 의사가 동일하다면 제2원은 무용지물이다.

2. 국회의 운영

(1) 회   의

① **정기회**　정기회는 매년 9월 1일이며, 100일을 초과할 수 없다. 9월 1일이 공휴일일 때에는 그 익일에 개회된다.

② **임시회**　임시회의는 대통령, 국회의장, 국회재적의원 1/4의 요구로 개회되며, 기간은 30일을 초과할 수 없고, 1년에 임시회의의 횟수에는 제한이 없다.

(2) 정족수

① 의사정족수는 재적의원 1/5 이상 출석으로 개의된다.

② 일반정족수는 재적의원 과반수 출석과 출석의원 과반수 찬성으로 의결된다는 것이며,

③ 특별정족수는 「헌법」과 법률에 의해 특별한 규정이 있는 경우에 해당한다.

(3) 회의원칙

① **공개원칙**　본회의, 위원회 모두에 적용되는 원칙으로 국가안전보장을 위해 비공개할 수 있다.

② **회기계속의 원칙**　한 회기 내에 처리되지 아니한 안건은 폐기되지 않고, 다음 회기에서 계속 심의한다는 원칙으로 임기 내에 적용되나, 임기종료시에는 적용되지 않는다. 대통령의 법률안 보류거부는 의미가 없고 환부거부만 가능하다.

③ **일사부재의의 원칙**　부결된 의안은 동일 회기 내에 다시 발의·심의할 수 없다는 원칙으로 소수파의 합법적인 의사진행 방해(Filibustering, 필리버스터)를 방지하기 위한 목적에서 인정되는 원칙이다.

> **참고**　특별정족수

1. 출석 1/2 이상
회의 비공개

2. 재적 1/4 이상

임시회 · 전원위원회 소집, 국정조사 발의, 의원 석방요구 발의

3. 재적 1/3 이상

해임건의 발의, 일반 탄핵소추 발의, 무제한 토론 요구, 무제한 토론 종결 동의 제출

4. 재적 과반수

해임건의, 대통령 탄핵소추 발의, 일반 탄핵소추 의결, 계엄해제 요구, 헌법개정안 발의, 의장 · 부의장 선출, 신속처리 대상 안건 발의

5. 재적 3/5 이상

신속처리안건 지정 동의, 본회의 부의 요구, 무제한 토론 종결 의결

6. 재적 2/3 이상

국회의원 제명, 대통령 탄핵소추 의결, 헌법개정안 의결

7. 재적 과반수, 출석 2/3 찬성

법률안 재의결

🔍 보충 ◇◇◇

● 국회 선진화법

1. 개정 취지

다수당의 밀어붙이기식 횡포와 잦은 직권 상정, 소수당의 물리력 행사로 인해 국회의 파행이 자주 발생. 이와 같은 문제점을 해결하여 여 · 야 간의 대화와 타협정신을 되살리기 위하여 「국회법」 개정

2. 안건의 신속 처리(「국회법」 제85조)

(1) 재적의원 과반수가 의장에게, 소관위원회 소속 위원 재적 과반수가 위원장에게 제출

(2) 재적의원 또는 소관위원회 재적위원 3/5 이상의 찬성으로 의결

(3) 지정된 안건은 지정일부터 180일 이내에 종결(법사위는 90일 이내 종결)

(4) 기간 내 미종결시 법사위로 회부된 것으로 간주(법사위에서 미종결시 본회의 부의로 간주)

(5) 신속처리 대상 안건이 본회의에 부의된 것으로 보는 날부터 60일 이내에 본회의에 상정되어야 함

3. 무제한 토론(「국회법」 제106조)

⑴ 시간을 받지 아니하는 토론을 하려는 경우 1/3 이상이 요구한 경우 실시

⑵ 재적 3/5 이상 찬성으로 토론 종결 가능

3. 국회의 권한

⑴ 입법권한

헌법개정안 발의 및 의결, 법률제정 및 개정, 조약체결·비준동의, 국회규칙 제정권한이 국회의 입법에 관한 권한이다.

⑵ 재정권한

조세는 법률에 의해서만 부과 가능하며, 조세의 세율 및 세목은 법률로서 국회에서 정한다(조세법률주의). 예산안의 심의·의결은 회계연도 개시 30일 전까지 의결해야 한다고 규정되어 있으며(권장사항), 예산안 규모 및 내용이 수정 가능하다. 단, 정부가 제출한 예산을 증액하거나 새로운 항목을 설치할 때에는 정부의 동의가 필요하다. 결산심사는 감사원의 권한이며, 예비비 설치 동의권(설치뿐만 아니라 지출시에도 동의)과 국채 등에 관한 동의권을 국회가 행사한다.

⑶ 헌법기관 구성 권한

① **선출권** 국회는 헌법재판소 3인을 선출하고, 3인의 대법원장을 지명할 수 있다(단, 헌법재판관 9명은 모두 대통령이 임명한다). 또한 헌법기관으로서 중앙선관위 위원 3인을 국회에서 선출한다.

② **동의권** 국무총리, 감사원장, 대법원장을 국회의 동의를 얻어 대통령이 임명하고, 대법관은 대법원장 제청으로 국회의 동의를 얻어 대통령이 임명하며, 헌법재판소장은 국회의 동의를 얻어 재판관 중에서 대통령이 임명한다. 따라서 국무총리, 감사원장, 대법원장, 대법관, 헌법재판소장의 임명동의권이 있다.

(4) 국정통제

일반 사법절차에 의해 징계가 곤란한 고위공직자 등의 불법행위에 대해 소추하여 처벌 또는 파면하는 제도로 탄핵소추권을 행사한다(탄핵심판은 헌법재판소 권한이나, 탄핵소추는 국회의 권한이다). 또 국무총리 또는 국무위원에 대해 중대한 과오, 법률위반, 도덕적 결함 등의 이유로 해임을 건의할 수 있는 권한을 가지며(대통령을 기속하지 않음), 국정전반에 관해 정기회의시 상임위원회별로 조사하는 국정감사권, 특정사안에 대해 일시적으로 조사하는 국정조사권, 계엄해제요구권(국회가 계엄해제를 요구할 시 대통령은 반드시 해제해야 한다), 긴급명령승인권, 일반사면동의권, 대정부출석요구 및 질문권을 통해 국정을 통제하는 권한을 행사할 수 있다.

| 관련조항 |

헌법 제77조 ⑤ 국회가 재적의원 과반수의 찬성으로 계엄의 해제를 요구한 때에는 대통령은 이를 해제하여야 한다.

4. 국회의 특권

(1) 불체포특권

현행범인 경우를 제외하고 회기 중 국회의 동의 없이 체포·구금이 불가능한 것을 말하며, 회기 전 체포시에도 국회동의가 있는 경우에는 회기 중에는 석방하여야 한다. 행정부에 의한 횡포를 방지하고 활발한 국회활동을 보장할 수 있다는 의의가 있으며, 회기 내에만 적용된다는 것과 법적 책임의 면제가 아닌 체포유예를 의미한다는 특징을 지닌다. 그러나 당내 동료를 보호하기 위해 임시회를 개회한 후 방탄 국회로 남용될 수 있다는 문제점이 있다.

(2) 면책특권

국회에서 직무상 행한 발언과 표결에 관하여 국회 밖에서 민·형사상의 책임을 지지 않는 것을 면책특권이라 하며, 국회의원의 독자적 표결 및 발언의 자유를 보장해 소신 있는 정치를 가능하게 한다. 영구적으로 적용되며, 법적 책임을 면제시키나, 국회 징계위원회를 통해 징계를 받을 수는 있다. 명예훼손 등의 확인되지 않은 발언을 남발할 수도 있다는 것이 문제점으로 지적된다.

| 관련조항 |
헌법 제44조 ① 국회의원은 현행범인인 경우를 제외하고는 회기 중 국회의 동의 없이 체포 또는 구금되지 아니한다.
② 국회의원이 회기 전에 체포 또는 구금된 때에는 현행범인이 아닌 한 국회의 요구가 있으면 회기 중 석방된다.
헌법 제45조 국회의원은 국회에서 직무상 행한 발언과 표결에 관하여 국회 외에서 책임을 지지 아니한다.

5. 입법과정

(1) 법   률

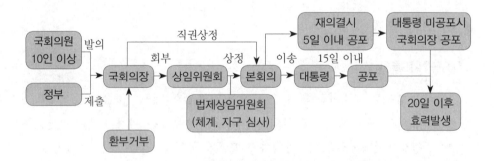

법률안 발의시 국회상임위원회는 법률안을 수정 또는 폐기할 수 있다. 일반 법률안은 재적 과반수 출석과 출석 과반수 찬성으로 의결하며, 재의결시에는 재적 과반수의 출석과 출석 2/3의 찬성으로 법률제정이 확실시된다. 국회의장은 의사진행상 불가피한 경우에 상임위원회를 거치지 않고 법률안을 본회의에 직권상정할 수 있으며, 국회의장은 표결에서 casting vote권한은 없다.

(2) 헌   법

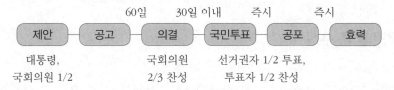

국민투표로 헌법 개정안은 즉시 효력을 발생하며, 국민투표를 거친 이후에 대통령의 공포는 효력발생을 위한 필수절차가 아니다. 행정부의 헌법개정안 제안은 정부의 권한이 아닌 대통령의 권한이다.

(3) 조   약

국회의 비준동의는 조약의 국내 효력발생을 위한 필수적인 조건이다. 조약체결시에도 국회의 동의가 필요하나, 그 속성상 생략한다.

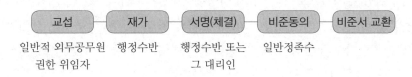

(4) 예   산

국회의장이 직권으로 본회의에 상정할 수 없으며, 예산결산특별위원회의 심사절차를 필수적으로 거쳐야 한다. 상임위원회에서 규모 및 내용 수정이 가능한데 일반적으로 정부 편성안보다 감소시키는 경향이 있다. 감액에는 정부의 동의 없이 감액할 수 있으나, 증액 및 새 항목 편성시에는 정부의 동의가 필요하다.

Ⅲ. 행정부

1. 행정부의 구성

정부는 행정부 수반인 대통령과 국무총리, 국무회의, 각부 장관, 감사원으로 구성된다.

(1) 대통령

대통령은 국회와 더불어 국민의 대표로서 행정부의 수반이자, 국가의 원수이다.

(2) 국무총리

국무총리는 대통령의 권한 대행자로서의 지위와 대통령 보좌기관으로서의 지위, 국무위원 부의장으로서의 지위, 집행부 제2인자로서의 지위에 해당하며, 국회의 동의를 얻어 대통령이 임명하고, 국무위원 임명제청권, 국무위원 해임건의권, 부서권, 행정 각부의 통할 감독권, 총리령 제정권, 국회출석·발언권을 행사한다. 국무총리는 국회의원을 겸직하는 것도 가능하다.

(3) 국무회의

국무회의는 국정에 관해 대통령을 보좌하는 합의제 헌법심의기관으로 국무총리의 제청으로 대통령이 임명하는 국무위원으로 구성되며 국회의 인사청문회는 필수절차이다. 국회가 경과 보고서를 제출하여 의견을 개진하지만, 대통령은 이에 구속되지 않는다. 부서권과 국회출석·발언권 등을 행사하고, 국무위원은 국회의원을 겸직할 수 있다. 대통령의 인사권은 국무회의의 심의내용이 아니며, 국무회의의 의결에 대통령은 구속되지 않는다.

(4) 각부 장관

국무위원 중에서 국무총리의 제청으로 대통령이 임명하며, 모든 장관은 국무위원이나, 모든 국무위원이 장관은 아니다.

(5) 감사원

대통령 소속하의 행정부 최고감사기관으로 독립직인 헌법기관이다.

참고 부서권

1. 의 미

대통령의 행위는 모두 문서로 행해야 하며, 이 문서에 국무총리와 관계 국무위원이 서명
하여 동의 여부를 확인해야 하는 것

2. 의 의

대통령의 행위를 견제하는 장치, 국무총리와 해당 국무위원이 공동책임을 짐으로 인해
대통령의 정치적 책임을 완화시켜 줌

2. 대통령의 권한과 의무

(1) 임   기

국민의 직접선거로 선출하며, 임기는 5년 단임제이다.

(2) 행정부 수반의 권한

행정부를 지휘·감독하는 권한과 법령을 집행하는 권한, 국군을 통수하는 권한, 대통령령 발포권('···시행령'에 해당), 국무회의 의장으로서의 지위와 공무원 임면(임명+파면)권(국무총리, 국무위원 등 임명 및 면직)을 행사한다.

(3) 국가원수의 권한

대통령은 국가원수로서 대외적으로 국가를 대표하며, 이에 조약체결·비준권과 외교사절 신임·접수·파견권 그리고 선전포고 및 강화권, 외국 승인권을 가진다. 또한 국가와 헌법을 수호하는 대통령의 권한으로 긴급명령·긴급재정경제처분 및 명령권과 계엄선포권, 위헌정당해산제소권을 행사한다. 그리고 국정을 통합·조정하는 권한으로 헌법개정안 제안권과 국민투표부의권, 국회임시회 집회요구권과 국회출석·발언권 및 법률안제출권, 사면권 및 감형권, 법률안공포권을 행사한다.

(4) 헌법기관 구성

대법원장, 헌법재판소장, 감사원장을 임명할 수 있는 권한과 대법관, 헌법재판소재판관 3인 임명권, 중앙선거관리위원 3인 임명권으로 헌법기관을 구성할 수 있는 권한을 지닌다.

(5) 특   권

대통령은 내란 또는 외환의 죄를 범한 경우가 아니면, 재직 중 형사상 소추를 받지 않는데 이를 불소추특권이라 한다. 그러나 민사·행정상 책임은 면할 수 없고, 퇴직 후에는 형사소추 제기도 가능하다.

(6) 의　　무

국가의 독립과 영토의 보전, 국가의 계속성 유지, 헌법수호, 조국의 평화적 통일, 국민의 자유와 복리증진, 민족문화창달의 노력을 위한 의무를 진다.

| 관련조항 |

헌법 제84조　대통령은 내란 또는 외환의 죄를 범한 경우를 제외하고는 재직 중 형사상의 소추를 받지 아니한다.

헌법 제69조　대통령은 취임에 즈음하여 다음의 선서를 한다. "나는 헌법을 준수하고 국가를 보위하며 조국의 평화적 통일과 국민의 자유와 복리의 증진 및 민족문화의 창달에 노력하여 대통령으로서의 직책을 성실히 수행할 것을 국민 앞에 엄숙히 선서합니다."

보충

● **대통령의 비상적 권한**

1. 긴급재정 · 경제처분 및 명령권

국회의 집회를 기다릴 시간적 여유가 없을 때 대통령이 행사하는 긴급 입법권으로, 이때의 처분 및 명령은 법률의 효력을 가짐

2. 계엄선포권

전시 · 사변이나 비상사태에 군사상의 필요나 공공의 안녕을 유지할 필요가 있을 때에 대통령이 전국 또는 일정한 지역을 병력으로 경비하고, 해당 지역의 행정 · 사법 사무를 군의 담당하에 두며, 국민의 기본권까지 제한할 수 있는 권한

● **사면의 종류**

1. 일반사면

범죄의 종류를 정하여 그에 해당하는 모든 죄인에 대하여 일반적으로 형의 전부를 용서하거나, 이미 형의 선고를 받은 사람에게는 형의 집행을 면제하고, 아직 형의 선고를 받지 않은 사람에게는 공소권(재판소송)을 없이 하는 권한을 대통령이 가진다. 일반사면은 국회의 동의를 얻어야 한다.

2. 특별사면

이미 형의 선고를 받은 특정 죄인에 대하여 형의 집행을 면제하는 대통령의 권한이다.

◇◇

3. 감사원

(1) 지   위

대통령의 소속하에 있으나, 직무상 대통령의 지위를 받지 않는 독립된 헌법기관으로 합의제 기관이다.

(2) 구   성

감사원장을 포함해 5인 이상 11인 이하로 구성할 수 있으며, 감사원장은 국회의 동의를 얻어 대통령이, 감사위원은 감사원장의 제청으로 대통령이 임명한다. 임기는 4년으로, 1차에 한하여 중임이 가능하다.

(3) 권   한

국가의 세입 · 세출결산, 법률이 정한 단체의 회계검사, 행정기관 및 공무원의 직무감찰과 해당 기관에 시정 · 개선 요구가 가능하다.

| 관련조항 |

헌법 제97조 국가의 세입 · 세출의 결산, 국가 및 법률이 정한 단체의 회계검사와 행정기관 및 공무원의 직무에 관한 감찰을 하기 위하여 대통령 소속하에 감사원을 둔다.

4. 행정부에 대한 통제

(1) 필요성

행정조직 및 권한이 커짐에도 불구하고 민주적 책임을 지지 않아 정부에 대한 통제 필요성이 커지고 있다.

(2) 내부통제

감사원의 직무감찰, 상급기관의 시휘 · 감독권, 국민권익위원회 활동, 직업공무원제도, 행정심판제도, 내부고발보호제도(Whistle Blowing), 행정윤리 확립, 품의제(보고절차), 부서제도를 통한 내부통제를 거친다.

(3) 외부통제

① **국회에 의한 통제**　국회의 각종 동의 · 승인권, 계엄해제요구권, 국정감사 · 조사권, 국무위원 해임건의권, 탄핵소추권, 국무위원 출석 요구, 대정부질의권 등으로 국회에 의해 통제받는다.

② **법원에 의한 통제**　명령 · 규칙심사권, 행정재판권(행정소송)에 의해 통제된다.

③ **헌재에 의한 통제**　탄핵심판, 권한쟁의심판, 헌법소원심판에 의해 통제된다.

④ **시민에 의한 통제**　시민의 참정권, 재판청구권, 헌법소원청구권, 행정정보공개청구권, 이익집단, 시민단체 활동 등을 통해 통제할 수 있다.

(4) 기　　타

옴부즈맨 제도를 통한 통제도 가능하다.

💡 보충

● **외부통제의 한계**

1. 사법 통제
소극적 사후 구제, 시간 · 비용의 과다 소요

2. 입법 통제
전문성 부족, 특수이익이나 지역이익을 대변하는 비대표성

● **옴부즈맨 제도**

1. 의　　미
의회에 소속되어 강력한 신분보장을 받으며 당파성이 없는 조사관

2. 의   의

⑴ 정치적으로 중립적인 전문가 집단을 의회 소속에 두고 행정부를 감찰

⑵ 우리나라에 유사한 기관으로 국민권익위원회(이전의 국민고충처리위원회+중앙인사
위원회)가 있으나, 국무총리 직속으로 두어 실효성이 문제됨

● 인사청문회 제도

1. 대통령이 고위 공직자 임명시 국회의 검증을 받도록 하는 절차

2. 대   상

⑴ 국회의 임명동의가 필요한 헌법기관: 대법원장, 헌법재판소장 등

⑵ 국가정보원장, 검찰총장, 국세청장, 헌법재판관, 중앙선관위원장 등

⑶ 모든 국무위원

3. 임명동의가 필요 없는 경우 국회의 보고서는 대통령을 구속하지 않음

Ⅳ. 법   원

1. 사법권의 의의

(1) 의   미

독립적 지위를 가진 기관이 제3자의 입장에서 무엇이 법인가를 판단하고 선언
하여 법질서를 유지하기 위한 활동을 사법권이라 한다.

(2) 특   성

사법권의 가장 큰 특징은 소극적 · 수동적 작용이라는 것이며, 따라서 당사자의
소송제기, 즉 쟁송을 전제로 작용한다. 또한 행정이 새로운 질서형성을 위한 작용
인 데 반해, 법질서를 유지하려는 작용으로 현상 유지적인 보수성을 지니고, 신분
이 보장된 법관의 독자적인 작용으로 비정치적인 법인식 기능을 하며, 다른 국가
작용에 의한 기본권 침해를 구제하는 작용으로 기본권을 보호하고 수호하는 기능
을 수행하는 특징을 지닌다.

(3) 범　　위

사법권은 민사 · 형사 · 행정 · 특허재판을 관할한다.

민사재판권은 사인 간의 생활관계의 분쟁을 조정하는 권한이며, 형사재판권은 범죄를 인정하고 형벌을 과하는 권한이고, 행정재판권은 행정작용에 관하여 분쟁이 있는 경우 이를 판단하는 권한, 특허재판권은 특허소송에 대해 판단하는 권한이다.

2. 사법권의 독립

(1) 필요성

공정한 재판을 통한 국민의 기본권 실현을 위해 사법부의 독립이 필요하다.

(2) 법원의 독립

① 의미　　입법부와 행정부로부터 법원의 독립된 지위가 보장되어야 한다.

② 헌법규정　　사법권의 독립과 관련된 헌법규정은 「헌법」 제101조 제1항, 제2항, 제108조 제1항이 있으며, 각각의 내용은 제101조 제1항 사법권은 법관으로 구성된 법원에 속한다. 제101조 제2항 법원은 최고법원인 대법원, 각급법원으로 조직된다. 제108조 제1항 대법원의 규칙 제정권에 대해 규정하고 있다.

③ 한계　　대통령의 대법원장 · 대법관 임명과 집행부에 의한 예산편성권, 대통령의 사면권, 국회의 법관에 대한 탄핵소추권 등의 한계가 있다.

(3) 법관의 독립

① 신분상 독립　　법관의 인사는 독립되어 행하고, 임기보장을 통해 법관의 독립성을 보장한다. 탄핵 또는 금고 이상의 형에 의하지 아니하고는 파면되지 아니하며, 징계처분에 의하지 아니하고는 정직, 감봉 등 불리한 처분을 할 수 없다.

② 재판상 독립　　국가권력이나 외부세력의 영향을 받지 않고 법과 양심에 의해 재판해야 한다.

3. 법원조직의 관할

(1) 대법원

대법관(연임 가능)의 수는 대법원장(중임 불가) 포함 14명으로 구성되며, 대법원장은 국회의 동의를 얻어 대통령이 임명하고, 대법관은 대법원장의 제청으로 국회의 동의를 얻어 대통령이 임명한다. 대법원은 명령 · 규칙과 위헌 · 위법 최종 심사권을 가지며, 선거소송의 1심 재판권과 고등법원 · 지방법원 합의부, 특허법원의 상고 · 재항고 사건을 관할한다.

(2) 고등법원

1심 판결에 대한 항소사건과 1심 심판 · 결정 · 명령에 대한 항고사건을 관할한다.

(3) 특허법원

고등법원급 특수법원으로 3심제의 예외에 해당하는 법원이다. 특허분쟁을 전담한다.

(4) 지방법원

민사 · 형사사건의 1심 법원으로 단독판사의 판결 · 결정 · 명령에 대한 2심의 경우에는 지방법원 합의부가 관할한다.

(5) 가정법원

지방법원급 특수법원인 가정법원은 가사사건 · 소년보호사건을 담당한다.

(6) 행정법원

지방법원급 특수법원으로 행정소송을 관할한다.

| 관련조항 |

헌법 제102조 ① 대법원에 부를 둘 수 있다.

② 대법원에 대법관을 둔다. 다만, 법률이 정하는 바에 의하여 대법관이 아닌 법관을 둘 수 있다.

③ 대법원과 각급법원의 조직은 법률로 정한다.

법원조직법 제3조 ① 법원은 다음의 6종으로 한다. 대법원, 고등법원, 특허법원, 지방법원, 가정법원, 행정법원

📖 **참고**   **법관의 임기**

1. 대법원장

6년, 중임 불가

2. 대법관

6년, 법률이 정하는 바에 의하여 연임 가능

3. 일반법관

10년, 법률이 정하는 바에 의하여 연임 가능

4. 법원의 권한

(1) 명령 · 규칙 심사권

행정입법인 명령 · 규칙을 모든 법원에서 심사할 수 있다. 최종 심사권은 대법관 전원합의체에서 행사한다.

(2) 위헌법률 심판제청권

재판 중 법률이 헌법에 위배되는지 헌재에 판결을 요청할 수 있는 권한이다.

(3) 대법원규칙 제정권

소송에 관한 절차와 법원 내부규율 등을 제정할 수 있다.

| 관련조항 |

헌법 제107조 ① 법률이 헌법에 위반되는 여부가 재판의 전제가 된 경우에는 법원
은 헌법재판소에 제청하여 그 심판에 의하여 재판한다.
② 명령·규칙 또는 처분이 헌법이나 법률에 위반되는 여부가 재판의 전제가 된 경
우에는 대법원은 이를 최종적으로 심사할 권한을 가진다.
헌법 제108조 대법원은 법률에서 저촉되지 아니하는 범위 안에서 소송에 관한 절차,
법원의 내부규율과 사무처리에 관한 규칙을 제정할 수 있다.

5. 공정한 재판을 위한 제도

(1) 심급제도

신중하고 공정한 재판을 위해 급이 다른 법원에서 여러 번 재판을 받을 수 있게
하는 제도이다. 심제를 원칙으로 하나 예외규정을 두고 있다. 그러나 심급제도는
신속한 권리구제와는 거리가 있다.

(2) 재판공개의 원칙

재판의 심리와 판결은 공개한다는 것이 재판공개의 원칙이다. 재판의 공정성과
소송 당사자의 인권을 확보하고자 하는 목적으로 한다. 다만, 심리과정은 국가의
안전보장 또는 안녕질서를 위해 또는 선량한 풍속을 해할 우려가 있는 경우 비공
개가 가능하다. 그러나 판결은 반드시 공개하는 것이 원칙이다.

(3) 증거재판원칙

반드시 증거에 의한 재판이 진행되어야 하며, 자백만으로는 처벌할 수 없다.

참고 ▸ 3심제의 예외

1. 단심제(1심이 대법원)
  (1) 대통령, 국회의원, 광역자치단체장 선거
    (선거 자체의 무효를 다루는 재판)소송
  (2) 비상계엄하의 군사재판
2. 2심제
  (1) 특허재판
  (2) 지방의원과 기초자치단체장 선거소송

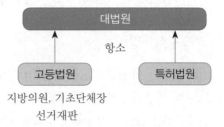

지방의원, 기초단체장
선거재판

보충

● 심급제도

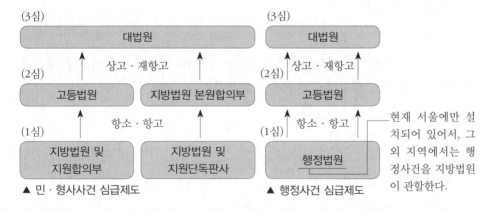

▲ 민 · 형사사건 심급제도   ▲ 행정사건 심급제도

현재 서울에만 설치되어 있어서, 그 외 지역에서는 행정사건을 지방법원이 관할한다.

항소란 1심의 판결에 불복하여 2심재판을 청구하는 것이며, 상고란 2심의 판결에 불복하여 3심재판을 청구하는 것이다. 항고란 법원의 결정이나 명령에 대해 이의를 제기하는 것이며, 재항고란 항고 법원의 명령이나 결정에 대해 대법원에 이의를 제기하는 것을 의미한다.

V. 헌법재판소

1. 헌법재판소의 의의 및 구성

(1) 지   위

헌법해석과 관련된 정치적 분쟁을 사법적 절차에 따라 해결하는 헌법기관이다.

(2) 구성(9명)

국회에서 선출한 3인, 대법관이 지명한 3인, 대통령이 지정한 3인인 재판관 9인 모두 대통령이 임명하며, 헌법재판소장은 국회의 동의를 얻어 재판관 중 대통령이 임명한다(그러나 같은 헌법기관인 선거관리위원회 위원장은 호선한다).

(3) 기   능

헌법을 수호하고 기본권을 보장하며, 최종적 헌법재판의 기능과 권력통제 기능을 수행한다.

(4) 재판관의 신분

임기 6년에 연임이 가능하고, 탄핵 또는 금고 이상의 형의 선고에 의하지 아니하고는 파면되지 아니하는 신분보장을 받는다. 그러나 정당에 가입하거나, 정치에 관여해서는 안 되는 정치적 중립의 의무를 진다.

2. 헌법재판소의 권한

(1) 위헌법률심판

① 의미   의회가 의결한 법률이 헌법에 위반하는지 여부를 심사하는 것이다.

② 의의   헌법의 최고규범성과 헌법질서를 유지하며, 국민의 자유와 권리를 보장하고, 소수자를 보호하며, 정치세력 간의 타협을 촉진한다는 의의가 있다.

③ 절차   위헌법률심판제청은 법률이 헌법에 위반 여부가 재판의 전제가 된 경우 법원이 청구한다. 대법원을 포함한 모든 법원에서 가능하며, 당해 사건 담당

법원이 직권 또는 재판 당사자의 신청에 의해 제청할 수 있다. 만일 당사자의 제청 신청을 법원이 받아들이지 않은 경우 당사자는 항고가 불가능하고, 위헌법률심판형 헌법소원을 제기해야 한다.

판결은 재판관 6인 이상 찬성으로 위헌결정되며, 판결 즉시 해당 법률의 효력이 정지되고 타 국가기관에 기속력이 발생한다.

④ 결정유형

㉠ 각하결정: 심판의 전제 조건을 충족시키지 못해 심리를 하지 않는다.

㉡ 합헌결정: 의결정족수를 충족하지 못했기 때문에 법률의 효력을 유지하는 것으로 기각판결(원고의 청구에 이유 없음)에 해당한다.

㉢ 위헌결정: 재판관 6인 이상의 찬성으로 법률의 효력을 정지하며, 인용판결에 해당한다. 기타 헌법 불합치 결정은 법률 자체는 위헌이나 법률의 효력을 일정기간 유지하는 것을 말하며, 결정에서 정한 기간이 지나면, 해당 법률은 효력이 소멸된다(위헌판결과 불합치 판결을 합친 수가 6명 이상인 경우, 예: 위헌 4인+불합치 2인+합헌 3인).

| 관련조항 |

헌법재판소법 제41조 ① 법률이 헌법에 위반되는지 여부가 재판의 전제가 된 경우에는 당해사건을 담당하는 법원은 직권 또는 당사자의 신청에 의한 결정으로 헌법재판소에 위헌 여부 심판을 제청한다.

참고 **헌법불합치 결정의 의의**

1. 법적 안정성 유지
위헌결정을 내림으로써 발생될 법률의 공백 예방

2. 입법자의 의사 존중
입법부가 스스로 개정할 시간적 여유 보장

3. 혼란 방지
법률의 잠정적 적용을 통해 공백 예방

(2) 헌법소원심판

① **의미**　　공권력의 행사 또는 불행사로 인해 헌법상 보장된 기본권 침해시 그 침해의 원인이 된 공권력을 취소하거나 위헌임을 확인받는 제도를 헌법소원심판이라 한다.

② **청구조건**　　기본권 침해가 현재 진행 중이어야 하며, 청구권자와 직접 관련되어야 한다. 또한 보충성의 원칙에 따라 다른 구제절차를 모두 거친 후에만 청구가 가능하다. 청구기간은 사유가 있음을 안 날로부터 60일, 있은 날로부터 180일 이내이다.

③ **청구대상**　　입법작용, 행정작용, 사법작용 모두 청구의 대상이며, 다만 법원의 판결에 대해서는 청구할 수 없다.

④ **청구유형**

㉠ 권리구제형은 공권력의 행사 또는 불행사로 인한 권리침해의 구제를 청구할 경우에 제기할 수 있고,

㉡ 위헌법률심사형은 위헌법률심판 제청 신청이 기각된 경우에 헌법소원청구가 가능하다.

⑤ **결정유형**　　각하결정은 청구조건 불충분으로 심리를 하지 않았음을 의미하고, 기각결정은 합헌판결(권리침해 부인)을, 인용결정은 위헌판결(권리침해 인정)을 의미하며, 재판관 6인 이상의 찬성으로 결정된다.

| 관련조항 |

헌법재판소법 제68조　① 공권력의 행사 또는 불행사로 인하여 헌법상 보장된 기본권을 침해받은 자는 법원의 재판을 제외하고는 헌법재판소에 헌법소원심판을 청구할 수 있다. 다만, 다른 법률에 구제절차가 있는 경우에는 그 절차를 모두 거친 후에 청구할 수 있다.

② 법률의 위헌 여부 심판의 제청신청이 기각된 때에는 그 신청을 한 당사자는 헌법재판소에 헌법소원심판을 청구할 수 있다. 이 경우 그 당사자는 당해 사건의 소송절차에서 동일한 사유를 이유로 다시 위헌 여부 심판의 제청을 신청할 수 없다.

참고 위헌법률심판 절차

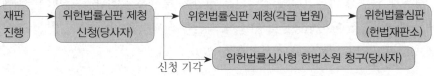

(3) 탄핵심판

① 의미   일반적 사법절차에 의해 징계가 곤란한 고위공직자 등을 파면 또는 처벌하는 제도이다.

② 소추기관   국회가 소추한다.

③ 소추대상   대통령, 국무총리(위원), 감사원장, 헌재재판관 등 국가 고위공무원이 소추대상이나, 국회의원은 탄핵심판의 소추대상이 될 수 없다.

④ 결정유형

㉠ 각하결정: 탄핵의 청구 조건이 충족되지 않아 심리를 하지 않은 경우이며,

㉡ 기각결정: 공직자의 불법행위가 인정되지 않았다는 의미이고,

㉢ 인용결정: 재판관 6인 이상 찬성으로 파면이 결정되며, 해당자는 5년간 공직에 임용될 수 없다.

| 관련조항 |

헌법재판소법 제48조   다음 각호의 어느 하나에 해당하는 공무원이 그 직무집행에서 헌법이나 법률을 위반한 경우에는 국회는 헌법 및 국회법에 따라 탄핵의 소추를 의결할 수 있다.

1. 대통령, 국무총리, 국무위원 및 행정각부의 장

2. 헌법재판소 재판관, 법관 및 중앙선거관리위원회 위원

3. 감사원장 및 감사위원

4. 그 밖에 법률에서 정한 공무원

(4) 정당해산심판

정부가 민주적 기본질서에 위배되는 정당을 해산하는 심판을 헌법재판소에 청구할 수 있다. 심판이 인용된다면 소속 의원은 의원직을 상실하고, 정당의 재산은 국고로 귀속되며, 대체정당도 설립할 수 없다.

| 관련조항 |

헌법재판소법 제55조　정당의 목적이나 활동이 민주적 기본질서에 위배될 때에는 정부는 국무회의의 심의를 거쳐 헌법재판소에 정당해산심판을 청구할 수 있다.

(5) 권한쟁의심판

국가기관 상호간, 국가기관과 지방자치단체 간, 지방자치단체 상호간의 권한분쟁심판을 말한다.

| 관련조항 |

헌법재판소법 제61조　② 심판청구는 피청구인의 처분 또는 부작위가 헌법 또는 법률에 의하여 부여받은 청구인의 권한을 침해하였거나 침해할 현저한 위험이 있는 경우에만 할 수 있다.

참고　권한별 비교

구분	위헌법률심판	헌법소원심판	탄핵심판	정당해산심판	권한쟁의심판
청구권자	각급 법원	침해 당사자	국회	정부	해당 기관
정족수	재판관 6인				7인 이상 출석, 5인 이상 찬성

Ⅵ. 지방자치제도

1. 지방자치의 유형

(1) 주민자치

주민들이 그들 자신의 의사에 따라 그들 자신의 책임하에서 행하는 자치라는 특징을 지니며 대표적인 나라로 영국이 시행 중이다. 주민자치의 이념적 기초는 자기통치원리이며, 자연적·천부적 권리, 정치적 의미로서의 자치권을 말한다. 주민의 권리인 참여에 중점을 두는 자치의 방법이며, 법률이 개별적으로 자치권을 부여하는 개별적 수권주의로 권한을 부여한다. 하나의 기관이 의결과 집행기능을 통합한 의원내각제형의 자치기구를 바탕으로 운영하며 독립세주의를 취하는 지방세제도를 취한다. 주민자치하에서 국가는 입법·사법통제를 통한 소극적인 감독만 하여야 한다.

(2) 단체자치

국가로부터 독자성을 인정받은 단체가 그 단체의 사무를 처리하는 자치를 말하며, 대표적인 국가로는 대륙법계 국가들이 단체자치에 해당한다. 지방분권의 원리를 이념적 기초로 삼으며, 단체의 권한을 중점으로 삼아 국가가 포괄적·일반적으로 자치권을 부여하는 포괄적 수권주의의 방식으로 권한을 부여하는데, 의결기관과 집행기관이 분리된 대통령제형의 자치기구로서 단체자치는 운영된다. 또한 지방세는 부가세 위주로 부가되며, 법률적 의미로 국가로부터 위임받는 위임설에 입각한 자치권을 행사한다. 따라서 권한을 위임한 국가는 적극적인 행정통제를 통하여 단체를 감독한다.

💡 **보충**

● **주민자치와 단체자치**

1. 주민자치
주민자치는 주민의 일상생활과 연관된 지방행정을 중앙정부에 의하지 않고 그 지역주민이 스스로 또는 대표자를 통하여 자기들의 의사와 책임하에 수행하는 것을 말하는 것으로, 지방정치에의 참여, 즉 자치단체와 주민과의 관계에 중점을 두면서 민주주의 원리를 표현하는 지방자치 형태 → 자치의 원리

2. 단체자치

독일과 프랑스 등 유럽대륙 중심으로 발전한 단체자치는 국가와는 별개의 법인격을 갖는 지방자치단체가 국가로부터 상대적으로 독립한 지위와 권한을 부여받아 일정한 범위 내에서 국가의 통제를 받지 않고 독자적으로 지방행정을 처리하게 하는 방식 → 지방분권의 원리

2. 우리나라의 지방자치제도

(1) 지방자치단체의 종류

일반지방자치단체	집행기관	광역(시 · 도 · 제주특별자치도), 기초(시 · 군 · 구)단체	규칙제정
	의결기관	지방의회	조례제정
특별지방자치단체	집행기관	교육감	규칙제정
	의결기관	교육위원회	조례제정

참고 한국의 지방자치행정 계층구조

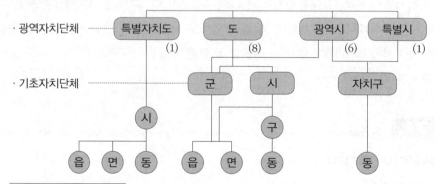

범례: ⬭는 지방자치단체, ⬤는 자치단체가 아닌 행정계층, ( ) 안의 숫자는 자치단체 수

(2) 지방자치단체의 권한

자치입법권, 자치행정권, 자치재정권(財政權)

(3) 지방자치와 주민참여

참여를 통해 민주주의 원리를 체험하는 민주주의의 학교의 의미를 지니며, 풀뿌리 민주주의라고도 한다. 지방선거나, 공청회, 주민소송, 주민소환, 주민투표, 주민발안, 정보공개제도의 의무화를 통한 정보접근성을 강화하는 방안 등으로 실현될 수 있다.

그러나 지역 이기주의, 정치적 무관심, 정보의 비공개를 남발하는 등의 문제점을 배제할 수는 없다.

(4) 주민참여의 필요성과 한계

① 필요성   사회문제 해결에 대한 지역사회 주민들의 의식전환과 의회의 관료제에 대한 의존으로 인한 통제가 곤란함을 해결하고, 지역개발시 이해관계에 또 행정의 사회적 형평확보, 인간의 소외감 극복, 주민의 주체성 회복, 지역주민의 활발한 참여로 문제해결에 쉽게 접근할 수 있는 등의 이점이 있어 주민의 참여가 필요하다.

② 한계   주민들의 참여의식이 적극적이지 못하며, 적극적 · 계획적인 정책대안이나 계획을 개발 · 수립 · 제시하는 데 한계가 있다. 또한 주민 간의 이해관계가 상반될 경우 갈등을 초래할 우려와 행정내부의 저항(기득권 침해 우려), 정책과정의 지연 · 복잡 등의 우려도 배제할 수 없다.

💡 보충

● 지역 이기주의 현상

1. 님비(Nimby: Not In My Back Yard)

내 뒷마당에서는 안 된다는 이기주의적 의미로 통용되는 것으로 산업폐기물 · AIDS환자 · 범죄자 · 마약중독자 · 쓰레기 등의 수용 · 처리시설의 필요성에는 원칙적으로 찬성하지만 자기 주거지역에 이러한 시설들이 들어서는 데는 강력히 반대하는 현상

2. 핌피(Pimfy: Please In My Front Yard)

핌피현상이란 수익성 있는 사업을 내 지방에 유치하겠다는 지역 이기주의의 일종이다.

3. 바나나(Banana)현상

어디에든 아무것도 짓지 말라(맹목적 지역 이기주의).

◇◇

제4편 ≪

개인생활과 법

≫ 제1장
민법의 기초 이해

Ⅰ. 민법의 기본원리

1. 민법의 의의

(1) 의   미

법이 규율하는 생활관계의 실체에 따른 법의 분류를 말한다.

① **공법(公法)**　국가 또는 공공단체 등을 한 당사자로 하여 공권력 관계를 다루는 법으로 「헌법」, 「형법」, 「행정법」, 「형사소송법」, 「민사소송법」 등을 공법이라 한다.

② **사법(私法)**　사인을 주체로 한 대등한 법률관계를 다루는 법으로 「민법」, 「상법」 등을 사법이라 한다.

③ **사회법(社會法)**　사법적 생활영역에 정부가 적극 개입하여 공법적 제재를 가미한 법으로, 사법과 공법의 중간적인 법 영역으로 사법의 공법화 현상과 밀접한 관련을 맺고 있다. 사회법이 등장하게 된 배경은 자본주의의 모순 등을 해결하기 위해서였고, 노동법(「근로기준법」, 「노동조합 및 노동관계조정법」 등), 경제법(소비자기본권, 「독점규제 및 공정거래에 관한 법률」), 각종 사회보장법 등이 이에 해당된다.

참고

(2) 민법의 성격

① 의미   개인 간 생활관계와 관련하여 누구에게나 두루 적용되는 일반적인 사법(私法)으로 주로 재산과 관련한 법률관계와 가족과 관련한 법률관계로 구성된다.

② 법원(法源)   민법의 법의 존재형식(法源)은 법률, 관습법, 명령·규칙, 판례법, 조리 등을 말한다. 우선 「민법」, 「약관의 규제에 관한 법률」 등 형식적 의미에서의 민법전과 민법전의 내용을 보충하기 위해 국회에서 제정된 법률과 대통령령, 대법원규칙, 지방자치단체의 조례·규칙, 사회에서 발생하는 관행이 단순한 도덕적 규범을 넘어 법적 확신의 단계에 이른 것으로 관습법, 구체적 사건에 대한 법원의 판결의 집합으로서 판례법, 일반인이 상식적인 차원에서 인정되는 원칙으로 신의성실의 원칙인 조리가 있다.

| 관련조항 |

민법 제1조   민사에 관하여 법률에 규정이 없으면 관습법에 의하고 관습법이 없으면 조리에 의한다.

민법 제2조   ① 권리의 행사와 의무의 이행은 신의에 좇아 성실히 하여야 한다.
② 권리는 남용하지 못한다.

2. 근대 민법의 3대 원칙

(1) 근대 민법의 기본이념

자유롭고 평등한 개인을 기본 요소로 하는 개인주의와 자유주의 및 합리주의가 근대 민법의 기본원리이다.

(2) 근대 민법의 기본원칙

① **사유재산권 존중의 원칙**　개인 소유의 재산에 대한 사적 지배를 인정하고, 국가나 다른 개인은 함부로 이를 간섭하거나 제한하지 못한다는 원리로, 사유재산권 중에서 가장 중요하고 핵심적인 것이 소유권이기 때문에 '소유권 절대의 원칙'이라고도 한다.

② **사적자치의 원칙**　자신의 법률관계를 자유로운 의사에 기초하여 형성할 수 있다는 원리로, 이에 따라 각 개인의 권리와 의무는 자율적인 의사에 의하여 취득되거나 상실될 수 있으며, 법률관계 중에서 가장 대표적인 것이 계약이기 때문에 '계약자유의 원칙'이라고도 한다. 따라서 계약자유의 원칙에 따라 국가는 개인의 사적자치를 본질적으로 침해할 수 없으며, 그 내용은 계약체결의 자유, 상대방 선택의 자유, 계약내용결정의 자유, 방식의 자유 등이 해당하지만 계약해제의 자유는 제외된다.

③ **과실책임의 원칙**　타인에게 끼친 손해에 대해서는 고의나 과실이 있을 때에만 책임을 지며, 고의나 과실이 없는 경우는 책임을 지지 않는다는 원칙이다. 이를 자신의 행위가 아닌 타인의 행위에 대해서는 책임을 지지 않는다는 의미에서 '자기책임의 원칙'이라고도 한다.

3. 현대 민법의 원리

(1) 근대 민법 기본원리의 수정 배경

소유권이 절대적으로 보장됨으로 인해 공공성이 보장되지 못하는 경우가 발생하고, 계약자유의 원칙으로 인해 경제적 강자가 일방적 계약 강제의 수단으로 변경되는 경우가 발생함과 동시에 과실책임의 원칙은 경제적 강자가 책임을 회피하고 사회적 약자에게 전가하는 수단으로 이용하는 경우가 많아짐에 따라 사회적 약자를 보호하는 방향으로 근대 민법의 원리도 변화하게 되었다.

(2) 현대 민법의 3대 원칙

현대 민법의 3대 원칙으로 소유권 절대원칙은 소유권 공공의 원칙으로, 계약자유의 원칙은 계약공정의 원칙으로, 과실책임의 원칙은 무과실책임의 원칙으로 변화하였다.

① **소유권 공공복리의 원칙**　소유권은 보장하지만, 그 행사에 있어서는 공공복리 적합 의무가 강조된 것으로 소유권의 상대적 보장을 의미한다. 우리 「헌법」 제23조와 「민법」 제2조 등에 규정되어 있다.

② **계약공정의 원칙**　사회질서에 반하는 계약뿐만 아니라 공정성을 잃은 계약은 법의 보호를 받을 수 없다는 것으로 「민법」 제103조, 제105조에 규정되어 있다.

③ **무과실책임의 원칙**　고의나 과실이 없는 경우에도 일정한 상황에서는 관계되는 자에게도 책임을 물을 수 있다는 것으로 공작물 점유자의 책임, 공공 영조물의 설치 및 관리 하자에 대한 국가 또는 지방자치단체의 책임, 환경오염 가해자의 책임 등에서 무과실책임의 원칙을 엿볼 수 있다.

| 관련조항 |
헌법 제23조　① 모든 국민의 재산권은 보장된다. 그 내용과 한계는 법률로 정한다.
　② 재산권의 행사는 공공복리에 적합하도록 하여야 한다.
민법 제211조　소유자는 법률의 범위 내에서 그 소유물을 사용, 수익, 처분할 권리가 있다.

민법 제103조　선량한 풍속 기타 사회질서에 위반한 사항을 내용으로 하는 법률행위는 무효로 한다.
민법 제104조　당사자의 궁박, 경솔 또는 무경험으로 인하여 현저하게 공정을 잃은 법률행위는 무효로 한다.

제조물책임법 제3조 ① 제조업자는 제조물의 결함으로 인하여 생명 · 신체 또는 재산에 손해를 입은 자에게 그 손해를 배상하여야 한다.

환경정책기본법 제31조 ① 사업장 등에서 발생되는 환경오염 또는 환경훼손으로 인하여 피해가 발생한 때에는 당해 사업자는 그 피해를 배상하여야 한다.

방사성폐기물관리법 제44조 ② 개인의 대리인, 사용인, 그 밖의 종업원이 그 개인의 업무에 관하여 위반행위를 하면 그 행위자를 벌할 뿐만 아니라 그 개인에게도 해당 조문의 벌금형을 과한다.

Ⅱ. 권리능력과 행위능력

1. 권리능력

(1) 권리능력의 발생

① 권리능력의 의미 권리와 의무의 주체가 될 수 있는 지위를 권리능력이라 한다.

② 권리능력의 발생 모든 자연인은 출생과 더불어 사법상의 권리능력을 가지며 법인은 설립등기를 해야 권리를 향유할 수 있다.

③ 태아의 권리능력 완전노출설에 따라 권리능력 없음이 원칙이나, 일부사항에 있어서는 아직 태어나지 않은 태아를 태어난 아기와 동일하게 취급하기도 한다. 불법행위로 인한 손해배상의 청구와 상속, 유증, 인지의 경우에 태아에게도 권리를 인정하나 단, 태아가 반드시 살아서 출생해야만 소급해서 권리능력이 인정된다.

| 관련조항 |
민법 제3조 사람은 생존한 동안 권리와 의무의 주체가 된다.
민법 제34조 법인은 법률의 규정에 좇아 정관으로 정한 목적의 범위 내에서 권리와 의무의 주체가 된다.

민법 제762조 태아는 손해배상의 청구권에 관하여는 이미 출생한 것으로 본다.

민법 제1000조 ③ 태아는 상속순위에 관하여는 이미 출생한 것으로 본다.

참고   출생시기에 관한 학설

잉태설	정자와 난자가 결합하여 잉태가 된 시기를 출생으로 봄
진통설	진통과 함께 분만이 개시된 때를 출생으로 봄
일부노출설	모체로부터 태아의 일부가 노출된 때를 출생으로 봄
전부노출설	태아의 모든 부분이 밖으로 노출된 때를 출생으로 봄
독립호흡설	태아가 모체로부터 전부 분리된 후 독립적으로 호흡을 시작할 때를 출생으로 봄

1. 「민법」에서는 완전노출설 인정

2. 「형법」에서는 진통설 인정

(1) 진통은 태아가 모체로부터 분리하려는 주체적인 움직임이기 때문에 생명체로 존중

(2) 진통 이후 임부를 살해한 경우 영아살해죄도 추가되어 두 명을 죽인 것

형법 제251조 직계존속이 치욕을 은폐하기 위하거나 양육할 수 없음을 예상하거나 특히 참작할 만한 동기로 인하여 분만 중 또는 분만 직후의 영아를 살해한 때에는 10년 이하의 징역에 처한다.

보충

● 태아의 권리능력 사례

1. 불법행위로 인한 손해배상

타인의 불법행위에 의해 부가 사망 또는 부상을 입은 경우 태아의 출생 후 받을 정신적 피해, 임부에 대한 물리적 충격이나 약물에 의한 부작용으로 인해 기형으로 태어난 경우 출생 전 일이라는 이유로 손해배상에서 배제하는 것은 타당하지 않음

2. 상   속

'갑'과 '을'은 이들 사이의 태아 '병'이 태어나기 전에 이혼. '병'이 태어나기 전 '갑'이 사망한 경우 '병'의 권리능력을 인정하지 않는다면 '병'은 상속받을 수 없음. 이를 방지하기 위해 권리능력이 소급하여 발생함.

● 법   인

1. 의   미

법률에 의하여 권리능력이 인정된 단체 또는 재산 → 자연인으로서는 목적을 달성하기 어려운 사업의 경우, 자연인과 마찬가지로 법률관계의 주체로서의 지위를 인정한 것

2. 사단법인

사람을 구성원으로 하는 일정한 조직을 가진 집단(회사 등)

3. 재단법인

특정한 재산을 관리하기 위한 단체(학교법인, 의료법인 등)

---

(2) 권리능력의 소멸

① **권리능력의 소멸**   자연인은 사망으로, 법인은 해산등기를 마침으로(청산종료시) 권리능력이 소멸된다.

② **사망시점에 관한 학설**   사망시점에 관한 학설로는 심폐기능정지설, 뇌사설이 대표적이다.

　㉠ 심폐기능정지설(=맥박정지설): 호흡과 심장의 박동이 영구적으로 정지한 때에 사망한 것으로 간주하는 학설로 민법상 통설이다. 보통 의사의 사망진단에 의해 확인 가능하며, 현대 의학의 발달로 인해 박동이 멈추더라도 빠른 응급조치로 회복이 가능해지자 이 학설에 대한 절대적 위상은 약화되었다.

　㉡ 뇌사설: 심장박동이나 호흡 등을 담당하는 뇌간이 정지된 상태로, 인공호흡장치를 제거하면 바로 사망에 이르게 되는 상태를 말한다. 최근 장기이식의 필요성을 이유로 일정한 조건하에서 인정한다.

● 뇌사설과 장기이식

1. 뇌사상태는 종래의 학설에 의하면 여전히 생존한 상태이다. 따라서 뇌사 환자로부터 장기를 적출하여 장기이식하는 것은 살인에 해당한다. 설령 뇌사자를 법률적으로 사망으로 인정하여도 장기이식 행위는 사체훼손죄에 해당한다.

2. 이러한 모순점의 해결을 위해 「장기 등 이식에 관한 법률」(형법에 대해 특별법에 해당하여 우선 적용됨)을 제정해 엄격한 요건과 절차를 통해 장기이식이 가능하게 되었다.

● 사망 여부 및 시기에 대한 증명과 확정이 곤란한 경우

1. 동시사망추정

2인 이상이 같은 사고로 사망한 경우 등은 동시에 사망한 것으로 추정함.

2. 인정사망

시체는 발견되지 않았으나 사망이 확실시될 때(수난, 화재 등) 사망으로 추정함

3. 실종선고

부재자의 생사불명상태가 일정기간 계속될 때, 가정법원의 선고에 의해 사망으로 간주

4. 사망이 권리능력소멸의 유일한 요건이므로 실종선고, 인정사망 등에 의해 권리능력은 박탈되지 않음

2. 의사능력과 행위능력

(1) 의사능력

자신의 행위의 의미와 결과를 판단하여 정상적인 의사결정을 할 수 있는 능력을 의사능력이라 한다. 의사능력 없는 자의 법률행위는 원칙적으로 무효이고, 젖먹이, 정신병자, 만취자의 행위가 그러하다.

(2) 행위능력

단독으로 유효한 법률행위를 할 수 있는 능력을 말하며, 자신의 의사표시로써 유효하게 법률행위를 성립시킬 수 있는 법률상 자격이다. 의사능력 소유 여부는

객관적 기준이 될 수 없는 한계가 있어, 어떤 사람이 특정한 기준을 충족시키는 경우 혼자서 효력 있는 법률행위를 할 수 있는 것으로 간주한 것이 행위능력으로 제3자가 부담하게 되는 불안정성을 해소하고, 행위무능력자의 단독행위는 취소할 수 있는 행위이기 때문에 기준에 미달하는 사람을 보호할 수 있으므로 행위능력의 개념이 필요하다.

(3) 책임능력

자신의 행위가 불법한 행위로 법률상 책임을 발생한다는 사실을 식별할 수 있는 능력으로 법률상 책임을 판단할 수 있는 능력이다. 책임무능력자의 경우 타인의 권리를 침해하여 손해를 가했을 때에도 손해배상책임을 지지 않으며, 영유아, 정신병자 등이 책임무능력자이다.

| 관련조항 |

민법 제5조 ② 법정대리인의 동의 없는 법률행위는 취소할 수 있다.

민법 제13조 ④ 한정후견인의 동의가 필요한 법률행위를 피한정후견인이 한정후견인의 동의 없이 하였을 때에는 그 법률행위를 취소할 수 있다. 다만, 일용품의 구입 등 일상생활에 필요하고 그 대가가 과도하지 아니한 법률행위에 대하여는 그러하지 아니하다.

보충

● 무효와 취소할 수 있는 행위

1. 취소할 수 있는 행위

행위시의 하자가 중요하지 않아 일단 행해진 행위는 유효하게 인정되는 것. 법원 등의 취소권자에 의해 취소되면 소급하여 효력이 상실됨

2. 무   효

행위시의 하자가 중대하고 명백하여 처음부터 효력이 없는 것

3. 행위무능력자 제도

(1) 목   적

① 정신능력이 부족한 사람이 그의 법률행위의 효과를 무효화하려면 자신의 의사능력이 없음을 매번 증명해야 하는 번거로움이 있기 때문에 민법에서는 일정한 정신능력을 갖추지 못한 상태에 있다고 볼 가능성이 많은 경우를 객관적으로 유형화하였다.

② 행위무능력자가 단독으로 행한 법률행위를 취소할 수 있게 함으로써 행위무능력자를 보호하고(1차적 목적), 행위무능력자를 경계하게 하여 거래 상대방을 보호함(2차적 목적)을 목적으로 행위무능력자 제도를 두고 있다.

(2) 민법상 행위무능력자 유형

① **미성년자**   만 19세에 이르지 아니한 자로 미성년자는 법정대리인의 동의를 얻어 법률행위를 할 수 있으며, 법정대리인은 미성년자를 대신하여 대리권, 동의권, 취소권을 행사할 수 있고, 부모의 동의를 얻어 혼인을 한 만 18세 미성년자는 단독으로 유효한 법률행위가 가능한 성년의제제도가 있다. 그러나 성년의제는 민사상의 관계에 한하는 것으로 형사상 성년의제를 받고 있는 18세의 경우에는 형사상 보호처분과 형벌의 부과가 가능하다.

② **피한정후견인(종전 한정치산자)**   가정법원은 정신적 제약으로 사무처리 능력이 부족한 사람에 대하여 한정후견개시 심판(심판을 할 때에는 본의의 의사 고려해야 함)이 내려진 경우에 해당하며, 피한정후견인의 법률행위는 제한되지 않는 것이 원칙이다. 가정법원이 한정후견인의 동의를 받아야 하는 행위의 범위를 결정할 수 있고, 동의가 필요한 법률행위를 동의 없이 한 경우에는 취소가 가능하나, 일용품 구입 등의 일상생활에 필요하고 대가가 과도하지 않은 경우는 취소할 수 없다. 피한정후견인의 이익침해가 우려됨에도 한정후견인이 동의를 하지 않는 경우엔 가정법원이 허가할 수도 있다.

③ **특정후견인**   정신적 제약이 다소 미약한 정도인 경우 일상생활에서는 가족의 보호를 통해 생활이 가능하나 특정한 문제의 경우만 후견이 발생하는 일시적 · 특정적 후견으로 정신적 제약으로 인하여 일시적 후원 또는 특정한 사무에 관

한 후원이 필요한 사람에 대해 가정법원의 심판에 의해 결정한다. 그러나 본인의 의사에 반하는 특정후견은 할 수 없으며, 성년후견과 한정후견이 개시된 경우 특정후견의 청구는 불요하다.

④ **피성년후견인(종전 금치산자)** 가정법원은 정신적 제약으로 사무처리 능력이 지속적으로 결여된 사람에 대하여 성년후견개시 심판(심판을 할 때에는 본의의 의사 고려해야 함)을 할 수 있고, 피성년후견인결정을 받은 사람은 성년후견인의 대리를 통해서만 법률행위를 할 수 있다. 피성년후견인의 법률행위는 취소할 수 있으나, 일용품 구입 등 일상생활에 필요하고 그 대가가 과도하지 아니한 법률행위를 성년후견인이 취소할 수 없다. 또한 가정법원이 취소할 수 없는 법률행위의 범위를 결정할 수도 있다.

📖참고 **피한정후견인과 피성년후견인의 행위능력의 차이**

1. 피한정후견인
(1) 원칙: 단독으로 유효한 법률행위 가능
(2) 한정후견인의 동의 필요한 경우: 법원이 동의를 얻도록 정한 범위 내

2. 피성년후견인
(1) 원칙: 단독으로 유효한 법률행위 불가능, 후견인의 대리에 의해 가능
(2) 단독으로 가능한 경우: 법원이 단독으로 할 수 있도록 정한 행위, 일상생활에 필요하고 그 대가가 과도하지 않은 행위

| 관련조항 |
민법 제5조 ① 미성년자가 법률행위를 함에는 법정대리인의 동의를 얻어야 한다. 그러나 권리만을 얻거나 의무만을 면하는 행위는 그러하지 아니하다.
민법 제801조 18세가 된 사람은 부모나 미성년후견인의 동의를 받아 약혼할 수 있다.
민법 제808조 ① 미성년자가 혼인을 하는 경우에는 부모의 동의를 받아야 하며, 부모 중 한쪽이 동의권을 행사할 수 없을 때에는 다른 한쪽의 동의를 받아야 하고, 부모가 모두 동의권을 행사할 수 없을 때에는 미성년후견인의 동의를 받아야 한다.
민법 제826조 미성년자가 혼인을 한 때에는 성년자로 본다.

≫ 제2장
계약과 불법행위

Ⅰ. 계약의 의미와 과정

1. 계약의 의미

(1) 의   미

거래를 하고 법률관계를 맺기 위한 일정한 합의 또는 약속을 계약이라 한다.

(2) 특   징

계약자유의 원칙에 따라 기본적으로 계약당사자의 의사가 가장 중요하며, 당사자의 청약과 승낙만으로 법적 효력이 발생한다. 따라서 계약서는 효력의 기본요건이 아니며, 계약서 없이도 효력이 발생하고, 계약서는 불필요한 다툼을 예방하며 다툼이 생길 경우 분쟁해결을 위한 증거 역할을 하는 것이다.

일정한 내용의 계약을 체결할 것을 목적으로 하는 일방적·확정적 의사표시인 청약을 일방 당사자가 해 오면, 청약의 상대방이 계약을 성립시킬 목적으로 청약자에 대하여 행하는 의사표시인 승낙을 통해 계약이 성립된다.

(3) 공   증

계약의 내용을 국가가 지정한 사람이 확인하도록 하는 제도로, 다툼이나 분쟁의 발생시 법정에서 유력한 증거로 활용되며, 재판을 거치지 않고 권리를 실현한 수 있다.

보충

● 계약서에 포함될 내용

계약당사자, 계약목적물, 금액의 지급방법과 시기, 당사자 간의 특약 사항, 계약체결 일시 및 장소, 당사자 서명 등

2. 유효한 계약의 성립조건

(1) 계약당사자

계약당사자가 만일 권리능력 또는 의사능력이 없는 경우에 계약은 무효이며, 행위능력이 제한되는 자의 계약은 취소할 수 있다.

(2) 계약내용

내용이 확정될 것, 실현 가능할 것, 강행법규에 위반하지 않을 것, 선량한 풍속이나 기타 사회질서에 반하지 않을 것이라는 조건을 충족하는 계약내용이라면 유효한 계약으로서 효력을 발한다.

(3) 의사표시

계약을 체결하는 당사자의 의사가 정확하게 상대방에게 전달될 것을 요하며, 각자의 자유로운 의사에 의해 이루어져야 하므로, 사기나 강요된 협박에 의한 의사표시가 아니어야 한다.

무효인 계약

의사능력이 없는 자의 계약, 상대방과 모의하여 허위로 한 의사표시를 통한 계약, 선량한 풍속이나 기타 사회질서에 반하는 내용의 계약

3. 미성년자와의 계약

(1) 원   칙

미성년자는 행위능력 제한자이므로 단독으로 법적 계약을 체결할 수 없다. 법정 대리인의 동의가 필요하며, 동의 없는 계약은 미성년자 본인이나 법정대리인이 취소할 수 있고, 사회경험이 적고 합리적 의사결정 능력이 부족하여 불리한 계약을 맺을 가능성이 큰 미성년자를 보호하기 위한 것이다.

(2) 예   외

예외적으로 단독으로 가능한 경우가 다음과 같다.

첫째, 권리만을 얻거나 의무만을 면하는 행위로 채무면제나 증여, 상속 등의 경우와 둘째, 법정대리인이 범위를 정하여 처분을 허락한 재산의 처분, 예를 들어 용돈 등을 사용하는 경우 셋째, 부모가 허락한 쇼핑몰과 같이 법정대리인으로부터 허락을 얻은 특정한 영업의 경우, 그리고 넷째, 혼인 이후의 민법상 법률행위의 경우 성년의제를 받아 단독으로 유효한 민사상의 행위가 가능한 경우이며 다섯째, 임금의 청구는 미성년자라도 단독으로 유효하게 할 수 있다.

(3) 계약상대방의 보호

미성년자는 취소할 수 있는 권리가 있으므로 미성년자와 계약한 계약의 상대방의 법적 지위가 불안정해질 우려가 있다. 따라서 계약의 상대방을 보호하는 제도를 취하고 있는데, 최고권, 철회권, 거절권, 취소권의 배제 등이 그러한 제도이다.

① **최고권**   계약의 상대방이 제한능력자에게 그의 행위를 취소할 것인지 추인할 것인지 알려달라고 요구할 수 있는 권리로 일정한 기간 내에 확답이 없으면

추인한 것으로 간주한다.

② **철회권**　계약의 상대방이 제한능력자측의 조치를 기다리지 않고 적극적으로 법률행위를 장래에 향해 계약의 효력을 없애는 것이다.

③ **거절권**　제한능력자의 단독행위는 상대방이 거절할 수 있다.

④ **취소권의 배제**　제한능력자가 속임수로써 자기를 능력자로 믿게 한 경우와 법정대리인의 동의가 있는 것으로 믿게 한 경우 제한능력자측에서 취소할 수 없다. 따라서 계약은 유효하다.

| 관련조항 |

민법 제911조　친권을 행사하는 부 또는 모는 미성년자인 자의 법정대리인이 된다.

근로기준법 제68조　미성년자는 독자적으로 임금을 청구할 수 있다.

민법 제15조　① 제한능력자의 상대방은 제한능력자가 능력자가 된 후에 그에게 1개월 이상의 기간을 정하여 그 취소할 수 있는 행위를 추인할 것인지 여부의 확답을 촉구할 수 있다. 능력자로 된 사람이 그 기간 내에 확답을 발송하지 아니하면 그 행위를 추인한 것으로 본다.

② 제한능력자가 아직 능력자가 되지 못한 경우에는 그의 법정대리인에게 제1항의 촉구를 할 수 있고, 법정대리인이 그 정하여진 기간 내에 확답을 발송하지 아니한 경우에는 그 행위를 추인한 것으로 본다.

민법 제16조　① 제한능력자가 맺은 계약은 추인이 있을 때까지 상대방이 그 의사표시를 철회할 수 있다. 다만, 상대방이 계약 당시에 제한능력자임을 알았을 경우에는 그러하지 아니하다.

② 제한능력자의 단독행위는 추인이 있을 때까지 상대방이 거절할 수 있다.

민법 제17조　① 제한능력자가 속임수로써 자기를 능력자로 믿게 한 경우에는 그 행위를 취소할 수 없다.

② 미성년자나 피한정후견인이 속임수로써 법정대리인의 동의가 있는 것으로 믿게 한 경우에도 제1항과 같다.

● 미성년자의 계약에 대한 취소

1. 취소권 행사가 가능한 경우

미성년자가 법정대리인의 동의 없이 단독으로 계약을 한 경우

2. 취소권 행사 방식

미성년자 본인 또는 법정대리인이 행사 가능. 단, 계약을 추인할 수 있는 날로부터 3년, 또는 계약을 체결한 날로부터 10년이 지나면 취소권 행사 불가

3. 취소권 행사 효과

계약이 취소되면 해당 계약은 처음부터 무효. 미성년자측에서는 현존하는 이익의 한도 내에서 반환의 의무를 짐

4. 취소권 행사 제한

미성년자가 속임수로써 자신이 능력자로 믿게 한 경우와 법정대리인의 동의를 받은 것으로 속인 경우는 취소권 배제

Ⅱ. 불법행위와 배상책임

1. 일반적 불법행위에 대한 책임

(1) 의   미

고의 또는 과실로 위법하게 타인에게 손해를 주는 행위를 불법행위라 한다.

(2) 성립요건

고의 또는 과실로 위법한 행위를 하여 타인에게 인과관계에 있는 손해를 발생시킨 경우 이러한 손해를 가한 가해자는 피해자에게 손해를 배상할 의무가 발생한다. 불법행위의 구체적인 성립요건은 다음과 같다.

　㉠ 가해행위: 가해자가 피해자에게 손해를 야기하는 행위를 했어야 하며

　㉡ 위법한 행위: 가해의 행위가 사회 전체의 법질서에 위반되어야 하고

ⓒ 고의 또는 과실: 가해행위가 가해자의 고의 또는 과실에 의한 것이어야 하며

ⓒ 손해발생: 재산적·정신적 손해를 야기하는 행위로(특히 정신적 손해를 위자료로 함)

ⓒ 인과관계: 가해행위와 손해발생 간의 인과관계가 존재하면

ⓗ 책임능력: 미성년자, 심신상실자 등의 책임무능력자는 손해배상의 책임이 없고 책임능력자의 경우 불법행위로 인한 손해배상책임이 있다.

(3) 책   임

불법행위 성립시 피해 정도에 따라 배상의 책임을 지며, 금전배상이 원칙이다.

참고   형사책임과 민사책임의 차이

형사책임	민사책임
• 위법성 인식 필요 • 책임의 목적은 응보적 성격이 강함 • 타인의 잘못에는 책임 없음 • 고의가 있는 경우 처벌이 원칙, 과실범은 예외적으로 처벌 • 미수도 처벌 가능 • 유추해석 금지	• 위법성 인식 불요 • 책임의 목적은 손해의 전보와 공평한 분담 • 타인의 행위에도 일정 범위에서 책임을 지는 경우 있음 • 고의뿐만 아니라 과실이 있는 경우에도 원칙적으로 처벌 • 미수인 경우 법률상 문제 미발생 • 유추해석 제한 없음

| 관련조항 |

민법 제750조   고의 또는 과실로 인한 위법행위로 타인에게 손해를 가한 자는 그 손해를 배상할 책임이 있다.

민법 제753조   미성년자가 타인에게 손해를 가한 경우에 그 행위의 책임을 변식할 지능이 없는 때에는 배상의 책임이 없다.

민법 제754조   심신상실 중에 타인에게 손해를 가한 자는 배상의 책임이 없다. 그러나 고의 또는 과실로 인하여 심신상실을 초래한 때에는 그러하지 아니하다.

● **책임무능력자**

「민법」은 '미성년자로서 행위의 책임을 변식할 지능이 없는 자'와 '심신상실자'를 책임무능력자로 규정한다. 미성년자의 경우 어느 정도의 연령이냐는 개별 사안에 따라 판단하나 판례의 입장은 대체로 12세 전후의 나이가 되면 책임을 변식할 수 있다고 본다.

● **인과관계 사례**

배달원이 고객의 독촉전화를 받고 과속을 하다 교통사고를 낸 경우 독촉전화는 교통사고의 직접적 인과관계가 있다고 볼 수 없다. 교통사고의 직접적 원인은 독촉전화가 아닌 배달원의 과속이므로 배달원의 손해배상책임이 인정된다.

● **위자료**

생명침해의 경우와 신체, 자유 또는 명예를 해하거나 정신상의 고통을 가했을 때에 위자료 청구가 가능하다. 폭행으로 부상하였거나 사망한 경우에 위자료 청구가 가능하다.

2. 특수한 불법행위에 대한 책임

(1) 의　　미

일반적인 불법행위의 성립요건과 달리, 다른 사람(타인)이 저지른 행위에 대해서도 책임을 지는 경우를 말한다.

(2) 종　　류

특수불법행위의 종류는 크게 다섯 가지로 나뉜다. 책임무능력자의 감독자책임, 사용자책임, 공작물 등의 점유자와 소유자의 책임, 동물점유자의 책임, 공동불법행위책임이 특수불법행위이다.

① **책임무능력자의 감독자 책임**　　책임무능력자의 불법행위로 제3자에게 손해발생시 무능력자를 감독할 의무가 있는 자가 손해를 배상한다. 그러나 감독의무를 소홀히 하지 않은 것을 입증할 경우에는 배상책임이 없다. 대개 책임능력과 무

능력의 구분은 개별적·구체적으로 판단하나 대체로 중학생 정도의 연령이면 책임능력이 있는 것으로 인정한다.

② **사용자책임**　피고용자의 사무집행으로 제3자에게 손해를 가했을 때 사용자가 배상하는 것을 말하며, 감독의무를 소홀히 하지 않은 것을 입증할 경우에는 배상책임이 없다. 또한 피해를 배상한 사용자 또는 감독자는 피고용자에 대하여 구상권을 행사할 수 있다.

③ **공작물 등의 점유자·소유자책임**　공작물의 설치 또는 보존의 하자로 타인에게 손해를 가했을 때 점유자가 손해를 배상하는데, 점유자는 상대적 무과실책임(중간책임)이며, 점유자가 주의를 다했을 때에는 소유자가 배상하는데, 이때 소유자는 절대적 무과실책임을 지게 된다.

④ **동물점유자의 책임**　동물의 점유자는 그 동물이 타인에게 가한 손해를 배상하는데, 상당한 주의를 다한 경우는 책임을 면할 수 있다. 동물의 점유자에게 책임이 있지, 동물의 소유자는 책임이 없다.

⑤ **공동불법행위 책임**　여러 사람이 공동의 불법행위로 인해 타인에게 손해를 가했을 때에는 연대하여 배상하는데 이를 공동불법행위(부진정 연대채무)라 하며 가해자를 정확히 모를 경우에도 공동으로 배상한다.

참고　　**고의와 과실의 입증책임**

1. 일반불법행위
과실책임-원고(피해자)
2. 특수불법행위
중간책임-피고(가해자) /무과실책임-입증 불요

| 관련판례 |
대법원 판례　공작물의 설치 또는 보존에 하자가 있어 타인에게 손해를 입혔을 경우 1차적으로 그 공작물의 점유자로 하여금 배상책임을 부담시키고 그 점유자가 손해 발생의 방지에 필요한 주의를 하였을 때에는 2차적으로 그 공작물의 소유자로 하여금 그 배상책임을 부담시키되 그 소유자의 책임에 관하여는 고의, 과실 등의 면책조

건을 인정치 아니한다. 또한 공작물로 인한 손해가 그 하자로 인한 것인 이상 자연력이나 피해자 또는 제3자의 행위가 그 공동원인이 되었을 때라도 점유자 또는 소유자로 하여금 배상책임을 부담시키는 것이다.

🔆 보충

● **책임능력이 있는 미성년자의 불법행위**

1. 만 8세 어린이가 친구를 폭행한 경우

어린이는 책임무능력자이므로 일반불법행위의 책임 없음. 감독자인 교사 또는 부모는 특수불법행위 책임을 짐

2. 만 18세 학생이 아버지의 허락을 받고 무면허 오토바이를 타다가 과속으로 사고낸 경우

학생은 책임능력 있으므로 일반불법행위 책임을 짐. 아버지 역시 감독의무 해태의 일반불법행위 책임을 짐

● **구상권**

타인에 갈음하여 채무를 변제한 사람이 그 타인에 대하여 가지는 상환청구권

● **점유자와 소유자**

1. 다른 사람 명의의 자동차를 빌려서 사용할 경우 운전자는 점유자, 차주는 소유자에 해당한다.
2. 운전자가 안전에 관한 주의의무를 다하였으나, 교통사고가 발생한 경우 차주도 책임을 질 수 있다.
3. 도난당한 차량으로 불법행위가 이루어진 경우 차주의 책임은 없다.

3. 손해배상

(1) 발생원인

손해배상의 발생원인은 불법행위 또는 채무불이행이다.

(2) 손해배상의 종류

① 재산적 손해   소유물의 멸실, 비용의 지출, 치료비 부담과 같이 기존의 이익을 상실하게 되는 적극적 손해는 소유물의 멸실의 경우 당시의 교환가격으로, 훼손은 당시의 수선비용으로, 불법점거는 점유부분의 차임 상당액을 배상한다. 치료비, 입원비, 간병비, 장례비 등도 손해배상액에 포함되며, 소극적 손해는 수입의 감소처럼 장래 얻을 것으로 기대되던 수익의 상실을 배상한다.

② 정신적 손해   당사자의 자력, 지위, 직업, 경력 등 모든 사정과 피침해이익, 침해의 방법, 정도 등을 비교하여 정신적 손해배상액을 결정한다.

(3) 손해배상의 방법

손해가 발생하기 이전의 상태로 회복시켜 주는 것이 원칙이며, 인과관계 있는 모든 재산적·정신적 손해 및 예측할 수 없었던 후발손해에 대해서도 배상하여야 한다. 금전배상, 일시금 배상을 원칙으로 하며, 정당방위 및 긴급피난의 경우에는 배상책임이 없다.

(4) 소멸시효

손해 및 가해자를 안 날로부터 3년, 불법행위를 한 날로부터 10년을 경과하면 시효로 인하여 손해배상을 청구할 수 없다.

(5) 명예훼손

명예훼손이 원인일 경우 법원은 손해배상과 함께 명예회복에 적당한 처분을 해야 할 의무를 부과할 수 있다. 그러나 「민법」 제764조의 '명예회복에 적당한 처분'에 사죄광고를 포함시키는 것은 양심의 자유 및 인격권 침해로 헌법에 위반된다는 헌법재판소의 결정례가 있다. 또한 명예회복에 적당한 처분을 할 의무를 부과하는 것은 법원의 의무적인 사항도 아니다.

(6) 손해배상청구소송시 검토할 사항

우선 민사적인 문제인지 확인하고, 법적 보호가 필요한 정도의 심각한 침해인지 판단한다. 그리고 권리침해가 불법행위에 해당하는지 확인한 후, 소송을 통한 분쟁해결이 실제 이익이 되는지를 판단한다.

> | 관련조항 |
> 민법 제764조 타인의 명예를 훼손한 자에 대하여는 법원은 피해자의 청구에 의하여
> 손해배상에 가름하거나 손해배상과 함께 명예회복에 적당한 처분을 명할 수 있다.

💡 보충

● **징벌적 손해배상**

가해자가 피해자에게 악의를 품고 비난받아 마땅한 무분별한 불법행위를 한 경우, 민사
재판에서 가해자에게 징벌을 가할 목적으로 부과하는 손해배상으로, 실제 손해액을 훨씬
넘어선 많은 액수를 부과하는 제도이다. 즉, 가해자의 비도덕적 · 반사회적인 행위에 대하
여 일반적 손해배상을 넘어선 제재를 가함으로써 형벌적 성격을 띠고 있다고 볼 수 있다.
손해를 끼친 피해에 상응하는 액수만을 보상하게 하는 보상적 손해배상만으로는 예방적 효
과가 충분하지 않기 때문에 고액의 배상을 치르게 함으로써 장래에 가해자가 똑같은 불법
행위를 반복하지 못하도록 막는 동시에 다른 사람 또는 기업 및 단체가 유사한 부당행위를
저지르지 않도록 예방하는 데에 주된 목적이 있다.

》》 제3장
개인 간의 분쟁해결

Ⅰ. 간편한 민사분쟁의 해결절차

1. 내용증명 우편제도

(1) 의   미

발송인이 언제, 누구에게, 어떤 내용의 문서를 발송했다는 사실을 우체국에서 공적으로 증명해 주는 특수한 우편제도를 의미한다.

(2) 의   의

발송인의 입장을 정확하게 수취인에게 전달할 수 있으며, 의견의 발송 사실 자체를 우체국에서 증명하여 주므로 추후 법적 분쟁이 발생할 경우 중요한 증거자료로서 활용할 수 있다.

(3) 활   용

물품구입과 관련하여 구입청약에 대한 철회를 하고 싶을 때나, 개인 간의 채권·채무관계나 권리·의무관계를 명확히 하고자 할 때에 주로 활용한다.

(4) 법적 효력

우편 수취인의 수취 여부와 관계없이 우편을 발송한 날로부터 효력이 발생하나 단, 우편에 기재된 내용과 발송 사실만을 증명할 뿐이지 우편에 기재된 내용 그대로 사실관계가 확정되는 효력을 갖는 것은 아니다.

● 내용증명이 이루어지는 과정

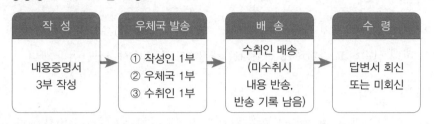

작 성	우체국 발송	배 송	수 령
내용증명서 3부 작성	① 작성인 1부 ② 우체국 1부 ③ 수취인 1부	수취인 배송 (미수취시 내용 반송, 반송 기록 남음)	답변서 회신 또는 미회신

2. 민사조정제도

(1) 의 미

본격적 소송 제기에 앞서 법관이나 조정위원회가 독자적으로 분쟁해결을 위한
타협방안을 마련하여 분쟁 당사자들에게 수락을 권고하는 절차를 말한다.

(2) 특 징

정식 소송에 비해 원만하고 신속하게 분쟁해결이 가능하다.

(3) 진행과정

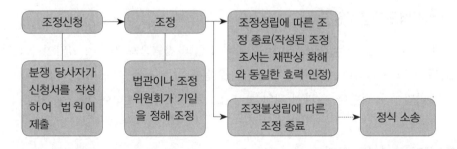

| 관련조항 |

민사조정법 제1조 이 법은 민사에 관한 분쟁을 간이한 절차에 따라 당사자 사이의
　상호 양해를 통하여 조리를 바탕으로 실정에 맞게 해결함을 목적으로 한다.

3. 소액사건심판제도

(1) 의   미

2천만원을 초과하지 않는 금액을 목적으로 하는 단순한 사건에 대하여 정식 소송에 비해 신속하고 간편하게 진행되는 재판제도를 소액사건심판이라 한다.

(2) 방   식

소장을 작성하여, 제출해 소송을 제기할 수 있고, 가급적 1회의 변론으로 신속하게 심리를 종결하는 변론방식을 취하며, 꼭 변호사가 아니더라도 소송 당사자의 배우자, 직계혈족, 형제ㆍ자매 등이 소송대리를 할 수도 있다.

Ⅱ. 민사소송의 의의와 절차

1. 민사소송의 의의

(1) 의   미

개인 간의 분쟁에 대하여 법원이 분쟁 당사자 사이의 문제를 해결해 주는 가장 강제적인 분쟁해결 수단이다.

(2) 자력구제금지원칙

법원이나 경찰 등 국가권력의 힘을 빌리지 않고 자력으로 자기의 이익이나 권리를 방어 또는 회복하는 행위는 허용되지 않는다는 원칙을 말하며, 물리적 강제력은 국가만이 독점한다. 따라서 개인은 자력으로 권익을 구제하여서는 안 된다.

2. 민사소송의 절차

(1) 절   차

소송을 제기하고 변론을 거쳐 판결하는 과정으로 진행되며, 판결확정 전 소취하, 청구포기, 화해 등으로 재판을 종료할 수도 있다.

(2) 재산 확보

채무자의 재산을 미리 확인하고 확보해 두는 조치를 하여야 실질적인 권리구제
가 가능할 것이므로 필요시 가압류를 법원에 신청할 수 있다.

(3) 재판 및 판결

돈을 받을 권리가 있음을 법원으로부터 확인받는 절차이며, 객관적으로 증명할
수 있는 자료(내용증명 등)를 제시하고 체계적으로 권리를 주장한다.

(4) 강제집행

국가의 힘을 빌려 권리를 실현하는 절차로 가압류된 재산을 매각하거나 채무자
가 다른 사람에 대해 가지고 있는 채권을 대신 행사하여 채권을 실현시킨다. 만일
미리 공증을 받았다면 재판절차 없이 곧바로 집행절차가 가능하다.

📋 참고 민사소송과 형사소송의 비교

구분	민사소송	형사소송
원고	피해자	검사
피고	가해자	범죄인(가해자)
소송 시작	원고의 소장제출로 소송 시작	검사의 공소제기로 소송 시작
변호인 여부	변호인의 도움 없이도 소송 진행	변호인이 꼭 참여해야 함
재판의 가능성	당사자의 합의, 소취하, 화해 등으로 재판 종료	당사자의 합의와 관계없이 재판 진행

💡 보충

● 민사소송의 구체적 절차

[사건 개요] 을은 하천 상류에서 염색 공장을 운영하고 있다. 하천 하류에서 농사를 짓
고 있는 갑(원고)은 을의 공장에서 흘러나오는 폐수로 인해서 수확물이 대폭 감소하였다는
이유로 을에게 손해배상을 요구하였다. 그러나 을(피고)은 공장과 수확물 감소와는 직접적
인과성이 없다며 이를 거절하였다.

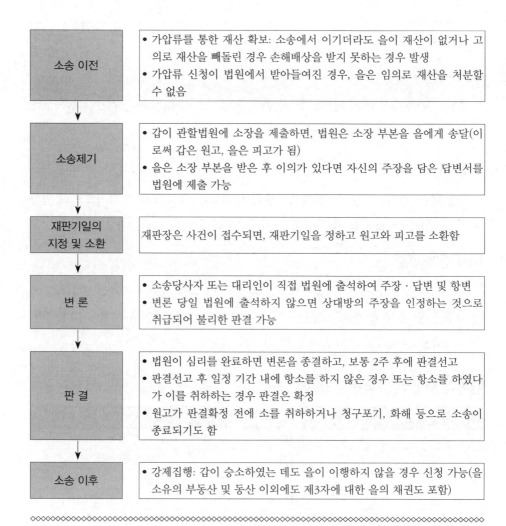

소송 이전	• 가압류를 통한 재산 확보: 소송에서 이기더라도 을이 재산이 없거나 고의로 재산을 빼돌린 경우 손해배상을 받지 못하는 경우 발생 • 가압류 신청이 법원에서 받아들여진 경우, 을은 임의로 재산을 처분할 수 없음
소송제기	• 갑이 관할법원에 소장을 제출하면, 법원은 소장 부본을 을에게 송달(이로써 갑은 원고, 을은 피고가 됨) • 을은 소장 부본을 받은 후 이의가 있다면 자신의 주장을 담은 답변서를 법원에 제출 가능
재판기일의 지정 및 소환	재판장은 사건이 접수되면, 재판기일을 정하고 원고와 피고를 소환함
변론	• 소송당사자 또는 대리인이 직접 법원에 출석하여 주장 · 답변 및 항변 • 변론 당일 법원에 출석하지 않으면 상대방의 주장을 인정하는 것으로 취급되어 불리한 판결 가능
판결	• 법원이 심리를 완료하면 변론을 종결하고, 보통 2주 후에 판결선고 • 판결선고 후 일정 기간 내에 항소를 하지 않은 경우 또는 항소를 하였다가 이를 취하하는 경우 판결은 확정 • 원고가 판결확정 전에 소를 취하하거나 청구포기, 화해 등으로 소송이 종료되기도 함
소송 이후	• 강제집행: 갑이 승소하였는 데도 을이 이행하지 않을 경우 신청 가능(을 소유의 부동산 및 동산 이외에도 제3자에 대한 을의 채권도 포함)

Ⅲ. 분쟁해결을 위한 다른 방법들

1. 대안적 분쟁해결방식

(1) 의   의

① 의미   소송이 아닌 방식을 통한 분쟁해결을 말한다.

② **필요성**　소송을 통한 해결은 비용 및 시간 등 개인적·사회적 비용이 과다 소모되며, 분쟁 당사자의 감정적 대응 과정에서 심적인 상처를 입을 수 있기 때문에 필요하다.

(2) 해결방식

① **협상**　제3자의 개입 없이 당사자 간의 대화를 통한 자율적인 해결방식으로 가장 바람직한 해결방식이다. 노사 간의 단체교섭과 같은 사례가 대표적이다.

② **조정**　자율적인 협상이 어려운 경우, 제3자가 개입하여 당사자 간의 합의를 도출하는 방식이다. 제3자가 마련한 조정안에 대해 분쟁 당사자가 모두 합의한 경우 조정이 성립되며, 이는 재판상 화해와 동일한 효력을 가진다. 민사소송에 앞서 법관이나 조정위원회의 조정에 의해 분쟁을 해결하는 민사조정제도, 노동쟁의 조정 등의 예가 있다.

③ **중재**　노동위원회의 중재, 한국소비자원의 중재 등과 같이 당사자 간의 합의에 따라 제3자의 결정에 의해 해결하는 방식이다.

| 관련조항 |

노동조합 및 노동관계조정법 제60조　① 조정위원회 또는 단독조정인은 조정안을 작성하여 이를 관계 당사자에게 제시하고 그 수락을 권고하는 동시에 그 조정안에 이유를 붙여 공표할 수 있으며 …

노동조합 및 노동관계조정법 제61조　② 조정서의 내용은 단체협약과 동일한 효력을 가진다.

---

2. 법률구조기관

(1) 필요성

법을 잘 몰라서 또는 법률 서비스 이용에 따른 비용부담 때문에 법의 보호를 충분히 받지 못하는 사람들을 보호하기 위하여 법률구조기관이 필요하다.

(2) 기　　관

이러한 법률구조기관에는 대한법률구조공단, 한국가정법률상담소, 대한변호사협회 등이 있다. 대한법률구조공단은 민사사건과 형사사건 모두 관여하며, 무료로 법률상담을 할 수 있고, 생계가 어려운 사람들의 소송절차를 도와주는 비영리 공익법인이다. 한국가정법률상담소는 가정문제뿐 아니라 법률문제 전반에 관한 상담 및 교육을 하고 있으며, 대한변호사협회는 현직 변호사들의 법률 상담과 심사를 통해 법률구조 대상자를 선정하여 변호사 선임 및 소송에 필요한 각종 비용을 지원해 주고 있다.

💡보충

● 환경분쟁조정제도

환경오염 피해로 인한 민사상의 분쟁을 신속·공정하게 해결하도록 도와주는 제도를 말한다.

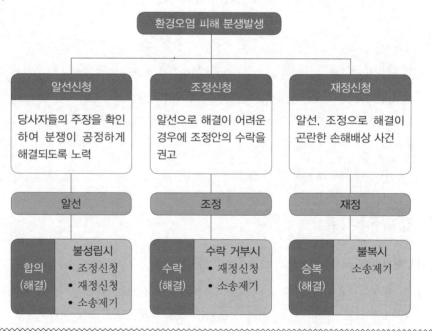

≫ 제4장
생활 속의 법

I. 가족관계와 법

1. 출   생

(1) 출생의 의의

① **의의**   출생과 동시에 권리능력이 발생하며, 태아는 상속, 손해배상청구 등의 예외적인 경우만 권리능력을 인정한다.

② **시점**   완전노출설이 민법상 통설이다. 따라서 통설에 따라 태아가 모체로부터 완전히 노출되면 그때부터 자연인으로서 권리능력을 향유할 수 있다.

③ **이름 짓기**   한글 또는 통상 사용되는 한자를 사용하며, 성을 제외하고 5자이내로 제한된다.

④ **출생신고**   출생증명서를 작성하여 주민센터에 신고하면 되고, 가족관계등록부 및 주민등록부에 기록되어 법적으로 가족의 한 사람이자 사회의 구성원으로 인정된다.

> | 관련조항 |
> 가족관계등록법 제44조   ③ 통상 사용되는 한자의 범위는 대법원 규칙으로 정한다.
> 가족등록관계예규 제109호   ④ 이름자가 5자(성은 제외)를 초과하는 문자를 기재한
>   출생신고는 수리하지 아니한다. 단, 아버지가 외국인일 경우 아버지 나라의 신분등
>   록부에 외국식 이름으로 출생신고했으면 외국에서 사용하던 이름을 그대로 쓸 수
>   있다.

(2) 친자(親子)관계

① 의미   부모와 자녀의 법률관계를 친자관계라 한다.

② 발생   기본적으로 자녀의 출생과 함께 발생하며, 원칙적으로 혈연관계로 발생하나 입양을 통해서도 가능하다. 입양자는 친생자와 동일한 법적 권리를 가진다.

참고   인 지

1. 혼인 이외의 출생자에 대하여 생부 또는 생모가 자기의 자라고 인정함으로써 법률상의 친자관계를 발생시키는 행위
2. 자녀의 신청으로 재판을 통해서도 인지에 의한 친자관계 발생 가능

보충

● 입양과 친양자 제도

1. 종전의 입양제도는 양자의 지위가 취약하다는 문제점이 발생하여 이를 보완하기 위해 친양자 제도 도입
2. 차이점
(1) 양자: 입양 후에도 친부모와 양부모 모두에게 권리와 의무 지님(단, 친권은 양부모에게만 보유), 재판상 파양과 협의상 파양에 의해 입양 해소 가능
(2) 친양자: 친부모와의 친자관계는 완전 해소(혼인 중 출생자로 간주), 재판상 파양에 의해서만 입양 해소 가능

구분	일반 입양	친양자 입양
가족관계등록부 표시	친부와 양부 모두 표시	양부만 표시
성립요건	합의	재판
자(子)의 성과 본	친생부의 성과 본 유지 (필요시 변경 가능)	양부의 성과 본으로 변경
친생부모와의 관계	유지	소멸(상속권, 면접교섭권, 부양 의무)
파양	재판과 합의에 의한 파양	재판으로만 가능

2. 결　　혼

(1) 약　　혼

① **의미**　　결혼(혼인)에 대한 약속을 의미한다.

② **약혼연령**　　혼인연령과 동일하며, 따라서 만 18세일 경우 부모 또는 법정대리인의 동의로 가능할 것이며 만 19세 이상이면 법정대리인의 동의 없이도 가능할 것이다.

③ **약혼의 효과**　　약혼을 했더라도 결혼 전에 파혼할 뜻을 상대방에게 통보함으로써 파혼할 수 있으며, 정당한 이유 없이 파혼당한 사람은 상대방에게 물질적·정신적 손해배상을 청구할 수 있다. 만일 약혼자가 교통사고로 사망한 경우라면 남은 약혼자는 사고를 낸 자에게 위자료를 청구할 수도 있다.

| 관련조항 |

민법 제800조　　성년에 달한 자는 자유로 약혼할 수 있다.

민법 제801조　　18세가 된 사람은 부모나 미성년후견인의 동의를 받아 약혼할 수 있다.

민법 제805조　　약혼의 해제는 상대방에 대한 의사표시로 한다. 그러나 상대방에 대하여 의사표시를 할 수 없는 때에는 그 해제의 원인 있음을 안 때에 해제된 것으로 본다.

민법 제806조　　① 약혼을 해제한 때에는 당사자 일방은 과실 있는 상대방에 대하여 이로 인한 손해의 배상을 청구할 수 있다.

② 전항의 경우에는 재산상 손해 외에 정신상 고통에 대하여도 손해배상의 책임이 있다.

💡 보충

● 법적으로 인정되는 정당한 파혼 사유

1. 약혼 후에 자격 정지 이상의 형의 선고를 받았을 때
2. 약혼자가 금치산 또는 한정치산의 선고를 받았을 때
3. 약혼자가 성병이나 불치의 정신병 등에 걸렸을 때
4. 약혼자가 다른 사람과 약혼 또는 혼인했을 때
5. 약혼자가 다른 사람과 간음했을 때

6. 약혼자의 생사가 1년 이상 분명하지 않을 때

7. 약혼자가 정당한 이유 없이 혼인을 거절하거나 미룰 때

8. 이 밖에 결혼할 수 없는 중대한 사유가 있을 때

(2) 혼   인

① 성립의 요건

㉠ 실질적 요건: 남녀 당사자의 자유로운 의사의 합치로 혼인 적령에 이르렀으며, 근친 간(8촌 이내) 혼인, 중혼이 아니라면 혼인할 수 있다. 이러한 요건을 결여했을 경우에는 무효 또는 취소할 수 있다.

㉡ 형식적 요건: 혼인신고서에 기재 사항을 기재한 후 당사자가 서명 날인하고 해당 관서에 제출하면 형식적 요건이 구비된 신고로서 혼인의 효력이 발생하게 된다. 제출하지 않았을 경우 실질적 요건을 구비하고 있다면 사실혼이 된다.

② 혼인의 효력
배우자의 4촌 이내의 혈족은 친족이 되어 친족관계가 발생하며, 동거, 부양, 협조의 의무와 정조의 의무가 발생한다. 정조의무는 민법상 직접적 규정은 없으나 이혼 사유를 통해 간접적으로 규정하고 있다. 따라서 정조의무를 위반시 재판상 이혼사유가 되며, 손해배상책임과 형법상 간통죄로 고소당할 수도 있다.

혼인으로 서로 일상의 가사에 관하여 대리권을 행사할 수 있지만 부부의 재산은 각각의 명의로 관리할 수 있다.

만일 만 18세의 미성년자가 혼인을 한 경우라면 성년으로 간주된다.

③ 사실혼과 동거
사실혼은 혼인신고 없이 결혼생활을 하는 경우로 제한적 범위에서만 법적 보호를 받을 수 있다. 동거는 혼인의사와 혼인신고 없이 함께 살기만 하는 경우로 법적 보호를 받지 못한다.

● 부부 별산제

부부가 각각 혼인하기 전부터 가졌던 재산 및 혼인생활 중에서 자기 명의로 취득한 재산을 그의 특유 재산으로 하여, 각자가 관리 · 사용 · 수익하게 하는 제도

참고   사실혼

1. 성립요건

(1) 사실상의 혼인의사 존재: 법률적으로 부부가 되려는 의사를 의미하지 않음

(2) 당사자 사이에 사회관념상 부부 공동생활이라는 사실 존재

(3) 선량한 풍속 기타 미풍양속에 반하지 않아야 함

2. 사실혼의 효과

(1) 정조, 동거, 협조, 부양의무

(2) 일상 가사에 대한 대리권

(3) 사실혼 관계 이후 함께 노력하여 모은 재산의 공동소유 인정

3. 법률혼과는 달리 발생하지 않는 효과

(1) 친족관계 미발생

(2) 다른 이성과 혼인(법률혼)하더라도 중혼 아님

(3) 간통죄 고소 불가, 부정행위를 이유로 위자료 청구는 가능

(4) 일방의 배우자가 사망하더라도 다른 일방의 배우자는 상속권 없음

(5) 성년의제 부인

4. 자녀의 신분(혼인 외의 자)

(1) 모자관계는 출산과 동시에 성립되어 아버지가 인지하지 않는 한 모의 성과 본을 따름

(2) 아버지는 인지를 통해 부자관계를 형성한 후 아버지의 성과 본을 따르게 할 수 있음

3. 이 혼

(1) 유 형

① 협의이혼

㉠ 절차: 이혼의사의 확인을 가정법원에 신청하면 이혼숙려기간을 거쳐 이혼의 사를 가정법원에서 확인받고 이혼신고를 하게 되면 이혼의 절차가 완료되며, 이혼의 효과가 발생한다. 구청이나 읍·면·동사무소에 이혼신고서 제출은 필수적인 절차이며, 신고에 의해 이혼이 성립된다. 이혼숙려기간은 자녀가 있는 경우 3개월, 없으면 1개월이다.

㉡ 협의사항: 친권자, 양육자 및 양육비 부담 방식, 면접교섭권 행사 여부 및 방법 등 자녀양육에 관한 사항과, 재산분할의 액수와 방법에 관한 결정으로 재산에 관한 사항을 협의한다.

② 재판이혼   당사자 합의에 의한 이혼이 불가능할 때 재판을 통해 이혼할 수 있다. 법률이 정한 이혼사유가 있어야 하고, 그것을 입증해야 한다.

㉠ 설차: 가정법원에 이혼조정을 신청하면 이혼소송이 제기되고, 이에 따른 판결이 있게 되면 이혼신고를 해당 관서에 하면 절차가 완료된다. 이혼조정절차는 필수절차이며, 소송 전 조정이 이루어지면 확정판결의 효력이 인정되거나 혹은 확정판결에 의해 이혼이 성립된다.

참고   이혼사유(민법 제840조)

1. 배우자의 부정한 행위가 있을 때
2. 배우자가 악의로 다른 일방을 유기할 때
3. 배우자 또는 그 직계존속으로부터 심히 부당한 대우를 받았을 때
4. 자기의 직계존속이 배우자로부터 심히 부당한 대우를 받았을 때
5. 배우자의 생사가 3년 이상 분명하지 아니한 때
6. 기타 혼인을 계속하기 어려운 중대한 사유가 있을 때(상대적 이혼 사유)

---

(2) 이혼의 효력

① 소멸　　혼인에 의해 성립된 부부 간의 모든 권리와 의무가 소멸하며, 혼인에 의해 성립된 친족관계도 소멸된다.

② 발생　　자녀에 대한 양육권과 면접교섭권, 공동재산에 대한 분할청구권, 과실 있는 상대방에 대한 정신 · 재산상 손해배상청구권이 발생한다.

4. 상　　속

(1) 상속 개요

① 의미　　사람이 사망함으로써 그의 재산에 관한 권리와 의무가 일정 범위의 가족과 배우자에게 포괄적으로 승계되는 재산의 이전을 말한다. 피상속인은 사망자, 상속인은 상속받는 자를 의미하고 피상속인의 사망으로 상속이 개시된다.

② 대상　　상속의 대상에는 재산권(동산, 부동산, 채권, 지적 재산권 등)인 적극적 재산뿐만 아니라, 채무인 소극적 재산까지 포함된다.

③ 성격　　상속권의 성격은 비재산권인 신분권으로, 일신전속적이어서 다른 사람에게 양도할 수 없다.

④ 상속능력　　자연인만 상속인이 될 수 있으나 예외적으로 태아에게도 인정되고, 법인은 오직 유언에 의한 증여만 가능하다. 따라서 법인의 경우 법정상속이 불가능하고, 사실혼관계의 배우자도 상속능력이 부정된다.

⑤ 승인 및 포기　　피상속인의 재산뿐만 아니라 채무도 상속을 승인하는 것인 단순승인과 상속인이 상속받은 재산의 한도에서 피상속인의 채무를 변제하는 조건으로 상속을 승인하는 한정승인, 상속재산 전부에 대해 포기인 상속포기가 있다. 상속포기의 경우 일단 포기한 후에는 취소할 수 없다.

| 관련조항 |
민법 제1005조　상속인은 상속개시된 때로부터 피상속인의 재산에 관한 포괄적 권리
　의무를 승계한다. 그러나 피상속인의 일신에 전속한 것은 그러하지 아니하다.

민법 제1019조 ① 상속인은 상속개시 있음을 안 날로부터 3월 내에 단순승인이나 한정승인 또는 포기를 할 수 있다.
② 상속인은 승인 또는 포기를 하기 전에 상속재산을 조사할 수 있다.

💡 보충

● 상속 결격 사유(민법 제1004조)

1. 고의로 직계존속, 피상속인, 그 배우자 또는 상속의 선순위나 동순위에 있는 자를 살해하거나 살해하려 한 자
2. 고의로 직계존속, 피상속인과 그 배우자에게 상해를 가하여 사망에 이르게 한 자
3. 사기 또는 강박으로 피상속인의 상속에 관한 유언 또는 유언의 철회를 방해한 자
4. 사기 또는 강박으로 피상속인의 상속에 관한 유언을 하게 한 자
5. 피상속인의 상속에 관한 유언서를 위조 · 변조 · 파기 또는 은닉한 자

(2) 법정상속

① 의미   유언이 없을 때 법률규정에 의해 피상속인의 권리와 의무가 포괄적으로 승계되는 재산의 이전을 법정상속이라 한다.

② 상속능력자   자연인과 태아가 상속능력자가 되나 법인, 사실혼의 배우자는 상속결격자가 된다. 또한 피상속인에게 부도덕한 행위나 유언에 대한 부정행위를 한 경우에는 자격이 박탈된다.

③ 법정상속 순위   1순위는 직계비속(자녀)과 배우자이고 2순위는 직계존속과 배우자, 혹은 배우자가 단독으로 상속할 수도 있고, 배우자와 직계 존 · 비속이 모두 없다면 3순위인 형제 · 자매로 형제 · 자매마저 없다면 4순위인 4촌 이내의 방계혈족으로 혹은 최후까지 함께 했던 자의 순서대로 법정상속이 이루어진다.

④ 상속분   상속분은 균등분할상속의 원칙으로 동순위 상속인은 동일한 상속을 받으며, 성별, 혼인 여부, 가족관계의 차이 등으로 차별받지 않는다. 피상속인의 배우자는 직계 존 · 비속의 상속분의 5할을 가산하고, 고인을 특별히 부양했거나

재산형성에 기여한 경우 일정액을 더 상속받는 기여상속분제도도 있다.

(3) 유언에 의한 증여[유증(遺贈)]

① **유언의 의미**　유언자의 사망과 동시에 일정한 법률효과를 발생시키는 것을 목적으로 하는 법률행위를 유언이라 하며, 법에서 정한 형식이나 절차에 맞게 한 유언만 효력을 인정받는다(요식주의). 법에서 정한 형식으로는 자필증서, 녹음, 공정증서, 비밀증서, 구수증서가 있다.

② **유언의 효력**　유언자가 유언할 당시 의사능력이 있어야 효력이 발생하며, 유언 불가능한 사람은 심신상실이나 혼수상태의 자, 만 17세 미만인 자, 의사능력이 회복되지 않은 피성년후견인이다. 유언자는 유언을 언제든지 철회할 수 있으며, 유언자가 사망한 때에 비로소 유언의 효력이 발생한다.

③ **유증**　친족이나 제3자(법인, 사실혼 배우자, 전배우자 등)에게도 유증할 수 있다.

④ **유류분제도**　유언이 있어도 상속재산을 마음대로 처리하지 못하고 상속인들을 위하여 법률상 반드시 남겨 두어야 하는 부분을 유류분이라 하며, 직계비속과 배우자의 경우 법정상속분의 1/2, 직계존속, 형제·자매의 경우에는 법정상속분의 1/3을 유류분으로 청구할 수 있다. 피상속인의 증여 및 유증으로 인하여 부족이 생긴 때에는 유류분 권리자는 부족한 한도에서 그 재산의 반환을 청구할 수 있을 뿐이며, 유류분 청구액은 유류분에서 실제 상속분을 뺀 나머지가 된다.

참고　　**유언의 방식**

1. **자필 증서**
전문 등을 자서하고 날인(서명 불가)해야 함
2. **녹　음**
녹음에 참여한 증인이 유언의 정확함과 성명을 구술해야 함
3. **공정증서**
유언자가 증인 2인이 참여한 공증인의 면전에서 취지 구수하고 공증인이 이를 필기낭독한 후 유언자와 증인이 그 정확함을 승인한 후 각자 서명 또는 기명날인

4. 비밀증서

엄봉날인 후 2인 이상의 증인의 면전에 제출하여 자기의 유언서임을 표시한 후 그 봉서에 유언자와 증인이 각자 서명 또는 기명날인. 유언봉서는 5일 내에 공증인 또는 법원서기에게 제출하여 봉인상 확정일자를 받아야 함

5. 구수증서

질병 기타 급박한 사유로 비밀증서 방식 불가시 유언자가 2인 이상의 증인 참여로 취지를 구수하고 그 구수를 받은 자가 필기낭독하여 증인이 그 정확함을 승인한 후 각자 서명 또는 기명날인. 급박한 사유 종료 날로부터 7일 내에 법원에 검인 신청받아야 함

 보충

● 용어

1. 구　　수

말한 것을 받아 적음

2. 직계비속

아래 세대의 혈족으로서 아들, 딸, 손자, 증손 등을 말함

3. 직계존속

위 세대의 혈족으로서 부모, 조부모 등을 말함

4. 방계혈족

형제자매·조카 등과 같이 공통의 조상을 통하여 갈라지는 관계

● 상속액 계산사례

1. 부(父)가 사망한 경우

적극적 재산 15억 소극적 재산 4억	상속인	처	장남	장녀	차남	차녀
	상속분	1.5	1	1	1	1
	상속액	3억	2억	2억	2억	2억

처: $11억 \times \dfrac{1.5}{5.5} = 3억$　　장남 등: $11억 \times \dfrac{1}{5.5} = 2억$

2. 유증과 유류분 - 장남 사망시에 전 재산을 A단체에 기부한 경우

재산 21억	상속인	부	모	처	A단체
	상속분	1	1	1.5	※ 유류분 반환 청구권을 모두 행사했을
	법정상속액	6억	6억	9억	경우 → A단체에게는 12억 5천만원이
	유류분	2억	2억	4.5억	돌아감

부(모): 법정상속액 $21억 \times \frac{1}{3.5} = 6억$

처: 법정상속액 $21억 \times \frac{1.5}{3.5} = 9억$

유류분 $6억 \times \frac{1}{3} = 2억$

유류분 $9억 \times \frac{1}{2} = 4억 5천$

Ⅱ. 부동산과 관련된 법

1. 등기의 의의

(1) 공   시

해당 물건이 누구의 소유인지, 소유권이 바뀌었는지를 누구나 쉽게 확인할 수 있도록 공개하는 것으로 계약과 거래의 안전을 확실하게 보장해 주는 방법이다. 동산은 점유의 이전 또는 물건의 인도로 부동산은 등기 또는 등기이전의 방법을 통하여 권리가 이전된다.

(2) 등   기

등기부라는 공적 장부에 부동산과 관련된 권리를 기재하는 것을 등기라 한다. 등기는 권리내용을 명백히 공시하여 제3자의 예측하지 못한 손해를 방지하는 데에 필요성이 있으며, 부동산의 거래는 등기부상에 내용이 기재되어야만 법적 효력이 발생한다. 등기부의 열람, 교부는 누구나 가능하다. 등기부 등본은 표제부, 갑구, 을구로 구성되며, 표제부는 소재지, 면적, 용도, 구조 등이 변경된 순서대로 기재되고, 갑구에는 소유권에 관한 사항이 접수된 날짜순으로 기재(압류, 가압류, 가등기, 가처분, 경매신청 등의 권리관계 기재)되며, 을구에는 소유권 이외의 권리에 관한

사항이 기재(저당권, 전세권, 지역권, 지상권 등)된다.

◇◇

● 물권과 채권의 비교

구분	물권	채권
권리내용	물건(동산, 부동산) 직접 지배	특정인에게 일정한 행위 청구
원칙	물권법정주의	계약자유의 원칙
주장대상	모든 사람에게 주장 가능	당사자만 유효함
공시 여부	필요(예: 등기, 점유)	필요 없음

- 물권 상호간은 앞서 성립한 물권이 우선함
- 동일물에 대하여 물권과 채권이 병존하는 경우 그 성립시기에 관계없이 항상 물권이 우선함

● 물권의 종류

1. 소유권

물건을 모든 면에서 직접적 · 배타적으로 사용 · 수익 · 처분하거나 그 외의 방법으로 지배할 수 있는 권리

2. 점유권

소유권의 유무를 따지지 않고 물건을 가지고 있는 자에게 제한적으로 권리를 인정하는 것

3. 제한물권

물건의 한정된 면만 지배할 수 있는 권리

4. 용익물권

타인의 토지 또는 건물을 일정한 목적을 위하여 사용 · 수익할 수 있는 물권

5. 담보물권

채권자가 채무의 변제가 없는 경우 일반 채권에 우선하여 담보물을 환가해 채무변제에 충당

6. 전세권

전세금을 지급하고 타인의 부동산을 점유하여 사용 · 수익할 수 있는 권리

7. 지상권

다른 사람의 토지에서 건물 등을 소유하기 위하여 토지를 사용할 수 있는 권리

8. 지역권

타인의 토지를 자기 토지의 이익을 위하여 사용하는 권리

9. 저당권

제3자가 담보로 제공한 부동산을 점유하지는 않으나, 채무자가 약정된 날짜까지 돈을 갚지 않으면 경매를 통해 다른 채권자보다 자기 채권의 우선변제를 받을 권리

10. 유치권

타인의 물건을 점유한 자가 그 물건에 관하여 생긴 채권을 가지게 된 경우에 그 채권의 변제를 받을 때까지 그 물건을 유치할 수 있는 권리

11. 질   권

채권자가 채권의 담보로 채무자 또는 제3자가 제공한 동산을 점유할 수 있는 권리(저당권과 유사하나 저당권은 부동산을, 질권은 동산 또는 재산권을 담보로 잡는 물권임)

2. 주택의 매매와 임대차

(1) 집을 살 때의 절차

① 절차   위치, 가격, 등기부 등을 확인하고 집에 대한 조사를 한다. 그 후 집주인이 맞는지 주민등록증, 의료보험증, 이웃 등을 통해 확인하고, 매매계약서를 작성한다. 이때 등기부를 재확인한 후 상세히 작성한다. 그리고 계약금을 지급하

는데 계약금은 통상 매매가의 10%를 지급한다. 이후 매매가의 약 40% 정도의 중도금을 지급하고, 잔금(매매가의 약 50%)을 지급하여 등기 이전까지 완료하면 해당 주택에 대한 소유권을 가지게 된다.

② **계약해제**　　계약금을 지급한 후에서 중도금을 지급하기 전에는 일방 당사자는 상대방의 합의를 구하지 않아도 매수인은 계약금 포기, 매도인은 계약금의 배액을 지급하고 계약해제가 가능하지만, 중도금까지 지급했을 경우에는 일방 당사자는 상대방의 합의를 구해야만 계약해제가 가능하다. 중도금까지 지급한 후에 부동산의 이중매매의 경우 매도인은 형법상 배임죄의 책임을 질 수도 있다.

(2) 집을 빌릴 때의 절차

① **절차**　　집의 위치, 가격, 등기부 등을 확인하는 집에 대한 조사를 한다. 이후 집주인이 맞는지 확인하고 만일 대리인이 나오면 주민등록증, 위임장, 인감증명 등을 확인한다. 이후 등기부에서 저당권, 가압류 등의 사항을 다시 확인하고 전 · 월세 계약서를 작성한다. 잔금을 지급하고, 입주한다. 만일 계약만 하고 이사(입주)를 하지 않으면 「주택임대차보호법」의 보호를 받을 수 없다. 이후 주민센터에서 전입신고를 하면 주민등록을 한 것으로 본다. 이와 함께 확정일자를 받으면 (주민센터에서 주민등록 후 전 · 월세 계약서를 제출하여 확정일자 도장을 받음) 된다.

② **기간**　　임대차 기간 만료 후 임대인이 상당한 기간 내에 이의를 제기하지 않을 때, 이전의 임대차와 같은 조건으로 다시 계약한 것으로 간주되어 묵시적으로 갱신되며, 이 경우 임대차 기간은 2년이다.

참고　전세권과 임차권의 차이점

구분	전세권	임차권
권리의 성질	물권	채권
최우선 적용 법규	민법	주택임대차보호법
양도 및 재임대	가능	불가능(특약 필요)

(3) 「주택임대차보호법」

① 목적   임차인의 주거 기간과 보증금의 회수를 보장하여, 임차인을 보호하려는 목적으로 제정되었다. 「민법」의 특별법으로 사회법적 성격을 지니고 있다.

② 대항력   임대차 계약기간을 채우고 임차보증금을 받아 나올 수 있는 효력을 대항력이라 하며, 입주 후 주민등록이전(전입신고)으로 발생한다.

③ 우선변제권   경매 낙찰시 후순위 권리자보다 우선하여 보증금을 변제받을 수 있는 것을 우선변제권이라 하며, 입주 후 전입신고와 확정일자를 받아야 발생한다.

④ 최우선변제권   보증금 중 일정액을 최우선으로 보장해 주는 제도로 확정일자가 없는 경우 전액이 아닌 일부만 최우선 보장된다. 확정일자가 있는 경우에는 보증금을 전액 보장받는다.

⑤ 임대차 기간   기간의 정함이 없거나 기간을 2년 미만으로 정한 임대차는 그 기간이 2년으로 간주되며, 단, 임차인은 2년 미만으로 정한 기간이 유효함을 주장할 수 있다. 계약만료 1개월 전까지 아무런 말이 없으면 같은 조건으로 다시 임대차한 것으로 본다.

| 관련조항 |

주택임대차보호법 제1조   이 법은 주거용 건물의 임대차에 관하여 민법에 대한 특례를 규정함으로써 국민 주거생활의 안정을 보장함을 목적으로 한다.

주택임대차보호법 제3조   ① 임대차는 그 등기가 없는 경우에도 임차인이 주택의 인도와 주민등록을 마친 때에는 그 다음 날부터 제삼자에 대하여 효력이 생긴다. 이 경우 전입신고를 한 때에 주민등록이 된 것으로 본다.

제5편 ≪

사회생활과 법

≫ 제1장
범죄의 성립과 형사절차

I. 형법의 의의

1. 형법의 의의

(1) 의　　미

범죄와 형벌 및 보안처분에 관한 법률로 어떤 행위가 범죄인지를 규정하고, 범죄자에게 어떤 형벌을 가할 것인가를 규정한 법이다.

(2) 목　　적

범죄의 예방과 범죄자의 처벌을 통해 사회의 안정과 질서를 유지하는 데 목적이 있다.

(3) 종　　류

일반법인 「형법」이 있으며, 특별법으로 「군형법」, 「특정범죄가중처벌에 관한 법률」(특가법), 「폭력행위 등 처벌에 관한 법률」, 「국가보안법」, 「도로교통법」 등이 있다.

(4) 형법의 구성

범죄의 주체, 객체, 고의, 과실 등을 규정하여 특별형법에 정한 죄에 적용하는 총론과 개개의 범죄행위를 구체적으로 규정한 각론으로 구성되어 있다.

💡 **보충**

● **형법의 발달**

복수 시대	침해를 당한 자가 복수의 방법으로 형벌을 가함(함무라비 법전)
속죄 시대	복수를 금지하고 금전적으로 배상하는 형벌을 가함
위하 시대	• 특별 예방주의 • 일반인에 위협을 느끼게 하여 범죄를 예방하려는 목적으로 형벌을 가함 • 지배층에 대한 도전을 응징하려는 목적도 내포
박애 시대	근대 법치주의 국가의 확립과 함께 발생한 '형벌은 사회 방위를 위한 최소 한의 수단에 그쳐야 한다'는 사상이 작용
과학 시대	• 특별 예방주의 • 박애 시대의 형벌에 대한 소극적 인식을 보완하여 범죄예방효과가 있도 록 형벌에 과학적으로 접근

2. 범죄의 의의

(1) 의   미

법에 의하여 보호된 이익을 침해하고, 사회의 안전과 질서를 문란하게 하는 반
사회적 행위로 법에 규정되어 있는 것을 범죄라 한다. 형식적으로는 형벌법규의
구성요건에 해당하며 위법하고 책임 있는 행위를 말하며, 실질적으로 형벌법규를
떠나 일정한 가치판단에 의할 때, 형벌에 의한 대응이 필요하다고 여겨지는 사회
적인 유해행위를 의미한다.

(2) 범죄성립의 요소

범죄가 범죄가 되기 위해서는 우선 구성요건에 해당하여야 하고, 그 행위가 위법하여야 하며, 책임능력이 있는 자의 행위이어야 한다.

① **구성요건 해당성**　형법에 개인의 일정한 행위를 범죄로 규정한다는 조문이 있어야 한다. 예를 들어 「형법」 제329조 '타인의 재물을 절취한 자는 6년 이하의 징역 또는 1천만원 이하의 벌금에 처한다'에서 구성요건은 '절취'이다.

② **위법성**　구성요건에 해당하는 것으로서, 전체 법질서로부터 부정적인 행위라는 판단이 가능해야 하며, 구성요건에 규정되어 있는 행위들 자체가 사회통념상 용납될 수 없는 행위들을 규정한 것이기 때문에 위법성을 내포하고 있다. 또한 이러한 위법행위가 일정 요건을 충족하면 위법성이 사라지는데 이를 위법성 조각사유라 한다. 위법성 조각사유로는 정당방위, 긴급피난, 자구행위, 피해자의 승낙, 정당행위가 있다.

③ **책임성**　범죄행위를 저질렀어도 피의자에게 비난받을 만한 책임능력이 있어야 한다. 만 14세 미만 형사 미성년자, 심신상실자, 강요된 행위의 경우에는 책임성이 없으며(책임성 조각사유), 심신미약자, 농아자가 범죄를 저지른 경우에는 책임성이 감경되는 사유가 된다.

🔍 보충

● **구성요건의 구분**

1. 객관적 구성요건: 행위의 주체, 행위의 객체, 실행행위 및 인과관계

   (1) 주체와 객체는 명문으로 규정된 것이지만, 인과관계는 규정은 없으나 범죄가 성립하기 위해 당연히 존재해야 하는 구성요건임

   (2) 관련 판례: 갑이 살해 목적으로 을을 칼로 찔렀으나 경상에 그침. 을이 치료를 위해 구급차를 타고 가다가 운전수 과실로 교통사고를 당한 경우 갑의 행위와 을의 사망은 직접적 인과관계가 부정되어 갑은 살인죄가 아닌 상해죄로 처벌됨

형법 제17조 어떤 행위라도 죄의 요소되는 위험발생에 연결되지 아니한 때에는 그 결과로 인하여 벌하지 아니한다.

2. 주관적 구성요건: 행위에 대한 고의와 과실

(1) 고의: 일정한 사실의 인식 및 의욕

형법 제13조 죄의 성립요소인 사실을 인식하지 못한 행위는 벌하지 아니한다. 단, 법률에 특별한 규정이 있는 경우에는 예외로 한다.

(2) 과실: 정당한 주의를 태만하여 죄의 성립요소인 사실을 인식하지 못한 행위

형법 제14조 정상의 주의를 태만함으로 인하여 죄의 성립요소인 사실을 인식하지 못한 행위는 법률에 특별한 규정이 있는 경우에 한하여 처벌한다.

참고 **책임 여부 판별 단계**

1. 책임능력

행위자가 법규범의 의미를 이해하고, 당해 행위를 금지하고 있다는 것을 인식할 수 있는 통찰능력과 이에 따라 당해 행위를 하지 않을 수 있는 조정능력(주관적 구성요건과 유사)

2. 위법성의 인식

책임능력이 있어서 법규범의 의미를 이해할 가능성이 있었음에도 불구하고 일정한 사유에 의하여 자신의 행위가 공동사회의 질서에 반하고 법적으로 금지되어 있다는 것을 인식하지 못한 경우

형법 제16조 자기의 행위가 법령에 의하여 죄가 되지 아니하는 것으로 오인한 행위는 그 오인에 정당한 사유가 있는 때에 한하여 벌하지 아니한다.

3. 기대 가능성

책임능력과 위법성 인식이 있더라도, 적법행위를 할 기대 가능성이 있어야 처벌할 수 있음

| 관련조항 |

형법 제12조　저항할 수 없는 폭력이나 자기 또는 친족의 생명, 신체에 대한 위해를
　방어할 방법이 없는 협박에 의하여 강요된 행위는 벌하지 아니한다.

🔍 보충

● 위법성 조각사유

정당행위	법령에 근거한 행위, 업무상 행위, 기타 사회 상규에 어긋나지 않는 행위 예: 경찰이 영장을 발부받아 피의자를 체포·구속하는 행위
긴급피난	현재 자신 혹은 타인이 위급한 상황에 처했을 때 그 상황을 피하기 위한 행위 예 • 길을 지나가는데 멧돼지가 공격해 오자 이를 피하기 위하여 급한 나머지 주인의 허락 없이 이웃집에 들어간 경우 • 브레이크 고장으로 인도에 뛰어드는 버스를 피하려다 행인과 충돌하여 상해를 입힌 경우
정당방위	현재 자신 혹은 타인에 대한 부당한 침해가 있을 때 이를 방어하기 위한 행위 예 • 강도에게 폭행을 당하고 있는 아버지를 구하기 위해 강도를 때려 상해를 입힌 경우 • 불량배에게 각목으로 구타당하고 있는 친구를 구하려고 불량배에게 폭행을 가한 경우
자구행위	법적 절차를 기다릴 수 없는 매우 급한 상황에서 자신의 권리, 특히 청구권을 보전하기 위한 행위 예 • 채무를 변제하지 않고 미국으로 도주하는 채무자를 채권자가 체포하는 경우 • 숙박비를 지불하지 않고 도주하는 손님을 붙잡아 그 대금을 받는 경우
피해자의 승낙	피해자가 가해자에게 자신에게 손해가 되는 행위를 하도록 허락한 행위(승낙에 의한 행위 자체가 또 다른 범죄의 구성요건으로 되어 있는 경우, 위법성 조각되지 않음) 예: 의사가 치료 불가능한 말기 환자의 동의를 받아 수술했는데, 사망한 경우

● **정당방위와 긴급피난의 차이**

정당방위는 현재의 부당한 침해에 대한 방위 의사를 필요로 하는 반면, 긴급피난은 부당
한 침해이든 정당한 침해이든 문제 삼지 않고 현재의 위난을 피할 의사인 경우에 한정된다.
즉, 불법에 대하여 방위하는 것은 정당방위이지만 긴급피난은 불법인지 여부를 문제 삼지
않는다.

3. 죄형법정주의

(1) 죄형법정주의의 의의

① 의미   자유주의, 권력분립, 법치주의 및 국민주권의 원리에 입각한 것으로
서, 무엇이 범죄이며 그에 대한 형벌이 어떠한 것인가는 반드시 입법부가 제정한
법률로써 정해야 한다는 원칙을 의미한다.

② 의의　　국가가 자의적으로 형벌권을 확장하여 행사하는 것을 방지하여 국민의 자유와 기본권을 보장하기 위한 형법의 최고 원리로 아무리 사회적으로 비난받아야 할 행위라도 법률로써 범죄로 규정되지 않는 한 처벌할 수 없다.

(2) 죄형법정주의의 파생원칙

① 관습형법금지의 원칙　　범죄와 형벌은 형식적 의미의 법률로 정해야 한다는 것이다. 이 원칙에 따라서 관습형법에 의한 처벌은 불가능하고, 명령이나 조례로 규정은 불가능하나 법률의 위임이 있는 경우에는 가능하다. 또한 긴급명령, 긴급재정경제명령, 국회동의를 받아 비준된 조약은 법률의 효력을 가지므로 이를 근거로 처벌할 수 있다.

② 형벌불소급의 원칙　　행위시에 죄가 되지 아니한 행위는 사후 입법에 의해 처벌할 수 없다는 원칙으로 사후의 법률에 의한 처벌을 금지하여 국민의 법적 안정성을 도모하기 위한 원칙이다.

③ 명확성의 원칙　　누구나 법률이 처벌하고자 하는 행위가 무엇이며 그에 대한 형벌이 어떠한 것인지를 예견할 수 있고, 그에 따라 자신의 행위를 결정지을 수 있도록, 구성요건이 명확해야 한다는 원칙이다. 법관의 자의적 법적용을 배제하기 위해 확립되었고, 국민에게 혜택을 주는 규범보다 기본권을 제한하는 규범에서 보다 명확성이 요구된다.

④ 유추해석금지의 원칙　　법률에 규정이 없는 사항에 대해 유사한 성격의 다른 법률조항을 적용하여 형사처벌할 수 없다는 원칙이다. 형벌과 과세 관련 규정에서 엄격하게 적용되며, 피고인에게 유리한 유추해석은 가능하다.

| 관련조항 |

헌법 제12조　① 법률과 적법한 절차에 의하지 아니하고는 처벌, 보안처분 또는 강제
　노역을 받지 아니한다.
헌법 제13조　① 모든 국민은 행위시의 법률에 의하여 범죄를 구성하지 아니하는 행
　위로 소추하지 아니하며, …

1996.2.16. 96헌바7 5·18민주화운동 등에 관한 특별법은 공소시효가 완성된 후 공소시효를 소급적으로 정지하는 법률은 진정소급효이지만, 공소시효에 의하여 보호될 수 있는 신뢰보호이익은 상대적으로 미약하다 할 것이므로 예외적으로 합헌이다.

2005.3.31. 2004헌바29 공중위생 또는 공중도덕상 유해한 업무에 취직하게 할 목적으로 직업소개·근로자 모집 또는 근로자공급을 한 자를 7년 이하의 징역 또는 3천만원 이하의 벌금에 처하는 직업안정법에서 '공중도덕상 유해'라는 조항은 특정하거나 예측한다는 것은 매우 어렵다고 할 것이므로 명확성 원칙을 충족시킨다고 할 수 없다.

2001.8.30. 99헌바92 처벌법규의 구성요건이 다소 광범위하여 어떤 범위에서는 법관의 보충적인 해석을 필요로 하는 개념을 사용하였다고 하더라도 그 점만으로 헌법이 요구하는 처벌법규의 명확성에 반드시 배치되는 것이라고는 볼 수 없다.

4. 형벌과 보안처분의 종류

(1) 형   벌

형벌의 종류에는 생명을 박탈하는 생명형, 징역·금고·구류와 같은 자유형, 자격상실과 자격정지와 같은 명예형, 벌금·과료·몰수와 같은 재산형이 있다.

① **자유형**   자유형에는 범죄자를 교도소 내에 30일 이상 가두어 노역을 부과하는 징역과 교도소 내에 가두어 두는 형벌이지만, 노역을 부과하지 않는 금고, 1일 이상 30일 미만 구금하고 노역을 부과하지 않는 구류가 있다.

② **명예형**   법원으로부터 사형, 무기징역, 무기금고의 형의 선고가 있을 때에는 그 효력으로서 당연히 일정한 자격을 상실시키는 형벌로 자격상실과 일정 기간 동안 자격을 정지시키는 것인 자격정지가 있다.

● 징역·금고·구류의 차이점

징역	30일 이상	강제노역 ○
금고	30일 이상	강제노역 ×
구류	30일 미만	강제노역 ×

● 몰   수

유죄판결을 선고할 때, 범죄행위에 제공하였거나 제공하려고 한 물건, 또는 범죄로 말미암아 생겼거나 범죄로 인해 취득한 물건, 그 밖에 이러한 대가로 취득한 물건을 빼앗는 형벌

(2) 보안처분(형벌의 대안적 제재 수단)

① 의의   형벌의 종류는 제한되어 있지만 범죄의 종류와 범죄로 인한 피해의 정도는 매우 다양한 현실을 반영하기 위한 제도로 범죄자의 사회복귀와 질서보호가 목적이다.

② 종류   교정시설에 구금하지 않고, 정상적인 사회생활을 하게 하면서 보호관찰관의 지도·감독을 통하여 범죄성이나 비행성을 교정하고 재범을 방지하는 제도인 보호관찰, 심신장애인 또는 약물 중독자로 금고 이상의 형에 해당하는 죄를 범한 자를 시료감호시설에 수용하여 치료를 위한 조치를 하는 보안처분과 범죄자가 일정 시간 동안 강의, 체험 학습 등 교육을 받도록 하는 제도로 주로 마약사범, 가정폭력사범, 성폭력사범 등에 부과하는 수강명령 및 일정 시간을 무보수로 사회에 유익한 근로를 하도록 하는 제도인 사회봉사명령이 있다.

Ⅱ. 형사절차의 이해

1. 형사사건의 절차

(1) 형사사건

살인, 절도처럼 사회에 미치는 영향이 커서 개인 사이에 해결을 맡겨 둘 수 없는 문제를 국가가 강제로 해결하는 사건을 형사사건이라 한다.

(2) 절　　차

절차는 다음과 같다.

형사사건의 절차

범죄의 발생 → 수사 → 검사의 기소 → 형사 재판 → 형의 선고 → 집행

(피의자의 권리)　　　(피고자의 권리)

🔍 보충

● 형사사건의 분류

1. 개인적 법익에 관한 범죄
살인죄, 절도죄, 강도죄 등
2. 사회적 법익에 관한 범죄
방화죄, 문서 · 화폐 위조죄, 도박죄 등
3. 국가적 법익에 관한 범죄
내란죄, 뇌물죄, 공무집행방해죄 등

2. 수사절차와 피의자의 권리

(1) 수사절차

피해자의 고소, 제3자의 고발, 가해자의 자수, 인지 등으로 수사가 개시되어 입건되면, 구속 또는 불구속으로 송치하여 구속적부를 심사하고 검사가 기소(검사의 기소권 독점)하여 공판절차가 개시된다.

(2) 피의자의 권리보호

① **무죄추정의 원칙**　피의자(또는 피고인)는 유죄판결이 확정될 때까지는 무죄로 추정된다. 이와 관련된 원칙으로 범죄에 대한 확증이 없을 때, 의심스러울 때에는 피고인의 이익으로 재판하며, 범죄사실의 입증책임은 검사가 부담하고, 수사기관이 피의사실을 함부로 공표하여 피의인의 명예를 훼손시키는 것은 무죄추정 원칙을 위반한 것이다.

| 관련조항 |
헌법 제27조　④ 형사피고인은 유죄의 판결이 확정될 때까지 무죄로 추정된다.

② **진술거부권**　피의자가 불리한 진술을 강요당하지 않을 권리를 말한다.

| 관련조항 |
헌법 제12조　② 모든 국민은 고문을 받지 아니하며, 형사상 자기에게 불리한 진술을 강요당하지 아니한다.
형사소송법 제200조　② 수사기관인 검사 또는 사법경찰관은 진술을 들을 때에는 미리 피의자에 대하여 진술을 거부할 수 있음을 알려야 한다.

③ **변호인의 도움을 받을 권리**　피의자 · 피고인의 인권보장을 위해 수사기관과 대등한 수단을 확보해야 한다는 무기평등원칙으로 형이 확정되어 수감 중인 수형자는 주체가 되지 아니한다.

④ **구속적부심사**　체포 또는 구속된 피의자가 적부여부 심사를 청구하여 체
포 또는 구속이 적법한 것이 아닌 경우 법관이 직권으로 피의자를 석방하는 제도
이다.

⑤ **미란다원칙**　피의자에게 체포 또는 구속의 이유와 변호인의 도움을 받을
권리를 고지해야 한다는 원칙이다.

⑥ **영장 제도**　법원 또는 수사기관의 형사절차에서 강제처분을 할 때에는 법
원 또는 법관이 발부한 영장에 의하여야 한다는 원칙이다.

헌법 제12조 ③ 체포·구속·압수 또는 수색을 할 때에는 적법한 절차에 따라 검사의 신청에 의하여 법관이 발부한 영장을 제시하여야 한다. 다만, 현행범인 경우와 장기 3년 이상의 형에 해당하는 죄를 범하고 도피 또는 증거인멸의 염려가 있을 때에는 사후에 영장을 청구할 수 있다.

📋 참고 **사전영장주의의 예외**

1. 긴급체포의 경우
체포 후 48시간 이내에 구속영장 미청구시 석방해야 함
2. 현행범과 준현행범
3. 별건체포·구속(부정설이 다수설)
중대사건에 관하여 증거가 부족해 영장청구가 어려울 때 이미 증거가 수집된 경미한 사건으로 체포·구속
4. 비상계엄
특별한 조치는 가능하나 배제는 불가

3. 형사재판절차와 피고인의 권리

(1) 형사재판절차

① **절차** 검사의 기소(공소제기)로 법원이 구성되어 재판이 시작된다. 검사의 논고, 피고인의 반박, 공격과 방어를 통한 심증형성, 법원의 선고과정을 거친다.

② **피고인의 권리** 피고인은 무죄추정의 원칙, 진술거부권, 변호인의 조력을 받을 권리, 보석제도, 증거재판주의, 공개재판주의, 공판중심주의 등의 원칙으로 권리를 보호받으며, 구속적부심사권은 피고인의 권리는 아니다(수사단계의 피의자는 인정된다).

형사소송법 제94조 피고인, 피고인의 변호인 · 법정대리인 · 배우자 · 직계친족 · 형제자매 · 가족 · 동거인 또는 고용주는 법원에 구속된 피고인의 보석을 청구할 수 있다.

형사소송법 283조의2 ① 피고인은 진술하지 아니하거나 개개의 질문에 대하여 진술을 거부할 수 있다.
② 재판장은 피고인에게 제1항과 같이 진술을 거부할 수 있음을 고지하여야 한다.

형사소송법 제307조 ① 사실의 인정은 증거에 의하여야 한다.
② 범죄사실의 인정은 합리적인 의심이 없는 정도의 증명에 이르러야 한다.

형사소송법 제275조 ① 공판기일에는 공판정에서 심리한다.
③ 검사의 좌석과 피고인 및 변호인의 좌석은 대등하며, 법대의 좌우측에 마주 보고 위치하고, 증인의 좌석은 법대의 정면에 위치한다. 다만, 피고인신문을 하는 때에는 피고인은 증인석에 좌석한다.

💡 보충

1. 구   형
검사가 공판정에서 범죄에 대한 형량을 요청하는 것

2. 공개재판주의
재판의 심리와 판결은 원칙적으로 국민에게 공개해야 함

3. 증거재판주의
재판에서 사실의 인정은 객관적인 증거에 의해야 함

4. 공판중심주의
재판에서 모든 증거자료를 공판에 집중시켜 공판정에서 형성된 증거만을 토대로 사안의 실체를 심판해야 함

(2) 형의 선고와 집행

① 형의 선고

㉠ 무죄: 심리결과 유죄증거가 없거나 범인이 아니라는 확증이 있을 때에 무죄를 선고한다.

㉡ 유죄: 무죄판결 이외 실형을 선고하거나, 선고유예판결, 집행유예의 경우 모두 유죄판결에 해당한다. 실형선고는 사형, 징역, 금고 등 실제 형의 선고를 말하며, 1년 이하의 징역이나 금고, 자격정지 또는 벌금의 형에 해당하는 경미한 범죄에 대하여 일정한 기간 형의 선고를 미루고, 유예기간 동안 특정한 사고 없이 경과하면 형의 선고가 없었던 것과 같은 효과를 발생시키는 제도를 선고유예라 하고, 실형을 선고하면서 일정 기간 그 형의 집행을 유예하였다가 다른 범행 없이 그 기간이 경과하면 형의 선고를 실효시켜 실형을 집행하지 않는 제도인 집행유예가 있다.

② 상소   제1심 판결 선고에 대한 이의제기는 항소, 제2심에 대한 이의제기는 상고, 항소·상고제도를 상소제도라 한다.

③ 형의 집행   법원판결에 의해 선고·확정된 형은 검사의 지휘에 따라 집행되며, 교도소에 갇힌 수형자가 모범적 생활을 하는 경우에는 선고기간 종료 전에 임시로 석방(가석방)할 수 있다.

🔎 보충

● 집행유예(執行猶豫)

1. 요   건
  3년 이하의 징역이나 금고의 죄를 범하였고, 정상을 참작할 사유가 있으며 금고 이상의 형을 받고 그 집행종료나 면제로부터 3년이 지날 때 선고 가능

| 관련조항 |

형법 제63조   집행유예의 선고를 받은 자가 유예기간 중 고의로 범한 죄로 금고 이상의 실형을 선고받아 그 판결이 확정된 때에는 집행유예의 선고는 효력을 잃는다.

2. 효   과

유예기간이 경과하면 유죄판결이 없었던 것과 똑같은 상태로 되어 전과자가 되지 않음

3. 의   미

(1) 단기 자유형의 집행으로 스스로 사회에 복귀할 수 있는 길을 열어 주겠다는 취지

(2) 우리나라에서는 경제사범이나 정치사범 등 사회에 막대한 피해를 가한 중범죄에 대해서도 징역 3년 이내로 선고하면서 집행유예를 동시에 선고하여 사회 기득권층에게 특권을 주는 것이라는 비판을 받음

4. 즉결심판과 국민참여재판

(1) 즉결심판

가벼운 범죄사건(20만원 이하의 벌금·과료·구류의 형벌이 부과되는 사건)의 경우 정식 재판보다 절차가 간단한데, 벌금·과료의 선고나 피고인의 불출석 심판을 법원이 허가한 경우에 피고인의 불출석으로 진행되기도 한다. 신속하고 간편한 심리를 위해 경찰의 조서만을 증거로 삼아 유죄선고도 가능하다.

(2) 국민참여재판

① 의미   일반 시민이 배심원으로 참여하여 유·무죄에 관하여 평결을 내리고, 유죄평결이 내려진 피고인에게 선고할 적정한 형벌을 담당 재판관과 토의하는 제도이다.

② 배심원 자격   만 20세 이상의 국민이면 누구나 배심원이 될 수 있다.

③ 배심원 평결의 효력   국민참여재판 배심원 평결의 효력은 재판부에 권고하는 효력만 있다. 그러나 배심원의 의견과 다른 판결을 할 때에는 판결문에 그 이유를 기재해야 한다.

참고 「국민의 형사재판 참여에 관한 법률」

1. 제정 이유

사법의 민주적 정당성을 강화하고 투명성을 높여 국민으로부터 신뢰받는 사법제도를 확립하기 위하여 국민이 배심원으로서 형사재판에 참여하는 국민참여재판 제도를 도입하기 위함(제1조)

2. 배심원 수

무기 · 사형 해당 사건-9인, 나머지 사건-7인, 공소사실 인정-5인

3. 피고인이 국민참여재판을 원하지 않는 경우 불허

4. 절　차

재판장 설명 → 유 · 무죄에 관한 평의 → 전원 일치로 평결 → 미일치시 판사의 의견을 들은 후 다수결로 평결 → 평결이 유죄인 경우 판사와 양형에 관해 토의

Ⅲ. 범죄피해자의 보호와 형사보상

1. 범죄피해자 구조와 보호

(1) 범죄피해자 구조 제도

범죄로 인해 사망, 상해 또는 재산상의 피해를 보고도 가해자를 알 수 없거나 가해자가 가난하여 피해의 전부 또는 일부를 보상받지 못하는 경우에 국가가 피해자 또는 유족에게 구조금을 지급한다.

(2) 「범죄피해자보호법」

상기 법률에 따라 피해자 상담, 긴급구호, 의료지원, 경제적 지원 등의 정책을 시행하고 있다.

(3) 피해자 지원센터

민간의 주도로 범죄피해자를 지원하기도 한다.

헌법 제30조 타인의 범죄행위로 인하여 생명·신체에 대한 피해를 받은 국민은 법률이 정하는 바에 의하여 국가로부터 구조를 받을 수 있다.

🔍 보충

● **범죄피해자구조청구권**

1. 요   건

(1) 생명·신체를 해하는 범죄 피해

  ① 신체에 대한 피해자의 경우 '중장해'로 제한

  ② 형사미성년자, 심신상실자, 긴급피난 등의 이유로 처벌되지 아니한 행위로 인한 범죄행위도 포함

  ③ 정당행위와 정당방위에 의하여 처벌되지 아니하는 행위, 과실에 의한 범죄행위는 미포함

(2) 가해자의 불명 또는 무자력의 사유로 인하여 피해의 전부 또는 일부를 배상받지 못한 경우

범죄피해자보호법 제1조   이 법은 범죄피해자 보호·지원의 기본 정책 등을 정하고 타인의 범죄행위로 인하여 생명·신체에 피해를 받은 사람을 구조함으로써 범죄피해자의 복지증진에 기여함을 목적으로 한다.

2. 구조금을 지급하지 아니할 수 있는 경우

(1) 피해자와 가해자 간에 친족관계가 있는 경우

(2) 피해자가 범죄행위를 유발하였거나 당해 범죄피해의 발생에 관하여 피해자에게 귀책사유가 있는 경우

(3) 사회통념상 미지급이 상당하다고 인정되는 경우

3. 기   간

구조대상 범죄행위의 발생을 안 날부터 3년, 발생한 날부터 10년이 지나면 신청 불가

2. 형사보상 및 명예회복제도

(1) 의 미

형사피의자 또는 형사피고인으로 구금되었던 자가 불기소처분이나 무죄를 선고받은 경우에 물질적 · 정신적 손실을 국가에 청구할 수 있는 권리이다.

(2) 형사피의자

구금되었던 형사피의자가 불기소처분을 받을 경우, 불기소처분의 고지 또는 통지를 받은 날로부터 3년 이내 지방검찰청 보상심의회에 청구할 수 있다.

(3) 형사피고인

구금되었던 형사피고인이 무죄확정판결을 받게 되면 무죄재판이 확정된 사실을 안 날로부터 3년, 확정된 때로부터 5년 이내 법원에 청구할 수 있다.

(4) 명예회복

무죄판결을 받은 자의 청구가 있는 경우에 무죄재판서를 법무부 인터넷 홈페이지에 1년간 게재(형사보상제도를 보완함)하여야 한다.

| 관련조항 |

형사보상 및 명예회복에 관한 법률 제1조 이 법은 형사소송절차에서 무죄재판 등을 받은 자에 대한 형사보상 및 명예회복을 위한 방법과 절차 등을 규정함으로써 무죄재판 등을 받은 자에 대한 정당한 보상과 실질적 명예회복에 이바지함을 목적으로 한다.

형사보상 및 명예회복에 관한 법률 제30조 무죄재판을 받아 확정된 사건의 피고인은 무죄재판이 확정된 때부터 3년 이내에 확정된 무죄재판사건의 재판서를 법무부 인터넷 홈페이지에 게재하도록 해당 사건을 기소한 검사가 소속된 지방검찰청에 청구할 수 있다.

3. 배상명령제도

(1) 의   미

피해자가 형사재판 과정에서 간단한 신청절차만으로 민사상 손해배상 명령까지 받아 낼 수 있는 제도이다.

(2) 절   차

피고인의 재판이 진행 중인 법원에 2심 변론이 끝나기 전까지(사실심 변론종결 전까지) 배상명령 신청서를 제출하면 되고, 형사재판의 증인으로 출석하고 있을 때에는 말로도 신청 가능하다.

≫ 제2장
법치행정과 행정구제

Ⅰ. 법치행정과 시민참여

1. 법치행정의 의의

(1) 행정의 의의

① **의미**　　법 아래서 법의 규제를 받으면서 현실적·구체적으로 국가목적의 적극적 실현을 위해 행해지는 전체로서 통일성을 가지는 계속적인 형성적 국가활동을 행정이라 하며, 권력분립원리의 발전과 함께 성립되었다.

② **역할 변화**　　근대 국가에서는 권력분립을 기반으로 공익의 실현을 목적으로 하는 국가작용으로 '최소한의 정부가 최선의 정부'라는 국가관에 따라 행정작용을 치안과 국방에 한정하는 소극적 행정을, 현대 국가에서는 복지국가를 지향하면서 행정부의 조직과 권한이 확대되어 적극적 행정활동을 하고 있으며, 이에 따라 전통적 권력분립의 의미가 약화되는 측면도 있다.

> ### 💡 보충 ◇◇
>
> ● **행정법의 의의**
>
> 1. 의　　미
> 행정에 관한 국내 공법
> 2. 성립의 전제
> 법치국가사상의 발전으로 행정권이 입법에 의한 제약을 받게 됨

3. 행정법의 법원

(1) 행정법은 성문법주의를 원칙으로 하지만 수많은 개별적 법령으로 구성되어 있으며 일반적 법전 없음(행정법이라는 법전은 없음)

(2) 헌법, 법률, 국제조약, 명령, 관습법, 판례법, 조리

4. 종   류

(1) 행정조직법: 정부조직법, 지방자치법, 공무원법 등

(2) 행정작용법: 경찰관직무집행법, 국토이용관리법 등

(3) 행정구제법: 행정심판법, 행정소송법, 국가배상법 등

● 행정행위

(1) 의미: 행정청이 구체적 사실에 관한 법집행으로서 행하는 권력적 · 단독적 공법행위

(2) 일반적 · 추상적 행위인 입법행위는 제외

(3) 행정주체가 행정객체에 대해 우월한 지위에서 행하는 공권력 행사(권고적 성격을 지니는 행정지도 등은 제외)

(4) 공법행위: 물자 구매와 같은 사법(私法)작용은 제외

(2) 행정의 기본원리

① **법치행정원리**   법치국가의 원리가 행정에 적용된 것으로 행정은 법률이 정한 범위 내에서 이루어져야 한다는 것으로 국민을 위해 필요한 행정작용을 법으로 규정하여 적극적인 행정이 이루어지도록 하기도 한다.

② **민주행정의 원리**   국민 모두의 이익과 의사가 반영되는 방향으로 이루어져야 한다는 것을 말한다.

③ **복지행정의 원리**   모든 국민이 최소한의 인간다운 생활을 할 수 있도록 적극 노력해야 한다는 원리이다.

④ **사법국가원리**   행정에 대한 재판을 독립한 법원에서 다루어야 한다는 것으로 행정의 분쟁을 공정하게 해결하기 위한 원리이다.

⑤ **지방분권원리**   각 지방자치단체들이 권한을 가지고 각 지방의 살림을 맡아서 해야 한다는 원리이다.

1. 행정국가주의

공법과 사법을 본질적으로 다른 법체계로 이해하는 공·사법이원주의로 이해하면서 행정사건은 행정부 내부의 행정법원에서 관할

2. 사법국가주의

행정사건도 일반법원에서 관할. 우리나라의 행정법원은 대법원을 최고 법원으로 하는 법원체계에 있으므로 사법국가주의에 해당하지만 공·사법이원체제를 취하고 있으며, 행정 내부 행정심판위원회에서 행정심판을 담당하고 있어 행정국가적인 요소를 가미하고 있다.

2. 행정에 대한 시민참여

(1) 거버넌스

다양한 세력과 조직의 참여와 상호작용에 의한 동태적 연계망이나 네트워크에 의하여 이루어지는 행정을 말한다.

(2) 참여 방법

행정에 참여하는 방법으로는 청문, 공청회, 의견제출 등의 방법이 있다.

청문은 행정청이 어떠한 처분을 하기에 앞서 당사자 등의 의견을 직접 듣고 증거를 조사하는 절차이며, 공청회는 행정청이 공개적인 토론을 통하여 어떠한 행정작용에 대하여 당사자 등, 전문지식과 경험을 가진 자 기타 일반인으로부터 의견을 널리 수렴하는 절차이고, 의견제출(약식청문)은 행정청이 어떠한 행정작용을 하기에 앞서 당사자 등이 의견을 제시하는 절차로서 청문이나 공청회에 해당하지 아니한 국민에게 불리한 행정처분시에 거치는 절차이다. 의견제출절차는 반박과 재반박이 불허된다는 점에서 청문과는 다르다.

3. 행정정보공개제도

(1) 의   의

국민이 국가가 보유한 정보에 접근하여 그것을 이용할 수 있게 하기 위해 국민에게 정부보유 정보에 대한 공개를 청구할 수 있는 권리를 보장하고, 국가에 대하여 정보공개의 의무를 지게 하는 제도이다.

(2) 필요성

국민의 기본권인 알권리를 충족시키기 위하여, 민주주의 확립의 필수적인 요소로서 필요하다.

(3) 대상 공공기관

국가기관, 지방자치단체, 정부투자기관, 각급 학교(사립학교 포함), 지방공사 · 공단, 정부산하기관이 대상이며, 공공기관이 아니라도 언론기관, 사기업 등도 정보공개청구의 대상이 된다.

Ⅱ. 다양한 행정구제제도

1. 행정구제제도의 유형

(1) 사전적 구제

① 청원　　국가나 지방자치단체에 대하여 자신의 의견·불만 또는 희망을 개진하거나 요구하는 행위이다.

② 옴부즈맨제도　　스웨덴에서 발생한 제도로서 일반적으로 행정기능의 확대와 전통적 행정구제제도의 한계를 보완하기 위하여 입법부에 설치하여 국민의 권익을 보호하기 위한 제도로 우리나라는 행정부 산하의 국민권익위원회(고충민원처리위원회)가 이에 해당된다.

③ 민원　　행정기관에 대하여 특별한 행위를 해 달라고 요구하는 것이다.

④ 행정절차법　　청문, 공청회, 행정예고, 입법예고 등의 사전적 절차에 관하여 규정하고 있다.

⑤ 행정정보공개제도

(2) 사후적 구제

사후적 구제로 손해배상, 손실보상의 행정상 손해전보와 행정심판, 행정소송 등 행정쟁송제도가 있다.

💡보충

● 「민원사무처리에 관한 법률」 내용

1. 민원사무를 다른 업무에 우선하여 처리하여야 한다.
2. 민원인 1회 방문으로 민원업무를 처리할 수 있도록 하여야 한다.
3. 처리결과는 원칙적으로 민원인에게 문서로 통지하여야 한다.
4. 이때 통지하는 내용이 민원인의 신청을 거부하는 것이라면 그 이유와 구제절차도 반드시 함께 알려 주어야 한다.

---

2. 행정상 손해전보

(1) 행정상 손해배상(국가배상)

① **의미**　　국가 등 행정주체의 위법한 행정작용으로 인해 발생한 손해에 대해 국가나 공공단체가 이를 배상해 주는 제도이다.

② **변천**　　국가무책임에서 대위책임으로, 대위책임에서 자기책임으로 변화하였다. 국가무책임은 위법행위의 결과는 공무원에게만 귀속되고 국가는 책임을 지지 않는다는 것이며, 대위책임은 공무원의 책임을 국가가 대신 부담하는 것이고, 자기책임은 행정작용에 의한 기본권 침해가 증가함에 따라 국가가 스스로 책임져야 한다는 사상을 말한다.

③ **종류**　　과실책임으로 공무원의 직무상 불법행위로 인한 손해배상(「국가배상법」 제2조)과 무과실책임인 영조물 설치나 관리의 하자로 인한 손해배상(「국가배상법」 제5조)이 있다.

④ **배상범위**　　배상범위는 인과관계에 있는 재산상 손해와 정신상 손해(위자료)를 포함한다.

⑤ **청구절차**　　종래 필수적 결정전치주의에서 최근 임의적 결정전치주의로 변경되면서 배상심의회에 배상신청절차를 거쳐 법원에 손해배상청구소송을 제기하거나, 배상심의회를 거치지 않고 직접 법원에 소송을 제기할 수 있게 되었다. 공무원에게 고의 또는 중대한 과실이 있는 경우에 국가는 그 공무원에게 구상권 행사가 가능하다.

| 관련조항 |

헌법 제29조　① 공무원의 직무상 불법행위로 손해를 받은 국민은 법률이 정하는 바에 의하여 국가 또는 공공단체에 정당한 배상을 청구할 수 있다. 이 경우 공무원 자신의 책임은 면제되지 아니한다.

② 군인·군무원·경찰공무원 기타 법률이 정하는 자가 전투·훈련 등 직무집행과 관련하여 받은 손해에 대하여는 법률이 정하는 보상 외에 국가 또는 공공단체에 공무원의 직무상 불법행위로 인한 배상은 청구할 수 없다.

국가배상법 제2조 ① 국가나 지방자치단체는 공무원 또는 공무를 위탁받은 사인이 직무를 집행하면서 고의 또는 과실로 법령을 위반하여 타인에게 손해를 입히거나, 「자동차손해배상보장법」에 따라 손해배상의 책임이 있을 때에는 이 법에 따라 그 손해를 배상하여야 한다.

국가배상법 제5조 ① 도로·하천 기타 공공의 영조물의 설치 또는 관리에 하자가 있기 때문에 타인에게 손해를 발생하게 하였을 때에는 국가 또는 지방자치단체는 그 손해를 배상하여야 한다.

국가배상법 제9조 이 법에 따른 손해배상의 소송은 배상심의회에 배상신청을 하지 아니하고도 제기할 수 있다.

🔍 보충

● **공무원의 직무상 불법행위로 인한 손해배상책임의 요건**

1. 공무원

최광의 개념으로 공무원 신분을 가진 자에 국한하지 않고, 공무를 위탁받아 실질적으로 공무에 종사하는 자를 포함

(1) 공무원 인정: 동장에 의해 선정된 교통할아버지, 청원경찰, 소집 중인 향토예비군, 서울특별시 산하 구청 청소차량 운전수

(2) 공무원 부정: 의용소방대원, 시영버스운전자

2. 직무행위

사경제작용은 제외된다는 것이 다수설. 입법작용, 사법작용, 행정작용 모두 포함

3. 고의 또는 과실에 의한 불법행위

불법행위의 입증책임은 불법행위를 주장하는 피해자에게 있음

4. 불법행위와 손해발생과의 상당 인과관계

● **영조물 설치 및 관리 하자로 인한 손해배상책임 요건**

1. 영조물

행정주체가 직접적으로 공적 목적을 달성하기 위해 제공한 공물(공공시설, 관용차, 하천 등). 직접 행정목적에 제공되지 않은 일반재산은 제외

2. 설치나 관리의 하자

통상적으로 갖추어야 할 안전성이 결여되면, 관리자측의 과실 여부와 무관하게 배상책임 인정

3. 천재지변 등의 불가항력이 있는 경우 책임이 면제됨

(2) 행정상 손실보상

① **의미**　적법한 공권력 행사에 의해 사유재산에 가해진 특별한 희생에 대해 사유재산권의 보장과 공평부담의 견지에서 행정주체가 행하는 재산적 보상을 의미한다.

② **실정법적 근거**　일반법은 존재하지 않으며, 따라서 구「공익사업을 위한 토지 등의 취득 및 보상에 관한 법률」, 「하천법」, 「도로법」 등 개별법에 보상규정이 있는 경우에 청구가 가능하다. 「헌법」 제23조 제3항에서 규정하고 있다.

③ **보상방법**　정당한 보상을 지급하여야 하며, 사전보상, 현금보상, 개별보상, 일시급보상을 원칙으로 한다.

| 관련조항 |

헌법 제23조　① 모든 국민의 재산권은 보장된다. 그 내용과 한계는 법률로 정한다.

② 재산권의 행사는 공공복리에 적합하도록 하여야 한다.

③ 공공필요에 의한 재산권의 수용·사용 또는 제한 및 그에 대한 보상은 법률로써 하되 정당한 보상을 지급하여야 한다.

💡 보충

● **영조물**

국가나 공공단체가 일반 대중이 이용하도록 제공하거나 공공의 목적에 쓰기 위하여 만든 시설, 학교, 병원, 도서관, 다리, 철도, 교도소 등이다.

● 손실보상 대상의 변천

1.대인적 보상 → 대물적 보상 → 생활보상

2. 대인적 보상

당해 수용목적물을 이용함으로써 얻는 주관적 이용가치를 기준으로 보상

3. 대물적 보상(원칙)

당해 수용목적물의 객관적인 시장가치를 기준으로 이루어지는 보상

4. 생활보상(보충)

재산권 침해로 인해 생활근거를 상실하게 되는 재산권의 피수용자 등에 대하여 생존배려적인 측면에서 생활재건에 필요한 정도의 보상(이주대책, 주거대책비보상, 소수잔존자보상 등)

<hr>

참고 손해배상과 손실보상의 차이

구분	손해배상	손실보상
침해원인	위법, 유책(고의 · 과실) 위법한 행정작용에 대한 구제	적법, 무책(무과실) 적법한 행정작용에 대한 구제
기본이념	개인주의적 · 평균적 정의	단체주의적 책임주의, 배분적 정의
보상내용	재산적 침해 + 정신상 손해	재산적 손실만 인정
근거법률	일반법(「국가배상법」) 존재	일반법은 없고, 개별법만 존재

3. 행정쟁송

(1) 행정심판

① 의미   행정청의 위법 · 부당한 처분으로 인해 권익이 침해된 자가 행정기관에 대해 그 시정을 요구하는 것을 말하며 이의신청, 심사청구, 심판청구 등의 명칭으로 불리기도 한다.

② 필요성   자율적 행정통제로서 구제가 신속하고 사법기능을 보완할 수 있

으며, 행정의 능률성을 보장하고, 행정기관의 전문지식을 활용한 통제라는 점에서
필요하다.

③ **심판대상**　행정청의 작위 또는 부작위와 위법한 처분이나 부당한 처분이
심판대상이 되며, 행정심판재결과 대통령의 처분이나 부작위, 기타 개별법에서 규
정하고 있는 경우에는 심판대상이 되지 아니한다.

④ **제기기간**　행정처분이 있음을 안 날로부터 90일, 행정처분이 있은 날로부
터 180일 이내에 행정심판을 제기할 수 있다. 단, 무효등확인심판, 부작위에 대한
의무이행심판은 심판의 제기기간에 제한이 없다(다만 개별법에 정한 바 있다면 그에
따른다).

⑤ **종류**　취소심판, 무효등확인심판, 의무이행심판이 「행정심판법」에 규정
된 행정심판(항고심판)의 종류이다.

(2) 행정소송

① **의의**　행정법규의 해석 · 적용에 관한 소송으로서 행정청의 위법한 처분
이나 부작위로 인한 국민의 권리나 이익침해에 대하여 법원에 의해 구제되는 제도
를 말하며, 행정심판을 거치지 않고도 직접 소송을 제기할 수 있다.

② **소송대상**　행정소송은 행정청의 위법한 처분 또는 그 밖에 공권력의 행사
와 불행사가 소송대상이 되며, 대통령의 처분과 부작위에 대해서는 심판제기는 할
수 없지만, 소송을 제기할 수는 있다.

③ **제기기간**　처분 등이 있음을 안 날로부터 90일, 처분 등이 있은 날로부터
1년 내에 제기하여야 하고, 무효등확인심판, 부작위위법확인심판 등에는 제기기간
의 제한이 없다. 다만, 부작위위법확인소송의 경우에 의무이행심판을 거친 경우에
는 소송제기기간이 적용된다.

④ **종류**　항고소송(취소소송, 무효등확인소송, 부작위위법확인소송), 당사자소송,
민중소송, 기관소송이 법률에 규정되어 있다.

(3) 행정심판과 행정소송의 비교

구분	행정심판	행정소송
성격	약식 쟁송	정식 쟁송
쟁송대상	위법 · 부당한 처분	위법한 처분
판단기관	국민권익위원회, 행정심판위원회	법원
근거법률	「행정심판법」	「행정소송법」
목적	1차적—행정의 적법성 보장 2차적—국민의 권리구제	1차적: 국민의 권리구제 2차적: 행정의 적법성 보장
심리절차	서면 · 구술심리원칙, 비공개원칙	구술심리원칙, 공개원칙

제3장
청소년의 권리와 학교생활

Ⅰ. 청소년의 법적 지위와 권리

1. 민사상 미성년자의 보호

(1) 미성년자의 권리와 의무

민사상 미성년자도 자연인이므로 권리능력은 있으나, 행위능력은 없다.

(2) 미성년자의 법률행위

따라서 행위능력자인 미성년자의 법률행위는 원칙적으로 법정대리인의 동의가 필요하다.

(3) 미성년자의 법정대리인

미성년자의 법정대리인은 1차적으로 친권자인 부모이고, 2차적으로는 후견인이다. 법정대리인이라면 미성년자에 대한 감독권, 법률행위동의권 · 대리권 · 취소권의 권한을 가진다.

(4) 성년의제

미성년자라고 하여도 성년의제를 받으면 단독으로 유효한 법률행위를 할 수 있다. 부모의 친권에 복종의 의무도 없으며, 이혼해도 성년의제의 효력은 유지된다. 그러나 「민법」상 행위에만 적용되며 「형법」과 선거권 등 공법영역에서는 적용되지 않는다.

청소년의 연령별 행위능력

연령	가능한 행위
만 15세	제한적으로 취업 가능
만 16세	원동기 장치 자전거 운전면허 취득 가능
만 17세	주민등록증 발급, 단독 유언 가능
만 18세	부모의 동의를 얻어 혼인 가능, 자동차 운전면허 취득 가능

💡 보충

● 법정대리인의 동의를 받지 않은 계약의 효력

일단은 유효하지만, 후에 청소년 본인이나 법정대리인이 취소하여 계약을 처음부터 없었던 것으로 할 수 있다. 그러나 미성년자가 부모 동의서 위조, 신분증 위조 등 적극적인 방법으로 상대방을 속여서 체결한 계약은 취소할 수 없다.

2. 「근로기준법」상 연소근로자의 보호

(1) 의 의

「근로기준법」상 15세 미만 미성년자는 고용이 금지된다. 단, 고용노동부장관이 발부한 취직인허증이 있으면 가능하다.

(2) 근로계약체결권

법정대리인의 동의를 얻는다면 미성년자가 직접 근로계약을 체결할 수 있다. 근로계약은 어떠한 경우에도 대신 체결할 수 없으며, 친권자, 후견인, 고용노동부장관 등은 근로계약이 미성년자에게 불리하다고 인정하는 경우에 해지할 수 있다.

(3) 임금청구권

미성년자라 해도 단독으로 임금을 청구할 수 있으며, 임금청구는 근로계약의 당사자인 본인 외에는 할 수 없다.

(4) 근로시간

1일 7시간, 1주 40시간을 원칙으로 하나, 합의가 있을 경우 1일 1시간, 1주 6시간 연장이 가능하다. 그러나 야간 및 휴일 근로는 금지된다.

(5) 근로금지

만 18세 미만인 자는 도덕적으로 유해하거나 보건상 위험한 업종에서 근로가 금지된다.

| 관련조항 |

헌법 제32조   ⑤ 연소자의 근로는 특별한 보호를 받는다.

근로기준법 제64조   ① 15세 미만인 자는 근로자로 사용하지 못한다. 다만, 대통령령으로 정하는 기준에 따라 고용노동부장관이 발급한 취직인허증을 지닌 자는 근로자로 사용할 수 있다.

근로기준법 제67조   ① 친권자나 후견인은 미성년자의 근로계약을 대리할 수 없다.

근로기준법 제68조   미성년자는 독자적으로 임금을 청구할 수 있다.

참고   근로시간

구 분	정규		연장	
	1일	1주	1일	1주
성인 근로자	8시간	40시간	제한 없음	12시간(특례 있음)
연소 근로자	7시간	40시간	1시간	6시간

3. 유해환경으로부터의 청소년 보호(만 19세 미만)

(1) 의   의

청소년을 흡연·음주 및 성매매 등으로부터의 보호하려는 취지의 의의가 있다.

(2) 내   용

술, 담배, 마약 등의 약물로부터 보호받으므로 유통할 경우에 판매자는 처벌된다. 또한 미성년자는 유해업소의 경우 출입과 고용이 제한될 수 있으며, 인터넷게임의 경우 이용자의 친권자의 동의를 필요로 한다. 또한 성년의제가 된 경우에도 흡연이나 음주는 제한된다.

| 관련조항 |

청소년보호법 제1조 이 법은 청소년에게 유해한 매체물과 약물 등이 청소년에게 유통되는 것과 청소년이 유해한 업소에 출입하는 것 등을 규제하고 청소년을 유해한 환경으로부터 보호·구제함으로써 청소년이 건전한 인격체로 성장할 수 있도록 함을 목적으로 한다.

청소년보호법 제2조 1. 청소년이란 만 19세 미만인 사람을 말한다.

4. 형사상의 청소년 보호

(1) 범법소년

만 10세 미만의 형법상의 범죄를 저지른 소년으로 보호처분 및 형벌부과 대상이 되지 아니한다.

(2) 촉법소년

만 10세 이상에서 만 14세 미만자로 형사 미성년자이므로 범죄행위를 하였어도 형벌부과 대상이 아니다. 이를 형사상 책임무능력자라 하기도 한다. 다만, 가정법원 소년부로 송치하여 보호처분은 내릴 수 있다.

(3) 범죄소년

만 14세 이상 만 19세 미만자로 형사 미성년자가 아니므로 형사처벌, 보호처분이 모두 가능하다. 검사가 피의자인 소년을 기소하면 형사처분을 받을 수 있고, 소년부로 송치하면 보호처분을 받을 수 있다.

| 관련조항 |

형법 제9조 14세 되지 아니한 자의 행위는 벌하지 아니한다.

소년법 제1조 이 법은 반사회성이 있는 소년의 환경조정과 품행교정을 위한 보호처분 등의 필요한 조치를 하고, 형사처분에 관한 특별조치를 함으로써 소년이 건전하게 성장하도록 돕는 것을 목적으로 한다.

소년법 제4조 ① 다음 각호의 어느 하나에 해당하는 소년은 소년부의 보호사건으로 심리한다.

2. 형벌 법령에 저촉되는 행위를 한 10세 이상 14세 미만인 소년

💡 보충

● **우범소년**

다음에 해당하는 사유가 있고 그의 성격이나 환경에 비추어 앞으로 형벌 법령에 저촉되는 행위를 할 우려가 있는 10세 이상 19세 미만의 소년

1. 집단적으로 몰려다니며 주위 사람들에게 불안감을 조성하는 성벽이 있는 것
2. 정당한 이유 없이 가출하는 것
3. 술을 마시고 소란을 피우거나 유해환경에 접하는 성벽이 있는 것

● **검사의 결정 전 조사**

1. 검사가 소년 피의사건에 대해 소년부 송치, 공소제기, 기소유예 등의 처분을 결정하기 위해 필요한 경우에 보호관찰소의 장, 소년 분류 심사위원장에게 피의자의 품행, 경력, 생활환경 등 필요한 사항을 조사하게 하는 제도.
2. 검사는 보호관찰소장 등으로부터 통보받은 조사결과를 참고하여 소년피의자를 교화 · 개선하는 데에 가장 적합한 처분 결정

● 선도조건부 기소유예처분

사건의 죄질 및 범법 의도를 살펴 재범 가능성이 희박하다고 여겨지는 19세 미만의 청소년 범죄자에 대해 범죄예방위원의 선도를 조건으로 기소를 유예하는 제도이다.

● 경찰서에서의 소년형사사건 처리

구분		제재
10세 미만		형벌 ×, 보호처분×
촉법소년	10세 이상 14세 미만의 소년으로 형벌 법령에 저촉되는 행위를 한 경우	형벌 ×, 보호처분 ○
우범소년	10세 이상 19세 미만의 소년으로 성격 또는 환경에 비추어 장래 형벌 법령에 저촉되는 행위를 할 우려가 있는 경우	형벌 ×, 보호처분 ○
범죄소년	14세 이상 19세 미만의 소년으로 형벌 법령에 의한 범죄행위를 한 경우	형벌 ○, 보호처분 ○
19세 이상		성인범, 일반 형사절차

● 소년형사사건 절차

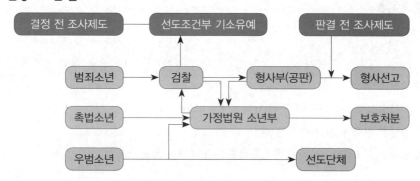

≫ 해설
• 선도조건부 기소유예: 검사가 사건의 죄질 및 범법 의도를 살펴 재범 가능성이 희박하다고 여겨지는 19세 미만의 청소년 범죄자에 대해 범죄예방위원의 선도를 조건으로 기소를 유예하는 제도
• 결정 전 조사제도: 검사는 소년 피의사건에 대하여 소년부 송치, 공소제기, 기소유예 등의 처분을 결정하기 위하여 필요하다고 인정되면 피의자의 주거지 또는 검찰청 소재지를 담당하는 보호관찰소의 장, 소년 분류 심사위원장 또는 소년원장 등에게 피의

자의 품행, 경력, 생활환경이나 그 밖에 필요한 사항을 조사하는 제도
- 판결 전 조사제도: 형사법원은 범죄 소년에 대하여 보호처분이나 벌금 이하의 형을 선고하기 위해 필요하다고 인정하는 때(임의적 절차)에는 범행동기, 직업, 생활환경, 교우관계 등 피고인에 관하여 필요한 사항의 조사를 요구할 수 있는 제도
- 보호처분의 종류: 보호자 또는 적당한 자에게 감호 위탁, 수강 명령, 사회봉사 명령, 1년 또는 2년간 보호 관찰관의 보호 관찰, 감화원 · 병원 · 요양소에 위탁, 1개월 · 6개월 · 2년 이내의 소년원 송치가 있으며 소년에 대한 보호처분은 그 소년의 장래 신상에 어떠한 영향도 미치지 않음(전과도 물론 남지 않음)

Ⅱ. 학교생활과 법

1. 학생의 권리와 의무

학생의 인권은 일반적인 인권과 구분되어 특별히 보장된다.

(1) 권   리

학습권은 교육을 제대로 받을 수 있도록 국가의 적극적인 배려를 요구할 수 있는 권리이며, 기타 자치활동권, 학교시설 이용권, 학교생활 기록 등의 정보를 보호받을 권리 등이 있다.

(2) 의   무

학습자로서의 윤리의식을 확립할 의무, 학교규칙 준수의무, 교원의 교육 · 연구 활동 방해 금지 등의 의무를 지닌다. 이러한 의무를 위반시에는 교칙에 따라 징계를 받을 수도 있다.

> **참고**   **학습권과 수업권**
>
> 학교교육에서 학생의 배울 권리인 학습권이 교원의 가르치는 권리인 수업권보다 우선한다는 것이 판례의 입장. 학습권이 제대로 행사 · 보장되기 위해서 수업권은 제약 가능

2. 학생의 징계

(1) 징계대상

품행 불량자, 결석이 잦은 자, 학칙을 위반한 자 등은 징계대상이 된다.

(2) 징계의 종류

징계에는 학교 내의 봉사, 사회봉사, 특별교육 이수, 등교정지, 의무교육과정에 있는 학생을 제외한 퇴학처분 등이 있다.

(3) 징계사유의 발생

학교는 징계대상 학생 또는 대상학생의 학부모에게 의견진술의 기회를 부여하여야 한다.

(4) 징계원칙

학생의 인격이 존중되는 교육적 방법으로 사유의 경중에 따라 단계적으로 적용하는 것이 원칙이다.

🔍 보충

● 학생 인권조례의 내용

1. 두발, 복장 등 용모에 있어 자신의 개성을 실현할 권리 보장
2. 체벌 등 모든 물리적 · 언어적 폭력 금지
3. 임신, 출산, 성적 지향 등으로 인한 차별 금지
4. 교내외 집회 개최 보장
5. 특정 종교과목 수강 강요 금지

3. 학교폭력과 법

(1) 학교폭력의 의미

학교 내외에서 학생 간에 상해, 폭행, 감금, 협박, 납치, 명예훼손, 모욕, 강요 및 성폭력, 따돌림, 음란·폭력 정보 등에 의하여 신체·정신 또는 재산상의 피해를 주는 행위를 말한다.

(2) 처 벌

학교교칙에 따른 징계(10일 이내의 등교정지, 퇴학처분), 폭행죄·상해죄 등으로 처벌될 수 있고, 가해 학생이 만 14세 미만이면 형사처벌을 받지는 않으나 「소년법」에 따른 보호처분 등을 받을 수 있고, 만 14세 이상이면 형사처벌이 부과될 수 있다.

참고 가해 학생에 대한 처벌

	형사처벌	학교교칙에 의한 징계	
만 10세 이상 14세 미만	형사처벌 불가, 소년법에 따른 보호처분 등 가능	초등·중학생	퇴학처분 불가
만 14세 이상	형사처벌 가능	고등학생	퇴학처분 가능

| 관련조항 |

헌법 제31조(교육을 받을 권리) ① 모든 국민은 능력에 따라 균등하게 교육을 받을 권리를 가진다.

② 모든 국민은 그 보호하는 자녀에게 적어도 초등교육과 법률이 정하는 교육을 받게 할 의무를 진다.

③ 의무교육은 무상으로 한다.

④ 교육의 자주성, 전문성, 정치적 중립성 및 대학의 자율성은 법률이 정하는 바에 의하여 보장된다.

⑤ 국가는 평생교육을 진흥하여야 한다.

⑥ 학교교육 및 평생교육을 포함한 교육제도와 그 운영, 교육재정 및 교원의 지위에 관한 기본적인 사항은 법률로 정한다.

≫ 제4장
소비자와 근로자의 권리와 법

I. 소비자의 권리와 법

1. 소비자의 권리와 책무

(1) 소비자의 지위 변화

과거 소비자는 보호의 객체로서 수동적이고 소극적으로 피해에 대응하였고 소비자권리 보장에는 한계가 있었다. 그러나 최근 들어 급격한 기술발전과 경제상황 변화로 다양한 종류의 피해가 발생하게 되었고, 따라서 소비자의 합리적 소비와 함께 권익향상을 위한 적극적인 노력이 필요하게 되었다.

(2) 소비자보호

상거래에서 기업이나 기관에 대해 상대적으로 약자의 처지에 놓여 있는 소비자들의 권리를 보호하고자 함에 목적이 있다.

(3) 소비자의 8대 권리

소비자의 권리로 안전할 권리, 알권리, 선택할 권리, 의견을 반영할 권리, 피해를 보상받을 권리, 교육을 받을 권리, 단체를 조직하고 활동할 권리, 안전하고 쾌적한 환경에서 소비할 권리가 있다.

(4) 소비자의 책무

자유시장의 주체로서 소비자의 기본적 권리를 정당하게 행사하고, 주체적 · 합리적 · 환경친화적인 소비생활을 영위하여야 한다.

1. 「소비자기본법」
2. 전자상거래 등에서의 소비자 보호
3. 「제조물책임법」
4. 「독점규제 및 공정거래에 관한 법률」
5. 「방문판매 등에 관한 법률」
6. 「할부거래에 관한 법률」
7. 「약관규제에 관한 법률」

| 관련조항 |

헌법 제124조   국가는 건전한 소비행위를 계도하고 생산품의 품질향상을 촉구하기
위한 소비자보호운동을 법률이 정하는 바에 의하여 보장한다.

2. 소비자권리의 보호제도

(1) 온라인 거래와 소비자권리

온라인 거래가 활발해짐에 따라 「전자상거래 등에서의 소비자보호에 관한 법률」을 제정하여 소비자의 권리를 보호하고 있다. 또한 공정거래위원회에서 전자상거래를 규제하며, 계약내용에 관한 서면을 교부받은 날부터 7일 이내 계약에 관한 청약철회를 할 수 있고, 재화 등이 늦게 공급된 경우에는 공급이 개시된 날부터 7일 이내에 철회할 수 있다.

(2) 제조물 책임

제조물의 결함으로 소비자 등에게 손해가 발생한 경우, 제조자나 그 유통 관여자 등이 손해배상의 책임을 진다. 제조물이 손해를 유발하였다는 사실과 그 제조물에 결함이 존재한다는 사실만 입증하면 제조물 책임이 인정되며, 결함과 손해 사이의 인과관계는 추정되고, 제조자측에서 인과관계 없음을 증명해야 한다.

(3) 리콜제도

소비자의 생명·신체 또는 재산에 피해를 줄 우려가 있는 결함 상품에 대해 사업자가 상품의 결함을 소비자에게 통지하고 관련 상품을 수리, 교환하는 등의 조치를 취하는 제도이다.

(4) 집단분쟁조정제도

여러 소비자가 유사한 피해를 받은 경우 소비자분쟁조정위원회에서 일괄적으로 분쟁조정을 하는 제도를 집단분쟁조정이라 한다. 일단 분쟁조정이 있은 뒤에는 분쟁조정에 참여하지 않은 소비자도 보상받을 수 있다.

(5) 집단소송제도

동일한 피해를 입은 다수의 소비자를 대표해 일부가 소송을 제기하여도 다른 피해 소비자에게도 효력이 미치는 형태의 소송제도를 말하는데, 개별적으로 소송을 제기할 경우 발생하는 사회적 비용의 낭비를 감소시킬 수 있다는 이점이 있다. 그러나 우리나라는 집단소송제도를 채택하고 있지 않아 극히 예외적인 경우에만 제한적으로 허용된다.

📑 **참고** **청약철회 가능 기간**

1. 방문판매, 다단계판매
14일 이내
2. 할부거래, 전자상거래
7일 이내
3. 다른 물건이 온 경우
물건을 받은 날로부터 3개월 이내, 물건이 다르다는 것을 알거나 알 수 있었던 날로부터 30일 이내

| 관련조항 |
전자상거래 등에서의 소비자보호에 관한 법률 제1조   이 법은 전자상거래 및 통신판

매 등에 의한 재화 또는 용역의 공정한 거래에 관한 사항을 규정함으로써 소비자의 권익을 보호하고 시장의 신뢰도를 높여 국민경제의 건전한 발전에 이바지함을 목적으로 한다.

제조물책임법 제1조 이 법은 제조물의 결함으로 발생한 손해에 대한 제조업자 등의 손해배상책임을 규정함으로써 피해자 보호를 도모하고 국민생활의 안전 향상과 국민경제의 건전한 발전에 이바지함을 목적으로 한다.

소비자기본법 제68조 ① 국가 · 지방자치단체 · 한국소비자원 또는 소비자단체 · 사업자는 소비자의 피해가 다수의 소비자에게 같거나 비슷한 유형으로 발생하는 경우로서 대통령령이 정하는 사건에 대하여는 조정위원회에 일괄적인 분쟁조정을 의뢰 또는 신청할 수 있다.
③ 조정위원회는 사업자가 조정위원회의 집단분쟁조정의 내용을 수락한 경우에는 집단분쟁조정의 당사자가 아닌 자로서 피해를 입은 소비자에 대한 보상계획서를 작성하여 조정위원회에 제출하도록 권고할 수 있다.

💡 보충

● **자발적 리콜제도의 보완**

1. 리콜제도는 사업자에게 상당한 부담을 주어 자발적 리콜이 제대로 이루어지지 않기 때문에 이를 보완하기 위하여 리콜권고와 리콜명령제도가 시행됨
2. 리콜권고
간이절차에 따라 중앙행정기관의 장이 사업자의 자발적 리콜 유도
3. 리콜명령
위해성이 있다고 판단되는 경우 중앙행정기관의 장이 공식적 절차를 거쳐 해당 기업에 리콜을 하도록 명령하는 제도

3. 소비자피해의 구제절차

소비자피해가 발생하면, 피해자는 사업자에게 보상을 요구하고, 관련 기관에 피해구제를 청구하거나 한국소비자원에 피해구제청구 또는 의뢰를 하면, 소비자분쟁조정위원회가 조정절차에 들어가고 이에 불복시 민사소송을 제기할 수 있다.

참고 「소비자기본법」상 소비자분쟁조정위원회에 의한 피해구제 절차

제55조	소비자가 피해의 구제를 한국소비자원에 신청

↓

제57조	소비자원장의 피해보상에 관한 합의 권고

↓

제58조 제66조	신청받은 날부터 30일 이내 미합의시 소비자분쟁조정위원회에 분쟁조정 신청 신청을 받은 날부터 30일 이내 조정 종료 후 통지

↓

제67조	당사자는 통지받은 날부터 15일 이내 조정내용 수락 여부 결정 (15일 이내 의사표시 없는 경우 수락으로 간주) 성립된 조정결정 내용은 재판상 화해와 동일한 효력 발생

| 관련조항 |

소비자기본법 제67조 ④ 당사자가 분쟁조정의 내용을 수락하거나 수락한 것으로 보는 때에는 그 분쟁조정의 내용은 재판상 화해와 동일한 효력을 갖는다.

보충

● 소비자보호를 위한 단체

1. 공정거래위원회

독점 및 불공정 거래에 관한 사안을 심의 · 의결하기 위해 설립된 기관으로, 경제정책을 수립 · 운영하며 공정거래 관련 사건을 심의 · 의결 · 처리

2. 한국소비자원

소비자권의 증진시책의 효과적인 추진을 위하여 법인으로 설치하여 소비자 상담 및 분쟁조정, 소비자 관련 정책연구 및 건의, 소비자 교육 등 담당

(1) 소비자안전센터 설치: 소비자안전시책을 지원하기 위해 한국소비자원에 설치

(2) 소비자분쟁조정위원회: 소비자와 사업자 사이에 발생한 분쟁을 조정하기 위하여 한국소비자원에 설치

3. 소비자상담기구

사업자 및 사업자단체는 소비자로부터 제기되는 불만 등을 반영하고, 소비자의 피해를 신속히 처리하기 위해 설치·운영에 적극 노력

II. 근로자의 권리와 법

1. 근로의 권리

(1) 의   미

근로자가 자신의 의사능력에 따라 직장을 선택하여 근로관계를 형성하고 국가에 대하여 근로의 기회를 요구할 수 있는 권리이다.

(2) 법적 성격

자유권적 성격과 사회권적 성격을 동시에 지니며, 구체적 권리가 아닌 국가에게 노동정책의 방향을 제시하는 권리로 공공복리에 의해 제한될 수 있다.

(3) 내   용

근로의 권리의 내용으로는 근로의 기회제공청구권, 국가의 고용증진의무, 해고의 제한과 임금보장, 근로조건기준의 법정주의 등을 내용으로 한다. 근로기회제공청구권은 취업의 기회를 얻지 못한 자가 국가에 대하여 근로의 기회를 제공하도록 요구할 수 있는 권리이며, 국가의 고용증진의 의무는 「고용정책기본법」, 「직업안정법」 등에서 정하고 있고, 긴박한 경영상의 필요가 있어야만 해고가 가능하다는

해고의 제한, 최저임금제를 시행하여 임금을 보장하고 근로조건기준을 법으로 정하기 때문에 「근로기준법」 규정에 어긋나는 노사합의는 무효가 된다.

| 관련조항 |

헌법 제32조   ① 모든 국민은 근로의 권리를 가진다. 국가는 사회적 · 경제적 방법으로 근로자의 고용의 증진과 적정임금의 보장에 노력하여야 하며, 법률이 정하는 바에 의하여 최저임금제를 시행하여야 한다.
② 모든 국민은 근로의 의무를 진다. 국가는 근로의 의무의 내용과 조건을 민주주의 원칙에 따라 법률로 정한다.
③ 근로조건의 기준은 인간의 존엄성을 보장하도록 법률로 정한다.
근로기준법 제1조   이 법은 헌법에 따라 근로조건의 기준을 정함으로써 근로자의 기본적 생활을 보장, 향상시키며 균형 있는 국민경제의 발전을 꾀하는 것을 목적으로 한다.
근로기준법 제3조   이 법에서 정하는 근로조건은 최저기준이므로 근로관계 당사자는 이 기준을 이유로 근로조건을 낮출 수 없다.

참고   **경영상 이유에 의한 해고 제한**

1. 긴급 · 급박한 경영상의 필요
2. 해고의 회피를 위한 노력의 경주
3. 합리적인 정리해고의 기준 설정. 남녀의 성을 이유로 차별 금지
4. 노동조합에게 50일 전 통보와 성실한 협의

2. 근로 3권

(1) 의   미

생산수단을 갖지 못한 근로자들이 근로조건의 향상과 인간다운 생활을 확보하기 위한 단결권, 단체교섭권, 단체행동권 등을 총칭하는 것이다.

(2) 주   체

개인택시업자, 소상인 등과 같이 노동력을 제공하는 사람과 그 대가를 지급하는
사람이 동일인인 경우는 보장되지 않으며, 현실적 또는 적어도 잠재적으로 노동력
을 제공하는 사람이 주체가 된다. 잠재적으로 노동력을 제공하는 사람도 포함되기
때문에 실업 중인 자도 향유할 수 있다.

(3) 단결권

근로조건의 향상을 위하여 자주적으로 단체를 조직할 수 있는 권리를 단결권이
라 한다.

(4) 단체교섭권

근로자들이 노동단체를 통해 근로조건의 향상을 위하여 사용자와 교섭할 수 있
는 권리로 사용자는 정당한 사유 없이 거부할 수 없다. 근로조건과 무관한 경영권,
인사권 등은 교섭대상에서 제외되고, 교섭권 안에는 단체협약체결권이 포함되는
것으로 본다.

(5) 단체행동권

근로자가 근로조건에 관한 자기측의 주장을 관철하기 위하여 집단적 행동을 통
해 업무의 정상적인 운영을 저해할 수 있는 권리를 단체행동권이라 하고(허영), 파
업, 태업, 피케팅, 불매운동 등을 할 수 있다. 또 순수한 정치파업은 할 수 없으나,
노동관계법령의 개폐와 같은 근로자의 지위 등에 영향을 주는 산업적 정치파업은
가능(허영, 다수설)하다는 것이 다수설이며, 단체행동은 단체교섭이 결렬된 이후에
행사해야 한다. 또한 정당한 쟁의행위에 대해서는 민·형사상 책임이 면제된다.

| 관련조항 |

헌법 제33조   ① 근로자는 근로조건의 향상을 위하여 자주적인 단결권·단체교섭권
및 단체행동권을 가진다.
② 공무원인 근로자는 법률이 정하는 자에 한하여 단결권·단체교섭권 및 단체행동
권을 가진다.

③ 법률이 정하는 주요방위산업체에 종사하는 근로자의 단체행동권은 법률이 정하는 바에 의하여 이를 제한하거나 인정하지 아니할 수 있다.

참고 **근로자의 단체강제조항**

1. 클로즈 숍(closed shop)

노조 간에 협정이 있으면, 고용자는 조합에 가입한 사람 이외는 고용할 수 없고, 조합을 탈퇴하거나 제명된 사람은 해고해야 함

2. 유니온 숍(union shop)

일단 고용된 근로자는 일정한 기간 내에 노조에 가입해야 한다는 조항

3. 황견계약(yellow-dog contract)

사용자가 근로자에게 노동조합을 가입하지 않을 것, 또는 노동조합에서 탈퇴할 것을 고용조건으로 약정하여 개별적으로 맺는 근로계약. 황견계약은 노동 3권 침해행위로 부당노동행위임

3. 근로자권리의 보호절차

(1) 부당해고

노동위원회에 구제를 신청하거나, 법원에 해고무효확인소송을 제기하는 방법이 있다.

(2) 부당노동행위

부당노동행위의 경우 노동위원회에 사건을 진정하거나, 소송제기, 근로자 개인 및 노동조합 차원의 구제를 요구할 수 있다.

(3) 임금체불

임금체불의 경우에는 노동부에 진정하거나, 민사소송을 통한 해결, 혹은 사용자를 형사처벌할 수도 있다.

(4) 직장 내 성희롱

직장 내 고충처리기관에 시정조치를 요구하거나, 지방노동행정기관 내의 고용평등위원회에 조정을 신청할 수 있고, 국가인권위원회에 진정서를 제출할 수 있다.

참고 부당노동행위에 대한 구제절차

부당노동행위 발생

3개월 이내
구제신청서 제출

지방노동위원회

10일 이내
재심 신청

중앙노동위원회

15일 이내
행정소송 제기

행정법원

고등 법원 / 대법원

보충

● 근로자의 주요 권리

1. 해고의 요건

(1) 정당한 사유 필요, 합리적 · 공정한 기준으로 해고 대상자 결정

(2) 30일 전 해고계획 예고, 해고사유와 시기는 반드시 서면으로 통보

(3) 부당해고의 경우 노동위원회와 법원을 통해 구제 가능

2. 임   금

근로자에게 직접 전액을 매월 1회 이상 일정한 날짜에 지급

3. 근로시간

(1) 정규근로: 1주 40시간, 1일 8시간 이내(1주 12시간 이내 연장 가능)

(2) 휴식시간: 근로 시간 4시간에 30분, 8시간에 1시간

(3) 휴일: 1주간 개근한 경우 1주 1회 이상의 유급휴일 제공, 하루라도 결근한 경우 무급 휴일 청구권 인정, 근로계약시 연차 유급 휴가 등 합의

제6편 ≪

국제정치와 법

제1장
국제사회의 이해

Ⅰ. 국제사회의 의의

1. 국제사회의 의의

(1) 의   미

여러 나라가 교류하고 의존하면서 국제적 공동생활을 영위하는 사회를 의미한다.

(2) 특   징

평등한 주권을 가진 개별 국가를 기본단위로 하여 구성되며, 자국의 이익을 최우선으로 하므로 이해관계 충돌로 분쟁발생 가능성이 높다. 또한 강제력을 가진 중앙정부가 없기 때문에, 분쟁해결이 곤란하고, 특정 국가의 불법행위에 대한 제재 또한 곤란하다. 규범과 힘의 논리가 공존하므로 세계 각국은 국제법, 세계 여론, 도덕적 규범 등을 존중하며, 다양한 국제기구들이 국제질서를 유지하고 있다. 그러나 현실적으로는 국력의 차이로 인한 힘의 논리가 적용되기도 한다.

(3) 국내사회와의 차이점

구분	국내사회	국제사회
행위자	개인, 집단, 정부	주권국가, 국제사회
권력관계	수직적 권력관계(중앙정부의 존재)	수평적 권력관계(중앙정부의 부재)
갈등해소	국내법, 정부의 권력행사	국제법, 전쟁, 외교

2. 국제사회를 바라보는 관점

(1) 이상주의(자유주의적) 관점

① **발생**　어떤 상황하에서 전쟁을 피하고 평화가 유지될 수 있는지에 대한 연구에서 시작되었다.

② **특징**　계몽적 낙관주의와 도덕주의적인 특징을 지닌다.

③ **전제**　인간의 본성을 본질적으로 선(善)하고, 이타적이며, 협력이 가능한 것을 전제로 한다. 따라서 전쟁은 예방 가능한 것으로 본다. 예방을 위해서 제도적 장치를 마련하고, 국가적인 노력보다 집단적 · 다면적 노력이 중요하며, 제도 자체가 재조직되어야 한다고 본다.

④ **내용**　국제법과 국제기구의 연구가 중심이며, 체제유지의 규범적 측면에 초점을 맞춰 국제기구설립을 통해 국제평화유지 및 국제사회의 공동문제를 해결하고, 국제관계를 규율하는 법이나 도덕 등 국제규범을 확립할 수 있는 것으로 보는 관점이다. 또한 국제관계의 평화적 해결이 가능하다고 보며, 따라서 국제정치에도 '보이지 않는 손'에 의해 자연스런 조화와 균형이 가능하다고 본다. 국가는 이성을 지닌 인간의 집합체이므로 이성적일 것이라는 믿음과 집단안보를 통해 사전적인 예방이 가능하다고 본다.

⑤ **한계**　모든 국가가 자국의 이익을 최우선시한다는 점을 간과하며, 국제관계에서 힘의 논리가 작용하는 현상을 설명하는 것이 곤란하다는 한계가 있다.

(2) 현실주의 관점

① **발생**　전쟁을 필연적으로 인식하고, 세계정치체제의 준무정부적(準無政府的) 본질과 국가안보에 대한 관심에서 시작되었다.

② **특징**　국제사회는 힘의 논리가 지배하고 있다고 보는 것이 특징이다.

③ **전제**　인간의 본성을 본질적으로 사악하고, 권력에의 욕구가 강한 권력지향형으로 보는 홉스의 인간관과 같은 관점으로, 이 관점에 의하면 전쟁이 필연적으로 발생하게 된다. 따라서 국제관계는 잠재적인 전쟁상태로 자기보호는 군사적인 능력의 획득에 의해 가능해진다.

④ 내용   국가중심적인 연구에 초점을 맞춰 국가는 최소한의 목표를 생존에
두는 단일한 행위자이며, 국제관계에서의 평화는 상대적 안정 속에서의 평화일 뿐
이고, 자국의 이익실현을 위해 힘의 우위를 확보할 필요가 생긴다. 따라서 패권적
권력의 확장이 필요해지고, 군비나 경제적 부의 축적을 통한 자신의 안보를 보장
하여야 한다. 국가와의 동맹(세력균형을 위한 동맹 형성)을 통해 국가의 약점을 보강
하여야 한다고 본다.

⑤ 한계   국가 간 협력 가능성과 상호 의존적 관계가 성립할 가능성을 간과하
는 점과 복잡한 국제관계를 정치적 권력관계로만 한정하는 한계가 있다.

🔅 보충

● 집단안보전략

국가의 안보는 모든 회원국의 관심사라 여기고 공격에 대해 집단 차원으로 대응하는 전
략. 전 세계적인 국제기구를 만들어 침략전쟁 방지
1. 미국 클린턴 정부는 유엔을 비롯한 국제기구에 대한 신뢰를 바탕으로 다국주의적 협
   력 주도
2. 우리나라의 6자회담(남, 북, 미, 중, 일, 러)을 통한 남북문제 해결은 신뢰를 바탕으로
   한 긴장완화 정책에 해당함(대 미국, 중국 균형 외교)

● 세력균형전략

일국의 세력을 상대국의 세력과 대등하게 하기 위하여 군사력을 증진시키거나 다른 국
가와 동맹을 맺는 전략
1. 미국 부시 정부는 국제문제에 대한 선택적 개입과 동맹 우선주의 등 외교원칙을 내세
   우다 9 · 11테러 이후 공세적 현실주의 외교로 전환
2. 미국과의 동맹을 강화하여 북한의 위협으로부터 벗어나려는 정책이 이해 해당함(대
   미국 편중외교)

Ⅱ. 국제사회의 형성과 변천

1. 국제사회의 형성과 발전

(1) 중　　세

중세에는 주권국가가 형성되지 않았으며, 교황의 권위가 강했던 시기이다.

(2) 근　　세

베스트팔렌 조약(1648년)이후 유럽 사회에 새로운 국제질서체제가 형성되었고, 종교전쟁을 종식시킨 유럽 역사상 최초의 다자간 조약이다. 제후의 영토에 대한 주권과 외교권(조약체결권 포함)을 확보하여 상당수 국가들에게 주권적 평등을 인정한 최초의 사례이다. 신항로가 개척되고, 신대륙 발견으로 영토와 경계선 구분의 중요성이 인식되었고, 1815년 빈 회의에서 프랑스혁명 이전의 군주지배의 정당화를 위해 자유주의와 민족주의를 억압하는 보수적·복고적 체제로 회귀하고 산업혁명의 시작과 함께 제국주의가 등장하게 되었다(19~20C 초).

(3) 현　　대

제1차 세계대전(1914년)은 산업화에 성공한 유럽 여러 국가들의 식민지 확보 경쟁과 제국주의의 확산으로 인해 발발하였고, 제1차 세계대전이 종식된 이후 베르사유 조약이 체결(1919년 파리강화회의)되어 국제연맹이 창설되었다. 국제연맹은 강대국은 불참하였고, 각국에 대한 규제제도 또한 미약하였다. 제2차 세계대전(1939년)으로 얄타회담 체결(1945년)로 국제연합(UN)이 창설되었다. 국제연합은 강대국·신생 독립국이 참여하고 있으며, 군사기구도 설치되었다. 그러나 이후 냉전체제가 성립되어 소련 중심의 공산주의와 미국 중심의 자본주의 진영의 동서이념 분쟁이 심화되었다.

● 베스트팔렌 조약

1. 가톨릭과 개신교의 대립으로 일어난 독일의 30년 전쟁을 종식시킨 대규모 국제회의
2. 스위스와 네덜란드의 독립 승인
3. 칼뱅파가 신앙의 자유 획득
4. 독일의 여러 연방국가들이 독립
5. 로마 교황과 신성 로마제국 황제의 권위는 추락하는 대신 주권을 가진 국가들의 국제 사회에서의 지위가 높아짐

2. 냉전체제의 형성과 붕괴

(1) 냉전체제 형성

① **자본주의**   자본주의 진영에서는 유럽의 여러 국가와 미국, 캐나다에 의해 설립된 집단안전보장기구(군사기구)인 북대서양조약기구(NATO, 1949년), 트루먼 독트린(1947년), 미국의 유럽경제 지원인 마샬플랜 등으로 냉전체제가 본격화되었다.

② **공산주의(동유럽 및 중국의 공산화)**   소련이 동유럽 국가들과 함께 만든 군사동맹 기구로 바르샤바조약기구(1955년)가 결성되었고(이후 1991년 소련 붕괴 후 해체되었다), 또한 공산주의 국가 간의 코메콘(경제원조기구), 코민포름(공산당 정보국) 등이 결성되었다.

③ **베를린 봉쇄 사건(1948년)**   소련이 서베를린 교역로 차단 후에 서방 국가들이 수입을 금지하는 등 보복조치가 이어졌다.

④ **쿠바 사태(1962년)**   소련의 쿠바 미사일 기지 건설 추진에 핵전쟁 발발 위기가 촉발되자 소련과 미국의 합의로 해결된 사건이다.

(2) 냉전체제 약화

① 중국의 위상이 강화되고, 일본이 경제적으로 성장하였으며, 제3세계가 성장하여 다극체제가 형성되었다.

② 닉슨 독트린(괌 선언, 1969년)　월남(베트남)전 패배 후 아시아에 대한 미국의 군사적 개입을 포기한 선언으로 닉슨 독트린 이후 국제사회는 경제적 실리를 추구하는 쪽으로 변화하였다.

(3) 냉전체제 붕괴

① 몰타선언(1989년)　미국의 부시 대통령과 소련의 고르바초프의 냉전 종식을 공식적으로 선언한 것으로 미소 군비가 축소되고, 경제협력과 동유럽 변혁, 지역분쟁 해소에 기여하였다.

② 공산권의 붕괴　고르바초프의 집권(1985년)으로 소련의 개혁 · 개방정책이 시행되었고, 1989년 이후 유럽 동구권의 공산당 중심의 권력체제가 개편되었다. 또 독일이 통일(1990년)되고, 소비에트 연방이 해체(1991년)되어 독립국가연합(CIS)의 결성을 선언하였다.

(4) 다극화 시대

몰타선언 이후로 탈냉전 시대에 접어들면서 공산주의 진영의 붕괴와 함께 자본주의가 확산되고, 이념 · 군사적 대립보다 자국의 이익과 국제평화를 중시하는 경향이 대두되었으며, 세계화 현상의 촉진으로 국가 간 교역증대와 상호 의존성이 증대되고 있다. 또한 단 · 다극화 시대가 도래하여 미국이 초강대국화되었고, 국제사회에서 군사적 · 경제적인 영향력이 증대되었다. 국제기구, 비정부기구 등의 국가 이외의 국제행위 주체의 역할도 증대되고 있으며, 동시에 민족 · 종교적 분쟁으로 세계적으로 국지적인 분쟁이 증가하고 있고, 국가 간 빈부 차로 인한 남북문제, 근본주의 확산 등의 추세가 나타나고 있다.

🗐 참고

● 국제체제의 유형

1. 양극체제

두 개의 강대국을 중심으로 국제사회가 양분되어 대립되는 체제(제2차 세계대전 이후 미국과 소련 중심의 냉전체제)

2. 다극체제

여러 강대국들이 자국의 이익실현을 위해 독자적 세력을 형성하며 경쟁(중국, 독일, 일본, 제3세계 등의 성장한 냉전 완화 체제)

3. 단극적 다극체제

하나의 초강대국과 여러 강대국이 국제정치 주도(냉전 붕괴 후 미국, 유럽연합, 중국 등이 주도하는 체제)

● **혼동하기 쉬운 국제선언**

1. 윌슨 민족자결주의(1918년)

민족의 정치적 운명은 외부의 간섭 없이 스스로 결정한다.

2. 트루먼 독트린(1947년)

유럽의 경제 지원

3. 닉슨 독트린(1969년)

미국의 군사적 개입 포기 선언

4. 몰타선언(1989년)

냉전 종식 공식 선언

🔲 **보충**

● **현대의 국제관계의 특징**

1. 경제적 실리 추구

이념보다 경제적 실리 추구

2. 국가 간 의존성 강화

(1) 무역량의 증가와 다국적 기업의 확대

(2) 단일화된 규범을 통한 무한경쟁의 확대(WTO체제 성립)

3. 지역주의화 경향

(1) 무한경쟁 속에서 인접한 국가들의 공동 대응

(2) 경제통합에서 정치통합으로의 확대

(3) EU(ECSC → EEC → EC → EU)

(4) NAFTA(북미자유무역협정): 미국, 캐나다, 멕시코

(5) ASEAN(동남아국가연합), APEC 등

4. 국지전 빈번

종교적 · 민주적 · 인종적 이유로 내전을 비롯한 국지전 증가

5. 인류공동의 문제

인권, 테러, 환경, 기아 문제 등의 증가

6 미국의 초강대국화

압도적 군사력을 바탕으로 미국의 주도권 장악

● 유럽연합의 형성

1. ECSC(유럽석탄철강공동체)

1951년 석탄과 철강 자원의 공동관리에 대한 조약 비준

2. EC(유럽경제공동체)

1957년 로마조약을 통해 결성

3. EU(유럽연합)

1990년 명칭 변경, 27개 국가의 연합, 화폐 · 문화 · 정치 등

4. 통합 후 변화

관세철폐, 안보비용 절감, 문화교류 확대, 동유럽의 가입으로 노동력 증가, 동맹체제 강화로 미국에 대응

● 바르샤바조약기구

제2차 세계대전 후 심각한 동서대립 속에서 서독의 재무장과 NATO(North Atlantic Treaty Organization: 북대서양조약기구)에 대항하기 위해 소련을 비롯한 동구권 8개국의 총리가 1955년 5월 11~14일 폴란드 바르샤바에 모여 체결한 군사동맹조약기구이다. 조약 체결국은 소련 · 폴란드 · 동독 · 헝가리 · 루마니아 · 불가리아 · 알바니아 · 체코슬로바키아의 8개국이었으나, 알바니아는 소련과 의견을 달리하여 1968년 9월에 탈퇴하였다.

● 코메콘(COMECON : Council for Mutual Economic Assistance)

공산권 경제상호원조회의. 미국의 마샬플랜에 대항하여 1949년 1월 결성된 공산 각국 간의 경제협력기구. 이 기구의 목적은 가맹국의 정책조정과 노력에 의해 각국 국민경제의 계획적 발전 · 공업화의 추진 · 국민복지의 증대 등을 꾀하는 데 있다. 최고기관은 수상급의 연 1회 이상의 총회이며 그 아래 집행위원회와 석유 · 무역 · 기계 등 코메콘 은행, 코메콘

투자은행이 설립되었다. 1984년 각국 최고 지도자가 모인 코메콘 서미트가 15년 만에 열렸으나 소련과 동유럽 간의 보조가 흐트러지고 있다. 본부는 모스크바이며 가맹국은 소련, 폴란드, 체코슬로바키아, 헝가리, 불가리아, 루마니아, 동독, 몽고, 쿠바, 베트남 등 10개국이었으나 알바니아가 1961년 사실상 탈퇴했고 북한, 앙골라 등의 옵저버를 파견하고 있다.

● 마샬플랜

마샬플랜은 제2차 세계대전이 끝난 후인 1947년, 황폐화된 유럽의 재건과 부흥을 위해 당시 국무장관이던 조지 마샬이 발표한 총 1백 30억 달러 규모의 특별 원조계획으로 정식명칭은 '유럽부흥계획'이다.

● 몰타회담

몰타 미·소 정상회담은 미국의 조지 H. W. 부시 대통령과 소련 공산당 서기장 고르바초프가 1989년 12월 2일과 3일, 이틀 동안 지중해 몰타에서 가진 정상회담으로 "동서가 냉전체제에서 새로운 협력시대로 접어들고 있다"고 선언하였다. 또한 핵무기 감축 등 군축협정 체결을 위한 논의에 진전을 보았으며, 지역분쟁 해결원칙에 합의했음을 밝혔다. 또한 미국은 소련의 경제개혁정책에 광범위한 지원조치를 취할 것을 약속하였다.

3. 국제질서의 전망

세계화와 지역화의 심화, 다국적 기업의 확산, 시민단체의 연대 강화로 국가 간 의존이 심화되고 있으며, 민족, 인종의 독립 확대, 정보화로 인해 국제사회의 다원화, 지역단위 국가연합체 및 국제기구의 역할이 증대됨에 따라 국제기구의 위상이 증대되는 추세이다.

📋 참고   세계화의 영향

1. 긍정적 영향
비교우위에 의한 특화 생산으로 경제 효율성 증대, 수출기업의 시장확대, 소비자의 선택권 보장, 다양한 문화의 향유, 정보의 자유로운 유통

2. 부정적 영향

경제적 약자에 대한 보호 약화, 국가 간 빈부차 심화(남북 문제), 강대국 문화의 영향력 강화, 개발 중시로 환경 파괴 확산

Ⅲ. 국제사회의 문제

1. 국제문제의 유형

(1) 환경문제

① 현상　지구온난화, 오존층 파괴, 수질오염, 열대림 파괴 등의 환경문제가 나타나고 있다.

② 대책　브룬틀란위원회(1987년)에서는 지속 가능한 개발을 채택(ESSD: Environmentally Sound and Sustained Development)하였고, 국제연합환경개발회의(1992년)는 의제 21, 생물다양성협약 등을 체결하였다. 1997년 교토의정서에서는 온실가스 배출량 감축 약속을 체결하였으나, 최대 배출국인 미국의 비준 거부로 코펜하겐(2009년)의 15차 회의는 결렬되었다. 그린피스, 유엔환경계획(UNEP) 등의 국제기구의 노력도 있다.

(2) 인권문제

① 현상　여성 · 아동학대 문제가 있다.

② 대책　세계인권선언(1948년)은 시민적 · 정치적 권리(1세대 권리)에서 경제적 · 사회적 · 문화적 권리(2세대 권리)로 환경권, 평화권 등의 국제적 연대권인 3세대 권리로 발전하였다. 또한 고문금지협약(1987년), 국제사면위원회(Amnesty), 국제연합인권이사회 등의 국제기구 등으로 대책이 마련되고 있다.

(3) 남북문제

① 현상　국가 간 빈부 차, 식량부족, 기아문제가 발생하고 있다.

② **대책** 본부가 스위스 제네바에 위치하고 있는 UNCTAD(국제연합무역개발협의회)는 GATT(관세 및 무역에 관한 일반협정)가 공정한 무역질서보다 선진국들의 이익을 추구한다는 반론에 개도국을 위해 국제연합총회에 상설기구로 설치되었으며, 개도국이 선진국에 농산물, 완제품 수출시 관세를 철폐하거나 인하하는 방안으로 지구 남반구와 북반구의 경제적 빈부차이를 극복하는 대책으로 프레비시보고서가 채택되었다.

(4) 자원문제

① **현상** 자원민족주의, 국지전발생시 자원난 발생, 자원고갈 등의 현상으로 자원문제가 발생하고 있다.

② **대책** 대체자원을 개발하거나, 자원을 공동으로 개발하는 등의 대책이 필요하다.

(5) 국지전 문제

① **현상** 자민족 중심주의와 자문화 중심주의, 자원확보 때문에 국지전이 발생하고 있다. 이스라엘 분쟁, 보스니아 내전, 최근 아프리카 내전(쟈스민 혁명) 등이 대표적이다.

② **대책** 국제사회의 지속적인 관심과 UN의 중재노력이 필요하다.

💡 **보충** ◇◇

● **국제문제 해결의 한계**

1. 미국은 9·11테러 이후 국제문제를 반테러 전쟁이라는 각도에서만 바라본 나머지 국제문제의 해결에 리더십을 발휘하는 데 한계를 보임
   (1) 자국 산업계의 의견을 수용하여 교토의정서 비준 거부
   (2) WTO합의에도 불구하고 철강제품에 최고 30%에 달하는 고율의 관세를 부과하는 등 보호주의 무역 행태
2. 한국은 1996년 OECD 가입을 위해 교사·공무원의 단결권 권리를 존중하라는 요구를 받아들여 전교조의 법적 지위를 인정하였으나, 최근 박근혜 정부가 전교조의 법적 지위를 박탈하여 OECD와 ILO의 강한 비판을 받고 있음

(1) 전교조가 사학비리 내부 고발 등의 이유로 해직된 교사를 전교조 회원으로 배제하지 않았다는 이유로 전교조를 법외 단체로 지정
(2) 인권문제는 한 국가의 문제만이 아닌 전 세계가 연대해서 해결해야 하는 문제로 인식

2. 국제문제의 발생원인과 해결방안

(1) 발생원인

민족 · 인종의 차이에 따른 갈등으로 주로 발생하며 유고슬라비아 전쟁, 코소보 내전, 이란-이스라엘 내전, 카슈미르 분쟁, 르완다 분쟁 등이 있다. 또한 국가의 이익이 원인이 되어 석유 등의 지하자원을 둘러싼 갈등으로 미국의 이라크 침공 등이 있고, 식량을 무기화하는 경향으로 발생하기도 한다.

(2) 해결방안

다자 간 공조와 협력이 필요하며 국제기구의 활용과 국가 간 협력을 확대하여 해결하는 방안이 있다.

≫ 제2장
국제사회의 행위주체와 국제법

Ⅰ. 국제사회의 행위주체

1. 국 가

(1) 의 의

국제정치에서 가장 중요하고 전형적인 행위주체로 세계화의 경향에 따라 비중이 감소하는 경향이 있으나, 여전히 가장 중요한 주체이다.

(2) 경 향

형식적으로 주권평등의 원칙하에 국제정치에 참여하고, 국제연합안전보장이사회 5개 상임 이사국의 거부권과 같이 실질적으로 국력의 차이에 따라 주권행사 능력의 차이를 보이는 경향이 있다.

📋 참고 국 력

1. 의 미
국가가 국제사회에서 자국의 이익을 위해 타국의 행동에 영향을 미칠 수 있는 능력
2. 구성요소
양적 요소(지리, 인구, 천연자원, 경제력, 군사력 등), 질적 요소(정치문화, 국민성, 외교능력 등)

2. 초국가적 행위주체

(1) 의   미

국가를 구성원으로 하거나, 국가의 범위를 넘어서 국제적으로 영향력을 행사하는 행위주체를 말한다.

(2) 종   류

① **국제기구**   국제연합, 국제통화기금, 유럽연합, 세계무역기구, 세계은행과 같은 정부 간 기구(GO), 그린피스, 국경 없는 의사회, 국제 앰네스티(국제사면위원회)와 같은 비정부 간 기구(NGO)가 있다.

② **다국적 기업**   여러 나라에 진출해 있는 세계적 규모의 기업을 다국적 기업이라 한다.

③ **영향력이 큰 개인**   강대국의 전임 국가원수, 세계 종교 지도자, UN 사무총장 등은 개인으로 국제사회에 영향을 미친다.

📋 **참고**   **국제사면위원회(Amnesty)**

1. 기   원

초창기에는 희생자들의 사면, 석방을 위해 활동하는 단체였으나, 세계에서 발생하는 모든 인권침해를 다루는 시민단체로 영역 확대

2. 활   동

고문과 사형폐지 주장, 감옥의 처우개선 주장, 아동학대 실태 조사, 우리나라의 촛불집회 과정에서의 과잉진압으로 인한 인권침해를 조사하기도 함.

국제사면위원회의 활동원칙으로는 다음과 같은 것을 들 수 있다.

(1) 보편적: 국적과 종교의 차이를 초월하여 보편적으로 판단하고 활동한다.

(2) 민주적: 국제사면위원회는 어느 곳에 한정되지 않으며, 전 세계 회원들의 의사를 따른다.

(3) 국제운동: 세계 각국의 회원들의 참여를 통하여, 국제적인 활동을 전개한다.

3. 기   타

본부는 런던에 있으며, 1977년 노벨평화상 수상

● 다국적 기업의 영향

 1. 긍정 영향

 국제적 통합 촉진, 개도국의 고용 촉진

 2. 부정 영향

 국제적 빈부 차 확대, 개도국의 고유문화 소멸

3. 국가 내부적 행위주체

 (1) 의 미

 한 국가의 일부분이지만, 독자적인 영역을 가지고 다른 국가의 정부나 민간조직과 상호작용을 하는 행위주체를 의미하며, 지방자치단체, 소수민족, 각종 사회단체, 노동조합 등이 있다.

 (2) 사 례

 중국 내 티베트족, 터키 쿠르드족 등을 그 예로 들 수 있다.

Ⅱ. 국제기구

1. 국제정치체계

 (1) 의 미

 평화유지, 환경보호, 인권보호 등 일정 목표를 위해 규칙적인 유형에 따라 상호작용을 하는 국제정치 행위자들의 집합체를 의미한다.

(2) 특   징

근대 국제기구는 국가를 단위로 하는 행위주체를 중심으로 형성되었고, 현대에 들어 국제 정부 간 기구 및 국제 비정부 간 기구 등의 비중이 증가하고 있다.

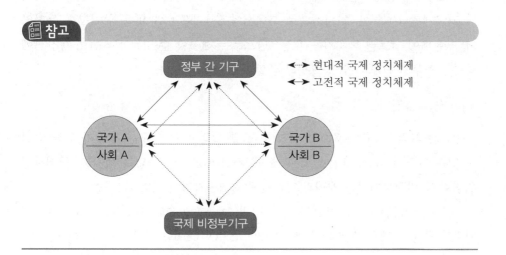

2. 국제기구의 형성

(1) 의   미

둘 또는 그 이상의 주권국(정부 또는 비정부)의 대표들이 공동이익추구를 목표로 설립한 지속적인 구조를 국제기구라 한다.

(2) 기   능

협력의 틀과 약소국의 이익창출 기회를 제공하며, 민주주의 확산 등과 같은 세계질서의 가치를 결정하고 이를 실행하는 기능을 하지만, 국제기구의 확대로 활동의 중복성과 정책결정의 혼선을 초래할 가능성도 있다.

(3) 전   개

국제기구는 19세기 국제하천위원회, 국제행정연합(국제전선연합, 만국우편연합)과 같이 국경을 초월한 교류의 확대로 비성치분야에서 시작하였다. 제1차 세계대전 이후 국제연맹이 국제평화유지를 주 목적으로 하는 최초의 단체로 형성되었고, 또한 국제노동기구(ILO)가 독립된 조직체로서 규약을 위반하는 국가에 대한 조사를 개시하거나 노동정책을 권고하고 있다. 제2차 세계대전 이후에 국제연맹이 해체되고 국제연합(UN)이, 국지적으로 북대서양조약기구(NATO) 등의 기구도 등장하였다. 현대에 이르러 국제기구나 정부만으로는 해결할 수 없는 문제들이 등장함에 따라 비정부기구(NGO)의 중요성과 역할이 증대되고 있다.

(4) 유 형

① 회원자격   UN, WTO, FIFA 등과 같은 정부 간 기구는 정부가 회원이 될 수 있는 자격이 있고, 그린피스, 국제적십자사(ICRC), 국경 없는 의사회, 국제사면위원회 등 비정부기구는 개인과 민간단체가 회원자격이 있다.

② 지리적 범위   전 세계가 참여 범위(UN, WTO, FIFA, IMF 등)가 되는 세계적 기구와 특정 지역 국가만 참여 가능한(EU, ASEAN, OPEC 등) 지역적 기구가 있다.

③ 기능적 범위   다양한 기능을 수행하는(EU, UN, ASEAN, 아프리카연합(OAU)) 포괄적 기구와 제한적인 기능을 수행하는(NATO, 세계보건기구(WHO), OPEC, IMF, 국제올림픽위원회(IOC) 등) 제한적 기구로 나눌 수도 있다.

3. 국제연합(UN)

(1) 설 립

1945년 4월 25일 샌프란시스코 국제연합회의에서 설립되었다.

(2) 목 적

국제평화와 안보유지, 국가 간 우호관계, 국제문제의 해결과 인권존중의 증진을 위한 협력, 국가들의 행위를 조화시키는 중추적인 역할을 수행할 목적으로 설립되었다.

(3) 구   성

총회, 안전보장이사회, 사무국, 경제사회이사회, 신탁통치이사회, 국제사법재판소(IJC) 등으로 구성되어 있다.

(4) 역   할

상호 의존성의 증가와 공공의 문제의 증가로 국제사회에서 위상이 높아졌다.

(5) 기   능

IDA를 설립하여 상환능력이 없는 저개발국가 대출을 통해 경제발전에 대한 재정지원 기능을 하며, UNCTAD에 의해 GATT원칙 수정을 통해 무역 및 개발기능을 난민고등판무관사무소(UNHCR)를 통해 난민문제를 해결하고 있으며, 세계인권선언을 채택해 인권문제에 관한 기능도 수행한다.

(6) 한   계

안전보장이사회의 상임이사국인 강대국들 중심으로 운영되며, 의사결정은 모든 회원국으로 구성된 총회에서 결의하나 구속력이 없는 권고에 불과하고 안전보장이사회의 결의는 구속력을 지니는 한계가 있다. 또한 평화를 명분으로 또 다른 무력행사를 하거나 회원국의 분담금 체납으로 인한 만성적 적자현상과 국내 사법체계와 국제법이 충돌할 경우의 문제 또한 간과할 수 없다.

| 관련조항 |

국제연합헌장 제1조   국제연합의 목적은 다음과 같다.

1. 국제평화와 안전을 유지하고, 이를 위하여 평화에 대한 위협의 방지, 제거 그리고 침략행위 또는 기타 평화의 파괴를 진압하기 위한 유효한 집단적 조치를 취하고 평화의 파괴로 이를 우려가 있는 국제적 분쟁이나 사태의 조정 · 해결을 평화적 수단에 의하여 또한 정의와 국제법의 원칙에 따라 실현한다.

2. 사람들의 평등권 및 자결의 원칙의 존중에 기초하여 국가 간의 우호관계를 발전시키며, 세계평화를 강화하기 위한 기타 적절한 조치를 취한다.

3. 경제적 · 사회적 · 문화적 또는 인도적 성격의 국제문제를 해결하고 또한 인종 ·

성별·언어 또는 종교에 따른 차별 없이 모든 사람의 인권 및 기본적 자유에 대한 존중을 촉진하고 장려함에 있어 국제적 협력을 달성한다.

4. 이러한 공동의 목적을 달성함에 있어서 각국의 활동을 조화시키는 중심이 된다.

국제연합헌장 제92조 국제사법재판소는 국제연합의 주요한 사법기관이다. 재판소는 부속된 규정에 따라 임무를 수행한다. 이 규정은 상설국제사법재판소 규정에 기초하며, 이 헌장의 불가분의 일부를 이룬다.

국제사법재판소규정 제59조 재판소의 결정은 당사자 사이와 그 특정사건에 관하여서만 구속력을 가진다.

국제사법재판소규정 제60조 판결은 종국적이며 상소할 수 없다. 판결의 의미 또는 범위에 관하여 분쟁이 있는 경우에는 재판소는 당사자의 요청에 의하여 이를 해석한다.

 참고 **전문기구와 보조기구**

1. 전문기구

⑴ 종류: 국제노동기구(ILO), 국제연합교육과학문화기구(UNESCO), 세계보건기구(WTO), 국제통화기금(IMF), 국제원자력기구(IAEA), 세계무역기구(WTO)

⑵ 국제연합 산하 기관은 아니지만, 경제사회이사회와 협정을 통해 긴밀한 관계 형성

2. 보조기구

평화유지활동(PKO), 국제연합개발계획, 국제연합환경계획, 국제연합난민고등판무관 등

보충

● **국제연합의 주요 기구**

안전보장 이사회	• 회원국 - 상임이사국: 5개국(미국, 영국, 프랑스, 중국, 러시아) - 비상임이사국: 10개국(아시아·아프리카-5개국, 동유럽-1개국, 라틴아메리카-2개국, 서유럽 및 기타 지역-2개국)

안전보장 이사회	- 비상임이사국은 총회에서 2년 임기로 선출, 지역성과 국제평화 기여도 참작하여 선정 • 기능: 국제평화 위협 국가에 제재조치 강구, 개별국가에 군비제한 권고 • 의결: 15개국 중 9개국 이상의 찬성으로 의결(상임이사국 5개국이 포함되어야 함-사실상 상임이사국에 거부권(veto) 부여), 주권평등의 원칙보다 힘의 논리 지배
총회	• 의의: 회원국 전체가 참여하는 유일한 국제연합기관 • 의결: 의안표결에는 1국 1표주의, 중요성에 따라서 과반수 내지 2/3 찬성으로 결정 • 기능: 세계평화유지에 안보리와 책임 분담(실질책임은 안보리)
경제사회 이사회	• 구성: 3년 임기로 54개 이사국을 총회에서 선출 • 기능: 경제적 · 사회적 · 문화적 활동을 지휘 · 감독하여 국제협력 증진
국제사법 재판소	• 의미: 국제연합의 유일한 사법기관(네덜란드 헤이그에 본부 위치) • 구성: 9년 임기의 15명의 재판관 • 효력: 국제연합 회원 및 비회원 모두 당사국 가능, 한쪽 당사자의 청구만으로 재판의무 없음. 판결은 구속력을 지니며, 불이행시 안보리에서 일정한 조치 가능
사무국	• 의미: 국제연합의 상설사무기관 • 사무총장: 안보리에서 추천하고 총회에서 선출(중립적 국가에서 선출하는 것이 관례), 최고 관리자 역할 외에 정치적 영향력 발휘

● **핵무기확산금지조약(NPT: Nuclear Nonproliferation Treaty)**

• 미국 주도로 미보유국의 핵보유 방지, 보유국의 핵실험 방지, 원자력의 평화적 이용 추진 등을 위해 1968년 체결
• 국제원자력기구(IAEA)로부터 핵사찰을 받을 의무 부과
• 한국은 1975년 가입, 북한은 1985년 가입 후 1993년 탈퇴

Ⅲ. 국제법

1. 국제레짐

(1) 의 미

국제 관계를 규율하기 위해 만들어진 제도, 원칙, 규범 등을 총칭하는 말로 법률적 의미라기보다는 국가 간의 상호 의존적인 관계에 초점을 맞춘 의미이다.

(2) 의 의

위반시 제재조치를 하기 때문에 공동의 규범이나 규칙 속에서만 자국의 이익을 추구할 경우에만 협력이 가능하며 공동발전이 촉진된다는 의의가 있다.

(3) 사 례

① GATT   관세 및 무역에 관한 일반협정으로 구속력이 없는 공정무역을 위한 협정이다.
② WTO   자유무역질서 확립을 위해 법적 구속력을 확보한 국제기구이다.

2. 국제법의 의미

(1) 의 미

국제질서유지를 위해 만들어 놓은 규범과 규칙을 말한다.

(2) 규율대상

국가와 국가관계, 국제기구와 국가관계, 국제범죄자 등이 국제법의 규율대상이 된다.

(3) 한 계

그러나 국제법은 국가를 초월한 입법기관이 없어 국제사회 전반에 적용되는 일반적인 법제정이 곤란하며, 강제적 법집행 절차가 없어 위반국에 대한 제재 또한 곤란하다. 또한 쌍방의 동의가 없으면 국제사법재판소(ICJ)에서 재판이 불가능하므로 국제법이 재판의 실질규범으로 적용되는 데 한계를 지니고 있다. 또 힘의 논리가 적용되어 강대국의 이해관계를 반영하는 경우가 많다는 것 또한 국제법의 한계이다.

| 관련조항 |

헌법 제6조 ① 헌법에 의하여 체결 · 공포된 조약과 일반적으로 승인된 국제법규는 국내법과 같은 효력을 가진다.

헌법 제60조 ① 국회는 상호원조 또는 안전보장에 관한 조약, 중요한 국제조직에 관한 조약, 우호통상항해조약, 주권의 제약에 관한 조약, 강화조약, 국가나 국민에게 중대한 재정적 부담을 지우는 조약 또는 입법사항에 관한 조약의 체결 · 비준에 대한 동의권을 가진다.

3. 국제법의 유형

(1) 조   약

한 · 미 상호방위조약, 한 · 일 어업협정, 핵확산금지조약, FTA 등과 같이 문서형식으로 이루어진 국가 간의 명시적 합의로서 성문법을 말한다. 조약은 체결 당사국만 구속하고, 조약 · 협약 · 협정 · 의정서 등 다양한 명칭으로 맺어지며, 국회의 동의를 얻은 조약은 국내법과 같은 효력을 지닌다. 체결 당사국 수를 기준으로 당사국이 둘인 경우 양자조약, 셋 이상인 경우는 다자조약이라고 한다.

(2) 국제관습법

국제사회에서의 관행이 오랫동안 반복되어 법적 확신에 의해 국제법의 지위를 얻은 것으로서 불문법 중 국제관습법을 말한다. 내정불간섭원칙, 포로의 인도적 처우, 외교관 면책특권 등을 국제관습법으로 본다.

(3) 법의 일반원칙

법의 미비점을 보완하기 위해 정해 놓은 법의 일반원칙을 의미하며, 신의성실의 원칙, 권리남용금지의 원칙과 같은 예가 있다.

전권대사의 서명 → 국회의 동의 → 대통령 비준 → 대통령 공포

4. 국내법과 국제법의 비교

구분	국내법	국제법
제정	입법기관	국가 간의 협상이나 합의
규율대상	자국 내 국민 전체	국제사회의 행위주체
강제성	강함	약함
법의 적용	법원에 의해 강제적으로 적용	국제사법재판소가 당사국의 합의를 전제로 재판 진행
관계	국제법과 국내법의 유기적 관계 증가	

💡 보충

● **국제법과 국내법과의 관계**

1. 이원론

국내법과 국제법은 서로 다른 법질서에 속하므로 국내법이 우위인지 국제법이 우위인지 다툴 여지는 없다.

2. 일원론

국내법과 국제법이 동일한 법질서에 속한다는 입장이다(우리나라는 국제법이 헌법의 하위이며, 법률과 동위의 효력을 가진다는 것이 다수설).

≫ 제3장
국제외교

1. 국제평화주의

(1) 의   미

국제평화유지에 공동으로 노력하고, 침략적 전쟁을 부인, 국제법을 존중하며, 외국인의 지위를 존중하는 것을 말한다.

(2) 계   기

프랑스헌법(1791년)은 국제평화주의를 최초로 규정하였고, 침략전쟁을 최초로 포기하였다. 이후 Bonn기본법(1949년)에서 양심적 병역거부권을 인정하는 헌법을 제정한 이래로 이태리헌법에서 국제기구에 주권의 일부를 이양하는 규정을 둔 것과 제2차 세계대전 후 일본과 독일헌법이 평화를 저해하는 행위에 대한 처벌규정을 설치한 것, 일본헌법(1947년)이 전쟁포기와 군대구성 금지에 관한 규정을 둔 것을 계기로 발전하였다.

(3) 헌법규정

헌법 전문의 "밖으로는 항구적인 세계평화와 인류공영에 이바지 …"라는 규정에서 국제평화주의를 규정하고 있으며, 헌법 제5조 제1항은 "국제평화유지에 노력하고, 침략적 전쟁 부인 …"과 같이 침략전쟁을 부인하는 규정을 두고 있다. 그러나 모든 전쟁을 부인하는 것은 아니며, 방어를 위한 전쟁(자위전쟁)은 허용된다.

헌법 제6조 제1항에서는 "헌법에 의해 체결·공포된 조약과 일반적으로 승인된 국제법규는 국내법과 같은 효력을 가진다"라고 규정하고 있으며, 이는 국제법이 헌법의 하위의 효력이며 국회에서 제정한 법률과 동위의 효력을 지니고, 국회동의 없이 체결·공포된 조약은 국제법상으로는 유효하나 국내법상 효력은 없게 된다.

외국인의 지위는 헌법 제6조 제2항에 "외국인은 국제법과 조약이 정하는 바에 의하여 그 지위가 보장된다"고 규정하며, 이는 상호주의에 입각하여 배상청구권, 사회권이 외국인에게도 보장된다는 의미이다. 그러나 재판청구권, 자유권은 외국인에게도 무조건 보장되어야 하는 기본권이다.

(4) 우리의 자세

타 민족과 문화에 대한 개방적인 자세를 취하고, 전 인류의 이익과 번영에 대한 고려와 국제사회 구성원으로서의 책임을 이행하기 위해 국제기구 활동, 지구촌 문제해결에 적극적인 관심을 두어야 할 것이다. 또한 한반도의 평화정착을 위해 한반도 비핵화, 남북대화의 중시, 남북경제협력을 통하여 국제사회의 평화에 기여하여야 할 것이다.

2. 외교의 의미

(1) 의   미

한 국가가 다른 국가나 조직과의 관계에서 자기 나라의 국가이익을 추구하는 평화적 활동과 평화적 방법으로 국가 간 이견을 조정하여 국가이익을 달성하는 협상 과정을 의미한다.

(2) 확   대

과거 외교관계가 정치적 관계에 중점을 두고 있었다면, 현대에는 경제, 사회, 문화적 모든 영역에서 외교관계가 형성되어 있다.

(3) 중요성

자국의 이익증진, 국제적 지위향상과 국제적 문제의 공동해결이 필요하기 때문에 외교의 중요성이 부각되고 있다.

(4) 협상방법

협상방법으로는 설득, 타협, 위협이 가장 대표적이다.

㉠ 설득: 자국의 입장을 고수하는 방법이기 때문에 분쟁해결이 곤란하다(동맹조
  약 교섭이나 통상협정 체결 등에 주로 사용).

㉡ 타협: 외교에서 가장 많이 사용되는 방법으로 양자 간의 양보를 통해 협상하
  는 것을 말한다.

㉢ 위협: 자국의 입장을 관철시키기 위해 경제적·군사적·정치적 형태의 압력
  을 행사하는 것을 위협이라 한다.

(5) 주   체

오늘날은 공식(국가 정상, 공식 외교관) 외교뿐만 아니라 비공식적 외교주체(기업
인, 예술인, 체육인)의 비중이 증가하고 있는 추세이다.

🔔 보충

● 우리나라의 외교정책 – 북방외교

1. 의   미

공산주의 세계와 국교를 맺고 정상화하여 경제적 실리를 확보하고, 한반도 평화를 정착
시키려는 1980년대 후반에 시행된 외교정책

2. 과   정

소련(1990년), 중국(1991년), 남북한 유엔 동시 가입(1991년)

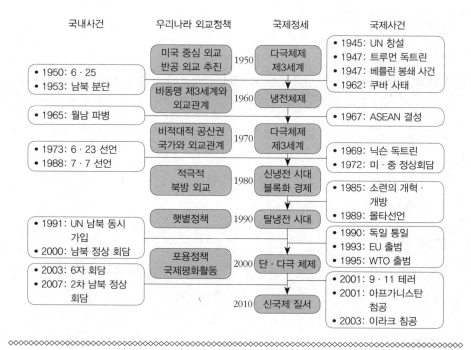

국내사건	우리나라 외교정책	국제정세		국제사건
	미국 중심 외교 반공 외교 추진	1950	다극체제 제3세계	• 1945: UN 창설 • 1947: 트루먼 독트린 • 1947: 베를린 봉쇄 사건 • 1962: 쿠바 사태
• 1950: 6 · 25 • 1953: 남북 분단	비동맹 제3세계와 외교관계	1960	냉전체제	
• 1965: 월남 파병				• 1967: ASEAN 결성
	비적대적 공산권 국가와 외교관계	1970	다극체제 제3세계	• 1969: 닉슨 독트린 • 1972: 미 · 중 정상회담
• 1973: 6 · 23 선언 • 1988: 7 · 7 선언	적극적 북방 외교	1980	신냉전 시대 블록화 경제	• 1985: 소련의 개혁 · 개방 • 1989: 몰타선언
	햇볕정책	1990	탈냉전 시대	• 1990: 독일 통일 • 1993: EU 출범 • 1995: WTO 출범
• 1991: UN 남북 동시 가입 • 2000: 남북 정상 회담	포용정책 국제평화활동	2000	단 · 다극 체제	
• 2003: 6자 회담 • 2007: 2차 남북 정상 회담		2010	신국제 질서	• 2001: 9 · 11 테러 • 2001: 아프가니스탄 첨공 • 2003: 이라크 침공

경 제 《

제1편 ≪

경제생활의 이해와
경제문제 해결

≫ 제1장
경제생활의 의미

1. 경제생활의 의미

(1) 경제활동의 의미

경제활동이란 경제생활에 필요한 재화나 용역을 생산·분배·지출하는 일련의 활동을 말한다.

1) 경제활동의 주체(경제활동을 누가 하는가의 문제이다)

① 가계   경제활동의 주체로는 먼저 소비의 주체인 가계가 있다. 그러나 소비의 주체로서 생산물시장에서는 수요자로서의 기능을 담당하나 생산요소시장에서는 노동 등을 공급하는 공급자로서의 기능도 담당하고 있다. 가계는 효용을 극대화하기 위하여 활동을 하고 있다. 여기에서 효용이란 소비자가 소비할 때 얻는 만족감을 말한다.

② 기업   기업은 경제활동에서 생산을 담당하는 생산의 주체이다. 생산물시장에서 생산물을 공급하는 기능을 담당하고 있으나 생산요소시장에서는 생산에 필요한 각종 요소를 구입하는 수요자로서의 기능을 일면 담당하고 있다. 기업은 이윤을 극대화하기 위하여 활동을 하고 있다. 이윤이란 기업의 총매출액(총수입)에서 임금이나 이자 등의 총비용을 제외한 나머지를 말한다.

③ 정부   정부는 재정을 담당하는 경제주체이다. 재정이란 국가의 경제활동을 말하고 국가의 경제활동은 공익추구를 목표로 하고 있어 정부의 경제활동을 공경제라고도 한다. 정부는 각종 경제정책을 수립·실행하며 다른 경제주체들로부터 조세 등을 징수하고 다른 경제주체에게 공공서비스를 제공한다. 따라서 이러한 경제활동

은 적지 않은 소비도, 생산도 포함되어 있어 정부를 소비와 생산의 동시의 주체라고도 한다. 정부는 공익과 사회후생의 극대화에 목표를 두고 경제활동을 담당한다.

④ **외국** 　　외국은 무역(교역)의 주체이다. 외국은 타국의 정부만을 의미하지 않고 가계나 기업도 포함하는 개념이다. 자국의 경제적 이익을 위한 상대국과 생산물이나 생산요소를 교환하는 경제주체이다. 최근 개방경제의 활성화에 의해 경제적 역할이 증대되고 있다.

경제주체	내용	부문	기타	
가계	소비의 주체	민간경제(사경제)	국민경제(폐쇄경제)	국제경제(개방경제)
기업	생산의 주체			
정부	재정의 주체	국가경제(공경제)		
외국	교역의 주체	해외경제		

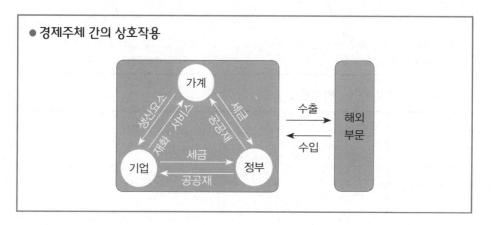

● **경제주체 간의 상호작용**

2) 경제활동의 객체

경제활동, 즉 생산 · 분배 · 지출의 대상을 말하며 재화와 용역이 있다.

① **재화**(goods) 　　재화란 형태가 있는 물질적인 것으로 가방이나 책상, 옷, 자전거 등을 말한다. 재화는 다시 목적에 따라 생산재와 소비재, 사용기간에 따라 단용재와 소비재, 재화의 질에 따라 우등재와 열등재, 재화의 성질에 따라 대체재와 보완재 등으로 구분할 수 있다.

㉠ 자유재와 경제재: 재화의 희소성에 따라 분류하는 것으로서 자유재는 희소성이 없어 가격을 지불하지 않고서도 자유롭게 얻을 수 있는 재화를 말하며 경제재는 희소성이 있어 가격을 지불하지 않으면 취득할 수 없는 재화를 말한다. 그러나 자유재도 수요나 공급이 일정 상황에 의해 변화가 일어나면 경제재로 변화할 수 있다.

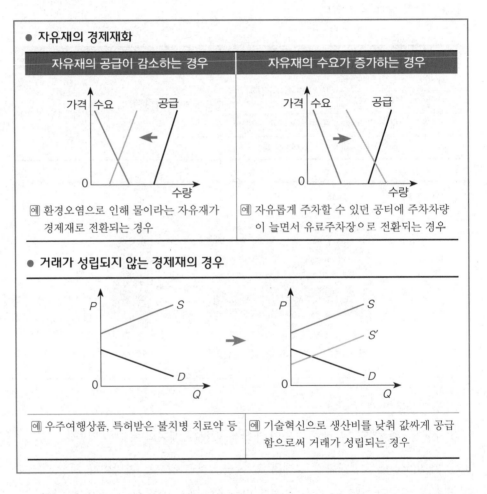

● 자유재의 경제재화

자유재의 공급이 감소하는 경우	자유재의 수요가 증가하는 경우
예 환경오염으로 인해 물이라는 자유재가 경제재로 전환되는 경우	예 자유롭게 주차할 수 있던 공터에 주차차량이 늘면서 유료주차장으로 전환되는 경우

● 거래가 성립되지 않는 경제재의 경우

예 우주여행상품, 특허받은 불치병 치료약 등	예 기술혁신으로 생산비를 낮춰 값싸게 공급함으로써 거래가 성립되는 경우

㉡ 우등재와 열등재: 재화의 질에 의해 분류하는 것으로서 우등재는 품질이 우수한 것으로서 소득이 증가하게 되면 소비가 증가하는 현상이 나타난다. 반면 열등재는 품질이 우수하지 못한 것으로서 소득이 증가하면 소비가 감소하

는 현상이 나타난다.

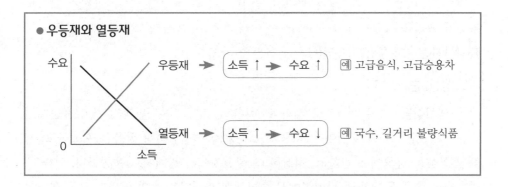

● 우등재와 열등재

수요

우등재 ➡ 소득 ↑ ➡ 수요 ↑   예 고급음식, 고급승용차

열등재 ➡ 소득 ↑ ➡ 수요 ↓   예 국수, 길거리 불량식품

0   소득

ⓒ 대체재와 보완재: 재화의 성질에 의한 분류로서 다른 재화를 대신하여 사용
할 수 있는 재화는 대체재라 하고, 다른 재화와 결합하여야만 완성품이 만들
어지게 되면 보완재라고 한다. 예를 들어 커피와 홍차, 볼펜과 연필 등의 관
계가 대체재가 되며, 커피와 설탕이나 바늘이나 실 관계가 보완재가 된다.
대체재는 서로 대신할 수 있는 관계라서 하나의 상품가격이 상승하면 당해
상품의 수요가 감소하고 대신 대체재관계의 재화는 수요가 증가하게 된다.
반면 보완재는 결합하여야만 완성된 상품이라서 보완관계에 있는 상품 하나
의 가격상승은 완성된 재화의 가격상승을 일으켜 다른 보완관계의 재화수요
를 감소하게 한다.

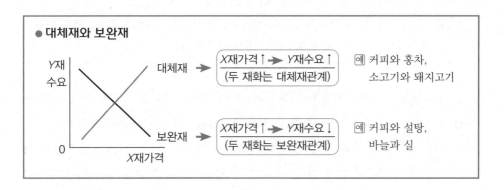

● 대체재와 보완재

Y재
수요

대체재 ➡ X재가격 ↑ ➡ Y재수요 ↑   예 커피와 홍차,
       (두 재화는 대체재관계)   소고기와 돼지고기

보완재 ➡ X재가격 ↑ ➡ Y재수요 ↓   예 커피와 설탕,
       (두 재화는 보완재관계)   바늘과 실

0   X재가격

② 용역(service)   용역은 인간에게 만족을 주는 형태를 가지고 있지 않은 인

간의 활동을 말한다. 예를 들어 택시 운전기사의 운전, 프로 야구선수의 경기, 의사의 진료, 상품의 판매, 교사의 수업 등이다. 이 중 특정재화를 사용하지 않아도 가능한 용역을 직접용역(교사의 수업 등)이라고 하고, 특정재화와 관련된 경우에 창출되어지는 경우를 간접용역(창고, 운전 등)이라고 한다.

3) 생산, 분배, 소비

① **생산활동**　　일반적으로 재화와 서비스를 만들거나, 원래의 가치를 증대시키는, 부가가치 증대 행위이다. 각종의 생산요소를 결합하여 상품을 제조하고, 생산된 상품을 창고에 보관하고, 저장하고, 생산지에서 판매처로 운송하며, 이를 대중매체를 통해 홍보하고, 판매점에서 손님에게 판매하는 등의 행위가 모두 생산활동에 포함된다. 또한 농·수산물을 수확하는 행위, 예술가의 창작활동, 은행의 대출행위 등이 포함되나 봉사활동 등은 포함되지 않는다.

● **생산요소**

• 토지: 자연적 생산요소로서 땅(地)을 포함한 모든 자연자원을 말한다. 이를 제공한 대가로 지대를 제공받는다.

• 노동: 본질적인 생산요소로서 생산에 필요한 인간의 정신적·육체적인 활동을 말한다. 이를 제공한 대가로 임금을 지급받는다.

• 자본: 인위적인 생산요소로서 생산에 필요한 설비나 기계, 원자재, 돈 등이 이에 해당된다. 이를 제공한 대가로 이자를 지급받는다.

• 경영: 기술적인 생산요소로서 생산의 4요소라 한다. 생산요소들을 기술적으로 배합하고 조직하는 기업가의 활동을 말하며 이의 대가는 이윤이 된다.

---

② **분배활동**　　생산과정에 참여하여 생산요소를 제공한 대가를 나누는 것을 분배활동이라고 한다. 제품의 원료를 제공한 사람은 원료비를 받고 공장에서 노동력을 제공한 사람은 임금을 받는다. 토지를 제공해 준 사람은 지대를 받으며 자본을 제공한 자는 이자를 받게 된다. 이처럼 생산에 참여한 자들에게 그 대가로 지급하는 것을 분배라고 한다.

③ **지출활동**　　분배활동에서 얻은 소득을 이용해 필요한 상품을 구입해서 만

족감을 얻는 활동이다. 제품을 구입하는 것뿐만 아니라 그 제품과 관련된 서비스를 이용하는 것도 지출활동에 포함된다. 소비를 '본래적 소비'인 순수한 지출로서의 소비와 '생산적 소비'로 나누기도 한다. 즉 효용을 목적으로 하는 개인적 소비인 가계의 소비를 '본래적 소비'라고 하며, 새로운 가치를 만들어 내기 위해 원자재나 생산수단을 쓰는 소비를 '생산적 소비'라고 한다. '생산적 소비'는 생산활동의 부분이다.

> 지출은 현재의 만족을 위한 소비와 장래의 만족을 위한 저축으로 나눌 수 있으며 소비와 저축은 분배받은 몫으로 이루어지는 것이라서 결국은 소비와 저축의 합은 소득이 된다. 따라서 소득(Y) = 소비(C) + 저축(S)의 등식이 성립되어 양변을 같은 수인 소득으로 나누면 1 = 소비성향(C/Y) + 저축성향(S/Y)의 식이 성립된다. 소득이 증가하면 주로 소비성향은 감소하고 저축성향은 증가하게 된다.

(2) 경제생활과 다른 사회생활의 관계

1) 정치 · 법과 경제

한 나라의 정치체제는 경제활동과 밀접한 관계를 가지게 된다. 민주정치체제는 시장경제요소를, 독재정치체제는 계획경제체제를 중시하게 된다. 또한 정치적으로 이루어진 각종 정책적인 결정들은 법으로 정해진다. 법은 경제활동을 뒷받침하기도 하고 규율하기도 한다. 정치 · 법과 경제는 상호작용을 하여, 이를테면 시장경제체제는 사유재산권 제도의 보장을 바탕으로 하는바, 만약 독과점과 같은 자유경쟁원리에 위반되는 경제활동이 행해지는 경우는 정부는 「독점규제 및 공정거래에 관한 법률」·「소비자보호법」·「전자상거래법」 등으로 독 · 과점 등의 부당한 경제활동을 규제한다. 한편 경제성장이 이루어지면 중산층이 늘어나고 교육의 기회가 확대되면 시민의식이 성장하고 이에 따라 활발한 정치참여가 가능할 수 있게 된다. 그 결과 정책결정에 다양한 시민여론이 투입되어 민주적 정당성이 강화되는 정책이나 법률 등이 제정될 수 있어 이처럼 경제는 정치나 법에 영향을 주게 된다.

2) 과학기술과 경제

과학기술의 발달은 새로운 재화와 용역의 생산을 촉진하고 고용을 창출하며 사회구조이 변화에 기여힌다. 이러한 생산성의 향상과 신제품은 새로운 수요와 시장을 창출하였으나 과학기술의 발달은 자연환경의 파괴와 오염물질 증대라는 부작용을 함께 초래하였다.

3) 문화와 경제

문화는 경제생활을 하는 사람들의 가치관 및 태도에 많은 영향을 끼치게 된다. 문화를 상품처럼 사고파는 것을 문화의 상품화라고 한다. 문화상품은 이미 고부가가치 상품으로서 간주되고 있으며 문화의 발전은 경제성장에 크게 기여할 수 있다. 반대로 경제성장이 문화의 발전을 불러오기도 한다. 경제가 어느 정도 성장해서 기본적인 생활을 누릴 수 있어야 사람들이 문화에 관심을 가질 수 있다. 즉 관심 있는 문화활동에 대해서 투자하거나 또는 문화상품을 소비할 여력이 있어야 문화가 성장할 동력을 얻게 된다.

4) 윤리와 경제

과학기술의 발달과 더불어 인간소외현상이 발생하고 있으므로 삶에 대한 올바른 윤리적 성찰이 필요하다. 생명과학의 발달과 디불어 Genome 산업, GMO(유전자 변형식품) 문제, 배아줄기세포복제 등이 사회적 논란을 초래하고 있다.

5) 환경과 경제

환경보호론(선진국)과 경제성장론(개도국) 간의 논란이 계속되는 영역으로서 유엔환경개발회의(UNCED)는 리우회의(1992년)를 통해 '환경적으로 건전하고 지속가능한 개발(ESSD)'을 천명하여 인간중심적 자연관, 정복자적 인간관, 기술중심적 시각, 이원론적 시각지양, 생태론적 관점을 형성하고 있다.

2. 경제생활의 상호 의존성

(1) 개인 및 집단 간의 상호관계

① 자급자족경제　　인간생활에 필요한 각종 상품을 외부에 의존하지 않고 스스로 해결하는 경제를 말한다. 자급자족경제에서는 필요한 재화나 용역을 외부에 의존하지 않고 자체적으로 생산·소비한다. 따라서 경제주체 간의 상호 의존성은

미약하다.

② **교환경제**　　분업과 특화를 통해서 협업이 발생하고 기술과 숙련도가 향상되어 생산의 효율성이 높아지고 교환경제가 발달하게 된다. 교환경제가 발달하게 됨에 따라 경제주체들 간의 상호 의존성과 사회적 후생이 증대된다.

교환경제를 활성화시키는 것으로는 시장, 화폐, 금융기관, 유통업 등이다.

(2) 국가 간의 상호관계

교통 · 통신의 발달과 세계화 현상은 국제적인 교역을 증대시켰다. 국제교역은 국가 간 부존(賦存)자원, 자본, 기술력 등의 차이로 생산비가 달라서 각 나라에서 주로 생산되는 상품들도 달라지게 되어, 국가 간의 교환인 무역이 발생하게 된 것인데, 최근 교통과 정보통신기술의 발달은 국가 간의 시간적 · 공간적 거리를 더욱 좁히고 있다. 그 결과 상품, 인력, 자본, 문화 등 여러 가지 요소가 국경을 자유롭게 넘나들어 세계가 하나의 시장으로 통합되는 세계화가 촉진되고 있다.

구분	주요 내용
무역과 환경(Green Round)	무역과 환경을 연결하는 국제규범
무역과 노동(Blue Round)	노조활동 제한, 노동시간 등 핵심 근로조건과 무역의 연계장치 마련
무역과 기술 (Technology Round)	가격경쟁에 영향을 주는 연구개발에 대한 각국 정부의 보조금 규제
무역과 경쟁정책 (Competition Round)	반경쟁적 기업관행 등 각종 경쟁제한 요소의 철폐와 경쟁조건의 형평성 보장
무역과 투자 (Investment Round)	외국인 투자 자유화 및 외국인 투자보호 등 공정한 국제투자 여건 창출
무역과 부패관행 (Corruption Round)	공정한 경쟁을 왜곡하는 각국 정부와 기업의 부패제도 및 관행제거
무역과 전자상거래 (E-business Round)	전자상거래의 내용 및 내국세 부과 여부의 국제거래시 무관세 적용 여부

≫ 제2장
경제문제의 발생과 해결 방법

1. 경제문제의 발생

(1) 발생원인: 자원의 희소성

인간에게 효용을 제공하는 재화와 용역은 한정적인데, 인간의 효용은 지속적으로 발생하고 무한하다. 이처럼 인간의 욕구의 무한함에 비해 상대적으로 자원의 양이 적은 특성을 자원의 희소성이라고 한다. 자원의 희소성 때문에 인간은 항상 선택의 문제에 직면한다. 결국 모든 경제문제는 선택의 문제이며, 이는 자원의 희소성 때문에 일어나는 것이다.

이와 구분하여야 할 개념으로 희귀와 부족이 있다. 희귀는 개체의 절대수가 적은 것을 의미한다(예, 독버섯 등). 희귀한 물건은 개체수가 적지만 이를 원하는 사람이 없다면 희소성은 없게 된다. 따라서 희귀라고 해서 모두 희소한 것은 아니다. 부족은 공급이 부족하여 생긴 일시적인 것으로 사정변화에 따라 해소될 수 있는 상태이다. 희소는 인간의 욕망이 존재하는 한 근원적으로 해결할 수 없는 상태이다.

(2) 희소성 유무에 따른 재화의 구분

1) 자유재

희소성이 없는 재화로서 경제적 가치가 없다. 각 개인이 대가를 치르지 않고 자유롭게 사용할 수 있는 재화이다. 따라서 경제학이나 경제문제의 대상이 아니다. 그러나 수요나 공급의 변화가 있게 되면 경제재로 변화될 수 있다.

2) 경제재

희소성을 가지며 경제적 거래의 대상이 되는 재화이다. 희소성이 있어 대가를 지불해야만 획득할 수 있는 재화로서, 이는 경제적 문제의 대상이 된다.

3) 스미스의 역설: 다이아몬드 가격이 물 가격보다 비싼 이유는?

물은 사용가치는 매우 크지만 교환가치는 낮다. 반면 다이아몬드는 사용가치는 그리 크지 않지만 교환가치는 매우 크다. 그 이유는 물은 희소성이 작기 때문이고 다이아몬드는 희소성이 크기 때문이다. 이처럼 재화의 사용가치와 교환가치가 일치하지 않은 현상으로 가치의 모순 또는 가치의 역설이라고도 한다. 즉 재화의 효용과 가격이 비례하지 않는 경우이다.

2. 기본적인 경제문제

어떤 경제체제이건 자원의 희소성으로 공통적으로 나타나는 경제문제를 기본적인 경제문제라고 한다. '무엇을 얼마나 생산할 것인가?, 어떻게 생산할 것인가?, 누구에게 분배할 것인가?'의 세 가지를 말한다.

(1) 기본적인 경제문제의 유형

1) 무엇을 얼마나 생산할 것인가?

생산할 재화나 용역의 종류와 수량을 선택하는 문제이다. 자원의 배분문제로서 효율성이 해결의 기준이 된다.

2) 어떻게 생산할 것인가?

어떻게 생산할 것인가와 관련된 생산요소 조합을 선택하는 문제이다. 생산방법의 문제로서 효율성이 해결의 기준이 된다.

3) 누구에게 분배할 것인가?

생산된 수많은 재화와 용역들에 대한 분배대상 및 분배 몫 선택의 문제이다. 소득분배의 문제로서 형평성이 해결의 기준이 된다.

(2) 기본적인 경제문제의 해결 기준

1) 효율성의 원칙

최소비용으로 최대이익 산출을 추구하는 원칙이다. 생산물 결정과 생산방법 결정의 해결 기준으로 작용한다.

2) 형평성의 원칙

같은 것은 같게, 다른 것은 다르게 대우해 주는 원칙이다. 생산물 분배 문제의 경우는 효율성뿐만 아니라 형평성도 고려되어야 한다. 소득분배에 있어서 효율성이란 분배의 일반적 기준인 생산활동의 기여 정도에 따른 분배이다.

한편 소득분배의 사회적 기준으로서 형평성은 사회정의에 입각한 규범적인 영역이다.

(3) 기본적인 경제문제들 간의 비교

구분	의미
무엇을 얼마나 생산할 것인가?	생산물의 종류와 수량의 결정(자원배분문제) – 효율성
어떻게 생산할 것인가?	생산요소의 결합과 배분결정(생산방법문제) – 효율성
누구에게 분배할 것인가?	생산요소의 제공자에게 얼마만큼을 나누어 줄 것인가의 문제(생산물의 분배문제) – 형평성

(4) 경제체제에 따른 경제문제의 해결 기준

경제체제	해결
원시공산제	필요와 욕망
고대노예제	전통과 관습
중세봉건제	전통과 관습
자본주의	시장의 보이지 않는 손(=가격체제)
공산주의	정부의 계획과 명령, 통제

3. 경제문제의 합리적 해결

(1) 합리적 선택의 기준

1) 비용과 편익분석

여러 경제적 선택들 중에서 목표달성에 가장 효과적인 대안을 모색하기 위해 각 선택의 수단을 통해 발생할 비용과 이를 통해 얻게 될 편익을 비교하여 분석하는 것이다.

2) 기회비용(opportunity cost)

① **의미**　　기회비용은 선택 가능한 여러 대안들 중 하나를 선택함으로써 포기하게 되는 다른 대안들 중에서 가장 가치가 큰 것이다.

② **구성**　　명시적 비용과 암묵적 비용

㉠ 명시적 비용: 하나의 대안을 선택함으로써 직접적으로 지출된 비용으로서 회계학적 비용이라고도 한다. 명시적 비용은 손익계산서에 표시되는 임금, 원재료비, 임대료 등 다른 사람들이 가진 생산요소를 사용하는 대가로 지불하는 비용이다.

㉡ 암묵적 비용: 명시적으로 지불한 비용은 아니지만, 어떤 선택을 한 대가로 포기한 다른 선택의 가치도 비용으로 간주한 것이다.

③ **사　　례**

㉠ 도인이는 시험기간이라 잠시 알바를 그만두고 시험공부를 시작하였다. 알바를 하면 시간당 6,000원을 받을 수 있다. 5시간 공부했다면 그 기회비용은?

　　기회비용 = 명시적 비용(0원) + 암묵적 비용(30,000원) = 30,000원

그런데 만약, 2시간 동안 8,000원을 주고 영화를 봤다면 그 기회비용은?

　　기회비용 = 명시적 비용(8,000원) + 암묵적 비용(12,000원) = 20,000원

㉡ 호텔 식당에서 월 200만원의 월급을 받고 있던 김씨가 최근 직장을 그만두고 자신의 식당을 개업했다. 1년 후에 결산을 해 보니 총수입은 1억원이었고, 종업원 인건비 3,000만원, 임대료 1,200만원, 재료비 4,000만원 등 총지출

은 8,200만 원이었다. 이윤(1억−8,200만=1,800만 원)을 남겼다고 생각한 김씨는 자신의 독립이 성공적이라고 판단했다. 그러나 그 판단은 기회비용(월수입 200만 원×12개월=2,400만 원)을 고려하지 못했기 때문에 잘못된 것이다.

ⓒ ○○국은 자동차와 컴퓨터만 생산한다. 다음은 제한된 자원과 생산기술을 이용하여 생산할 수 있는 두 상품의 최대 생산량을 나타낸 것이다.

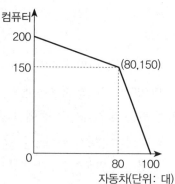

- 자동차 80대의 기회비용은 컴퓨터 150대이다. (틀림)
- 컴퓨터 생산이 증가할수록 포기해야 하는 자동차의 수는 줄어든다. (틀림)
- 자동차 80대와 컴퓨터 100대가 생산되었다는 것은 자원이 비효율적으로 사용되었음을 의미한다. (옳음)
- 컴퓨터 생산기술이 향상되면 자동차 80대를 생산하면서도 150대 이상의 컴퓨터 생산이 가능하다. (옳음)

● **생산가능곡선**

- 의미: 주어진 생산요소(노동, 토지, 자본 등)를 최대한 활용하여 생산할 경우 선택 가능한 X재와 Y재 수량의 조합을 연결한 그래프
- A의 경우: 가지고 있는 생산요소를 충분히 활용하지 못한 비효율적인 생산지점
- B의 경우: 가지고 있는 생산요소를 충분히 활용한 효율적인 생산지점
- C의 경우: 현재 가지고 있는 생산기술을 통해서는 도달하기 어려운 생산지점(생산요소 투입이나 기술의 혁신이 있으면 가능할 수 있음)

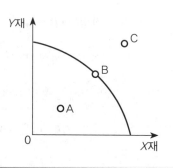

3) 매몰비용(sunk cost)

① **의미**   이미 지출된 뒤에는 다시 회수가 불가능한 비용을 말한다. 합리적인 선택을 위해서는 이미 지출되었거나 회수 불가능한 매몰비용은 고려하지 말아야 한다. 합리적 선택을 위해서는 항상 기회비용의 관점에서 의사결정을 해야지, 매몰비용을 고려해선 안 된다.

이미 지출된 매몰비용의 경우는 그것과 관련된 기회비용은 0이다. 이미 과거에 그 비용을 지출한 것은 현재 선택의 상황에서 어느 대안도 포기할 필요가 없기 때문에 기회비용은 0이 된다.

따라서 합리적인 선택을 할 때, 이미 지출된 매몰비용은 고려의 대상에서 제외하는 것이 합리적 선택이다. 즉 기존에 쏟아부은 투자비용을 고려하는 선택 또는 본전 생각 때문에 선택을 하는 것 등이 매몰비용을 고려하고 있는 비합리적 선택이 되는 것이다.

㉠ 사례 1: 가족등산을 즐겨하는 주연이 가족은 이번 주말에는 비가 올거란 일기예보를 듣고, 차선책으로 가족끼리 영화관람을 하기로 하고 인터넷을 통해 티켓을 예매하였다(영화요금 8,000원, 성인 4명, 총 32,000원은 이제 환불불가).

그런데 주말의 날씨는 예보와 달리 화창한 날씨를 보였다. 주연이 가족은 어떻게 해야 할까?

– 영화관람 티켓 비용(32,000원)은 매몰비용이므로 고려할 필요 없이, 좋아하는 등산을 가면 된다.

㉡ 사례 2: 배용준이 와서 운동한다는 A휘트니스 클럽에 100만원을 주고 1년 회원등록을 한 황씨는 시작한지 2주 만에 허리에 이상이 생겼으나, 회원 가입비가 아깝다는 생각에 계속 운동을 하였다. 결국 황씨는 병원에 입원하고야 말았다.

– 합리적 선택은 기회비용의 관점에서 결정해야지, 매몰비용은 고려해서는 안 된다. 황씨는 매몰비용이 아까워 더 큰 기회비용을 치르게 된 것이다.

② **고정비용과 매몰비용의 관계**   고정비용은 생산량과 무관하게 액수가 고정되어 있는 비용이다. 예를 들면, 토지를 구입하는 데 드는 비용은 고정비용의 성격을 지닌다. 고정비용은 매몰비용의 성격을 갖는 것이 일반적이지만, 항상 일치하

지는 않는다. 고정비용은 회수할 수 있는지의 여부와는 별개의 문제이다.

4) 합리적 선택: 순편익의 극대화 추구

순편익이란 편익에서 비용을 뺀 것을 의미한다. 합리적 선택이란 편익은 극대화하고, 비용은 최소화하여 순편익을 극대화하는 것이다.

① 비용－편익분석(편익>기회비용)　　선택으로 얻어지는 편익(만족)을 가장 크게 하는 선택, 기회비용을 최소화한 선택이다.

② 경제원칙에 따른 선택

㉠ 동일한 비용이라면 효용을 극대화하는 방향으로 선택

㉡ 동일한 효용이라면 비용을 최소화하는 방향으로 선택

(2) 합리적인 의사결정의 과정

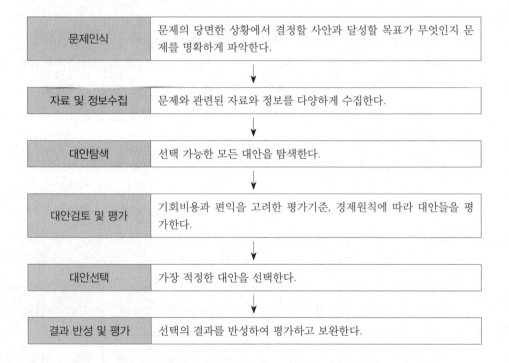

문제인식	문제의 당면한 상황에서 결정할 사안과 달성할 목표가 무엇인지 문제를 명확하게 파악한다.
자료 및 정보수집	문제와 관련된 자료와 정보를 다양하게 수집한다.
대안탐색	선택 가능한 모든 대안을 탐색한다.
대안검토 및 평가	기회비용과 편익을 고려한 평가기준, 경제원칙에 따라 대안들을 평가한다.
대안선택	가장 적정한 대안을 선택한다.
결과 반성 및 평가	선택의 결과를 반성하여 평가하고 보완한다.

4. 합리적 선택을 위한 경제정보의 활용

(1) 경제정보의 특성

어떠한 사실만을 알아내어 수집한 것이 자료라면, 정보란 사실을 목적에 가장 부합하게 처리한 것을 말한다. 잘못된 정보에 따라 의사결정을 하게 되면 경제적·시간적 손실이 발생하고 희소한 자원의 낭비를 초래하게 되나 정확한 정보에 따른 의사결정은 자원의 효율적인 이용을 가능하게 하고 만족감을 극대화하게 된다. 정보의 생산에도 당연히 비용이 발생하지만 다른 물질적인 것과는 달리 사용한다고 해서 소멸되지 않고 다른 정보와 연결되어 더욱 활용성을 높이게 되는 특징이 있다.

(2) 경제정보의 측정방법

1) 전수조사

조사대상이 되는 모집단 전체를 조사하여 자료를 수집하는 방법이다. 표본오차가 없다는 장점이 있다. 그러나 시간과 비용이 많이 소요되는 단점이 있다. 인구·주택 총조사나 주택 센서스 등이 이에 해당된다.

2) 표본조사

모집단에서 일부의 표본(표본집단)을 추출하여 자료를 수집한 후 그 결과를 바탕으로 전체 집단의 특성을 파악하는 방법이다. 장점은 시간과 비용이 적게 드는 것이다. 반면 단점은 표본오차가 발생할 수 있다. 가계 소비실태나 임금통제 등이 이에 해당된다.

(3) 경제정보의 분석

1) 물가상승 감안 여부에 따른 분석

① 명목(경상가격)변수　　조사 시점의 시장가격으로 계산하여 구한 값이다. 명목임금이나 명목 국내 총생산 등이 그 예이다.

② 실질(불변가격)변수　　기준 시점의 시장가격으로 계산하여 구한 값이다. 이것은 물가변동의 영향을 배제하기 위한 것이다. 실질임금, 실질 국내 총생산 등에서 사용된다. 예를 들어 실질 국내 총생산은 당해 연도의 생산량에 기준연도의 가

격을 곱하여 산출한 것이다. 이것은 명목 국내 총생산에서 물가상승으로 인해 증가한 부분을 뺀 나머지이다.

2) 시간개념에 따른 분석

① 유량(流量, Flow)　일정 기간을 두고 측정하는 변수로서 예를 들어 국제수지, GDP, 수요 등이 해당된다.

② 저량(貯量, Stock)　일정 시점에서의 크기를 나타내는 변수로서 예를 들어 통화량, 외환보유고 등이 해당된다.

3) 자료의 가공여부에 따른 분석

① 원 변수　수집된 원래 형태의 경제수치로서 개별상품의 가격이나 실업자 수 등이 해당된다.

② 가공변수　원 변수를 가공하여 만들어진 경제변수로서 물가지수나 실업률 등이 해당된다.

4) 범위에 따른 분류

① 미시적 변수　개별경제주체의 경제활동에 관한 변수로서 가계의 소비지출 액이나 개별기업의 생산액 등이 이에 해당된다.

② 거시적 변수　한 나라 전체 경제활동에 관한 변수로서 실업률이나 GDP 등이 이에 해당된다.

5) 경제변수의 상대적 비교

① 비율　비교하고자 하는 변수들의 상대적인 비중이다. 실업률, 저축률 등이 그 예이다.

② 변화율　동일한 내용에 대해 서로 다른 시점과의 상대적 비교를 위해 쓰인다. 비율과 마찬가지로 변화율도 비교하고자 하는 변수의 상대적 변화만을 나타내 준다. 경제성장률 등이 해당된다.

참고   필립스곡선

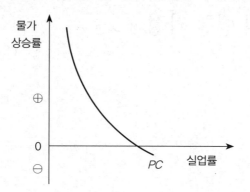

그림은 필립스곡선이다. 종축의 물가상승률은 '변화율'로서 ⊕의 경우 물가상승을, ⊖의 경우 물가하락을 의미한다(변화율은 ⊕, ⊖ 모두 가능). 그러나 횡축의 실업률은 '비율'로서 실업률은 존재할 수 없다(비율은 ⊕만 가능).

≫ 제3장
경제체제의 변천 과정

1. 경제체제

(1) 의 의

경제체제란 경제의 기본적인 문제인 '무엇을 얼마나 생산할 것인가 · 어떻게 생산할 것인가 · 누구를 위하여 생산할 것인가'를 해결하는 방식의 모든 것을 말한다. 종래 원시공산제의 경우에는 필요와 욕망이라는 기준이 해결했고, 고대노예제와 중세봉건제의 경우에는 전통과 관습이라는 기준에 의해 해결되었다. 오늘날 자본주의와 공산주의는 시장의 보이지 않는 손과 정부의 계획에 의해 해결하고 있다.

(2) 유 형

① **시장경제체제** 가계, 기업 등과 같은 개별적인 경제주체들이 자신의 이익

구분	시장경제체제	계획경제체제
의미	개별경제주체들의 이익추구과정에서 모든 경제문제가 자동적으로 해결되는 사회	국가가 경제활동 전반에 걸쳐 계획하고 통제하는 사회
생산수단의 소유	개인	국가
경제문제 해결	시장의 자동조절기능	국가의 계획과 통제
의사결정의 주체	가계, 기업 등과 같은 개별경제주체	국가
좋은 점	• 효율적 자원배분 • 창의성	• 형평성 있는 소득분배 • 안정성
문제점	• 빈부격차의 심화 • 경제불안정	• 효율성 저하 • 창의성과 노동의욕 저하

을 추구하는 과정에서 모든 경제문제가 자동적으로 해결되는 경제체제를 말한다. 생산수단을 개인이 각자 소유할 수 있고 개인의 영리추구가 보장되는 체제로서 각 경제주체는 영리를 추구하기 위해 시장을 통해 경쟁이 이루어지고 그러한 과정에서 자동조정기능을 가격이 수행하게 되어 경제 기본문제가 해결이 되는 체제이다.

② **계획경제체제**　　생산수단을 개인이 소유할 수 없고 국가가 이를 소유하고 있어 국가가 경제활동 전반에 걸쳐 계획하고 통제하는 경제체제를 말한다.

(3) 경제체제의 비교

① **자본주의의 역사적 발달과정**

㉠ 상업자본주의(중상주의): 경찰국가의 시대이다. 군주가 절대왕권을 경찰과 군대의 힘으로 막강한 힘을 발휘했던 시대로서 부국강병을 추구하였고 이를 위해 상업을 중시하고 수출을 중시하였다. 이러한 상업자본주의는 산업혁명에 의해 제조중심인 산업자본주의로 변화가 일어난다.

㉡ 산업자본주의(19C 자유방임주의): A. Smith의 자유방임을 사상적 토대로 하여 이기심을 추구하는 인간의 본성을 자극해 '보이지 않는 손'에 의한 조화를 경제운영방식으로 삼았던 시대이다. 정부의 역할은 국방이나 치안에만 중점을 두는 작은 정부의 시대였다.

㉢ 독점자본주의(19C 제국주의): 산업혁명은 공장규모의 확대를 요구했고 공장규모의 확대는 막대한 자본을 필요로 하게 되었다. 이러한 자본을 마련하기 위해 기업들은 앞다투어 주식을 발행했고 필요한 자본을 충족하게 되고, 이러한 자본력을 갖춘 거대한 공장들의 대량생산은 상품의 가격을 하락시켜 이윤을 떨어뜨려 기업은 도산되기에 이른다.

㉣ 수정자본주의(20C 복지국가): 기업들의 도미노적 도산은 대량실업을 발생시켜 노동자들의 노동환경을 열악하게 만들었고 임금은 하락되어 사회적 총수요를 급감시킨다. 이러한 총수요를 능가하는 총공급은 재고의 축적을 방지하기 위한 기업의 생산중단을 발생시키는 악순환이 이루어져 급기야 대공황(총수요<총공급)이 발생된다. 대공황을 해결하기 위해 루즈벨트는 케인즈의 유효수요창출이론을 받아들여 공공투자정책의 일환인 뉴딜정책을 통해 정부는

시장에 개입하게 되어있고 자본주의는 변화가 일어나게 된다.

● **대공황**

• 의미: 총수요와 총공급 중 총공급이 더 큰 현상의 1929년의 경제상황을 말한다. 이 경우 기업은 생산을 중단하여 실업이 증가하고 실업자는 소비를 할 수 없어 수요를 위축시켜 상대적으로 총공급이 더 큰 악순환이 일어나게 된다.

• 해결: 뉴딜정책

  − 이론제시: 케인즈의 유효수요창출이론

  − 실시: 루즈벨트

• 구성의 모순: 개별적으로 타당하고 합리적인 현상이 모여 전체적인 불합리를 가져오는 경우를 말한다. 케인즈의 주장으로 각 경제주체가 각각 합리적으로 행동한다 하더라도 전체 경제가 반드시 합리적이지 않을 수 있다는 것으로서 절약의 역설을 강조하여 대공황의 탈피를 위해 수요를 진작시키는 정책을 취할 것을 피력했다. 이에 의하면 개인이 저축을 많이 하면 미래의 불안에 대처할 수 있어 바람직하지만 모든 국민의 이러한 행위는 결국 소비가 위축되어 재고를 늘려 국민소득이 감소하는 등의 구성의 모순이 나타날 수 있음을 지적하였다.

● **아담 스미스의 자유방임주의, 케인즈의 수정자본주의, 신자유주의 비교**

구분	내용
자유방임주의	• 아담 스미스의 「국부론」: 각 개인의 이기심에 입각한 자유경쟁을 하면 '보이지 않는 손'에 이끌려 경제의 효율성이 달성된다는 경제사상 • 국가의 역할 : 국방과 치안에 한정하는 야경국가, 소극국가
수정자본주의	• 자유방임주의의 빈부격차 확대, 대공황 등의 문제를 해결하려 등장 • 케인즈의 '구성의 모순': 각 경제주체가 합리적으로 행동한다 하더라도 전체로서는 반드시 바람직한 결과를 가져오는 것은 아님
신자유주의	• 석유파동으로 인해 정부 경제정책의 실효성이 떨어지면서 등장함 • 정부규제의 완화, 복지축소 등을 주요 골자로 함 • 자유방임주의에서 나타났던 빈부격차와 같은 문제점이 재현될 조짐을 보임

ⓜ 신자유주의(80년대): 73년, 79년 석유파동으로 인한 경기침체를 해결하기 위해 등장하였고 정부개입의 비효율성(정부의 실패)을 줄이기 위해 규제를 줄이고 복지를 축소함을 특징으로 한다.

② 사회주의 경제체제

㉠ 사상: 마르크스는 모든 잉여생산물은 노동자의 노동을 통해서만 창출되므로 이를 산출한 노동자에게 돌아가야 한다면서 이를 위해서 사유재산제의 폐지를 주장했다.

㉡ 성립: 레닌에 의해 주도된 러시아혁명의 정치·경제 이념으로 마르크스의 이론이 채택되어 성립되었고 제2차 세계대전 이후 동유럽국가 등으로 확산되었다.

㉢ 특징: 중앙정부가 경제활동 전반을 계획하고 통제한다. 생산수단은 국유화되고 정치지도자나 정부관리가 모든 경제적 의사를 결정한다.

㉣ 문제점: 자원의 배분과 가격의 결정이 중앙계획기구의 계획에 의해 결정되어 비능률과 불합리성이 심화된다는 점이다. 즉 자원의 비효율적인 배분과 관료주의의 폐단을 초래한다.

(4) 현대정부의 과제

① 신자유주의의 결과와 반대 목소리　　근래의 신자유주의는 정부의 역할이 축소되어 다시금 사회적 약자에 대한 배려가 줄게 되자 빈부격차가 재차 심화되고 있어 소위 20 : 80 현상이 등장하고 있다. 이에 세계 각국의 비정부기구(NGO)들이 연대하여 신자유주의를 반대하는 목소리를 표출하고 있다. 이들은 소외계층과 약소국의 배려를 강력히 주장하고 있다.

② 현대정부의 과제

㉠ 개입주의: 자유방임주의하의 시장경제가 나타낸 문제점을 해결하기 위해 큰 정부를 지향하자는 이념이다.

㉡ 비개입주의: 큰 정부가 가지고 있는 관료제적 폐단을 줄이기 위해 작은 정부를 지향하자는 이념이다.

㉢ 현대정부의 과제: 결국은 개입주의와 비개입주의의 조화이다. 즉 시장의 실

패와 정부의 실패를 동시에 해결하여 시장과 정부의 개입이 균형을 유지하고 전 국민의 생존권이 보장되면서, 자유권이 희생되지 않는 정부 재정규모와 구조를 모색하고 생산적 복지 · 근로복지 · 제3의 길의 이념을 추구하여 효율성과 형평성, 경제성장과 분배의 정의의 동시실현을 이루어야 할 것이다.

2. 남북한의 경제체제 비교

남한은 자본주의 시장경제체제를 기본으로 하는 혼합경제체제로서, 경제적 유인을 수단으로 하여 개인과 기업의 자발적인 선택을 중시하고 정부의 적절한 지원(경제개발 5개년 계획의 수립 및 시행 등)과 개방경제의 추구(해외시장 중시, 수출 장려)하여 높은 경제성장과 1인당 국민소득의 증가(87달러(1962년), 9,628달러(2000년))와 교역규모의 증대가 나타나고 있다.

반면 북한은 사회주의 계획경제체제를 기본으로 하는 혼합경제체제로서 개인과 기업의 창의성을 무시하여 경제의 효율성이 저하되고 막대한 국방비(자원의 비효율적인 배분)와 폐쇄경제(경쟁력 강화를 위한 유인동기 부족)로 장기적인 경기침체에 의해 1990년대 들어 경제성장률이 마이너스(−)를 기록하고 2000년 현재 1인당 국민소득이 757달러에 불과하다.

제2편 ≪
시장과 경제활동

≫ 제1장
시장가격의 기능

1. 시장의 의미와 종류

(1) 시장(市場)의 의미

수요자와 공급자 사이에 재화와 용역(서비스)의 거래가 이루어지는 장소(구체적 시장) 또는 관계(추상적 공간)를 말한다. 시장경제체제에서는 개별경제주체들이 시장에서 형성되는 가격에 의해 생산·분배·지출 등의 경제활동을 영위한다.

(2) 시장의 종류

1) 상품의 종류에 의한 종류

① **생산물 시장**　　가방, 신발, 의류 등과 같이 재화와 서비스가 거래되는 시장
② **생산요소 시장**　　노동, 토지, 자본 등의 생산요소가 거래되는 시장

2) 장소에 의한 종류

① **국내시장**　　한 나라 안에서의 내수시장
② **해외시장**　　개방경제를 통한 수출시장

3) 경쟁형태에 의한 종류

① **완전경쟁시장**　　다수의 수요자와 공급자가 존재하며 개별기업은 시장가격에 영향력을 행사할 수 없는 가격수용자이다. 약간의 곡물시장이나 주식시장이 이에 해당된다.
② **독점시장**　　하나의 공급자만이 시장을 점유하는 형태로서 독점하는 기업은 공급량 조절을 통해서 시장가격을 조절하는 가격결정자이다. 전기나 철도 등이 이

에 해당된다.

③ **과점시장** 　소수의 공급자가 시장을 점유하고 기업들 간의 높은 상호 의존성으로 담합 가능성이 큰 시장이다. 전자제품이나 자동차업 등이 이에 해당된다.

④ **독점적 경쟁시장** 　다수의 공급자가 차별화된 다양한 상품을 공급하고, 수요자가 다양한 공급자 중의 하나를 독점하는 단골시장의 형태로서 미장원, 병원, 약국 등이 이에 해당된다.

4) 경쟁형태에 따른 비교

구분	완전경쟁시장	독점시장	과점시장	독점적 경쟁시장
공급자의 수	다수	하나	소수	다수
상품의 질	동질	동질	동질, 이질	이상품 차별화
시장참여	항상 가능	불가능	어려움	가능
시장정보	완전	불완전 (정보비대칭)	불완전 (정보비대칭)	불완전 (정보비대칭)
가격통제력	없음(가격순응)	큼(가격설정)	작음	작음
비가격 경쟁	없음	없음	강함	매우 강함
특징	• 가격이나 품질에 대한 완전한 정보가 주어짐 • 수요자와 공급자 모두 가격순응자에 해당함 • 동질의 상품을 하나의 가격으로 거래함(일물일가의 법칙) • 자원의 효율적 배분 달성	• 공급자는 가격결정자임 • 완전경쟁시장에 비해 가격은 높게, 생산량은 적게 결정(자원의 비효율적 배분) • 가격차별화 정책 • 독점기업은 한계수입과 한계비용이 일치하는 수준에서 상품공급	• 담합(카르텔)이 발생하기도 함 • 다른 기업의 반응을 예측하여 행동: 한 기업의 행동이 다른 기업의 행동에 미치는 영향력이 큼	• 수요자의 다양한 욕구충족(상품의 차별화) • 단기적으로는 초과이윤이 보장되나, 장기적으로는 새로운 기업이 진입하여 초과이윤이 소멸함 • 비가격 경쟁 치열(품질, 디자인, 공고, 포장 등)
근접한 사례	일부 농산물 시장, 주식시장 등	전력, 철도	가전제품, 자동차, 정유회사, 이동통신 등	주유소, 미용실, 단골술집 등

2. 시장의 구체적인 특징

(1) 완전경쟁시장

1) 수요자 · 공급자: 다수

완전경쟁시장에서의 수요자와 공급자는 다수이다. 여기에서의 다수란 너무나 많은 수라서 수요자와 공급자는 시장가격에 전혀 영향력을 행사할 수 없을 정도의 다수를 말하며, 수요자와 공급자는 시장가격의 순응자이다. 이러한 수요자와 공급자는 시장의 진출입이 자유롭다.

2) 상품: 동질성

완전경쟁시장에서 거래되는 상품은 동질이다. 따라서 시장에서는 하나의 상품에는 하나의 가격만이 형성된다(일물일가원칙).

3) 시장에 관한 완전한 정보

상품의 질이 동질이며 시장에서의 정보는 완벽하여 광고는 불필요한 시장이다.

(2) 독점시장

1) 공급자: 단 하나

하나의 공급자가 시장을 점유한다. 따라서 독점기업의 생산량은 시장의 총공급량에 해당되어 시장지배력이 가능하다.

2) 기업의 가격결정력

기업의 생산량은 시장의 총공급량에 해당되어 기업은 생산량을 통해 가격에 영향력을 행사할 수 있다.

3) 가격차별화

동일한 상품의 가격을 시장별로 가격을 각각 다르게 책정하는 것을 말한다. 이때 시장은 장소적 시장(수출시장, 내수시장)만 의미하는 것이 아니라 시간에 따른 시장(조조할인, 심야할증요금), 대상에 따른 시장(단체할인, 청소년할인 등)의 분할도 이에 해당된다. 가격차별화 정책이 성공을 거두기 위해서는 분할된 시장 간에 수요의 탄력성이 달라야 한다. 수요의 가격탄력성이 큰 시장은 가격을 인하해 줌으로써 기업의 매출액을 증대시킬 수 있고 수요의 가격탄력성이 작은 시장은 가격을 인상하여 기업의 매출액을 증대시킬 수 있다.

4) 규모의 경제와 범위의 경제

① 규모의 경제 　규모의 경제란 생산규모가 커질수록 평균비용이 낮아지는 경우이다. 반면 생산규모가 커질수록 생산단가가 높아지는 경우는 규모의 불경제라고 한다. 독점시장은 경쟁시장보다 규모의 경제가 더 크게 작용한다. 특히 규모의 경제가 현저해서 두 개 이상의 기업이 살아남기 힘들기 때문에 자연스럽게 형성된 독점체제를 자연독점이라고 한다.

② 범위의 경제 　공동의 설비를 활용하여 여러 가지 제품을 생산한다는 의미로 범위의 경제가 크게 나타나는 것은 결합생산물의 경우이다. 상품의 성격상 같은 기업에 의해서 함께 생산하는 것이 유리한 경우이다. 생산과정에서 생산기계, 생산시설, 유통망 등과 같이 공동으로 사용될 수 있는 투입요소가 존재할 때 범위의 경제가 커진다. 예를 들면 가죽 구두와 핸드백, 가죽 장갑 등을 제조하는 경우가 이에 해당된다.

💡 보충 ◇◇

● **완전경쟁기업과 독점기업의 수요곡선**

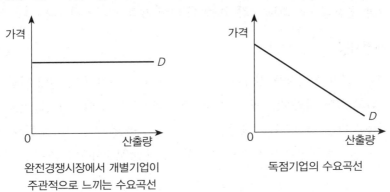

완전경쟁시장에서 개별기업이　　　　독점기업의 수요곡선
주관적으로 느끼는 수요곡선

완전경쟁시장에 참여하고 있는 개별기업이 주관적으로 느끼는 수요곡선은 수평선이다.

가 개별기업은 주어진 시장가격에 순응하는 가격수용자이며, 경쟁시장에서 각 기업이 공급하는 모든 상품은 서로 완전대체재이기 때문에 개별기업이 느끼는 주관적 수요곡선은 무한탄력적이다.

독점기업은 시장의 유일한 공급자이기 때문에 기업이 직면하는 수요곡선은 시장수요곡선 자체가 되며, 따라서 수요곡선은 우하향한다. 그러므로 독점기업이 판매량을 늘리려면 시장가격을 낮추어야 한다.

━━━

(3) 독점적 경쟁시장

1) 수요자 · 공급자: 다수

다수의 수요자와 공급자가 경쟁하는 시장이다. 다만 다수의 수요자가 다수의 공급자의 하나씩을 독점하는 단골시장의 형태이다.

2) 상품의 차별화

기업이 자신들의 고객확보를 위해서 상품의 품질 및 재료, 디자인 및 서비스 등을 통해서 다른 상품과 차별성을 갖도록 하는 것이다. 상품 차별화는 독점적 경쟁시장에서 가장 많이 볼 수 있다. 그리고 과점시장에서도 나타나기도 한다.

3) 장점 · 단점

㉠ 장점: 상품의 차별화로 수요자 기호에 맞는 소비가 가능하다.
㉡ 단점: 상품의 차별화로 시장지배력이 있어 가격이 다소 비싸다.

(4) 과점시장

소수의 공급자가 시장을 점유하고 있는 형태의 시장이다. 몇 개의 기업이 시장을 점유하고 있어 기업 간의 담합이 명시적 · 묵시적으로 이루어지고 있다. 한 기업의 행동은 다른 경쟁기업의 행동을 통해 생산 등을 결정하는데, 다른 기업의 행동을 예측하기 매우 곤란하고 유동성이 많아 일관된 설명이 곤란한 특징이 있다.

3. 시장의 원리

(1) 자유교환과 특화 및 분업의 원리

자유교환에 의해서 경제주체 간의 상호 의존성이 심화된다. 이러한 교환의 이점에 따라 비교우위에 있는 분야의 생산에 집중하는 특화화 작업을 나누어 맡는 분업이 이루어지게 된다.

(2) 이익추구의 원리

자유로운 교환활동은 개인의 이기심에 바탕을 둔다. 생산자는 이윤극대화를 추구하며, 소비하는 효용(만족)의 극대화를 지향한다. 이러한 경제주체들의 이익추구는 사유재산권의 보장을 통해서 제도적으로 뒷받침된다.

(3) 경쟁의 원리

생산자 간에는 이윤극대화를 위한 경쟁을 하고 소비자 간에는 만족의 극대화를 추구하는 경쟁이 이루어진다. 이러한 경쟁을 통해서 사회 전체적으로 한정된 자원의 효율적 배분이 가능하게 된다.

4. 시장가격과 자원배분

(1) 시장가격의 의미와 기능

1) 시장가격의 의미

시장에서 상품 한 단위와 교환되는 화폐의 단위이다. 재화와 서비스의 값이나 지대, 임금, 이자, 환율 등이 이에 해당된다. 이러한 시장가격에 영향을 주는 요인은 상품의 희소성, 상품의 생산비용, 상품 및 생산요소의 수요와 공급, 화폐에 대한 수요와 공급, 외화의 수요와 공급에 의해 결정된다. 일반적으로 상품의 희소성이 클수록 시장가격은 높아진다.

2) 시장가격의 기능

① **경제활동의 신호등 역할**　경제활동에 대한 정보제공 역할을 함으로써 시

징 참여자들에게 경제적 유인을 제공한다. 이를테면 어떤 재화의 가격상승은 공급자들에게는 해당 상품의 생산을 증가시키라는 신호이고 소비자에게는 소비량을 줄이라는 신호의 역할을 한다. 반대로 어떤 재화의 가격이 하락했다면 소비자에게는 소비를 증가시키고 생산자에게는 생산을 감소시켜야 한다는 의미를 부여하는 것이다.

② **효율적인 자원배분**　사회적으로 필요한 상품이 있다면 그 상품의 가격은 상승하게 될 것이고 기업은 가격이 상승한 품목의 생산을 증대시켜 사회적으로 필요한 쪽으로 필요한 만큼의 자원이 효율적으로 배분되는 결과를 가져오게 된다.

(2) 자원배분

1) 시장가격에 의한 자원배분

㉠ 생산물의 종류와 수량배분: 어떤 재화의 가격이 높다는 것은 그 재화가 소비자에게 필요하다는 정보를 제공하는 것이고 생산자는 그 재화를 생산하게 된다.

㉡ 생산요소의 배분: 생산요소의 가격을 고려하여 가장 비용이 적게 드는 생산방법을 선택하게 된다.

㉢ 생산물의 분배: 가장 높은 가격을 지불할 의사가 있는 사람에게 생산물을 공급하게 된다.

2) 정부에 의한 자원배분

① 조세정책

㉠ 직접세 부과: 소득세율을 인상하게 되면 세후 가처분소득(소득－세금)은 감소하여 소비가 감소하고 생산도 감소하게 된다. 법인세를 인상하게 되면 과세후 기업이익이 감소하게 되어 투자가 감소하고 생산이 감소하게 된다.

㉡ 간접세 부과: 사치품에는 세율을 인상하고 생활 필수품에는 세율을 인하하게 되면 사치품의 가격은 상승하게 되어 생산이 감소하고 소비도 감소하게 되지만 생필품의 가격은 하락하게 되어 생필품의 생산이 증가하게 되고 소비도 증가할 수 있게 된다.

② 가격정책

㉠ 의의: 시장에서는 가격에 의한 자원배분이 효율적이지만 비효율적인 자원배분이 초래되는 경우 이를 방지하기 위해 정부가 가격을 통제한다. 가격정책에는 최고가격제(가격 상한제), 최저가격제(가격 하한제), 농산물 가격 지지정책 등이 있다.

㉡ 최고가격제와 최저가격제

ⓐ 최고가격제: 가격의 상한선을 정하여 소비자를 보호하고자 하는 가격정책을 말한다. 이 가격은 균형가격 아래에 가격의 상한선을 설정하여 소비자를 보호하고 물가를 안정시키고자 하는 정책이다. 그러나 균형가격보다 낮은 가격 설정으로 인해 재화나 서비스의 품질이 떨어질 수 있다는 점과 초과수요로 인하여 암시장이 형성되면 실제의 거래가격은 균형가격보다 훨씬 높게 형성되어 오히려 소비자에게 피해를 안겨줄 수 있다. 재화의 부족은 선착순이나 추첨제, 정부에 의한 배급제가 있을 수 있으나 부족분은 정부에 의한 생산이나 수입으로 해결하는 방법도 있다.

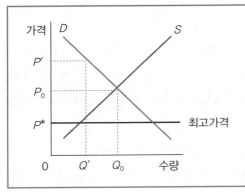

- 사례: 최고 이자율 정책, 전세가 상한제 등
- 특징: 암시장이 형성될 수 있음(암가격 P'), 공급부족에 대비
- 초과수요 해결방법: 선착순, 배급제, 추첨제 등

ⓑ 최저가격제: 가격의 하한선을 정하여 생산자를 보호하고자 하는 정책으로서 균형가격 위에 가격의 하한선을 설정한다. 이 제도는 공급과잉으로 인한 가격폭락을 방지하여 생산자를 보호하고 적정한 임금을 보장하여 노동자의 생계를 보호하기 위한 제도이다. 그러나 재화의 초과공급이 발생하게 되어 초과공급분이 해소되지 않으면 시장에서 가격의 폭락으로 이어져 오히려 생산

지를 보호하지 못하게 된다. 또한 최저임금제의 경우 비자발적인 실업이 증가하게 되어 비숙련공의 해고가 증가하게 되고 근로자의 노동후생이 더 감소하게 될 수도 있다.

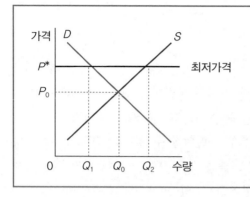

- 사례: 최저곡가제, 최저임금제
- 특징: 초과공급의 처리문제 발생(농산물의 경우 $Q_1 \sim Q_2$만큼 정부가 매입해야 됨), 공급과잉에 대비하여야 한다.
- 초과수요 해결방법: 정부수매, 정부의 보조금 지급

ⓒ 농산물 가격정책: 농산물 가격은 수요와 공급이 모두 비탄력적이어서 폭등과 폭락이 심한 품목이다. 따라서 정부의 가격정책이 필요하다. 풍년시에는 농산물 가격이 폭락하게 되어 과잉 공급분의 수매를 통해 가격의 폭락을 방지하고 농민소득을 보전한다. 반면 흉년시에는 가격이 폭등하게 되어 수요 부족분의 방출을 통해 가격의 폭등을 방지하고 농산물 가격을 안정시킨다.

③ **외부효과**   환경오염과 같은 해로운 외부효과를 발생시키는 경제활동에 대한 세금강화로 사회적 비용을 최소화하며 이로운 외부효과에 대한 정부의 지원정책을 펼침으로써 자원을 배분한다.

④ **공공재 공급**   시장에 맡겨 두면 충분한 생산이 이루어지지 못하는 공공재를 정부가 생산하고 공공재의 비배제성과 비경합성으로 인한 생산부족과 무임승차의 문제를 정부의 생산으로 해결한다.

≫ 제2장
시장가격의 결정과 변동

1. 시장의 수요와 공급

(1) 시장의 수요

1) 수 요

수요란 경제주체가 상품을 구입하고자 하는 욕구를 말하는데, 이는 일정기간에 구입하는 양(量)으로 나타낸다. 이러한 욕구는 특정 상품을 사려는 의지와 실제로 살 수 있는 구매능력을 갖춘 욕구를 의미한다.

2) 수요량

각각의 가격수준에 따라 구매하고자 하는 수량을 수요량이라고 한다. 수요자가 상품을 구입할 때 고려해야 할 사항 중 가장 중요한 것은 구입하고자 하는 가격 이다.

3) 시장의 수요량

개별 소비자의 수요량을 모두 합한 것이다.

4) 개별 수요자의 수요곡선

가격의 변화와 그에 따른 각 소비자의 수요량의 변화 관계를 그래프에 나타낸 것이다.

5) 시장수요곡선

개별 수요자의 수요곡선을 모두 합한 것이다. 개별 수요곡선의 수평적 합이 된다.

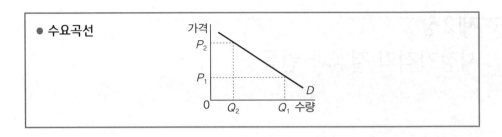

● 수요곡선

6) 수요의 법칙(law of demand)

가격을 제외한 다른 조건이 같다면 소비자는 대체로 상품의 가격이 높아질 때 수요량을 줄이고 상품의 가격이 낮아질 때 수요량을 늘린다. 이러한 가격과 수요량 사이의 역의 관계를 수요법칙이라고 하며, 수요법칙이 적용되는 그래프의 모양은 우하향 형태를 띤다.

7) 수요법칙의 예외

① **매점(가수요, 사재기)**   물가가 지속적으로 상승하거나 장래에 초과수요가 발생할 것을 예상하여 미리 구입해 두고자 하는 예상 수요이다. 사재기나 투기적 수요가 이에 해당된다. 따라시 일정가격 수준 이상에서는 수요곡신이 우상향의 형태가 된다.

② **기펜재(Giffen goods)**   열등재 중 소득효과로 인한 소비량 감소가 대체효과로 인한 소비량 증가분보다 더 큰 재화를 말한다. 일정가격 수준 이하에서 그래프는 가격과 수량은 같은 방향으로 움진인다.

③ **위풍재**   자신의 부를 과시하기 위해서 상품가격이 비쌀수록 수요량이 증가하는 경우이다. 고가품 · 사회적 지위의 상징성을 내포하는 제품 등이 이에 해당되고 일정가격 수준 이상에서는 수요곡선이 우상향의 형태가 된다.

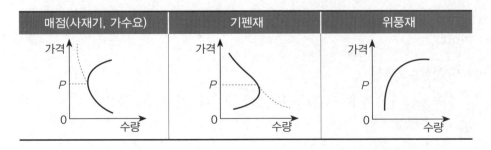

매점(사재기, 가수요)	기펜재	위풍재

보충

● 소득효과

상품가격이 하락하면 소비자는 그 만큼 상품을 더 구입할 수 있고 실질소득이 증가한 것과 같은 효과라고 해서 소득효과라고 한다. 즉, 가격의 하락이 소비자의 실질소득을 증가시켜 그 상품의 구매력이 늘게 된다. 이는 소득이 증가하여 수요가 증가하는 효과와 동일하다.

가령 쌀값이 떨어졌다면 일정한 화폐소득하에서는 실질소득의 증가를 의미하고, 통상적으로는 이에 따라 쌀의 수요도 늘어난다. 이처럼 어떤 상품의 가격변화가 실질소득의 변화를 통하여 각 상품의 수요에 영향을 미칠 경우, 그 효과를 소득효과라고 한다.

● 대체효과

동일한 용도의 물건이 있을 때, 예컨대 버터와 마가린의 경우 버터 값이 내리면 마가린을 사던 사람이 버터를 사게 되는 경우 또한 쌀값이 떨어지면 다른 상품에 비하여 쌀이 상대적으로 저렴해지므로(상대가격이 하락), 빵을 비롯한 다른 주식 대상재 가격의 변화가 각 상품의 수요변화에 영향을 미칠 경우, 그 효과를 대체효과라고 한다

소득효과＋대체효과＝가격효과

(2) 시장의 공급

1) 공   급

생산능력을 갖춘 경제주체가 일정기간 동안 상품을 판매하고자 하는 욕구이다.

2) 공급량

특정 가격 수준에서 생산자들이 판매할 의사가 있는 상품의 양이다.

3) 시장의 공급량

개별 생산자들의 공급량을 수평으로 모두 합한 것이다.

4) 개별 공급자의 공급곡선

가격의 변화와 그에 따른 각 생산자의 공급량의 변화 관계를 그래프로 나타낸 것이다.

5) 시장의 공급곡선

개별 공급자의 공급곡선을 모두 합한 것이다. 개별 공급곡선의 수평적 합이므로 좀 더 완만한 형태가 되지만, 우상향하는 것은 동일하다.

6) 공급의 법칙

가격을 제외한 다른 조건이 같다면 생산자는 대체로 상품의 가격이 높아질 때 공급량을 늘리고 가격이 낮아질 때 공급량을 줄인다. 이러한 가격과 공급량 사이의 정(正)관계를 공급법칙이라고 하며, 공급의 법칙이 적용되는 공급곡선은 우상향하는 형태를 띠게 된다.

7) 공급법칙의 예외

① **매석** 상품가격이 계속 오를 것이 예상되는 경우, 가격이 충분히 오른 다음 판매하기 위해 공급량을 줄이는 현상을 말한다.

② **노동의 공급** 일정수준 이상의 임금이 보장되면 여가를 즐기려는 성향 등으로 인해 아무리 임금이 상승하여도 노동공급량은 늘어나지 않는 현상이다.

③ **골동품이나 딘기 주택시상** 가격이 아무리 변해도 공급량이 고정되는 속성이 강하여 공급의 가격탄력성이 0인 현상이다.

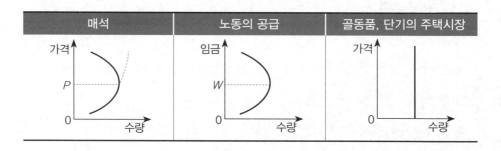

(3) 시장균형

1) 초과공급(Excess supply)

공급량이 수요량보다 많아 상품이 남는 상황이다. 이러한 때에는 값을 낮추어 판매하려는 공급자들에 의해 시장가격이 하락하고 초과공급량이 없어져 균형을 이룰 때까지 지속된다.

2) 초과수요(Excess demand)

수요량이 공급량보다 많아 상품이 부족한 상황이다. 높은 가격을 지불하고도 사려는 수요자들에 의해 시장가격이 상승한다. 이 과정은 초과수요량이 없어져 균형을 이룰 때까지 지속된다.

3) 수요 · 공급의 법칙(Law of demand and supply)

수요량과 공급량이 맞지 않는 초과수요와 초과공급 상태를 통틀어 불균형상태라고 한다. 불균형상태에서 가격이 조정되어 균형상태에 도달하게 된다. 이와 같이 어느 상품에 대한 수요와 공급이 일치하도록 그 상품의 가격이 조정되는 현상을 수요 · 공급의 법칙이라고 한다.

4) 시장균형의 경제적 의의

① **균형가격과 균형거래량**　수요량과 공급량이 일치하는 경우에서 이루어지는 가격과 거래량이 균형가격과 균형거래량이다. 균형은 소비자들에 의한 '수요의사'와 생산자들의 '공급의사'가 맞아떨어지는 현상이다. 따라서 균형이 형성된 가격에서 가격이 제시하는 바에 의해 소비자는 원하는 만큼의 상품구매가 가능하고 공급자 또한 원하는 만큼의 상품을 공급할 수 있게 된다.

그래프에서 균형상태는 수요곡선과 공급곡선이 만나는 점으로 나타난다. 이 점이 나타내는 가격이 시장의 균형가격이고, 이때의 시장의 거래량이 시장의 균형거래량이다.

② **효율적 자원배분**　희소한 자원이 가장 효율적으로 적정하게 배분되었음을 의미한다.

2. 수요·공급의 변동과 시장균형의 이동

(1) 수요량과 수요의 변동

1) 수요량의 변동

그래프에서 수요곡선상의 점의 이동으로 나타난다. 해당 상품의 가격이 변해서 해당 상품의 수요량이 변화하는 경우이다. 즉 수요법칙에 따른다면 해당 상품의 가격이 높아지면 수요량은 줄어들고 해당 상품의 가격이 낮아지면 수요량은 늘어나는 것을 수요량의 변동이라고 한다. 다시 말하면 수요량의 변화는 수요곡선상의 이동으로 나타나는 것이 일반적 현상이다.

2) 수요의 변동

수요의 변동가격 이외의 요인에 의해 일어나므로 그래프에서는 수요곡선 자체의 이동으로 나타난다. 이와 같이 상품수요에 영향을 미치는 여러 가지 요인 중 가격이 아닌 다른 요인에 의해 일어나는 상품수요의 변동을 수요의 변동이라고 한다.

3) 수요량과 수요의 변동

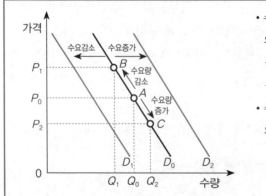

- 수요의 변동: D_0에서 D_1 혹은 D_2로의 곡선 자체 이동
  - 증가 → 곡선의 오른쪽 이동
  - 감소 → 곡선의 왼쪽 이동
- 수요량의 변동: A에서 B 혹은 C로의 점의 이동

4) 수요의 변동요인

	수요의 증가	수요의 감소
그래프 이동	수요곡선이 오른쪽으로 이동	수요곡선이 왼쪽으로 이동
원인	• 정상재인 경우, 소득수준의 향상 • 대체재의 가격상승 • 보완재의 가격하락 • 인구증가 • 기호 및 선호의 증가 • 정부보조금 증가	• 정상재인 경우, 소득수준의 하락 • 대체재의 가격하락 • 보완재의 가격상승 • 인구감소 • 기호 및 선호의 감소 • 정부보조금 감소

(2) 공급량과 공급의 변동

1) 공급량의 변동

공급이란 생산자가 상품을 판매하고자 하는 욕구를 말하고, 공급량이란 판매능력을 가진 자가 일정기간에 판매하고자 하는 최대수량을 말한다. 이 공급량은 그래프에서 공급곡선상의 이동으로 나타난다.

다른 모든 조건이 일정불변이면 어떤 상품의 공급량은 그 상품의 가격변화에 직접적으로 영향을 받는다. 공급량의 변동은 해당 상품의 가격이 변해서 해당 상품의 공급량이 변화하는 경우이다. 즉 공급의 법칙을 따른다면 해당 상품의 가격이 높아지면 공급량이 늘어나고 해당 상품의 가격이 낮아지면 공급량이 줄어드는 것을 공급량의 변동이라고 한다.

2) 공급의 변동

상품공급에 영향을 미치는 여러 가지 요인 중에서 가격이 아닌 다른 요인에 의해서 일어나는 상품공급의 변동을 공급량의 변동과 구분해서 공급의 변동이라고 한다. 공급의 변동은 공급량의 변동과 달리 가격 이외의 요소가 변함으로써 일어나는 것이다. 공급의 변동은 그래프에서 공급곡선 자체의 이동으로 나타난다.

3) 공급량과 공급의 변동

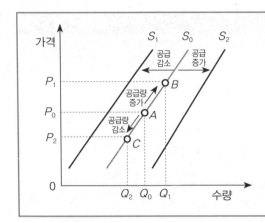

- 공급의 변동: S_0에서 S_1 혹은 S_2로의 곡선 자체 이동
  - 증가 → 곡선의 오른쪽 이동
  - 감소 → 곡선의 왼쪽 이동
- 공급량의 변동: A에서 B 혹은 C로의 점의 이동

4) 공급의 변동 요인

	공급의 증가	공급의 감소
그래프 이동	공급곡선이 오른쪽으로 이동	공급곡선이 왼쪽으로 이동
원인	• 생산비의 감소(기술혁신) • 생산요소 가격하락 • 상품증산(增産) • 정부보조금 지급 • 기업가의 낙관적 전망	• 생산비의 증가 • 생산요소 가격상승 • 상품감산(減産) • 정부의 세금부과 및 세율인상 • 기업가의 비관적 전망

(3) 시장에서 균형가격의 변동

구분	수요의 변동		공급의 변동	
	수요의 증가	수요의 감소	공급의 증가	공급의 감소
균형가격	상승	하락	하락	상승
균형거래량	증가	감소	증가	감소

균형가격	수요량과 공급량이 서로 일치하는 수준에서 형성되는 가격(= 시장가격)		
균형거래량	수요와 공급이 일치하는 수준에서의 거래량		
초과수요	수요량>공급량 → 가격상승		
초과공급	수요량<공급량 → 가격하락		

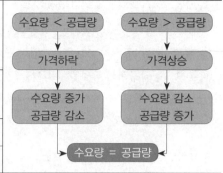

| 연필의 가격, 수요량, 공급량 | (단위 : 천 개)

가격 (원/자루)	수요량	공급량	초과공급/ 초과수요
350	70	114	초과공급
300	74	108	초과공급
250	80	100	초과공급
200	90	90	0
150	108	76	초과수요
100	135	60	초과수요

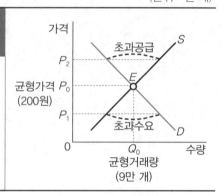

🔍 보충

● **균형가격의 변동**

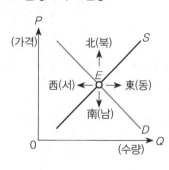

① 東(동)쪽 방향으로 이동하는 경우 → 수요(D)증가, 공급(S)증가

② 西(서)쪽 방향으로 이동하는 경우 → 수요(D)감소, 공급(S)감소

③ 南(남)쪽 방향으로 이동하는 경우 → 수요(D)감소, 공급(S)증가

④ 北(북)쪽 방향으로 이동하는 경우 → 수요(D)증가, 공급(S)감소

⑤ 수요·공급곡선의 동일한 평행이동

   ┌ 좌로 평행이동 → 가격불변, 거래량 감소
   └ 우로 평행이동 → 가격불변, 거래량 증가

⑥ 수요·공급곡선의 동일한 수직이동

   ┌ 위로 평행이동 → 가격상승, 거래량 불변
   └ 아래로 평행이동 → 가격하락, 거래량 불변

● **수요곡선과 공급곡선의 동시 이동**

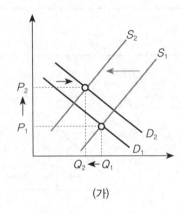 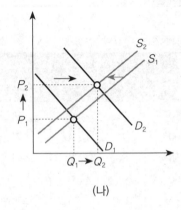

(가)   (나)

- 시장에서 어떤 변화가 발생하여 수요가 증가하고 공급이 감소하는 경우는 (가)와 같이 가격상승, 거래량 감소를 가져오는 경우와, (나)와 같이 가격상승, 거래량 증가를 가져 오는 경우를 생각해 볼 수 있다.
- (가)의 경우는 수요는 소폭 증가했으나, 공급이 대폭 감소한 경우로 이러한 경우에는 가격은 상승하나 거래량은 감소하게 된다.
- (나)의 경우는 수요는 대폭 증가하였으나, 공급이 소폭 감소한 경우로 이러한 경우에 는 가격이 상승하고 거래량도 증가하게 된다.
- 즉, 수요가 증가하고 공급이 감소하였다 하여도 수요와 공급의 변화 정도에 따라 거래 량의 변화는 다르게 나타난다.

3. 여러 재화의 특성

(1) 관련되는 다른 재화의 가격에 따른 구분

1) 연관재

① 대체재

㉠ 의미: 용도가 비슷하여 서로 바꿔서 사용이 가능한 재화의 관계이다.

㉡ 수요의 변동: 한 재화의 가격이 상승하면 그 재화의 수요량은 감소하고 대체관계에 있는 다른 재화의 수요는 증가한다. 반대로 한 재화의 가격이 하락하면 그 재화의 수요량은 증가하고 대체관계에 있는 다른 재화의 수요는 감소한다. 즉, 한 재화의 가격과 다른 재화의 수요는 서로 같은 방향으로 변화하는 특징을 가진다.

㉢ 사례: 버스와 기차, 볼펜과 연필, 커피와 홍차 등

② 보완재

㉠ 의미: 함께 사용하면 만족감이 더 커질 수 있는 재화의 관계이다.

㉡ 수요의 변동: 한 재화의 가격이 상승하면 그 재화의 수요량은 감소하고 보완관계에 있는 다른 재화의 수요도 감소한다. 한편 한 재화의 가격이 하락하면 그 재화의 수요량은 증가하고 보완관계에 있는 다른 재화의 수요도 증가한다. 결론적으로 한 재화의 가격과 다른 재화의 수요는 반대의 방향으로 움직인다.

㉢ 사례: 커피와 설탕과 프림, 자동차와 휘발유 등

2) 독립재

① 의미   사용상 관련성이 없이 독자적인 목적으로 사용되는 재화를 말한다.

② 수요의 변동 여부   한 재화의 가격상승(하락)에 따른 그 재화의 수요량의 감소(증가)에 관계없이 다른 재화의 수요는 일정한 형태이다. 다시 말해서, 한 재화의 가격이 변화해도 다른 재화의 수요는 아무런 변화가 없는 재화를 말한다.

③ 사례   커피와 소금, 자동차와 운동화 등

- **대체재, 보완재, 독립재**
  - 수요의 교차탄력성=B재 수요 변화/A재의 가격변화
    - '+'(양의 관계, 비례관계, A재의 가격상승시 B재의 수요의 증가): 대체재
    - '-'(음의 관계, 반비례 관계, A재의 가격상승시 B재의 수요의 감소): 보완재
    - '0' 또는 '무한대': 독립재

(2) 소득수준에 따른 구분

1) 정상재
소득이 증가하면 수요가 증가하고 소득이 감소하면 수요가 감소하는 재화이다.

2) 열등재
소득이 증가하면 수요가 감소하고 소득이 감소하면 수요가 증가하는 재화이다.

- **정상재, 열등재**
  - 수요의 소득탄력성=수요의 변화/소득의 변화
    - '+'(양의 관계): 정상재
    - '-'(음의 관계): 열등재

제3장
수요와 공급의 탄력성

1. 수요의 가격탄력성

(1) 의   미

가격변동에 따른 재화와 서비스의 수요량이 변하는 민감도를 말한다. 즉 수요의 가격탄력성은 한 상품의 가격이 변화할 때 그 상품의 수요량이 얼마나 변하는가 하는 문제이다.

(2) 계   산

$$\text{수요의 가격탄력성} = \frac{\text{수요량의 변동률(\%)}}{\text{가격의 변동률(\%)}} = \frac{\dfrac{\text{수요량 변동분}}{\text{원래 수요량}} \left(\dfrac{\varDelta Q}{Q}\right)}{\dfrac{\text{가격 변동분}}{\text{원래 가격}} \left(\dfrac{\varDelta P}{P}\right)}$$

(3) 탄력성의 크기와 수요곡선

1) 의   미

탄력성의 크기와 수요곡선의 기울기는 반대의 관계이다. 수요곡선이 완만하여 기울기가 작으면 탄력성은 크고, 수요곡선이 경사가 급해서 기울기가 크면 탄력성이 작다.

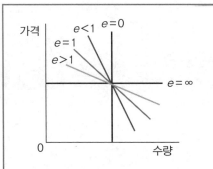

- $e>1$: 탄력적(사치품, 공산품 등)
  → 기울기 완만할수록
- $e<1$: 비탄력적(생필품, 농산물 등)
  → 기울기 급할수록
- $e=1$: 단위탄력적
- $e=\infty$: 완전탄력적
- $e=0$: 완전비탄력적

※ 수요탄력성은 일반적으로 ① 대체재가 많을수록, ② 소득 중 비중이 클수록, ③ 내구재일수록, ④ 용도가 다양할수록, ⑤ 소비자가 가격변화에 대응할 시간이 장기간일수록, ⑥ 생산기간이 단기간(공산품)일수록 탄력적($e>1$)이다.

2) 구체적 내용

① 완전비탄력적 수요: $e=0$

가격이 변해도 수요량은 전혀 변하지 않는 경우이다. 가격에 상관없이 항상 정해진 양을 구매하는 성량 구매가 이에 해당된다. 수요곡선은 일정한 지점에서 수직선 형태를 띤다.

② 비탄력적 수요: $e<1$

가격의 변동률보다 수요량의 변동률이 더 작은 경우이다. 가격의 변동에 소비자들이 민감하게 반응하지 않는 상품으로서 가격이 올랐다고 해도 수요량을 줄이기 어려운 상품으로서 주로 생필품이나 농산물이 이에 해당된다. 그래프는 경사가 급하다.

③ 단위탄력적: $e=1$

가격이 변동하는 비율만큼 수요량이 변동한다. 즉 가격이 오르면 그 만큼 수요량을 줄이고 가격이 떨어지면 그 만큼 수요량을 늘리는 것이라서 가격에 상관없이 항상 일정한 액수만큼 구매하는 정액구매가 이에 해당된다.

④ 탄력적 수요: $e>1$

가격의 변동률보다 수요량의 변동률이 더 크다. 따라서 가격의 상승폭이 크지 않더라도 수요량을 많이 줄이는 사치품 등이 이에 해당된다. 그래프는 경사가 완만하다.

⑤ 완전탄력적 수요: $e = \infty$

가격의 변화가 없어도 수요량의 변화가 발생하는 경우이다. 그래프는 수평선이다.

(4) 수요의 가격탄력성의 크기와 기업의 판매수입

1) 의 의

① 가격변화에 따라 수요량의 변화가 민감할 수도, 민감하지 않을 수도 있어서 수요의 가격탄력성의 크기와 기업의 판매수입은 밀접한 관계가 있다.

② 탄력적인 경우 가격인하에 따른 수입의 감소분보다 판매량 증가에 따른 수입의 증가분이 더 커서 수입이 증가한다.

③ 비탄력적인 경우 가격인하에 따른 수입의 감소분이 판매량의 증가에 따른 수입증가분보다 더 크기 때문에 수입이 감소한다.

2) 탄력성과 기업의 수입관계

구분	가격인하	가격인상
완전비탄력적	가격하락률만큼 판매 수입감소	가격상승률만큼 판매 수입증가
비탄력적	수입감소	수입증가
단위탄력적	수입불변	수입불변
탄력적	수입증가	수입감소
완전탄력적	판매수입이 무한 증가	판매수입 없음

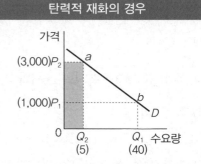

● 수요탄력성과 기업의 총수입의 관계

비탄력적 재화의 경우	탄력적 재화의 경우
가격이 P_1(1,000원)이면 가계의 총지출 (＝기업의 총수입)은 P_1(1,000원)$\times Q_1$(15개)＝15,000원 (□$0P_1bQ_1$)이 되고, 가격이 P_2(3,000원)이면 가계의 총지출 (＝기업의 총수입)은 P_2(3,000원)$\times Q_2$(10개)＝30,000원 (□$0P_2aQ_2$)이 된다. 따라서, 기업의 입장에서 총수입을 늘리려면 가격을 인상하면 된다.	가격이 P_1(1,000원)이면 기업의 총수입은 P_1(1,000원)$\times Q_1$(40개)＝40,000원 (□$0P_1bQ_1$)이 되고, 가격이 P_2(3,000원)이면 기업의 총수입은 P_2(3,000원)$\times Q_2$(5개)＝15,000원 (□$0P_2aQ_2$)이 된다. 따라서, 기업의 입장에서 총수입을 증가시키려면 가격을 P_2에서 P_1으로 인하하여야 한다.

2. 공급의 가격탄력성

(1) 의   미

가격변동에 따른 공급량이 변하는 민감도이다.

(2) 계   산

$$\text{공급의 가격탄력성} = \frac{\text{공급량의 변동률(\%)}}{\text{가격의 변동률(\%)}} = \frac{\dfrac{\text{공급량 변동분}}{\text{원래 공급량}}\left(\dfrac{\Delta Q}{Q}\right)}{\dfrac{\text{가격 변동분}}{\text{원래 가격}}\left(\dfrac{\Delta P}{P}\right)}$$

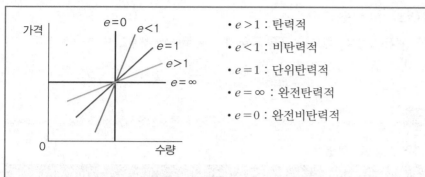

에 포함된 텍스트:

가격	• $e > 1$: 탄력적
$e = 0$ $e < 1$	• $e < 1$: 비탄력적
$e = 1$	• $e = 1$: 단위탄력적
$e > 1$	• $e = \infty$: 완전탄력적
$e = \infty$	• $e = 0$: 완전비탄력적
0 수량	

※ 주로 생산기간이 짧고, 저장이 용이하고, 생산비가 완만하게 증가하는 경우가 탄력적이다.

(3) 구체적 내용

1) 완전탄력적: $e = 0$

가격이 변해도 공급량이 변하지 않는 경우로서 수직선의 그래프 형태를 보인다. 골동품이나 단기 주택시장에서 나타난다.

2) 비탄력적: $e < 1$

가격변동률은 크지만 공급량의 변동률은 적은 경우로서 경사가 급한 형태의 그래프를 보인다. 가격이 상승해도 계절이나 기후의 특성상 공급량을 탄력적으로 늘릴 수 없는 농산물 등이 이에 해당된다.

3) 단위탄력적: $e = 1$

가격이 변동한 만큼 공급량이 변하는 경우로서 현실적으로 이러한 상품을 찾기 어렵다.

4) 탄력적: $e > 1$

가격변동률은 적지만 이에 공급량이 민감하게 변동하는 경우로서 경사는 완만한 형태의 그래프를 보인다. 가격변동에 민감하게 공급량을 변동시킬 수 있는 품목으로 공산품이 해당된다.

5) 완전탄력적: $e = \infty$

가격은 변동이 없는 데도 공급은 무한대로 변동하는 경우로서 그래프는 수평선의 형태이다. 이러한 상품은 현실적으로 찾기 어렵다.

💡 보충

● 균형가격 결정 원리의 응용

노동시장	외환시장
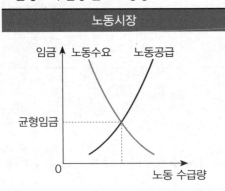	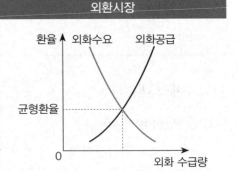
• 공급: 노동 가능 인구 중에서 실제로 일하고 있거나 일할 의사와 능력이 있는 사람 • 수요: 노동을 필요로 하는 기업 • 임금결정에 영향을 주는 기타 요인: 노동 생산성, 생계비, 기업의 지급 능력, 물가 수준 등	• 공급: 수출업자, 국내에 투자하는 외국인, 차관 도입, 국내로 들어오는 외국 관광객 등 • 수요: 수입업자, 해외에 투자하려는 국내인, 차관 상환, 해외에 여행 나가는 국내인, 해외에 송금하려는 국내인 등

금융시장	주식시장

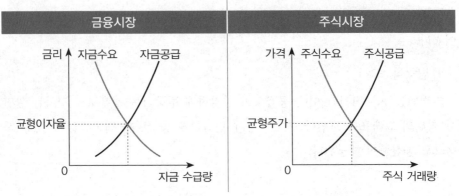

• 공급: 가계저축, 기업의 잉여자금, 한국 은행의 본원통화, 시중은행의 신용창조 (대출) 등이 공급원 • 수요: 기업의 투자자금, 가계 생활 자금 등	• 수요: 기업의 발전전망에 대한 기대치가 높아지면 주식매수세가 강해지면서 주가 는 상승 • 공급: 상장 혹은 보유주식 매각 등의 방법 으로 내다 팔려는 물량이 많아지면 주가는 하락

※ 이자율(금리) · 환율은 시장에서 결정되는 가격이나, 세율은 시장에서 결정되는 가 격이 아니라 조세법률주의에 의하여 국회에서 결정된다.

● 생산요소시장의 균형

(1) 토지시장

• 수요: 주로 기업이 공장 부지나 사무실 등을 마련하는 과정에서 발생하며 지대와 토지 수요량은 역(−)의 관계 → 기업의 투자 등에 따라 변동한다.

• 공급: 주로 가계가 지대나 임대료 수입을 얻으려는 과정에서 발생하며 지대와 토지공 급량은 정(+)의 관계 → 토지 관련 규제나 제도의 변화 등에 따라 변동한다.

(2) 노동시장

• 수요: 주로 기업의 생산을 위하여 발생하며 임금과 노동수요량은 역(−)의 관계 → 기 업의 투자 등에 따라 변동한다.

• 공급: 주로 가계가 근로소득을 얻으려는 과정에서 발생하며 임금과 노동공급량은 정 (+)의 관계 → 인구나 이주노동자 수 등에 따라 변동한다.

(3) 자본시장(금융시장, 자금시장, 대부자금시장)

• 수요: 주로 기업의 자금조달을 위하여 발생하며 이자율과 자본수요량은 역(−)의 관 계 → 기업의 투자 등에 따라 변동한다.

• 공급: 주로 가계가 이자수입 등을 얻으려는 과정에서 발생하며 이자율과 자본공급량 은 정(+)의 관계 → 물가나 미래 전망 등에 따라 변동한다.

● 잉여와 시장의 효율성

• 소비자잉여: 소비자가 어떤 상품을 구입하기 위해 최대로 지불할 의사가 있는 금액에 서 실제로 지불한 금액을 뺀 것을 말한다.

• 생산자 잉여: 생산자가 어떤 상품을 공급하면서 실제로 받은 금액에서 그 물건을 제공 하며 최소한 받고자 하는 금액을 뺀 것을 말한다.

● 소비자잉여와 생산자잉여

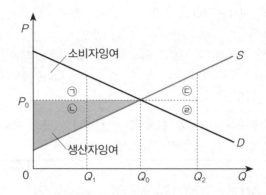

　　소비자들이 자발적으로 상품을 구입하는 것은 상품으로부터 얻는 효용이 가격으로 지불된 비용보다 더 크다는 것을 의미한다. 이처럼 소비자들이 상품을 구입함으로써 얻게 되는 효용에서 가격으로 지불한 비용을 뺀 것을 소비자잉여라고 한다. 생산자도 상품을 판매하여 이윤을 얻을 수 있다. 이윤은 상품의 판매수입에서 재화의 생산에 소요된 비용(기회비용)을 뺀 것으로 이것이 생산자잉여가 된다. 소비자가 느끼는 소비자잉여는 효용, 즉 만족감으로 나타나는 데 비해, 생산자가 얻는 잉여는 이윤이라는 금액으로 나타난다는 차이가 있다.

　　• 사회적 잉여: 시장에서 수요자와 생산자가 얻게 되는 소비자잉여와 생산자잉여를 합한 것(효율성: 시장의 균형상태에서 극대화 → 사회적 효율성 달성)

● 거래의 이득과 시장의 효율성

　　시장거래의 이득은 소비자잉여와 생산자잉여의 합으로서 경쟁시장에서 가장 크게 나타난다. 이것은 경쟁시장의 균형수준에서 자원이 가장 효율적으로 배분된다는 것을 의미하므로 경쟁을 기반으로 하는 시장경제체제가 효율성을 달성하기에 가장 적합

제4장
시장실패

1. 시장의 기능과 실패

  시장가격은 자원을 효율적으로 이용하게 할 뿐만 아니라 경제문제를 효율적으로 해결할 수 있게 한다(시장 효율성의 조건: 시장이 완전경쟁이어야 하고, 시장의 성과가 오직 수요자와 공급자에게만 주어져야 함). 그러나 시장기능의 한계로 자원이 효율적으로 배분되지 못하는 상황을 시장의 실패라고 한다. 즉 사회적 최적 수준보다 과대생산 또는 과소생산되고 있는 상태이다.

2. 시장실패의 유형

(1) 불완전경쟁시장(독과점)

1) 독과점시장

  하나 또는 소수의 기업이 다양한 진입장벽을 이용하여 시장지배력을 행사하는 시장이다.

2) 발생원인

  규모의 경제, 특허권 부여, 원재료 독점 등에 의해서 발생하는 경쟁이 제한된 시장이다.

3) 독과점의 문제점

  공급량 제한은 상품가격을 상승시키고 이러한 공급량 감소는 비효율적인 자원배분을 초래한다. 또한 경쟁기업이 없어 경쟁의 제한으로 기술개발·품질개선 노력 부족이라는 문제를 초래한다.

(2) 외부효과(externality)

1) 의   미

어떤 경제주체의 행동이 제3자의 경제적 후생에 영향을 미치고 그에 대한 보상이 이루어지지 않는 현상이다.

2) 종   류

㉠ 외부경제(이로운 또는 긍정적 외부효과): 제3자에게 의도하지 않는 혜택을 주면서도 대가를 받지 못하는 상태이다. 제3자에게 편익을 발생시켜 사회적 편익이 사적 편익보다 커서 시장거래량이 사회적 최적 수준에 미치지 못하는 상황이다.

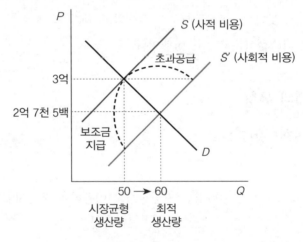

사례	과수원 주인이 3억원으로 과수원을 설치하였을 때 이웃에 사는 양봉업자가 과수원으로 인해 5천만원의 이익을 보았다면 과수원 설치의 사적 비용은 3억원이지만, 과수원 설치의 사회적 비용은 2억 5천만원이 된다. 그러나 양봉업자의 이익금 5천만원이 가격기구를 통해서 과수원 주인에게 지불되는 것은 아니다.
특징	사회적 편익 발생(사적 비용 > 사회적 비용)

특징	사회적 최적 생산량(가장 알맞은 생산량)보다 적게 생산됨 → 사적 비용에 제3자가 얻게 되는 이익을 고려하여 시장균형 거래량 이상으로 생산되어야 함
대책	보조금 지급이나 의무교육 확대 → 생산량 증대 유도

ⓛ 외부불경제(해로운 또는 부정적 외부효과): 제3자에게 의도하지 않은 손해를 입히고도 이에 대한 대가를 주지 않는 경우이다. 제3자에게 비용을 부담시켜 사회적 비용이 사적 비용보다 커서 시장거래량이 사회적 최적 수준보다 과대 생산되는 경우이다.

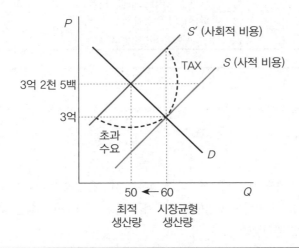

사례	공장 주인이 3억원으로 공장을 설치하였을 경우 아랫마을에 사는 양식업자가 공장 폐수로 인하여 5천만원의 손실을 보았다면 공장 설치의 사적 비용은 3억원이지만, 공장 설치의 사회적 비용은 3억 5천만원이다. 그러나 공장 주인이 손실금 5천만원을 가격기구를 통해서 양식업자에게 지불하는 것은 아니다.
특징	사회적 추가비용 발생(사적 비용 < 사회적 비용) 사회적 최적 생산량보다 많이 생산됨 → 사적 비용에 제3자가 입은 손실을 고려하여 시장균형 거래량 이하로 생산되어야 함
대책	시장기능을 활용한 정책: 쓰레기 종량제, 오염세 부과, 오염 배출권 거래(허용치 이하의 오염을 배출했을 경우 나머지만큼 다른 기업이나 지역에 매매할 수 있는 제도)

- **정리**

의 미	어떤 사람의 행동이 제3자에게 의도하지 않은 이익이나 손해를 가져다 주는 데도 이에 대한 대가를 지불하지도 받지도 않는 것		
	구분	**특징**	**사례**
종류 및 특징	생산 / 외부경제	사적 비용＞사회적 비용 과소생산(보조금지급)	과수원 주변의 양봉업자
	생산 / 외부불경제	사적 비용＜사회적 비용 과잉생산(조세부과)	세탁소 주변의 연탄공장
	소비 / 외부경제	사적 편익＜사회적 편익 과소소비(보조금지급)	사유지에 공원조성
	소비 / 외부불경제	사적 편익＞사회적 편익 과잉소비(조세부과)	타인의 흡연으로 인한 피해

보충

- **오염배출권제도**

1. **방　법**

① 정부가 오염배출 허용량을 설정하고 정부가 설정한 오염배출량만큼의 오염배출권을 발행한 다음 각 기업이 오염배출권을 가진 한도 내에서만 오염을 배출할 수 있도록 하는 방법을 말한다.

② 오염배출권제도가 시행되는 초기에는 각 기업이 정부로부터 오염배출권을 구입하도록 할 수도 있고 무료로 일정량의 오염배출권을 배부할 수도 있다.

③ 오염배출권제도하에서는 오염배출권의 자유로운 거래가 허용된다.

2. **효　과**

① 오염배출권의 자유로운 거래가 허용되면 시장에서 오염배출권 가격이 결정된다.

② 각 기업은 자신이 오염을 직접 줄이는 데 드는 비용과 오염배출권 가격을 비교하여 오염배출권의 매각 혹은 매입여부를 결정한다.

③ 오염배출권 가격보다 낮은 비용으로 오염을 줄일 수 있는 기업은 오염배출권을 시장에서 매각하고 자신이 직접 오염을 줄이는 반면,

④ 오염저감비용이 높은 기업은 오염배출권을 매입한 다음 오염을 배출하게 된다.

⑤ 오염배출권제도하에서는 낮은 비용으로 오염을 줄일 수 있는 기업이 오염을 줄이게
되므로 사회적으로 보면 적은 비용으로 오염을 일정수준으로 줄일 수 있게 된다.

⑥ 즉, 오염배출총량을 일정수준으로 규제하면서도 시장유인을 사용하여 적은 비용으로
오염을 줄일 수 있는 기업이 줄이도록 하는 방법이다.

⑦ 오염배출권제도는 미국 등 일부 선진국에서 시행 중에 있으며, 앞으로 각국으로 확산
될 전망이다.

● 간접세와 보조금 효과

1. 간접세(소비세) 부과 효과

소비세는 조세행정비용을 줄이기 위해 공급자에게 부과한다. 이때 공급자는 판매 후 세
금을 납부해야 하므로 세금은 공급의 기회비용으로 인식된다. 즉, 세금을 부과하면 단위당
간접세만큼 공급가격이 상승하므로 공급곡선이 상방으로 평행이동한다. 이로 인해 시장가
격은 상승하고 사회적 잉여(순편익)는 감소한다.

> 세금부과 후 공급가격 = 세금부과 전 공급가격 + 단위당 간접세

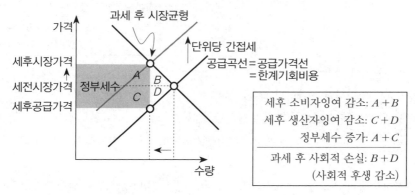

① 공급곡선이 상방으로 자체 이동

② 시장가격이 상승(물가상승 압력)

③ 시장가격 상승분만큼 소비자에게 전가됨

한 개에 300원씩 소비세로 부과 후 시장가격이 200원 상승했다면 소비자가 200원, 생
산자가 100원을 부담하는 셈이다.

④ 거래량 감소(과소생산) → 사회적 순손실(후생손실) 발생(비효율 발생)

2. 소비보조금의 부과 효과

소비보조금을 공급자에게 부과하면 소비세를 부과하는 것과 반대현상이 나타난다. 이때 공급자는 판매 후 보조금을 받게 되므로 그 만큼 공급의 기회비용이 줄어든다.

> 보조금지급 후 공급가격 = 보조금지급 전 공급가격 + 단위당 보조금

즉, 보조금을 지급하면 단위당 보조금만큼 공급가격(생산의 한계기회비용)이 하락하므로 공급곡선이 하방으로 평행이동한다. 이로 인해 시장가격은 하락하고 생산량은 증가한다. 그러나 이때에는 과잉생산으로 인해 사회적 잉여(순편익)가 감소한다.

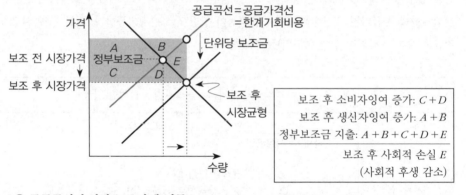

보조 후 소비자잉여 증가: $C+D$
보조 후 생산자잉여 증가: $A+B$
정부보조금 지출: $A+B+C+D+E$
보조 후 사회적 손실 E
(사회적 후생 감소)

① 공급곡선이 하방으로 자체 이동
② 시장가격이 하락(물가하락 압력)
③ 시장가격 하락분만큼 소비자가 단위당 수혜
　예 한 개에 300원 보조 후 시장가격 100원 하락했다면 소비자가 100원, 생산자가 200 원 혜택을 본 셈이다.
④ 거래량 증가(과잉생산) → 사회적 순손실(후생손실) 발생(비효율 발생)

3. 소비세(간접세) 부담의 결정요인

소비세를 부과할 때 소비자에게 전가되는 크기는 가격탄력성에 의해 결정된다. 가격탄력성이 큰 쪽이 세금에 대해 민감하게 반응하므로 조세를 적게 부담한다.

※ 가격탄력성이 상대적으로 큰 쪽이 상대적으로 적게 부담

4. 소득세 부과 효과

소득세는 개인의 소득(예산)을 줄여주기 때문에 소비하고 있는 상품이 정상재이면 수요

곡선이 좌측으로 이동하고, 열등재이면 우측으로 이동한다. 소득세 감면은 수요곡선을 반대로 이동시킬 것이다.

~~~~~~

(3) 공공재

1) 의　　미

비용을 지불하지 않아도 소비에서 배제할 수 없는 비배제성, 누군가의 소비가 다른 사람의 소비를 감소시키지 않는 비경합성을 가지는 재화이다.

2) 공공재의 특징

① 비배제성　　재화를 소비하여 이득을 보면서도 이에 대한 대가를 지불하지 않는 행위이다. 즉 비용을 지불하지 않고도 자신이 원하는 만큼 소비를 할 수 있기 때문에 그냥 이용하려는 현상이 나타난다.

② 비경합성　　많은 사람들이 동일한 재화와 서비스를 동시에 소비할 수 있고, 한 개인의 소비가 다른 사람들의 소비를 감소시키지 않는 성질을 말한다.

3) 재화의 유형

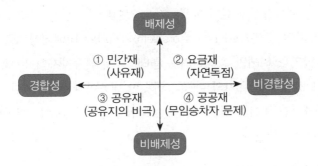

① 민간재　　빵, 과자, 과일 등 일반 상품
② 요금재　　CATV, 교통, 통신, 전기, 상하수도 등
③ 공유재　　공해상의 어족자원, 개울가의 수석 등
④ 공공재　　무료 도로, 국방, 교육, 등대, 일기예보 등

4) 공유지의 비극과 무임승차자의 문제

① **공유지의 비극**   공유지(Common Pool Resource)의 비극은 '지하자원, 초원, 공기, 호수에 있는 고기와 같이 공동체의 모두가 사용해야 할 자원은 사적 이익을 주장하는 시장의 기능에 맡겨 두면 이를 당세대에서 남용하여 자원이 고갈될 위험이 있다'는 내용을 담고 있다. 따라서 이는 시장실패의 요인이 되며 이러한 자원에 대해서는 국가의 관여가 필요하다. 아니면 이해당사자가 모여 일정한 합의를 통해 이용권을 제한하는 제도를 형성해야 한다는 내용이다.

> 100마리의 양을 기를 수 있는 제한된 공유지에서, 100마리 이상의 양을 기르면 결국 목초지는 과도하게 풀이 뜯겨 재생산이 되지 못하고 점차로 황폐해져 간다는 것이다. 축산업자들은 너두 나두 공유지를 이용할 것이고, 자신의 부담이 들지 않는 공짜이기 때문에, 공유지에 양을 계속 풀어 놓기만 하지 줄이지는 않을 것이다. 결국 풀이 없어진 초지에는 양을 기를 수 없어 축산업자들 전체가 손해를 보게 된다. 결국 개인들의 이익 추구에 의해 전체의 이익이 파괴되어 공멸을 자초한다는 개념이다(출처 : Wikipedia)

공유지의 비극의 핵심은 경합성은 있되, 배제성이 없기에 소비자들을 배제할 수 없어서 결국 전 사회적인 손실이 발생한다는 것이다.

② **무임승차자의 문제(Free-rider's problem): 재화의 비배제성으로 인해 생산에는 참여하지 않고 소비에만 참여하려는 형태**   무임승차자의 문제 또한 비배제성으로 인해 발생하며 공유지의 비극과 비슷한 내용이라 볼 수 있다. 다만, 공유지의 비극은 결과적인 의미가 강한 데 반해, 무임승차자의 문제는 행동의 동기에 초점을 둔 것이라 할 수 있다.

(4) 불완전한 정보의 경우

거래자 중 어느 한 쪽이 다른 한 쪽에 비해 상황을 더 잘 아는 경우로서 정보의 비대칭성이라고도 한다.

1) 역선택

정보가 비대칭이기 때문에 성능이 나쁜 재화가 시장을 지배하게 되는 경우를 말한다. 예를 들어 중고 자동차시장, 보험시장이 이에 해당한다.

2) 도덕적 해이

정보가 비대칭이기 때문에 계약이 이루어진 이후 서로에 대한 의무를 소홀히 하는 경우를 말한다. 자동차 운전자 보험가입 후 안전운전을 소홀하는 경우가 이에 해당한다.

3. 시장실패에 대한 대책

(1) 외부효과의 경우

이로운 외부효과는 장려하고, 공해발생과 같은 해로운 외부효과를 규제하기 위해 환경보전을 위한 법률 등을 마련한다.

(2) 독과점 및 불공정거래 규제

「공정거래법」, 공정거래위원회 등을 통한 독과점 기업의 독점력 제한이나 기업 간 내부거래, 허위 및 과장광고에 대한 규제, 진입장벽에 대한 규제 등이 있다.

(3) 정부의 공공재 공급확대

규모의 경제가 있는 사업을 민간이 독점할 경우 이윤극대화를 위해 가격을 인상하고 생산량을 제한하는 부작용이 생길 경우 또는 시장에 자율적 공급을 맡길 경우 공급되기 어려운 재화의 경우에는 정부가 공급함이 타당하다.

(4) 소득불균형 완화

조세제도(직접세 제도, 특별소비세 제도)와 사회보장제도 등의 확대를 통해 소득불균형을 완화하려는 노력이 필요하다 할 것이다.

⋙ 제5장
정부실패와 보완대책

1. 정부실패의 의미

정부실패란 시장에 대한 정부의 개입이 본래 의도대로 최적의 자원배분을 가져오지 못하거나 오히려 국민경제의 효율성을 떨어뜨리는 현상을 말한다.

2. 사   례

① 관료적인 경직성으로 인한 국민생활의 압박
② 무거운 세금으로 인한 근로의욕 상실 및 이에 따른 경제성장 저하 → 복지제도의 부작용
③ 이익집단의 압력에 의한 공공지출의 증가
④ 대기업과 정부의 유착 및 공기업의 비효율적인 운영

3. 원   인

(1) 불완전한 지식·정보

시장에 대해 지식과 정보가 부족하여 시장에 대한 정확한 규제의 어려움이 있다.

(2) 시장경제와 같은 유인동기의 부족

관료의 이익과 직접 연결되지 않아 관료들이 경제적 효율성 극대화 추구의 동기가 부족할 경우이다.

(3) 관료집단의 이기주의

국민 전체의 이익보다는 관료집단의 이익을 더 우선시하는 상황이다.

(4) 정치적 제약

정치논리가 경제를 좌우하기도 한다. 특히 선거 당선이나 재집권을 위해 경제를 이용하는 경우이다. 선심(善心)행정이나 전시(展示)행정이 대표적 사례이다.

(5) 이익집단의 압력

정책과 이해관련성이 큰 집단들의 로비와 정치적 압력 때문에 정책의 본질과 의도가 변질되기도 한다. 이 과정에서 특정 이익집단에 포획(捕獲)되거나 그들과 유착(癒着)하기도 한다.

4. 대   책

(1) 규제완화

과도한 행정적 규제 등 불필요한 규제를 완화하고 새로운 상황에 맞는 제도를 마련하여야 한다.

(2) 공기업의 민영화

공기업 조직의 방만한 경영과 관료화로 인한 비효율성을 방지하고 예산절약과 능률성을 높이고, 서비스개선과 가격인하, 민간경제의 활성화 등을 추구하고자 하는 것이다.

(3) 신자유주의

정부실패에 따른 국민경제의 비효율성과 1970년대 자원민족주의로 스태그플레이션에 따른 경제정책의 유용성 문제가 대두하였고, 다시 작은 정부로의 복귀 움직임과 신자유주의가 등장하였다.

보충

● 시장기능과 정부의 역할 변천

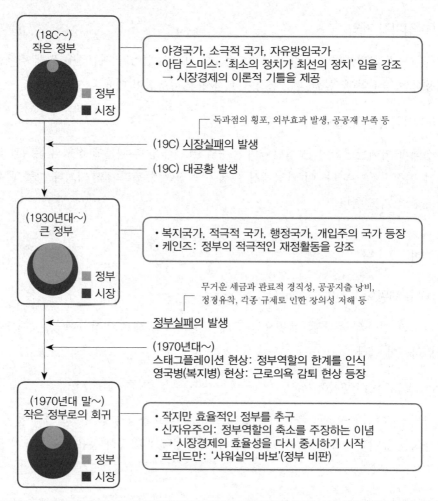

(18C~)
작은 정부

■ 정부
■ 시장

• 야경국가, 소극적 국가, 자유방임국가
• 아담 스미스: '최소의 정치가 최선의 정치' 임을 강조
  → 시장경제의 이론적 기틀을 제공

독과점의 횡포, 외부효과 발생, 공공재 부족 등

(19C) 시장실패의 발생

(19C) 대공황 발생

(1930년대~)
큰 정부

■ 정부
■ 시장

• 복지국가, 적극적 국가, 행정국가, 개입주의 국가 등장
• 케인즈: 정부의 적극적인 재정활동을 강조

무거운 세금과 관료적 경직성, 공공지출 낭비,
정경유착, 각종 규제로 인한 창의성 저해 등

정부실패의 발생

(1970년대~)
스태그플레이션 현상: 정부역할의 한계를 인식
영국병(복지병) 현상: 근로의욕 감퇴 현상 등장

(1970년대 말~)
작은 정부로의 회귀

■ 정부
■ 시장

• 작지만 효율적인 정부를 추구
• 신자유주의: 정부역할의 축소를 주장하는 이념
  → 시장경제의 효율성을 다시 중시하기 시작
• 프리드만: '샤워실의 바보'(정부 비판)

제3편 《《
경제주체의 합리적 선택

≫ 제1장
합리적 소비자의 선택

1. 가계의 경제적 역할

(1) 생산자로서 기능

인간이 살아가는 데 가장 기초적인 생산을 담당하고 판매를 목적으로 하는 기업의 생산과 달리 스스로 소비하기 위한 것들을 생산한다(자급자족).

(2) 소비의 주체

기업이라는 생산 전문 주체가 만들어 놓은 재화를 소비한다(소비주체로서의 가계의 목표: 합리적 소비(효용극대화)).

(3) 생산요소의 공급자

노동 · 토지 · 자본을 기업에 공급하여 임금 · 지대 · 이자를 대가로 소득을 얻는다.

(4) 납세자

정부에 조세를 납부한다.

2. 소득과 가계지출

(1) 소득의 분류

구분		내용
경상 소득	근로소득	노동 또는 근로의 대가로 받는 소득이다. 예를 들어 임금 및 연봉 등이 이에 해당한다.
	재산소득	재산을 활용하여 얻는 소득이다. 예를 들어 예금 및 채권의 이자, 주식 배당금, 지대 등이 이에 해당한다.
	사업 및 부업소득	경영활동, 사업이나 부업을 통해 얻는 소득이다. 예를 들어 부업소득 등이 이에 해당한다.
	이전소득	생산에 직접 참여하지 않고 대가 없이 무상으로 얻는 소득이다. 예를 들어 연금, 실업수당 등이 이에 해당한다.
비경상소득		예상치 못한 요인이나 일시적 요인에 의한 소득으로, 예를 들어 복권당첨금이나 상속재산, 각종 경조사에 의한 소득 등이 이에 해당한다.

(2) 가계의 지출(소비와 저축)

1) 가계소비

가계소비는 소득을 바탕으로 욕구를 충족시키기 위한 소비생활을 한다(소득=소비+저축). 이러한 가계소비는 개인적 측면에서는 인간의 욕구충족 및 생명을 유지하고 생산과정에서 발휘할 필요한 에너지를 보충시켜 주며 생산능력에 여력이 있는 경우의 소비의 증가는 기업의 생산활동을 촉진시켜 경제를 활성화시켜 주지만 생산설비가 완전히 가동되어 있는 경우에는 과소비로서 물가상승을 초래하게 된다.

2) 가계저축

가계저축은 소득 중 소비하지 않은 부분(저축=소득-소비)을 말한다. 이러한 가계저축은 개인적 측면으로는 미래에 발생할 가능성이 있는 어려움에 대비하게 해주고 국민경제적 측면에서는 지속적인 경제성장을 위한 투자재원을 마련해 준다. 저축이 개인적으로는 미덕일 것이나, 사회적으로 악덕이 되는 경우도 있다. 이러한 상황을 저축의 역설이라고 한다.

3) 가계의 소비와 저축의 변동

① 가계의 소비증가, 저축감소　　생산량 및 통화량이 증가하여 물가가 상승하고 투자재원의 부족현상이 초래된다.

② 가계의 소비감소, 저축증가　　생산량 감소와 재고증가, 실업의 증가로 경기가 침체될 수 있다.

③ 국민경제의 발전을 위해서는 소비지출과 저축이 균형을 이루는 것이 바람직하다.

(3) 소비성향과 저축성향

1) 소비성향·저축성향의 공식

• 소득＝소비＋저축

• $\dfrac{소득}{소득} = \dfrac{소비}{소득} + \dfrac{저축}{소득}$

• 1＝소비성향＋저축성향: 따라서 소비성향과 저축성향은 0보다는 크나 1보다는 작다.

2) 생애주기(Life Cycle)에 따른 소득과 소비곡선

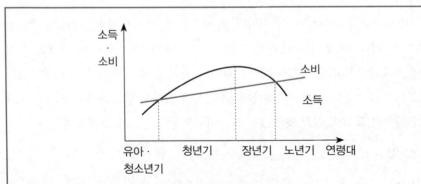

고소득층일수록 저축성향이 높고 소비성향이 낮음
• 유·소년기나 노년기: 소비성향이 1보다 크고, 저축성향은 음(−)의 수치를 보이게 됨
• 성년기: '0＜소비성향 및 저축성향＜1'의 값을 보이게 됨

3) 엥겔계수

총생계비 중에서 음식물비가 차지하는 비율을 말한다. 소득이 증가함에 따라 총생계비에서 차지하는 음식물비에 대한 지출비중(엥겔계수)이 점차 감소하는 현상이 나타나는데 이를 엥겔의 법칙이라고 한다.

구하는 공식은 음식물비용/총생계비(총소득 − 저축) × 100이다.

4) 소비가능곡선(예산선)

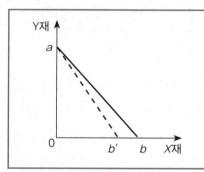

X재의 가격이 비싸지면 ab'로 이동함

- 소득 혹은 예산 자체가 많아지고, X재와 Y재의 가격변화가 없다면 ab선은 수평으로 우측 이동함
- 소비가능선 안쪽에서 소비하는 것은 주어진 소득을 전부 소비하지 않는 것임

3. 합리적 소비

(1) 효 용

재화 · 서비스의 소비를 통해 얻는 주관적이 만족감을 말한다. 이러한 효용은 주관적이고 심리적인 요소로서 계량화할 수는 없지만 이를 측정이 가능하다고 전제하고 이론을 전개한다.

(2) 총효용

재화소비로부터 얻는 효용의 합계이다.

(3) 한계효용

1) 의 미

재화 1단위 더 소비에 따라 추가적으로 얻어지는 만족을 말한다.

2) 한계효용의 특징

㉠ 한계효용체감법칙: 어느 재화의 소비를 점차 증가함에 따라 제일 마지막 끝 단위 소비로부터 얻는 추가효용은 점점 감소한다는 것이다.

㉡ 한계효용과 총효용의 관계: 한계효용이 0보다 큰 경우에는 총효용이 증가하게 되지만 한계효용이 0보다 작은 음의 수를 가지게 되는 경우에는 총효용은 감소한다. 따라서 한계효용이 0인 점에서 총효용은 극대가 된다. 또한 한계효용을 적분하게 되면 총효용의 크기가 되고 총효용을 미분하게 되면 한계효용이 된다.

(4) 합리적 소비

일정한 소득으로 최대의 효용을 얻는 소비 또는 일정 만족을 얻는 데 최소의 지출이 달성된 상태가 합리적인 소비이다. 이러한 합리적인 소비는 재화의 가격이 서로 상이한 경우에 각 재화 1원의 한계효용이 균등하도록 소비하였을 때 효용이 극대가 된다. 즉 한계효용이 같은 수준에서 소비하는 것이 소비자에게 가장 만족을 크게 하는 합리적인 소비이다. 이러한 것을 한계효용균등의 법칙이라 한다. 만약 하나의 재화만을 소비하는 경우에는 화폐 1원의 한계효용과 재화 1원의 한계효용이 일치하는 점에서 소비량을 결정하면 된다.

(5) 비합리적인 소비유형

1) 과소비

소득수준에 비해 소비수준이 과도하게 많은 소비로 개인적으로는 가계 운영에 어려움이 발생하며 국가적으로는 물가의 상승을 초래한다.

2) 과시소비(Veblen효과)

상류층의 경우 자신들을 남들과 구분짓기 위한 의도로 가격이 오른 고가품에 대한 소비를 늘리는 것이다.

3) 편승소비(Bandwagon효과)

남이 하니까 나도 한다는 식의 의사결정을 초래하는 효과를 말한다. 즉 유행에 의해 소비를 결정하는 형태다. 밴드왜건이란 대열의 앞에서 행렬을 선도하는 악대차를 말하며, 밴드가 연주하면서 행렬하면 사람들이 모여들기 시작하고, 다른 사람들도 뭔가 있다고 생각하여 그들을 무작정 뒤따르면 군중들이 더욱더 불어나는 것에 비유하여 붙여진 이름이다.

4) 백로효과(Snob효과)

편승 소비의 반대 개념으로 대다수가 소비하는 것을 따라가지 않는 것이다.

5) 전시(展示)효과

대체로 못사는 사람이 잘사는 사람의 소비를 모방하는 경우이다.

6) 의존효과

본인의 자주적인 판단이 아니라 기업의 광고나 다른 사람의 소비에 의존해 소비하는 것이다.

7) 충동소비

필요하지도 않고 계획도 없지만 가격 또는 디자인, 포징 등에 이끌려 깊은 생각이 없이 충동적으로 구매하는 경우이다.

8) 투기소비(買占)

장래의 가격상승을 기대하고 가격상승에 따른 투기적 이익을 목적으로 미리 물건을 구매하려는 현상으로 사재기 또는 매점(買占)이라고도 한다. 이러한 소비는 가수요를 유발한다.

9) 디드로효과(Diderot effect)

자신을 둘러싼 모든 제품들의 완벽한 구색 또는 일관된 수준을 추구하는 욕망이다. 프랑스 철학자 디드로는 분홍색 가운 하나를 선물받아 책장 옆에 걸어 놓았는데 책장이 초라해 보여 책장을 새로 구입하게 되고, 그 책장에 구색을 맞추기 위해 책상을 새로 구입하게 되고, 이 책상에 맞게 새로운 가구를 들여놓게 되는 연쇄소비에서 등장한 용어이다.

≫ 제2장
효율적인 기업경영과 기업윤리

1. 기업의 경제적 역할과 기업의 유형

(1) 기업의 의의

이윤극대화를 목적으로 생산을 담당하는 경제주체이다.

(2) 기업의 유형

민간 기업	개인 기업	• 기업운영에 필요한 자본 전액을 개인이 출자하고 기업운영에 따른 위험부담을 개인이 지는 기업 • 경영과 소유의 일치 예 소규모의 공장이나 작은 상점 등
	회사 기업	• 여러 사람이 출자한 자본을 바탕으로 하여 경영 전문가에 의해 운영되는 기업 예 주식회사 • 자본의 조달이 용이하고 위험부담의 책임이 분산되어 오늘날의 기업운영에 있어 주요한 위치 차지
공기업		• 정부가 직접적으로 기업활동을 하거나 정부가 출자하여 지배하는 기업 • 공기업의 필요성: 민간부문이 공급하기 어려운 재화와 서비스 생산(공공재의 생산) • 공기업의 민영화: 공기업의 비효율적인 경영 → 민간기업의 참여를 통한 경쟁 유도 및 공기업의 민영화

(3) 역   할

1) 생산물 시장의 공급자

필요한 재화, 서비스를 생산하여 생산물 시장에 공급한다.

2) 생산요소 시장의 수요자

가계가 제공하는 토지, 노동, 자본, 경영 등을 구입한다.

3) 가계소득 제공

분배활동을 통해서 가계가 제공한 생산요소에 대한 대가를 지대, 임금, 이자, 이윤 등으로 지불한다.

4) 정부재정의 재원 제공

세금납부를 통해서 정부재원 마련에 기여한다.

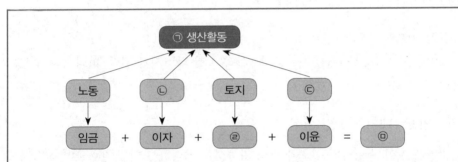

　　여기서 ㉠은 기업으로서, 생산요소 수요자이고, ㉡은 자본으로서 공장이나 건물과 같은 생산설비가 여기에 해당한다.
　　㉢은 경영으로서 기업의 목표를 설정한다든가, 혁신을 추구한다.
　　㉣은 지대이며, 지대, 임금, 이자, 이윤의 합은 분배국민소득 ㉤을 구성하며, 국내총생산(＝생산국민소득)과 같다.

2. 기업의 목적: 이윤극대화

(1) 이   윤

1) 의   미

이윤은 기업이 벌어들인 총수입에서 생산하는 데 들어간 총비용을 공제한 나머지이다.

2) 총수입

총수입(TR)은 제품의 가격(P)에 판매량(Q)을 곱한 액수이다. 기업의 총수입은 가계의 총지출과 일치한다. 총거래액이라고 할 수 있다.

3) 총비용

총비용은 생산량의 수준과는 무관하게 발생하는 비용인 고정비용과 생산량에 따라 변화가 일어나는 가변비용(원재료비 등)을 합한 액수이다.

4) 총이윤

총이윤은 총수입(총매출)에서 총비용을 공제한 나머지가 된다. 따라서 총수입은 늘리고 총비용은 낮추는 것이 이윤을 극대화하는 것이다.

(2) 이윤극대화를 위한 결정

기업은 우선 소비자의 선호와 판매 가능성을 고려하여 어떤 제품을 생산할지를 결정하여야 한다. 그 후 생산요소의 가격을 고려하여 비용을 최소화할 수 있는 생산방법을 선택한다. 만약 노동의 가격인 임금이 저렴하고 자본의 가격인 이자가 비싼 경우에는 가급적이면 노동을 많이 이용하는 노동집약적인 생산방법이 유리할 것이나 임금이 비싸고 이자가 낮은 수준이라면 자본투입을 늘려 생산을 하는 방법을 선택하면 될 것이다.

상품의 가격과 생산량의 경우에는 완전경쟁시장의 경우 기업은 가격의 순응자로서 가격에 대한 결정을 할 수 없다. 따라서 시장에 의해 형성된 가격에 따라 기업은 생산량을 결정하게 된다. 그러나 독·과점의 경우라면 기업은 생산량을 조절하여 가격에 변화를 주어 이윤의 극대화를 도모하면 될 것이다.

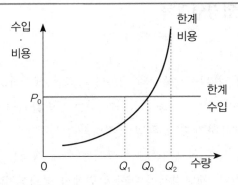

- 한계수입＞한계비용: 총이윤 증가
- 한계수입＝한계비용: 총이윤 극대
- 한계수입＜한계비용: 총이윤 감소

※ 한계이윤＝한계수입(판매가격) − 한계비용

※ 총이윤＝∑한계이윤

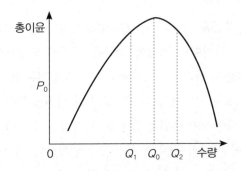

'기업이 얼마만큼 생산해야 이윤이 극대화될까'라는 문제는 한계비용과 한계수입을 고려하여 결정해야 한다. 생산물 1단위를 더 생산하는 데 추가로 들어가는 비용을 한계비용이라 하고, 생산물 1단위를 더 생산함으로써 얻게 되는 수입을 한계수입이라 한다. 한계수입이 한계비용보다 큰 경우(Q_1)에는 생산물 1단위를 더 생산할 때 추가로 얻는 수입이 추가로 들어가는 비용보다 많으므로 생산량을 늘리는 것이 바람직하다. 반대로 한계비용이 한계수입보다 큰 경우(Q_2)는 생산물 1단위를 더 생산할 때 추가로 얻는 수입보다 추가로 들어가는 비용이 더 많으므로 생산량을 줄이는 것이 바람직하다. 따라서 한계수입과 한계비용이 일치하는 점(Q_0)에서 생산량을 결정하면 기업의 이윤이 극대화된다.

3. 효율적인 기업경영전략

(1) 개 념

소비자의 요구에 걸맞는 고품질의 재화와 용역을 생산하고 지식경제에 필요한 전문인력을 확보하여 기업혁신을 가능하게 하는 기반을 구축해야 한다. 또한 급변하는 시장환경에 대응하기 위해 투명한 경영과 전문경영인 체제로의 구조를 개편하고 재무구조의 안정과 국제기준에 부합되는 회계 집행을 통해 기업에 대한 신뢰를 향상시켜야 한다. 개방경제에 대한 측면에서 경제성이나 수익성이 높고, 가장 적합한 경쟁력이 있는 분야를 선택하고, 집중 육성하고, 다국적 기업의 출현 등의 세계화에 대응하기 위해서는 국제적 기준을 충족시키는 경영방식을 갖추어야 한다.

(2) 기업가 정신과 혁신

많은 위험과 불확실성을 무릅쓰고 새롭게 도전하는 기업가의 모험정신을 기업가 정신이라고 한다. 혁신이란 경제에 새로운 방법이 도입되어 획기적인 새로운 국면이 나타나는 일을 뜻한다. J. A. 슘페터의 경제발전론의 중심 개념으로, 생산을 확대하기 위하여 노동·토지 등의 생산요소의 편성을 변화시키거나 새로운 생산요소를 도입하는 기업가의 행위를 말한다. 기술혁신의 의미로 사용되기도 하나, 생산기술의 변화만이 아니라 새로운 시장이나 신제품의 개발, 신자원의 획득, 생산조직의 개선 또는 신제도의 도입 등도 포함하는 보다 넓은 개념이다.

(3) 블루오션(blue ocean)

수많은 경쟁자들로 우글거리는 레드오션(red ocean: 붉은 바다)과 상반되는 개념으로, 경쟁자들이 없는 무경쟁시장을 의미한다.

4. 기업의 사회적 책임

주주에 대해서는 이윤을 극대화하여 이를 주주에게 제공하고 주주의 경영에 대한 관여와 통제를 인정해야 한다. 분식회계 등을 방지하고 기업경영의 투명성을 제고해야 한다. 소비자에 대한 책임부분은 품질이 우수한 상품을 생산하고 소비자 피해보상과 소비자 권리보호에 능동적으로 대처하여야 하며 근로자에 대한 책임, 쾌적한 근로환경의 제공과 근로자를 동반자로 인식하고 노동에 대한 정당한 대가를 지불하고 성과를 공정하게 배분해야 한다.

또한 기업은 생산과정에서 발생하는 환경오염과 자원고갈 등의 문제해결을 위한 노력 및 오염의 방지를 위해 노력해야 한다. 지역사회와 타 기업에 대한 일정의 책임도 발생한다.

≫ 제3장
책임 있는 재정운영

1. 정부의 경제활동

(1) 재정(Public finance)

정부가 공공의 이익을 증대시키기 위해 필요한 수단을 조달, 관리, 사용하는 경제행위로 정부의 세입·세출과 관련된 모든 경제활동을 의미한다.

(2) 정부의 경제활동과 민간의 경제활동의 비교

민간경제는 사익추구를 목적으로 한다. 가계는 소비의 주체로서 효용의 극대화를 추구하고 기업은 생산의 주체로서 이윤의 극대화를 추구한다. 또한 수입에 의하여 지출을 고려하며(양입제출), 지출보다는 수입이 많은 잉여의 경우가 이상적인 경우가 되고 사경제주체들 간의 교환은 급부와 반대급부의 가치가 동일하여야 한다.

반면 정부의 공경제는 재정을 통해 공익추구를 목적으로 한다. 지출에 의해 수입을 고려하는 양출제입을 원칙으로 하여 재정수입과 재정지출의 일치가 바람직한 경제활동이 되고 재정의 상대방인 국민에 대하여 능력에 따른 일방적인 징수가 이루어지는 경제활동이다.

구분	민간부문		공공부문
경제주체	가계	기업	정부
경제활동	소비	생산	재정
경제활동의 목적	효용극대화	이윤극대화	공익극대화
예산편성원칙	1) 양입제출 2) 수입 > 지출 3) 교환 · 등가의 원칙		1) 양출제입 2) 수지균형 3) 강제 · 능력의 원칙

2. 정부와 재정정책의 기능

(1) 자원배분기능

시장실패를 보정하여 효율적인 자원배분이 되도록 한다. 독과점을 규제하여 생산증가와 가격하락을 유도하고 민간이 생산을 꺼리는 공공재를 생산하며 조세와 보조금을 통해 외부효과에 의한 시장실패를 교정한다.

(2) 소득재분배의 기능

조세와 정부지출을 통해 소득분배의 불평등 구조를 개선한다. 세입면에서는 누진세율의 부과, 영세민에 대한 면세 확대, 고소득층과 사치품에 대해 개별 소비세 부과 등을 부과하고 세출면에서는 사회보험, 공공부조 등 사회보장제도를 시행하여 소득의 재분배기능을 수행한다.

(3) 경제 안정화 기능

정부는 세입과 세출을 통해 경제를 안정화시킨다. 만약 경기가 과열기라면 긴축 · 흑자 재정정책을 시행하여 정부지출은 줄이고 세금은 늘려서 총수요를 억제함으로써 물가안정을 도모한다. 반면 경기가 침체기라면 팽창 · 적자 재정정책을 시행한다. 정부지출은 늘리고 세금은 줄여서 총수요를 증가시켜 생산과 고용을 늘리고 경제를 활성화시켜 준다.

(4) 경제발전 기능

정부는 가계나 기업에 조세혜택을 부여하여 기업에 대한 투자를 유도하고 가계의 실질소득의 증가를 발생시켜 소비와 경제를 활성화시킨다. 또한 사회간접자본, 연구소 등에 대하여 정부가 투자를 한다면 경제발전을 일으킬 수 있게 될 것이다.

경제 안정화	의의	경기조절기능 → 고용과 물가를 조절하는 것
	사례	1) 경기 과열시 → 세입($\uparrow$), 세출($\downarrow$) → 고용($\downarrow$), 물가($\downarrow$)
		2) 경기 침체시 → 세입($\downarrow$), 세출($\uparrow$) → 고용($\uparrow$), 물가($\uparrow$)
경제발전	의의	경제성장의 요인인 노동력, 자본, 기술 발전을 도모하는 것
	사례	1) 세입($\downarrow$)=(세금감면) → 기업의 투자($\uparrow$), 가계의 저축($\uparrow$)
		2) 세출($\uparrow$) → 사회간접자본에 투자($\uparrow$), 연구소, 훈련소 설치(기술개발)
소득재분배	의의	소득불평등 및 빈부격차를 완화하는 것
	사례	1) 세입면 : 누진세율 부과, 고소득층과 사치품에 특별소비세 부과
		2) 세출면 : 사회보험, 공공부조 등 사회보장제도 확충
자원의 최적배분	의의	특정 재화에 대한 소비 억제 또는 공급이 부족한 재화에 대해 생산 증대를 추구하는 것
	사례	1) 세입면 → 사치품 세율 인상을 통한 소비억제, 생활 필수품 세율 인하를 통한 생산 및 소비촉진
		2) 세출면 → 공공주택 건설 확대, 사회간접자본 등 공공재 생산

3. 정부예산

(1) 예산의 의미

한 회계연도(1월 1일부터 12월 31일까지) 동안의 세입과 세출에 관한 예정 계획서이다.

(2) 예산의 절차

예산편성(정부, 회계연도 개시 90일 전)→심의 · 확정(국회 회계연도 개시 30일 전)→집행(정부)→결산(감사원, 차년도 국회와 대통령에 보고)→결산심사와 승인(국회)

(3) 예산의 종류

집행주체에 따라 중앙정부예산 · 지방정부예산, 회계의 종류에 따라 일반회계 예산 · 특별회계예산, 편성시기에 따라 본예산 · 추가경정예산 · 준예산으로 분류 한다.

4. 세입예산과 세출예산 구조

(1) 세입구조

세입예산은 크게 조세와 조세 외 수입으로 나눌 수 있다. 다시 조세수입은 내국 세, 관세, 교육세로, 조세 외 수입은 각종 수수료, 정부재산의 매각 대금, 예탁금의 이자수입으로 분류할 수 있다. 우리나라는 내국세, 간접세, 국세의 비중이 높고 직 접세, 지방세의 비중이 낮다. 따라서 간접세 비중이 높아 조세의 소득재분배 기능 이 약화되고 지방세 비중이 낮아 지방자차단체의 재정 자립도가 좋지 못하다.

(2) 세출예산

기능별로는 일반행정비, 방위비, 교육비, 사회개발비, 경제개발비, 지방재정교부 금 등으로 분류할 수 있다. 이러한 분류는 정부가 어떤 종류의 서비스를 얼마나 생 산하는가를 파악하는 데 유용하다. 반면 경제 성질별로 분류하면 공무원 급여 등 의 정부의 일상적 소비지출인 경상적 지출, 정부가 건물, 설비, 토지 등 자산을 얻 는 데 지출하는 자본적 지출, 기초생활 수급자의 생계지원 등에 무상으로 지급하 는 이전지출로 분류할 수 있다.

5. 조세의 기능과 특징

(1) 의미와 기능

조세는 정부가 제공하는 서비스에 대한 국민의 이용 대가로서 민간 경제주체로 부터 거두어들인 세금이다. 조세는 조세법률주의원칙에 입각하여 조세의 종목과 세율은 반드시 법률로서 제정되어야 한다. 이러한 조세는 정부 경제활동의 재원이 되고 시장의 실패노 보완하고 경제를 발전시킬 수 있는 동력이 될 수 있으며 자원의 비효율적인 배분을 개선하는 기능 등을 가지고 있다.

(2) 특   징

조세는 국민의 의사와 무관하게 법에 의하여 국민은 세금을 납부하여야 하는 강제성의 성질을 가지고 있고, 이러한 조세의 징수가 정부의 어떠한 서비스에 의하여 이루어지는 것인가의 대응관계가 명확하지 않다. 또한 정부의 서비스 혜택 정도와 무관한 다른 기준에 의하여 부과되고 있고 반드시 생산적인 곳에만 사용되지도 않는다.

6. 조세의 분류

(1) 조세분류 비교표

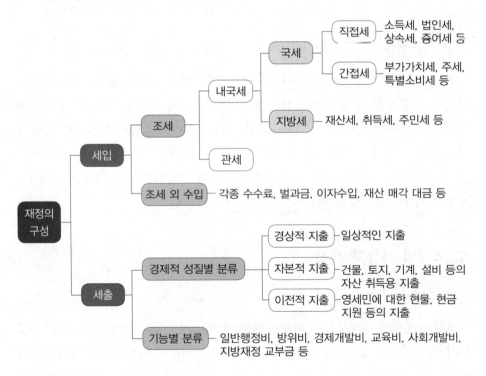

(2) 직접세 · 간접세: 조세의 전가 여부

구 분	직접세	간접세
특징	• 소득의 원천(수입)에 부과 • 납세자와 담세자의 일치(조세 전가 성이 없음) • 주로 선진국	• 소비지출에 부과 • 납세자와 담세자의 불일치(조세 전가성 이 있음) • 주로 후진국
장점	• 담세능력에 따른 공평 과세로 소득 재분배 효과가 큼 • 빈부격차 완화	• 조세 저항이 적음 • 대중 과세의 성격 • 소비억제로 국가자본축적 용이
단점	• 조세 저항이 큼 • 근로의욕 약화 • 세무행정의 복잡	• 비례세율 적용으로 저소득층에 불리 • 조세부담의 역진성으로 빈부격차 심화 • 물가상승의 자극
종류	소득세, 법인세, 상속세, 재산세 등	부가가치세, 개별 소비세, 주세 등

(3) 누진세 · 비례세 · 역진세: 세율에 따른 분류

1) 누진세

과세대상 금액이 커질수록 세율도 점점 높아지고 소득재분배효과가 크다. 소득세, 상속세 등 직접세에 적용된다. 누진세의 경우 세액은 세율에 비해 일정 시점부터 한계세율이 증가하게 된다.

2) 비례세

과세대상 금액과 관계없이 동일 세율이 부과되고 빈부격차를 심화시킨다. 소비세, 부가가치세 등 간접세에 적용된다. 비례세의 경우 세액은 일정수준에 의해 세율에 비례하여 증가하게 된다.

3) 역진세

과세대상 금액이 증가하면 세율이 점점 낮아지는 것이다. 역진세의 경우 세액은 세율에 비해 일정 시점부터 한계세율이 감소하게 된다.

● 누진세, 비례세, 역진세

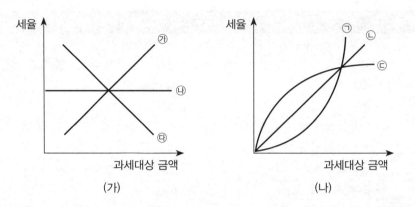

(가)

(나)

(가)의 ㉮와 (나)의 ㉠은 과세대상 금액이 많을수록 높은 세율을 적용하는 누진세, (가) 의 ㉯와 (나)의 ㉡은 과세대상 금액에 관계없이 동일한 세율을 적용하는 비례세, (가) 의 ㉰와 (나)의 ㉢은 과세대상 금액이 많을수록 낮은 세율을 적용하는 역진세이다.

(4) 조세부담률

조세부담률이란 조세수입이 국내 총생산액에서 차지하는 비중을 말한다.

$$조세부담률: \frac{조세\ 총액}{GDP} \times 100 \rightarrow 국민들이\ 평균적으로\ 부담하는\ 세금\ 지표$$

7. 래퍼곡선

세수(稅收)와 세율 사이의 관계를 그림으로 나타낸 곡선. 보통은 세율이 높아질 수록 세수가 늘어나는데, 세율이 일정 수준을 넘으면 반대로 세수가 줄어드는 모 습을 나타낸다.

미국의 경제학자 래퍼(Laffer, A. B.)가 제시하였다.

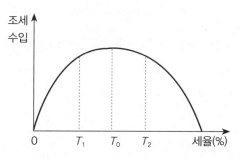

● 래퍼곡선

세율 100%일 경우에는 누구도 소득을 위한 생산에 참여하지 않을 것이기 때문에 조세수입도 없게 된다. 세율이 일정 수준(T_0)을 넘어서면 근로의욕과 투자의욕이 감소하여 조세수입은 오히려 감소하고, 세율이 T_1인 경우에는 세율을 인상함으로써, T_2인 경우에는 세율을 인하함으로써 조세수입을 늘릴 수 있다.

8. 재정정책의 요건과 재정 민주주의

(1) 재정정책이 갖추어야 할 조건

우선 효율성과 형평성이 요구된다. 정부의 경제활동 역시 경제문제에 의해 발생하는 경제활동이어서 조세와 재정지출로 인한 경제적 비용을 최소화하여 재정정책의 목적을 달성하여야 하며 공익을 목적으로 하는바, 조세부과는 조세부담 능력을, 정부지출은 경제적 약자를 고려하여 형평성을 달성해야 한다. 또한 예산편성의 내용과 과정, 재정운용 성과에 대한 모든 정보가 국민에게 공개되어 투명하여야 하고 재정의 건전성과 책임성을 갖추어야 할 것이다.

(2) 재정 민주주의

납세자인 국민이 재정운용과정에 참여하여 정책건의가 이루어지고, 재정운용의 공개를 요구하고 주민감사청구제도를 활용하여 각종 정부의 경제활동에 참여하는 것을 의미한다.

제4편 ≪

국민경제의 활동과 경제변동

≫ 제1장
국민경제의 활동

1. GDP(국내총생산)

(1) 개념과 분설

일정기간 동안 한 나라의 영토 내에서 새로이 생산되어 시장에서 거래되는 최종생산물의 화폐가치의 총합을 말한다. 최근 개방경제체제가 확산되고 있는 경향에서 한 나라의 경제활동규모를 파악하는 데 주요한 지표로서 활용되고 있다.

1) '일정기간'

국내총생산은 1년 동안에 이루어진 생산량의 화폐가치를 측정는 유량(flow) 개념이다. 따라서 중고품 거래, 작년 외상거래 대금을 올해 수취한 것이나 기발행 주식거래 등은 포함되지 않는다. 그러나 재고증가는 이번 해의 생산물 중 판매되지 않은 것이므로 GDP에 포함된다.

2) '한 나라': 속지주의

국내총생산은 속지주의의 개념이다. 즉 한 나라에서 생산된 것이면 자국인에 의한 생산이든, 외국인에 의한 생산이든 불문한다. 그러한 점에서 한 나라 국민에 의한 생산인 국민총생산과는 구분되며, 국내총생산에서 국민총생산을 구하기 위해서는 해외수취소득은 합하고 해외지불소득을 공제하면 된다.

구 분	국내총생산(GDP)	국민총생산(GNP)
의미	일정기간(보통 1년) 동안 한 나라의 영토 내에서 내국인과 외국인이 새로이 생산한 재화와 용역 등 모든 최종 생산물의 시장가치를 합한 것	일정기간(보통 1년) 동안 한 나라의 국민이 국내 또는 해외에서 새로이 생산한 재화와 용역 등 모든 최종 생산물의 시장가치를 합한 것
계산 방법	• 최종 생산물(총생산물 – 중간 생산물)의 합 • 모든 부가가치의 합	국내총생산(GDP) + 해외 수취요소 소득 – 해외 지급요소 소득

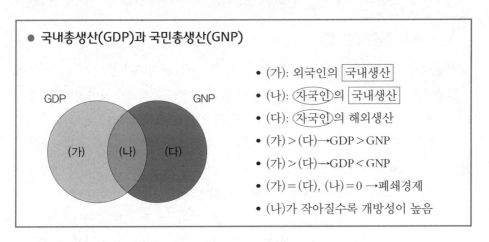

● 국내총생산(GDP)과 국민총생산(GNP)

- (가): 외국인의 국내생산
- (나): 자국인의 국내생산
- (다): 자국인의 해외생산
- (가) > (다)→GDP > GNP
- (가) > (다)→GDP < GNP
- (가) = (다), (나) = 0 →폐쇄경제
- (나)가 작아질수록 개방성이 높음

3) '최종 생산물'

국내총생산은 최종 생산물의 화폐가치의 합이다. 따라서 중간 생산물은 포함되지 않는다. 또한 생산물이 화폐가치로 척도될 수 있어야 하는 것이라서 가정주부의 가사노동, 학생의 봉사활동 등은 국내총생산에 포함되지 않고 생산활동과 무관한 이전거래, 투기거래, 불법적인 거래 등도 당연히 제외된다.

4) '화폐가치'

국내총생산은 화폐가치로 척도되는 합이다. 따라서 물량단위로 표시되지 않는다.

(2) 측　정

GDP = 최종 생산물의 시장가치 = 각 생산단계의 부가가치의 총합 = 총생산액 –

중간 생산액이다. 예를 들어 농부는 중간재 구입이 없이 밀을 생산하여 생산량 전부 제분업자에게 100만원에 판매하였다. 제분업자는 밀을 가공하여 밀가루를 생산하여 모두 제과업자에게 120원에 판매하였다. 제과업자는 이를 빵을 만들어 180만원에 소비자에게 모두 판매하였다고 하면 최종 생산물의 화폐가치=180만원이 국내총생산이다. 부가가치의 총합의 경우에도 농부는 100만원의 가치를 창출하였고, 제분업자는 20만원의 부가가치를, 제과업자는 60만원의 부가가치를 창출하였으므로 총 180만원이 된다. 총생산액(100만원+120만원+180만원=400만원)−중간 생산물액(100만원+120만원)의 경우에도 180만원이 된다.

(3) 국내총생산의 한계

시장에서 거래되지 않은 재화와 서비스의 가치를 반영하지 못한다. 예를 들어 가정주부의 가사노동, 학생들의 봉사활동, 암거래(무기, 마약 등) 등이 이에 해당된다. 또한 환경오염의 정도나 여가 등이 반영되지 못해 삶의 질이나 국민의 복지수준을 정확하게 나타내지 못한다. 특히 환경오염 등은 공해물질을 배출하는 생산활동의 경우 국내총생산은 증가하지만 쾌적한 환경이 훼손되는 것이고 공해방지를 위한 정부의 각종 지출은 국내총생산에 포함되어 국민경제가 성장된 것으로 나타나게 한다.

그리고 자동차 교통사고가 늘어나는 경우나 환경오염으로 인한 국민건강의 악화로 정비소의 서비스가 많아져서 국내총생산은 증가하게 되는데 이것은 자동차 사고 이전의 상태로 되돌린 것에 불과하고, 국민건강악화로 의·병원의 생산이 늘어 성장된 것처럼 보이지만 실질적으로 삶의 질은 개선된 것은 아니다.

국내총생산은 한 나라의 생산의 정도만 나타내는 지표일 뿐이지 소득분배 상황에 대한 정보를 제공하지 못하는 등의 문제를 안고 있다.

(4) 경제성장과 국민경제

1) 개   괄

① 개념   경제성장이란 경제규모의 양적 확대를 의미하며 경제에만 국한되는 개념이다. 구분하여야 할 개념으로 경제발전이라는 것이 있는데 경제발전은 경제

성장(양적 확대)에 삶의 질적 향상(사회 전반의 변화 포함)이 포함된 것을 말한다.

② 요인   내적 요인으로는 인구증가(생산능력 향상, 소비와 투자증대로 시장확대), 자본축적(고용증대와 설비투자 확대로 생산성에 기여함), 기술혁신(노동생산성 향상 및 새로운 부가가치의 원천 제공), 산업구조 고도화(고부가가치를 창출하는 산업 중심의 구조로 변화) 등이 있다.

외적 요인으로는 기업가 정신(위험을 부담하고 미래를 개척하려는 기업가의 자세),사회제도(경제성장을 지원하기 위한 정부정책과 법률, 사회적 관행), 노사관계(원만한 노사관계로 분쟁해결, 인력과 자본의 낭비 방지), 경제의지(개인과 기업의 경제성장을 위한 강한 의지) 등이 해당한다.

③ 측정   양을 측정하는 방법으로는 1인당 $GDP = \dfrac{GDP}{총인구}$가 있고 속도를 측정하는 방법으로는

$$경제성장률(\%) = \frac{금년도의\ 실질\ 국내총생산 - 전년도의\ 실질\ 국내총생산}{전년도의\ 실질\ 국내총생산} \times 100$$

(→결국 실질 GDP 증가율이다.)이 있다.

2) 명목(경상)가격과 실질(불변)가격 개념의 관계

① 명목(경상가격)변수   현재 시점의 물가수준으로 나타낸 경제변수이다. 따라서 기준시점을 삼아 실질 수치로 환산해 주어야 한다. 이를 구하는 식은 명목 GDP =당해 연도 생산량×당해 연도 가격에 해당한다.

② 실질(불변가격)변수   기준 연도의 물가수준으로 평가한 경제변수를 말한다. 실질적인 경제활동의 변화를 나타내 준다. 이를 구하는 식은 실질 GDP =당해 연도 생산량×기준 연도 가격에 해당된다.

③ 공식   실질 $GDP = \dfrac{명목\ GDP}{물가지수} \times 100$

④ 관계   결국 생산물의 수량이 늘어나지 않는 경우에도 명목 GDP는 물가가 오르면 그만큼 커지나, 실질 GDP는 물가가 올라도 물가 상승분이 반영되지 않기 때문에 커지지 않는다. 한국은행이 발표하는 경제성장률 지표는 바로 실질 GDP의 증가율을 구한 것이다.

⑤ 명목과 실질의 적용 사례

<table>
<tr><td rowspan="3">명목임금과
실질임금</td><td colspan="3">
<table>
<tr><th>구분</th><th>물가지수</th><th>임금</th></tr>
<tr><td>기준 시점</td><td>100</td><td>160만원</td></tr>
<tr><td>비교 시점</td><td>120</td><td>168만원</td></tr>
</table>
</td></tr>
</table>

명목임금과 실질임금

구분	물가지수	임금
기준 시점	100	160만원
비교 시점	120	168만원

[금년도의 실질임금 계산 방법]

$120 : 168만원 = 100 : x만원$

$x = \dfrac{168만원}{120} \times 100 = 140만원$

→ 금년도의 실질임금은 기준 시점의 임금 160만원보다 줄어든 140만원이다.

명목 GDP와 실질 GDP(1)

구분	물가지수	GDP
전년도	100	5,000억원
금년도	120	6,000억원

[금년도의 실질 GDP 계산 방법]

$120 : 6,000억원 = 100 : x억원$

$x = \dfrac{6,000억원}{120} \times 100 = 5,000억원$

→ 금년도의 실질 GDP는 기준 시점의 GDP 5,000억원과 동일하다.

명목 GDP와 실질 GDP(2)

구분		2011년	2012년	2013년
포도	생산량(kg)	100	110	130
	kg당 가격(₩)	1	2	3
사과	생산량(kg)	50	60	70
	kg당 가격(₩)	2	3	4

(기준 연도 : 2011년)

2012년도 명목 GDP $= (110 \times 2) + (60 \times 3) = 400$이고,

2012년도 실질 GDP $= (110 \times 1) + (60 \times 2) = 230$이다.

2012년 경제성장률(실질 GDP 증가율)은

$\{(110 \times 1 + 60 \times 2) - (100 \times 1 + 50 \times 2)\}/(100 \times 1 + 50 \times 2) \times 100$

$= 15\%$이다.

2013년도 명목 GDP $= (130 \times 3) + (70 \times 4) = 670$이고,

2013년도 실질 GDP $= (130 \times 1) + (70 \times 2) = 270$이다.

2013년 경제성장률(실질 GDP 증가율)은

$\{(130 \times 1 + 70 \times 2) - (100 \times 1 + 50 \times 2)\}/(100 \times 1 + 50 \times 2) \times 100$

$= 35\%$이다.

2. 국민경제의 순환

(1) 국민경제의 순환

가계, 기업, 정부 등의 경제주체들이 재화와 서비스를 생산·분배하고 소득을 지출하는 과정이 반복되는 것을 말한다.

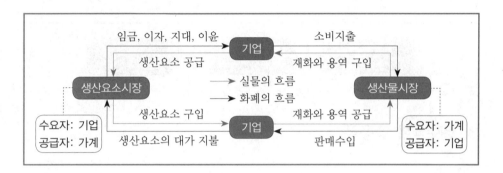

(2) 국민소득의 세 가지 측면

국민소득의 세 가지 측면이란 생산국민소득, 분배국민소득, 지출국민소득을 말한다. 생산국민소득이란 생산활동을 함으로써 만들어 내는 부가가치의 합을 의미하며, 분배국민소득이란 생산요소를 제공한 대가로 얻게 되는 요소소득의 합을 의미한다. 지출국민소득이란 분배된 소득으로서 소비하거나 투자한 금액의 합을 말한다.

생산국민소득 (국내총생산, GDP)	• 생산활동을 함으로써 만들어 내는 부가가치의 합 • 최종 생산물(총생산물 − 중간 생산물)의 시장가치 합
분배국민소득 (국내총소득, GDI)	• 생산요소를 제공한 대가로 얻게 되는 요소소득의 합 • 생산활동에 참여한 사람들이 받게 되는 임금, 이자, 지대, 이윤의 합
지출국민소득 (국내총지출, GDE)	• 분배된 소득으로 소비하거나 투자한 금액의 합 • 소비지출(민간, 정부), 투자지출, 순수출의 합

(3) 국민소득 3면등가의 법칙(사후적)

국민소득은 만들어서(생산), 나누어 갖고(분배), 쓰는(지출) 양이 모두 동일함을 말한다.

국민경제의 전체 활동은 생산, 분배, 지출의 어느 측면에서 측정하더라도 그 크기가 결국은 사후적으로 일치하게 된다.

$$
\boxed{
\begin{array}{ccc}
\text{국내총생산} \\
\text{(생산국민소득)}
\end{array}
} =
\boxed{
\begin{array}{c}
\text{국내총소득} \\
\text{(분배국민소득)}
\end{array}
} =
\boxed{
\begin{array}{c}
\text{국내총지출} \\
\text{(지출국민소득)}
\end{array}
}
$$

3. 총수요와 총공급

(1) 총수요

총수요란 국민경제의 모든 경제주체들이 소비와 투자의 목적으로 사려고 하는 재화와 용역의 총합을 말한다. 이는 가계의 소비수요, 기업의 투자수요, 정부지출, 외국의 우리 물건 수요 등을 모두 합한 것으로서 구성은 다음과 같다.

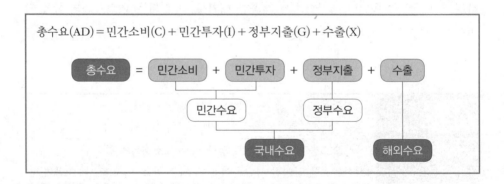

(2) 총공급

총공급이란 한 나라의 경제주체들에게 공급되는 재화와 용역의 총합으로, 구성은 다음과 같다.

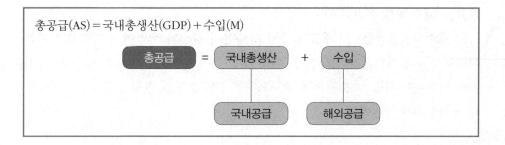

총공급(AS) = 국내총생산(GDP) + 수입(M)

(3) 총수요와 총공급의 그래프 분석

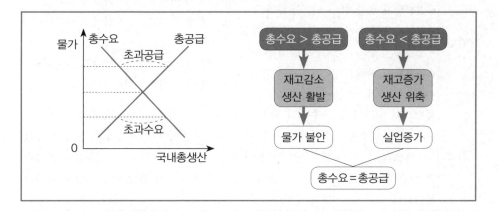

(4) 국민소득의 결정

1) 균　　형

총수요와 총공급이 일치되는 수준에서 결정된다. 이 경우 국민소득은 총공급 = 총수요가 되어 국내총생산(GDP) + 수입(M) = 민간소비(C) + 민간투자(I) + 정부지출(G) + 수출(X)의 등식이 성립한다. 따라서 국내총생산은 민간소비 + 민간투자 + 정부지출 + 수출 − 수입의 식이 하나 성립하게 된다.

2) 불균형의 경우

① **총수요>총공급**　　재고의 감소로 생산의 증가와 실업이 감소하고 경기는 활성화되지만 물가가 상승하는 현상이 발생한다. 이에 대한 대책으로는 국내수요 (민간소비, 민간투자, 정부지출) 억제, 수출감소, GDP 증대, 수입증대 등의 대책이 필

요하고 GDP 증대가 바람직한 방법이다.

② 총수요<총공급   재고의 증가로 생산의 감소와 실업이 증가하고 물가는 하락하지만 경기침체가 발생한다. 이에 대한 대책으로는 국내수요(민간소비, 민간투자, 정부지출) 확충, 수출증대, GDP 축소, 수입억제 등의 대책이 필요하고 수출증대가 바람직한 방법이다.

구분	총수요의 증가	총수요의 감소	총공급의 증가	총공급의 감소
원인	• 민간소비의 증가 • 민간투자의 증가 • 정부지출의 증가 • 통화량의 증가 • 이자율의 하락 • 수출의 증가	• 민간소비의 감소 • 민간투자의 감소 • 정부지출의 감소 • 통화량의 감소 • 이자율의 상승 • 수출의 감소	• 임금의 하락 • 원자재 가격의 하락 • 생산기술의 향상 • 수입의 증가	• 임금의 상승 • 원자재 가격의 상승 • 생산기술의 퇴보 • 수입의 감소
결과	총수요의 증가로 총수요곡선이 우측으로 이동하여 물가가 상승하고 소득이 증가한다.	총수요의 감소로 총수요곡선이 좌측으로 이동하여 물가는 하락하고 소득감소가 발생한다.	총공급의 증가로 총공급곡선이 우측으로 이동하여 물가하락과 소득증가 현상이 나타난다.	총공급의 감소로 총공급곡선이 좌측으로 이동하여 가상승과 소득감소가 나타난다.

4. 국민소득분배

(1) 소득불평등의 원인

선천적 능력의 차이, 상속 및 증여의 차이, 교육기회의 차이, 사회적 제도의 차이 등에 의해서 소득의 불평등현상이 나타난다.

(2) 소득분배의 불평등 정도 측정

1) 십분위 분배율

최하위 40% 계층의 소득 점유율이 최상위 20% 계층의 소득 점유율에서 차지하는 비율을 의미한다. 0(완전불평등 상태)에서 2(완전평등)까지의 수치를 가지며, 그 값이 작을수록 불평등한 상태를 나타낸다. 이를 구하는 식은 다음과 같다.

십분위 분배율 = 최하위 40% 계층의 소득 점유율(%)/최상위 20% 계층의 소득 점유율(%)

2) 로렌츠곡선

가로축에는 저소득부터 고소득층을 순서로 인구의 누적 비율을, 세로축에는 소득의 누적 점유율을 표시하여 계층별 소득분배를 표현한 로렌츠곡선이 대각선(완전평등선)에 가까워지면 소득분배는 개선되고 대각선에서 멀어지면 소득분배는 악화된다.

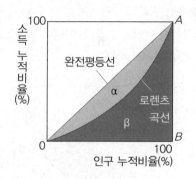

3) 지니계수

로렌츠곡선으로부터 도출되며 구하는 공식은 지니계수 $= \alpha/(\alpha+\beta)$다. 지니계수의 최대치는 1(완전불평등 상태)이고, 최소치는 0(완전평등 상태)이다. 따라서 십분위 분배율은 클수록 분배가 평등하게 개선되고 지니계수는 작을수록 분배가 평등하게 개선된다. 또는 십분위 분배율은 클수록 소득분배가 평등하고 지니계수는 클수록 소득분배가 불평등하다. 그러나 지니계수는 전 계층의 소득분배 상태를 하나의 숫자로 표현하므로 특정 소득계층의 소득분배 상태를 나타내지 못하는 한계가 있다.

4) 소득 5분위 분배율

최상위 20% 계층의 소득점유율을 최하위 20% 계층의 소득으로 나눈 비율로서 구하는 공식은 다음과 같다.

> 5분위 분배율=최상위 20% 계층(소득 5분위 계층)의 소득 점유율(%)/최하위 20% 계층
> (소득 1분위 계층)의 소득 점유율(%)

따라서 소득 5분위 분배율이 클수록 소득분배가 불평등하며 완전히 평등한 소득분배 상태인 사회는 5분위 분배율이 1이 된다.

📋 참고   소득불평등도의 측정

일정기간 동안 발생한 소득이 얼마나 평등한가를 나타내는 것이 소득불평등도이다. 집단 전체의 소득불평등도를 한눈에 비교할 수 있는 아이디어는 로렌츠라는 통계학자에 의해 고안되었다. 이것을 '로렌츠곡선'이라고 한다.

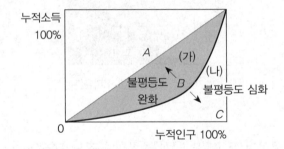

일단 한 경제의 모든 사람을 소득이 낮은 사람부터 나열해 놓았다고 가정하자. 누적인구비율과 누적소득비율이 동일한 속도로 움직이면 그래프의 곡선 A처럼 대각선이 그려진다. 따라서 대각선은 소득이 완전히 평등한 곡선이다. 반면 인구는 느는 데 누적소득은 움직이지 않는다면 소득이 완전히 불평등해서 대부분의 사람은 소득을 얻지 못한 상태이다. 우하방의 꼭지점을 지나는 곡선 C로서 완전불평등한 곡선이다. 일반적으로 집단의 소득은 완전히 평등하거나 불평등한 상태가 아니므로 로렌츠곡선은 곡선 B처럼 나타난다. 로렌츠곡선이 대각선에서 우하방으로 떨어져 있을수록 불평등도는 더 심하다. 로렌츠곡선을 이용해 집단 간의 소득불평등도를 비교하는 방법은 다음과 같다.

① 로렌츠곡선이 대각선에서 멀리 떨어진 집단의 소득이 더 불평등하다.
② 두 집단의 로렌츠곡선이 교차하면 불평등도를 판단할 수 없다.
③ 로렌츠곡선은 몇 배나 불평등한지 보여주지 못한다(순서만 파악하는 서수적 방법).

로렌츠곡선과 달리 절대적인 수치를 이용(기수적 방법)해서 소득불평등도를 파악하는 다른 방법도 있다.

구분	계산 방법	해석	특징
지니계수 (기수적)	로렌츠곡선에서, $$\frac{(가)면적}{(가)+(나)면적}$$	• 완전평등: 0 • 완전불평등: 1	• 로렌츠곡선이 교차하면 무의미 • 크기가 같아야만 비교가능한 로렌츠곡선보다 편리
10분위 분배율 (기수적)	$$\frac{하위\ 40\%의\ 소득(비율)}{상위\ 20\%의\ 소득(비율)}$$	• 완전평등: 2 • 완전불평등: 0	• 중위소득 40% 인구는 제외(0이라도 완전불평등이라고 단정할 수 없음)
5분위 분배율 (기수적)	$$\frac{상위\ 20\%\ 인구의\ 소득(비율)}{하위\ 20\%\ 인구의\ 소득(비율)}$$	• 완전평등: 1 • 완전불평등: 무한	10분위 분배율과 소득계층의 위치 바뀜
빈곤율 (기수적)	• 절대적 빈곤율: 최저생계비 이하 인구 비율 • 상대적 빈곤율: 중위소득 또는 평균소득 50% 이하 인구 비율	–	생활이 어려운 사람의 비율을 계산해서 보완하려는 것(소득분배는 개선되어도 빈곤율이 높아지면 바람직하지 못함)
엥겔계수	$$\frac{식료품비}{가계지출} \times 100$$	엥겔계수가 높을수록 저소득층	엥겔법칙 중 식료품비에 관한 규칙을 응용(소득이 늘수록 음식비 지출비중이 낮아진다) ※ 엥겔계수는 지출액 사용

(3) 소득재분배정책

누진세제도 등의 조세정책이나 사회보험 및 공공부조와 같은 사회보장제도를 실시하거나 빈곤계층에 대한 인적 자원을 개발하고 최저임금제의 적용 대상을 확대하는 방법이 있다. 소득이 많아질수록 세율이 높아지는 조세이다. 소득재분배 효과는 있지만 가난한 사람의 소득을 직접적으로 더 많게 해 주지는 못한다.

>>> 제2장
물가와 안정

1. 물가와 물가지수

(1) 물   가

개별적인 상품의 교환가치를 가격이라고 하고 이런 가격의 변동관계를 알아보기 쉽게 수치화한 것이 가격지수이다. 가격지수는 기준시 가격을 100으로 삼고 변동된 가격을 %로 나타낸다$\left(\text{가격지수} = \dfrac{\text{비교시 물가}}{\text{기준시 물가}} \times 100\right)$.

이러한 가격변화를 종합하여 평균한 것이 물가이고 물가의 변동관계를 알아보기 쉽게 수치로 니타낸 것이 물가지수이다. 따라서 물가지수는 기준시 물가를 100으로 삼고 변동된 물가를 %로 나타낸다.

$$\text{물가지수} = \frac{\text{비교시 물가}}{\text{기준시 물가}} \times 100$$

(2) 물가지수의 작성 방법

1) 단순물가지수

상품의 수로 가격지수의 합을 나누어 준 개념으로 개별적 재화나 용역의 경제적 비중을 고려하지 않은 물가지수이다.

$$\text{단순물가지수} = \frac{\text{개별 가격지수의 합}}{\text{상품의 수}}$$

2) 가중물가지수

가중값의 합으로 가격지수와 개별재화의 경제적 비중이나 중요성을 곱한 합을 나누어 주는 물가지수로서 개별재화나 용역의 경제적 중요도를 고려한 물가지수이다.

$$가중물가지수 = \frac{(상품별\ 개별\ 가격지수 \times 상품별\ 가중치)의\ 합}{가중치의\ 합}$$

<계산 예>

상품 \ 가격	기준시 가격	비교시 가격	가격지수*	가중값
빵	1,000	1,500	150	60
볼펜	1,000	800	80	30
운동화	5,000	5,000	100	10
계			330	100

1) 단순물가지수 $= \dfrac{330}{3} = 110$ * 가격지수 $= \dfrac{비교시\ 가격}{기준시\ 가격} \times 100$

2) 가중물가지수 $= \dfrac{12,400}{100} = 124$

3) 체감물가지수 $= 150$(장바구니 물가지수)

(3) 물가지수의 종류

생산자 물가지수	• 기업 간에 대량으로 거래되는 상품의 평균적인 가격변동을 측정 • 기업들이 구입하는 재화와 서비스의 가격변동을 측정 • 한국은행 작성
소비자 물가지수	• 소비자들이 구입하는 재화와 서비스의 가격변동을 측정 • 가계소득의 실질적인 구매력 변동을 나타낼 수 있음 • 정부 작성
생활 물가지수	• 지수물가와 체감물가의 괴리를 해소하기 위해 일반 소비자들이 주로 구입하는 생활필수품 등을 대상으로 계산한 물가지수 • 정부 작성

GDP 디플레이터	• 명목 GDP와 실질 GDP 간의 비율(명목 GDP/실질 GDP) • 기준 연도에 비해 금년도 물가가 얼마나 상승했는지를 나타내는 지표 • 한국은행 작성

🔍 보충

● **지수물가와 체감물가가 다른 이유**

- 정부가 발표하는 물가지수는 많은 상품과 용역의 가격을 평균하여 계산하지만, 소비자가 느끼는 체감물가(장바구니 물가)는 소비자가 흔히 구입하는 몇 가지 품목의 가격 변화에 좌우되기 때문이다.
- 대체로 가격이 오른 상품만을 가지고 단순 평균식으로 물가를 느끼기 때문이다.
- 생활수준의 향상에 따라 지출이 늘어난 것을 물가상승과 혼동하기 때문이다.

● **실질국민소득과 명목국민소득**

1. 실질변수와 명목변수

- 실질변수: 실물의 변화를 파악할 수 있도록 만들어진 변수(가격변동효과를 제거)
  실질임금, 실질국민소득, 실질이자율, 고용량, 실업 등
- 명목변수: 당시의 시장가치로 측정한 변수로서 물가변동이 반영되어 있음
  명목임금, 명목국민소득, 명목이자율, 명목환율 등
  ※ 명목변수는 가격변동과 물량변동이 같이 반영되어 양자를 구분해 낼 수 없음

2. 실질국민소득과 명목국민소득

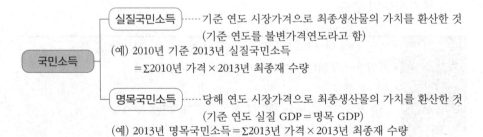

국민소득
├─ 실질국민소득 ····· 기준 연도 시장가격으로 최종생산물의 가치를 환산한 것
│   (기준 연도를 불변가격연도라고 함)
│   (예) 2010년 기준 2013년 실질국민소득
│   = Σ2010년 가격 × 2013년 최종재 수량
└─ 명목국민소득 ····· 당해 연도 시장가격으로 최종생산물의 가치를 환산한 것
                     (기준 연도 실질 GDP = 명목 GDP)
    (예) 2013년 명목국민소득 = Σ2013년 가격 × 2013년 최종재 수량

🔲 한 가상의 경제에서 2010년과 2013년에 생산된 최종재와 그 가격이다. 2010년을 기준 연도로 볼 때 2013년 명목 GDP와 실질 GDP는 얼마인가?

구분		2010년	2013년
사과	상자	120	150
	상자당 가격	30,000	35,000
오징어	마리	2,100	1,900
	마리당 가격	500	900

2013년 명목 GDP $= 150 \times 35,000 + 1,900 \times 900 = 6,960,000$

2010년 불변가격 2013년 실질 GDP $= 150 \times 30,000 + 1,900 \times 500 = 5,450,000$

3. GDP 디플레이터(GDP 환가지수)

경제의 전반적인 물가수준을 파악하기 위해 국민소득 통계를 이용해 계산한다. 처음부터 측정을 목표로 하지 않았기 때문에 통계부산물이라고 한다.

$$\text{GDP 디플레이터} = \frac{\text{명목 GDP}}{\text{실질 GDP}} \times 100 = \frac{\sum \text{당해 연도 가격} \times \text{당해 연도 최종 생산물}}{\sum \text{기준 연도 가격} \times \text{당해 연도 최종 생산물}} \times 100$$

> 분모와 분자의 차이는 기준 연도와 당해 연도의 가격차이를 보여준다. 따라서 물가지수이다.

앞의 예를 적용해 보자. 2010년에 비해 27.7%의 물가가 상승했다.

$$\text{2013년 GDP 디플레이터} = \frac{6,960,000}{5,450,000} = 127.7$$

2. 인플레이션

(1) 개 념

물가수준이 상당히 높은 비율로 지속적으로 오르는 현상이다. 즉, 재화와 용역의 값이 올라 통화 구매력이 상당한 수준으로 하락하는 현상을 말한다. 그와 반대적 개념으로 디플레이션은 물가가 전반적으로 지속적으로 하락하고 화폐가치는 상승하는 현상이다.

(2) 종　류

인플레이션의 유형	원인	대책
수요견인 (＝초과수요) 인플레이션	총수요의 과다 (총수요＞ 총공급)	• 총수요 억제정책(긴축재정, 긴축금융을 통한 총 　수요의 억제), 경제주체의 절약
비용상승 인플레이션	생산비의 상승으로 인한 총공급의 감소	• 소득정책(과도한 임금인상, 이윤인상의 억제) • 수입자유화 정책(수입증가 → 총공급 증대) • 기술혁신, 경영혁신 • 에너지 가격, 부동산임대료 상승억제
관리가격 인플레이션	독과점가격의 인상	• 경쟁유지(촉진)정책, 즉 독과점을 규제하는 정책
구조적 인플레이션	후진국 경제의 낮은 생산성	• 구조정책(산업합리화 정책), 생산성이 낮은 부문 　에 대해 정부의 직접투자나 융자를 통해 생산성 　을 높여주는 정책

🔍 보충

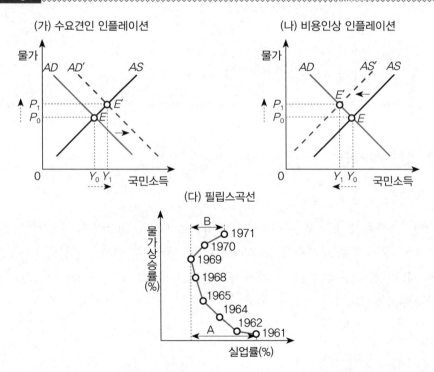

(가) 수요견인 인플레이션

(나) 비용인상 인플레이션

(다) 필립스곡선

(가)와 (나)는 발생 배경에 따른 인플레이션의 두 유형을 보여주고 있다. (가) 유형은 총공급은 가만히 있는데 총수요가 증가함으로써 나타나는 수요견인 인플레이션(=초과수요 인플레이션)이고, (나) 유형은 총수요는 가만히 있는데 총공급이 감소함으로써 나타나는 비용인상 인플레이션이다.

(다)의 A 시기에는 실업률이 하락하고 물가상승률이 높아지고 있는데, 이는 (가)와 같이 총수요가 증가할 때 나타나는 현상이다. 그리고 B 시기에는 실업률과 물가상승률이 모두 높아지고 있는데, 즉 스태그플레이션(stagflation)이 나타나고 있는데, 이는 (나)와 같이 총공급이 감소할 때 나타난다. 이처럼 총수요가 변동하면 A 시기와 같이 실업률과 물가상승률이 역(−)의 관계를 보이지만, 총공급이 변동하면 B 시기와 같이 실업률과 물가상승률이 정(+)의 관계를 보인다. 결국, 실업률과 물가상승률의 관계는 총수요와 총공급 중 어느 것이 변하느냐에 따라 달라지는 것이다.

(3) 인플레이션의 영향

1) 부와 소득의 재분배

인플레이션은 물가상승과 화폐가치의 하락으로 이로 인해 유리한 측과 불리한 측이 발생하여 소득과 부가 재분배되는 현상이 나타난다. 유리한 측은 실물자산 보유자, 채무자, 산업자본가나 상업자본가, 수입업자 등이 될 것이나, 반면 불리한 측은 화폐자산 보유자, 채권자, 노동자, 봉급 및 연금 등의 정액 소득자, 수출업자 등이 될 것이다.

2) 국제수지 악화

국내의 가격수준이 상승함에 따라 외국 상품에 비하여 국산품의 가격이 올라, 수입이 조장되고 수출이 위축되어 국제수지를 악화시킨다. 수입업자가 유리하고 수출업자가 불리하기 때문이다.

3) 경제성장 저해

장기투자보다 단기적 수익을 노리는 투기의 성행으로 생산이 위축되고 소비가 늘고 저축이 감소하여 국민경제의 자본축적이 저해되어 이자율이 상승한다.

≫ 제3장
실업과 실업률

1. 실 업

(1) 실업의 의의

일할 능력과 의사가 있음에도 불구하고 일자리를 가지지 못하는 상태로서 노동의 초과공급 현상이다.

🔎 보충

● 실업측정

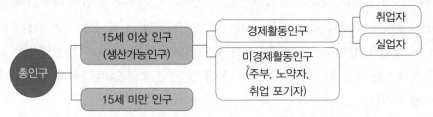

• 경제활동참가율 $= \dfrac{경제활동인구}{15세\ 이상\ 인구} \times 100$

• 취업률 $= \dfrac{취업자\ 수}{경제활동인구} \times 100$

• 고용률 $= \dfrac{취업자\ 수}{15세\ 이상\ 인구} \times 100$

• 실업률 $= \dfrac{실업자\ 수}{경제활동인구} \times 100$

● **실업통계**

1. 용어 정의

- 생산(노동)가능인구: 수형자와 군인을 제외한 15세 이상 인구(나이 상한 없음)
- 경제활동인구: 일할 능력과 의사가 동시에 있는 사람(경제의 총노동공급자수)
  → 능력과 의사 하나만 없으면 비경제활동인구
  학생, 주부, 취업수험생 등은 비경제활동인구로 분류

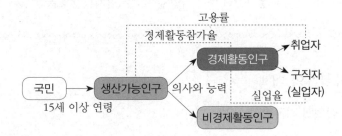

- 취업자: 실질적으로 고용관계를 유지하고 있는 자
  ① 주당 1시간 이상 유급으로 일하는 자
  ② 주당 18시간 이상 무급으로 가족노동종사자
  ③ 질병 등으로 휴직 중인 자
  ④ 일용직으로 일기불순에 의해 쉬고 있는 자
- 실업자(구직자): 구직 중인 자
  ① 지난 1주일 일하지 않았고, 최근 4주에 구직 경험이 있고(구직행위가 없으면 비경
     제활동인구로 분류), 일만 있으면 일할 수 있는 자(ILO 기준)
  ② 취업이 결정되어 발령 대기 중인 자
  ※ 임시직, 일용직, 임시아르바이트 학생 등은 불완전고용상태이지만 취업기준에 합
     당하기 때문에 취업자로 분류

2. 실업률과 고용률

- 실업률 $= \dfrac{\text{실업자}}{\text{경제활동인구}} \times 100 \rightarrow$ 실업자가 늘거나, 경제활동인구가 줄면 상승
- 고용률 $= \dfrac{\text{취업자}}{\text{생산가능인구}} \times 100 \rightarrow$ 취업자가 늘어야만 상승

  $=$ 경제활동참가율 $\times (1 -$ 실업률$)$

  ※ 실업률과 고용률의 분모가 다르다는 사실에 유의

3. 실망노동자와 실업통계

경기가 나빠지면 경제적 형편이 나빠져서 일자리를 찾으러 나오는 사람(부가노동자)도 있고, 구직을 포기하는 사람(실망노동자: 진학, 직업훈련, 백수 등 결정)도 있다. 경기가 나빠지면 일반적으로 후자가 많아져서 경제활동인구가 줄어든다.

① 실망노동자가 생기면 고용률은 불변이나 실업률은 낮아진다.

② 고용률보다 실업률은 경기에 둔감하다. 즉, 불경기에 실업률은 과소측정된다.

③ 실망노동자는 경기가 좋아지면 다시 실업자가 되는 잠재실업에 속한다.

---

(2) 실업의 종류와 대책

1) 자발적 실업과 비자발적 실업

㉠ 자발적 실업: 직업을 바꾸는 과정에서 일시적으로 실업상태에 있거나 또는 스스로 보다 나은 일자리를 찾기 위해서 잠정적으로 실업상태에 있는 것이다. 마찰적 실업은 자발적 실업에 해당한다.

㉡ 비자발적 실업: 일할 능력과 일할 의사가 있음에도 불구하고 일자리가 없는 상태이다. 일반적인 의미의 실업은 비자발적인 실업만을 의미한다. 경기적 · 구조적 · 계절적 실업은 비자발적 실업에 포함된다.

2) 발생 원인별 실업 분류

구분	원인	대책
경기적 실업	불황으로 인한 노동수요의 부족	공공사업 확대, 경기부양의 재정 · 금융 정책(재정지출 확대, 재할인율 인하)
구조적 실업	산업구조 고도화, 기술혁신에 의해 낮은 기술수준의 기능 인력에 대한 수요감소로 인해 발생	직업훈련교육의 실시, 인력개발
계절적 실업	계절적 요인에 의한 고용감소(농업, 건설업 등)	취로사업, 농공단지 조성으로 부업 확대
마찰적 실업	직장 이동시 취업정보의 불충분으로 인해 일시적으로 발생	취업정보의 효율적인 제공

3) 잠재적 실업

형식적·표면적으로는 취업하고 있으나, 실질적으로는 실업상태에 있는 경우를 잠재적 실업이라 한다. 잠재적 실업은 실업통계에서는 실업으로 기록되지 않는 것이 보통이며, 도시 영세영업 종사자 등 일반적으로 일할 의사와 능력이 있으면서도 정상적인 취업기회가 없어 저소득과 저생산성을 특징으로 하는 열악한 취업상태에 있는 것을 말한다. 이들은 사실상 실업하고 있는 것과 다름없으나, 취업하고 있는 것처럼 위장(僞裝)되어 있기 때문에, 위장실업이라고도 한다.

(3) 실업률 조사방법

통계청에서는 전국의 약 33,000 표본가구에 상주하는 만 15세 이상 인구를 대상으로, 매월 15일이 속한 1주간의 경제활동 상태를 파악하는 경제활동인구 조사를 실시하고 있다. 그림에서 현재 일하고 있거나(취업자), 현재 일자리는 없지만 일할 의사가 있어 일자리를 구하려는 사람(실업자)들은 경제활동인구로 분류되고, 경제활동에 포함되지 않는 사람들은 비경제활동인구로 분류된다. 따라서 경제활동인구에는 취업자와 실업자가 포함된다. 경제활동인구는 만 15세 이상의 인구 중 재화나 서비스를 생산하기 위해 노동을 제공할 의사와 능력이 있는 사람을 말한다. 비경제활동인구는 만 15세 이상 인구 중 취업자도 실업자도 아닌 사람으로, 집안에서 가사 또는 육아를 전담하는 주부, 학교에 다니는 학생, 일을 할 수 없는 연로자 및 장애인, 자발적으로 자선사업이나 종교단체에 관여하는 사람을 말한다.

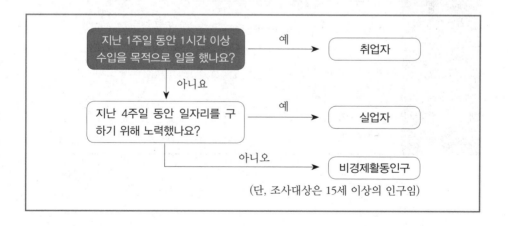

2. 실업률

실업률과 화폐임금상승률 사이에는 매우 안정적인 함수관계가 있음을 나타내는 모델로서 영국의 경제학자 필립스(A. W. Phillips)에 의해 발표된 것이다. 즉 인플레이션의 요인에 대한 수요견인설(demand-pull theory)과 비용인상설(cost-push theory) 사이에 열띤 논쟁이 계속되고 있을 때 필립스는 영국의 경제통계로부터 물가상승률과 실업률 사이에는 역의 함수관계가 있음을 발견했다. 각국에 따라 다소의 차이는 있지만 일반적으로 필립스곡선으로 나타낸다. 일반적으로 물가상승률과 실업률의 관계로 표시되기는 하지만 원래는 화폐임금상승률과 실업률 사이의 관계이다. 필립스곡선에서 알 수 있듯이 실업률이 낮을수록 물가상승률이 높으며, 반대로 물가상승률이 낮을수록 실업률은 높다(경제학사전, 2011. 3. 9, 경연사).

이를 표로 정리하면 다음과 같다.

경제성장과 물가안정의 상충 관계	• 성장 ↑　　　　→　　　물가 ↑ (＝실업 ↓)
	경제성장 ○　　　　　물가안정 ×
	• 성장 ↓　　　　→　　　물가 ↓ (＝실업 ↑)
	경제성장 ×　　　　　물가안정 ○
필립스곡선	실업률과 물가상승률의 반비례 관계를 나타내고 있음 → 물가안정과 고용문제의 동시 해결이 얼마나 어려운가를 알 수 있음. 필립스곡선이 원점에 가까울수록 바람직하다.

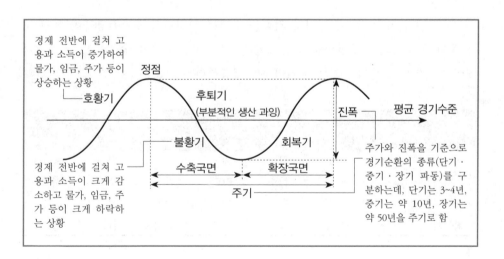

제4장
경기변동과 경제안정화정책

1. 경기변동 양상과 예측

(1) 경기순환

경제활동의 총체적 수준이 일정한 주기로 반복하면서 활발해지기도 하고 위축되는 현상이다. 경기변동은 회복기 → 확장기(호경기) → 후퇴기 → 수축기(불경기)의 4국면을 거친다.

2단계로 구분하면 확장국면인 회복기와 호경기, 수축국면인 후퇴기와 불경기로 나눈다.

경제 전반에 걸쳐 고용과 소득이 증가하여 물가, 임금, 주가 등이 상승하는 상황
└ 호황기

정점

후퇴기
(부분적인 생산 과잉)

진폭

평균 경기수준

불황기

회복기

경제 전반에 걸쳐 고용과 소득이 크게 감소하고 물가, 임금, 주가 등이 크게 하락하는 상황

수축국면

확장국면

주기

주가와 진폭을 기준으로 경기순환의 종류(단기·중기·장기 파동)를 구분하는데, 단기는 3~4년, 중기는 약 10년, 장기는 약 50년을 주기로 함

(2) 경기순환의 난계적 특징

1) 회복기

경기침체에서 벗어나 경기상태가 조금씩 나아지는 시기로서 경기전망을 좋게 보는 시각이 증가하면서 투자가 활성화되어 생산량이 증가한다. 이전보다 많은 사람들이 일자리를 가지면서 소비지출이 증가한다.

2) 호경기

생산·투자·소비가 가속적으로 증가하는 시기로서 재고가 줄어들고 투자활동이 과열되어 임금과 물가가 빠른 속도로 상승한다. 경기가 최고점인 정점 부근에 이르면 실업률이 낮아지고 소비가 빠르게 증가한다.

3) 후퇴기

경기가 정점을 지나 하강하는 시기로서 호경기의 과잉 투자로 인해 재고가 증가하고 생산이 감소하여 일자리가 줄고 소득은 감소하여 소비가 감소하고 임금과 물가상승 속도도 크게 둔화된다.

4) 불경기

경기침체가 가속화되어 경기가 저점을 향하는 시기로서 경기전망을 어둡게 보고 투자가 위축되고 생산활동이 감소한다. 이시기는 상품이 팔리지 않아 재고가 쌓이고 기업의 도산이 증가하며 실업자가 급증한다.

구분	생산	물가	고용	금리	소비·투자	실업률·재고율	주가
호경기	최고	최고	최대	최고	최고	최저	최고
후퇴기	감소	하락	감소	하락	감소	증가	하락
불경기	최저	최저	최저	최저	최저	최고	폭락
회복기	증가	상승	증가	상승	증가	감소	상승

(3) 경기변동의 원인 : 총수요와 총공급의 변화

구분		내용
총수요	증가	소비, 투자, 정부지출, 수출의 증가 → 생산 · 고용 · 소득증가 · 물가상승
	감소	소비, 투자, 정부지출, 수출의 감소 → 생산 · 고용 · 소득감소 · 물가하락
총공급	증가	기술혁신, 원자재 가격하락, 수입증가 → 생산증가, 물가하락
	감소	임금 · 원자재 가격상승, 수입감소 → 생산감소, 물가상승

(4) 경기순환의 종류

1) 장기파동(코트라티에프 파동)

50~60년을 주기로 기술혁신, 전쟁 등에 의해 나타나는 장기적 경기순환이다.

2) 중기파동

㉠ 쿠즈네츠 파동: 20년을 주기로 인구증가율의 변동이나 내구재의 수요변화(주택건설) 등을 원인으로 나타나는 파동이다.

㉡ 주글라 파동: 10년 전후를 주기로 기업의 설비투자의 변화와 관련하여 나타나는 순환이다.

3) 단기파동(키친 파동)

3~4년을 주기로 외환시세의 변화나 통화공급, 이자율의 변동, 물가 및 재고변동 등에 따라 나타나는 단기적 성격의 변동이다.

● **주요 경기지표**

1. **종합경기지표**: 국민경제 각 부문의 대표적인 경제지표들을 선정한 후 종합한 지수
   → 경기선행지수와 동행지수, 후행지수로 구성됨
   ① 경기선행지수: 보통 3~10개월 후의 경기동향을 예측하는 지표이다. 중간재 출하지수, 내구소비재 출하지수, 건축허가면적 등의 지표로 구성된다.
   ② 경기동행지수: 조사시점의 경기수준을 나타내는 지표이다. 노동투입량, 산업생산지수, 제조업 가동률지수 등의 지표로 구성된다.

③ 경기후행지수: 현재의 경기를 나중에 조사하기 위해 쓰이며, 조사시점으로부터 3~10개월 전의 경기상황을 나타낸 지표. 비농가 실업률, 사용근로자 수, 도시 가계 소비지출 등의 지표로 구성된다.

2. 심리경제지표

① 기업경기실사지수(BSI): 경기전망에 대한 긍정적 응답기업 수와 부정적 응답기업 수의 차를 전체 응답 기업 수로 나누어 백분율로 나타낸 후 100을 더한 값이다. → 0에서 200까지의 값을 가지며 100이 기준이다.

- 기업경기실사지수 $= \dfrac{\text{긍정적 응답자 수} - \text{부정적 응답자 수}}{\text{전체 응답자 수}} \times 100 + 100$

- 기업경기실사지수가 100 이상이면 앞으로 경기가 좋아질 것으로 기대하는 기업인이 많다는 것이다.

② 소비자동향지수(CSI): 소비자의 현재와 장래의 재정상태, 소비자가 보는 경제 전반의 상황과 물가, 구매조건 등에 대해 설문조사를 하고 이를 지수로 환산해 나타낸 지표이다. → 100보다 낮으면 향후 경제상황이 지금보다 나빠질 것으로 보는 소비자가 호전을 예상하는 소비자보다 많다는 뜻이며, 100 이상이면 그 반대이다.

2. 경제안정화정책

(1) 의　미

국민경제의 고용수준을 늘리거나 물가를 안정상태에 접근하도록 조정하려는 정책으로 경기변동 과정에서 발생하는 인플레이션과 실업을 해소하기 위하여 인위적으로 총수요 등의 양을 조정하는 정책으로 재정정책과 금융정책이 있다.

(2) 재정정책과 금융정책

구분		내용
경기침체시	확장재정정책	세입감소, 세출증가 → 총수요 증가
	확장통화정책	금리인하, 시중에 자금 방출 → 통화량 증가
경기과열시	긴축재정정책	세입증가, 세출감소 → 총수요 감소
	긴축통화정책	금리인상, 시중의 자금 흡수 → 통화량 감소

(3) 자동안정화 장치

경기순환의 변동폭을 감소시키는 데 기여하는 제도적 장치. 가처분소득에 상쇄효과를 일으켜 경기변동의 안정을 유지한다. 예를 들어 누진소득세, 실업보험, 사회보장 이전 지출 등을 말하며 경기가 침체되면 자동으로 세출이 증가하고 세입이 감소하여 경기가 부양되는 효과를 가져오고 경기가 과열되면 세출이 감소하고 세입이 증가하여 경기가 진정되는 효과를 가져온다.

(4) 재정정책: 정부담당

1) 의 미

정부가 세입과 세출을 조정하여 국민경제활동에 영향을 끼치고자 하는 정책을 말한다. 세입과 세출정책이 있다. 세입면에서는 세율을 인상하면 소비지출이 감소하게 되고 투자의욕이 감퇴되어 국민경제가 위축될 것이고, 세율을 인하하게 되면 소비지출이 증가하고 투자의욕이 증대하여 국민경제가 확대될 것이다. 반면 세출정책에서는 세출을 증가하면 국민소득이 증가하여 소비지출이 증가하고 국민경제는 확대될 것이나, 세출을 감소하면 국민소득이 감소하고 소비지출이 감소하여 국민경제는 위축될 것이다.

2) 경기변동에 대한 재정정책

경기과열시 (긴축정책)	조세수입 증대, 재정지출 축소(긴축재정, 흑자예산편성) → 민간투자와 소비의 억제 → 물가안정 → 경기안정
경기침체시 (팽창정책)	조세수입 축소, 재정지출 증대(확장재정정책, 적자예산편성) → 민간투자와 소비의 증대 → 실업감소 → 경기회복

(5) 금융(통화)정책: 중앙은행이 담당

1) 의 의

화폐가치의 안정과 국민경제의 발전을 꾀하기 위하여 통화량을 적절히 조절하는 정책으로, 중앙은행이 담당한다.

2) 금융정책의 수단

① **일반적 정책의 수단(양적 규제)**   간접적 수단을 이용하여 통화량을 조절하는 정책이다.

㉠ 재할인율정책: 중앙은행이 예금은행에 대해 적용하는 이자율인 재할인율을 조절함으로써 간접적으로 은행의 대출액을 조절하는 것이다. 재할인율을 인상하게 되면 일반은행의 이자율이 인상되어 대출이 감소하고 통화량은 감소하게 된다.

반면 재할인율을 인하하면 일반은행의 이자율이 인하되어 대출이 증가하게 되어 통화량이 증가하게 된다. 이렇듯 중앙은행의 일반은행에 대한 이자율의 조정을 통해 시중금리에 영향을 주는 정책을 말하는데 이는 금융시장이 발달된 나라에서 큰 효과를 거둘 수 있다. 즉 중앙은행의 일반은행에 대한 지배력, 말을 바꾸어 일반은행의 중앙은행에 대한 의존도가 클수록 큰 효과를 거둘 수 있는 정책이다.

㉡ 공개시장조작정책: 국·공채를 매각 또는 매입하여 통화량에 변화를 주는 정책이다. 국·공채를 매각하게 되면 시중의 자금이 중앙은행으로 유입되어 통화량은 감소되고 국·공채를 중앙은행이 매입하면 시중으로 자금이 유출되어 통화량이 증가하게 된다. 이 정책은 유가증권을 매입하거나 매각하는 정책이라서 증권시장이 발달된 나라에서 큰 효과를 거둘 수 있다. 주로 선진국의 정책이다.

㉢ 지급준비율정책: 시중은행의 지급준비금의 비율을 조절하여 통화량을 조정하는 정책이다. 시중은행의 지급준비금 비율을 인상하게 되면 대출이 감소하게 되어 통화량은 감소하게 되고 지급준비율을 인하하게 되면 지급준비금이 감소하여 대출이 증가되고 통화량이 증가하게 된다. 이 정책은 자금의 초과수요상태라서 재할인율정책이 큰 효과를 거두지 못하고, 증권시장이 발달되지 못한 국가에서 주로 이용하는 정책이다.

수단	의미	내용
재할인율 정책	중앙은행의 대출 이자율 조절 정책	• 재할인율 인상 → 일반은행의 이자율 인상 → 대출 감소 → 통화량 감소 • 재할인율 인하 → 일반은행의 이자율 인하 → 대출 증가 → 통화량 증가
공개시장 조작정책	국·공채 매각 또는 매입	• 국·공채의 매각 → 시중의 자금 흡수 → 통화량 감소 • 국·공채의 매입 → 시중의 자금 유출 → 통화량 증가
지급준비율 정책	시중은행의 지급준비금 비율 조절	• 지급준비율 인상 → 지급준비금 증가, 대출 감소 → 통화량 감소 • 지급준비율 인하 → 지급준비금 감소, 대출 증가 → 통화량 증가

② 선별적 정책수단   특정 산업에 선택적·직접적으로 개입하여 통화량·이자율을 조절하는 정책이다. 일반적인 금융정책이 국민경제 전반에 통화량을 조절하는 정책이라면 선별적 금융정책은 특정 영역만 선별하여 직접적인 통제를 가하는 직접규제정책이라 할 수 있다.

예를 들어 은행의 자금대출 한도를 정하여 그 범위 안에서만 대출을 허용하는 대출한도제라거나 시중은행의 예금이자율이나 대출이자율을 정하거나 상한선을 설정하는 정책 등이 이에 해당된다.

3) 경기변동에 따른 금융정책

경기과열시	통화량 감축(금융긴축정책), 금리인상, 국·공채 매각 → 민간투자와 소비 억제 → 물가안정 → 경기안정
경기침체시	통화량 증대(금융완화정책), 금리인하, 국·공채 매입 → 민간투자와 소비 증대 → 물가안정 → 경기회복

≫ 제5장
화폐와 금융정책

1. 화   폐

(1) 화폐의 발달

자급자족의 경제에서는 화폐가 발달하지 못하였으나 교환의 필요성에 의해 물품화폐(쌀, 베, 가죽 등)가 등장하게 되었고 편리함을 추구하게 되어 금속화폐, 지폐, 신용화폐(수표나 어음), 전자화폐의 순으로 변화했다. 최근 신용카드의 등장으로 거래 원활, 현금 소지 위험성 감소, 거래의 투명성 확보, 세수 확보 용이 등이 있으나 충동구매의 기능성, 과소비 유발, 분실될 경우의 문제점이 발생하고 있다.

(2) 화폐의 기능

화폐는 교환의 수단으로 등장했다. 상품과 상품을 교환하는 매개적 역할수행으로서의 기능과 상품의 가치를 나타내 주는 단위로서의 역할인 가치척도가 본질적 기능이다. 또한 채무를 변제한다거나 세금을 납부, 외상값 지급을 위한 수단으로 사용(결제수단)되기도 하고 저축수단의 가치저장의 기능도 파생적으로 수행하고 있다.

2. 화폐의 수요와 공급

(1) 화폐의 수요

화폐의 수요는 다음과 같다.

거래적 동기	일상생활에서 거래에 대한 수단을 확보하기 위한 화폐의 수요
예비적 동기	비상금과 같이 예기치 않았던 지출에 대비하기 위한 화폐의 수요
투기적 동기	증권투자, 부동산투자 등을 위하여 화폐를 가지려는 것

(2) 화폐의 공급

1) 중앙은행의 통화공급

① **정부부문**　중앙은행은 정부의 은행으로서 통화를 공급한다. 정부의 적자재정의 경우 정부는 국채를 발행하여 이를 중앙은행이 인수하면 현금통화가 증가하게 되고(통화가 공급된다), 정부의 흑자재정의 경우 차입금을 상환함으로써 현금통화량이 감소하게 된다.

② **은행부문**　중앙은행은 일반은행의 은행으로서 기능을 통해 통화를 공급한다. 일반은행이 중앙은행으로부터 자금을 빌리면 현금통화가 증가하게 되고 일반은행이 중앙은행에게 차입금을 반환하면 현금통화가 감소하게 된다.

③ **해외부문**　중앙은행은 외환자금관리은행으로서 통화를 공급한다. 국제수지 흑자가 발생하게 되면 국내로 유입된 외화를 중앙은행이 매입하게 되어 중앙은행의 외환보유고는 증가하게 되고 그만큼 현금통화는 증가하게 된다. 반면 국제수지가 적자를 이루게 되면 중앙은행의 외환매출이 증가하게 되고 외환보유고는 감소하게 되어 통화량은 감소하게 된다.

④ **공개시장부문**　각종 유가증권을 매입하거나 매각함으로써 통화량을 조절하는 정책이다. 중앙은행이 국·공채를 매입하게 되면 현금통화량은 증가하게 되나 국·공채를 매각하게 되면 현금통화량은 감소하게 된다.

💡 **보충**

● **현금통화와 예금통화**

1. 현　금
중앙은행이 발행한 지폐와 주화이다.

2. 예   금

개인 또는 기업 등이 이자를 받고 은행에 맡겨 놓은 돈이다.

① 요구불예금: 예금주가 지불을 요구할 경우 지불을 해 줌으로써 언제나 현금화가 가능한 예금이다. 예를 들면 보통예금, 당좌예금 등이다.

② 저축성예금: 이자수입을 목적으로 예탁한 돈이다. 기간을 정한 예금으로 약정된 이자를 손해보고 기한의 만료 전에 현금화할 수 있다. 정기예금, 정기적금, 주택청약종합저축, 장기주택마련저축 등이다.

③ 외화예금: 국내거주자의 외화예금이다.

〰〰〰〰〰〰〰〰〰〰〰〰〰〰〰〰〰〰〰〰〰〰〰〰〰〰〰〰〰〰〰〰〰〰〰〰

2) 일반은행의 통화공급

일반은행은 예금을 받으면 예금의 일부는 예금자를 보호하기 위해 지급준비금으로 남기고 나머지는 대출하게 된다. 그런데 이렇게 대출된 돈은 다시 은행으로 유입되고 다시 대출이 이루어지고 이 대출금은 다시 은행으로 예입되고, 이러한 과정을 반복하여 일반은행은 통화를 파생적으로 공급하고 지속적으로 신용을 창출한다.

이때 창출되는 파생통화량은 다음과 같고 이러한 파생통화의 크기를 좌우하는 요소는 지급준비율에 의한다.

$$파생통화량 = \frac{최초\ 예금액(1 - 지급준비율)}{지급준비율}$$

$$지급준비율 = \frac{지급준비금}{예금액}$$

💡 보충

● 일반은행의 파생통화 공급(신용창조액)

(단위: 1,000원)

은 행	예금액(C)	지급준비금($r = 10\%$)	대출액(신용창조액)
국민	1,000	100	900
하나	900	90	810
우리	810	81	729
우체국	729	⋮	⋮
⋮	⋮	⋮	⋮

최초 예금액(C) : 100만원

지급준비율(r) : 10%

대출율($1-r$) : 90%(최대 대출 가정)

일반 은행조직 전체에서 공급되는 파생통화량(대출액)은

$\quad 900,000 + 810,000 + 729,000 + \cdots$

$= C(1-r) + C(1-r)^2 + C(1-r)^3 + \cdots$

따라서, 무한등비급수 공식 $\dfrac{초항}{1-공비}$ 에 대입하면

파생통화량 $= \dfrac{C(1-r)}{1-(1-r)} = \dfrac{C(1-r)}{r}$

그러므로 $\dfrac{100만원 \times 0.9}{0.1} = 900만원$이 신용창조된다.

만약, $r = 20\%$로 인상하면 신용창조액은

$\dfrac{100만원 \times 0.8}{0.2} = 400만원$으로 시중 통화량이 500만원 감소하게 된다.

● 통화량(거래에 사용가능한 화폐의 크기)

1) 통화량 = 현금통화(민간보유현금) + 예금통화(예금은행 저축액)

2) 시초의 통화(본원통화)는 한국은행이 발행하는 현금통화이고, 예금은행에 예금과 대출을 하는 과정에서 예금통화가 점차 늘어난다(신용창조).

3) 예금할 때는 통화량이 늘지 않고, 대출할 때 대출금만큼씩 통화량이 늘어난다.

4) 본원통화의 크기, 대출률의 크기, 예금률의 크기가 커질수록 통화량은 늘어난다.

cf. 총통화 = 통화량(현금통화 + 예금통화) + 저축성예금

≫ 제6장
한국경제의 성장과 위상

1. 한국경제의 변화

(1) 광복 이후 1950년대까지

미국의 원조 물자를 가공하는 삼백[밀가루, 설탕, 면화(섬유)] 산업이 발달하였다.

(2) 1960년대와 1970년대(경제개발 초기)

① 정부 주도형 성장의 시기로서 정부가 경제개발계획을 수립하고 앞장서서 추진하였다.

② 수출 주도형 성장시기로서 좁은 국내시장의 한계를 극복하기 위해 수출증대로 해외시장을 개척하였던 시기이다.

③ 대외 지향적 공업화 전략으로 정부가 경제활동에 적극 참여하여, 외자(外資) 도입과 수출 주도에 의한 외향적 성장전략과 공업화에 역점을 두는 전략을 채택하였다.

④ 불균형 성장론을 통해서 빈약한 자본과 기술, 풍부한 노동력의 상황을 연관효과가 크고 국내 자원을 많이 이용할 수 있는 선도산업을 집중 육성하여 활용하였던 시기이다.

⑤ 1960년대는 노동집약적 경공업을 선도산업으로 선정하여 육성하였다.

⑥ 1970년대는 자본집약적 중화학공업을 집중 육성하여 경제의 고도성장을 달성했던 시기이다.

- **한국경제의 고도성장**

  1962년부터 정부 주도의 경제개발 5개년 계획이 실시되면서 한국경제는 도약하기 시작했다. 한국은 1960년대 중반부터 30여 년간 연평균 8% 내외의 높은 경제성장률을 기록하며 짧은 기간에 후진국에서 개발도상국으로 성장했다.

- **한강의 기적**

  제2차 세계대전 이후 서독의 경제부흥을 일컫는 '라인강의 기적'에서 유래한 말로 6·25 전쟁의 폐허로부터 한국이 이룬 경이로운 경제성장을 상징적으로 일컫는 말이다.

(3) 1980년대: 기술집약적 첨단산업의 발전

① 1970년대 석유파동 이후, 선진기술 모방과 저임금 노동에 의존하던 것에서 연구개발(R&D: Research and Development)을 통한 기술경쟁력 확보에 노력하였다.

② 1980년대 후반 3저 호황(저달로, 저유가, 저금리)에 힘입어, 상품수지 흑자와 더불어 반도체, 컴퓨터, 통신기기 등 기술집약적 첨단산업이 크게 발전하였다.

③ 1990년대와 2000년대에는 외환위기 이후 잠재성장률 저하

㉠ 1990년대: 기업과 금융기관의 부실 문제가 누적되어 외환위기를 겪고 마이너스 성장을 기록하였다.

㉡ 2000년대: 빠른 속도로 외환위기의 충격에서 벗어났고, 2008년 미국에서 시작된 글로벌 금융위기도 슬기롭게 극복하였다.

2. 세계 속의 한국경제

경제성장으로 한국의 위상 상승	세계 주요 교역국으로 성장
• 2010년 G20 의장국으로서 서울 G20 정상회의 주도 • 경제협력개발기구(OECD) 산하 개발원조위원회의 원조를 받던 나라에서 원조 공여국(개발도상국에 원조하는 국가)으로 전환(2009년) → 우리나라가 선진국 대열에 합류함	2011년 교역규모가 세계 8위로 높아짐

● 우리나라의 경제성장 과정

시대구분	주요 육성산업	기타 사항
1950년대 까지	원조경제로서 삼백산업(제분, 제당, 면직물)이 중심	절대빈곤 국가
1960년대	• 경공업육성(가발, 신발, 합판 등) • 국가기간산업육성(도로, 철도, 전기 등) ※ 노동집약적 산업육성	• 수출지향 경제성장전략 선택 • 값싼 노동력에 의존
1970년대	중화학공업육성(철강, 조선, 전자, 화학) ※ 자본집약적 산업육성	• 급속한 경제성장 • 경제문제(빈부격차, 노사갈등, 도농격차) 발생 • 무역의존도 심화(유가파동을 중동건설경기로 극복)
1980년대	• 기술집약형 산업 육성(기계, 전자, 자동차) • 연구개발 집중투자(기술보호주의 대응) ※ 기술집약적 산업육성	• 삼저호황(저유가, 저금리, 저달러) • 프라자협정(1985년)으로 엔고 이점
1990년대	첨단기술산업 육성(반도체, 컴퓨터, 신소재 등) ※ 기술집약적 산업 육성	• WTO출범(1995년) • 개방화와 세계화(OECD가입) • IMF외환위기
2000년대 이후	첨산기술산업 육성 지속	• 미국발 금융위기 • 유럽발 재정위기 • 세계적 저성장(환율갈등) • G20, 중국의 급부상(G2)

제5편 《

국제경제

제1장
국제거래와 무역이론

1. 국제거래

(1) 국제거래의 특징

각국의 노동, 자본, 기술 등 생산요소의 이동이 국내와는 달리 국제거래는 자유롭지 않다. 또한 각국의 화폐제도, 통화단위의 차이로 인해 거래가 불편하고 각국의 부존자원의 차이, 기술수준, 생산요소의 양적·질적 차이로 인해 국가 간의 생산비 차이가 발생한다. 무역이 발생하는 원인이 된다.

(2) 무   역

1) 개   념

국가와 국가 사이에서 상품의 거래가 이루어지는 것으로 최근에는 물품뿐 아니라 서비스나 자본 등도 무역의 대상으로 본다.

2) 무역의 유용성

다양한 재화의 소비를 가능하게 해 준다. 소비자들은 무역을 통해 보다 다양한 재화나 서비스를 보다 싼 가격으로 이용할 수 있다. 또한 기업의 생산비의 감소효과가 있다. 생산자들은 해외에서 보다 저렴하게 수입한 원료를 이용해 제품을 생산함으로써 생산비용을 낮출 수 있다. 더불어 사회적 후생이 증대하게 된다.

무역을 통해 생산자와 소비자의 이득이 커짐에 따라 전체 사회의 후생이 증진될 수 있기 때문이다.

(3) 무역정책

1) 자유무역

① 의미　　국가가 무역에 대한 통제나 제한을 가하지 않고 시장경제의 원리에 따라 자유롭게 국가 간 교역이 이루어지는 것을 말한다.

② 장점과 단점　　저렴한 가격으로 더 많은 재화를 소비할 수 있는 기회를 제공하고, 경쟁의 촉진을 통해 국내기업과 산업의 효율성과 생산성을 향상시켜 주며, 규모의 경제로 인한 이점이 발생하여 제품단위당 생산비용을 하락시켜 주고 새로운 아이디어나 기술이 전파되는 장점이 있다.

반면 경쟁력 없는 기업과 개인들은 도태될 가능성이 높아진다. 또한 자유무역의 이익이 특정 기업이나 집단, 개인에게만 주어질 수 있어 국가 간 빈부격차나 국가 내의 빈부 차가 커질 수 있다.

2) 보호무역

① 의미　　국가가 무역활동에 대해 통제와 제한을 가한 상태에서 이루어지는 국가 간 교역이다.

② 근거　　유치산업을 보호하는 데 있다. 국내에서 초기 단계에 있으나 일정기간 동안 보호해 주면 충분히 경쟁력을 갖출 수 있을 것으로 판단되는 산업은 일정기간 동안 보호해야 하기 때문이다. 또한 실업의 방지차원이다. 자유무역으로 인해 외국 제품이 국내로 유입되면 국내생산과 고용이 감소하므로 실업을 막기 위해 보호무역조치가 필요하다. 국가안보의 차원도 고려하지 않을 수 없다. 식량과 국방산업처럼 국민경제와 국방을 위해 긴요한 산업들은 보호해 주어야 할 필요가 있다. 외국의 불공정한 무역에 대한 대응도 보호무역의 근거가 된다. 외국정부가 조세 및 보조금을 통해 수출기업을 지원한다면 이에 상응하는 조치를 취해야 하기 때문이다.

③ 수단　　가장 전통적인 보호무역수단은 관세와 수입할당이었다. 스태그플레이션이 발생한 1970년대 이후 선진국이 사양산업을 보호하기 위해 비관세장벽을 활용하였고 세계무역기구(WTO)는 현재 비관세장벽을 제거하기 위해 노력 중이다.

관세의 부과	주로 수입품에 대하여 관세를 부과함으로써 수입품의 가격상승을 유도하고 이에 따른 수입품의 국내 소비량 감소를 목적으로 함	
비관세 장벽	수입할당제 (쿼터 시스템)	수입하는 상품의 수량을 제한하여 해당 상품의 국내 유입을 억제하는 것
	수출보조금 정책	수출기업에 대해 보조금을 지급하게 되면 수출품의 가격경쟁력이 높아지게 됨
	수입허가제	제품의 기술수준이나 규격에 대해 제한을 가하여 일정수준 이상의 기준을 충족시킬 경우에만 수입을 허가하도록 하는 제도

🔍 보충

● 관세부과의 효과

관세는 무역을 통해 거래되는 재화가 국경을 넘을 때 부과되는 조세를 의미한다. 수입품에 관세가 부과되면 재화의 수입가격이 상승하게 되어 가격경쟁력이 약화된다. 관세부과는 수입을 억제하기 위한 수단으로 가장 널리 이용된다. 한편 관세를 부과하는 국가는 수입을 억제시키는 동시에 재정수입이 증가하는 효과도 누릴 수 있다.

● 관세장벽과 비관세장벽

관세 장벽	반덤핑관세	상대국의 덤핑수출에 대응해서 부과	세계무역기구(WTO) 에서 인정하는 관세
	상계관세	상대국의 수출보조금에 대응해서 부과	
	세이프가드	관세율 인하로 주요 산업 붕괴 우려시 부과 ※ 긴급수입제한조치	
	보복관세	상대국의 수입관세에 대응해서 부과	인근 궁핍화 초래
비관세 장벽	수입할당 (수입쿼터제)	수입량을 정하고 수입업자에게 물량 할당 예 스크린쿼터제, 농산물수입할당제 등	전통적 보호무역수단
	수출보조금	국제가격경쟁력을 높이려고 수출품에 보조	
	수출자율 규제	수출국이 스스로 수출량을 통제	정치적 충돌방지
	행정적 규제	통관기준이나 통관절차를 강화	1970년대 이후 스태그플레이션이 발생하자 선진국의 사양산업을 보호하기 위한 보호무역전략
	기술적 규제	안전규제, 위생규제, 원산지표시규제 등	
	기타	근로조건준수, 환경기준준수, 정부보조 등 조건을 달아서 수입규제	

3) 신보호무역

① **의미**　일반적으로 1970년대 중반 이래 점차 강화되는 무역제한조치를 통틀어 신보호주의라 한다.

② **등장배경**　70년대 석유파동 이후 세계 경기의 침체에 따른 선진국의 실업률 증가, 신흥공업국들의 급속한 공업화로 인한 선진국들의 일부 산업에서의 경쟁력 상실, 선진국 간의 무역수지 불균형으로 인한 무역마찰의 심화 등으로 신보호주의가 강화되었다

③ **경향**　이러한 신보호주의는 국가와 상품에 따라 선별적으로 취해지는 경향이 있다. 신흥공업국들의 수출품에 대한 수입규제가 두드러지게 나타나고 있으며, 선진국의 제조업에 대한 보호주의 강화는 비관세장벽을 통하여 이루어지고 있다.

💡 보충

● 시장개방의 효율성

구분	수출국이 되는 경우	수입국이 되는 경우	특징
국내가격	국제시장가격으로 상승	국제시장가격으로 하락	
소비자잉여	감소(소비량 감소)	상승(소비량 증가)	상반된 현상
생산자잉여	증가(생산량 증가)	감소(생산량 감소)	상반된 현상
사회적 잉여	증가	증가	항상 효율성 증가
기타	국제수지 개선, 실업감소	국제수지 악화, 실업증가	상반된 현상

● 자유무역과 보호무역

자유무역의 효과	보호무역의 효과
국제분업이익, 상호교환이익	낮은 무역의존도(해외경기에 영향 적음)
경제발전으로 실질소득 향상	국가안보상 필요(식량무기화, 군수산업)
국제경쟁력 강화(기술개발 경쟁촉진)	유치산업의 육성(산업구조발전)
국내독점력 약화(무역의존도 심화)	반덤핑관세, 상계관세 등으로 공정경쟁 ※ 불공정무역정책에 대응
세계적 독과점 형성(MS윈도우즈))	국내기술개발의 산업파급효과

수출주력품목의 가격폭락시 실질GNI 감소	보호무역으로 무역의 상호이득 상실
※ 잘못 특화하면 궁핍화 성장	※ 인근(국가) 궁핍화
국가 간 빈부격차 확대 가능성	국제수지개선효과
시장확대에 따른 규모의 경제 누림	산업위축에 따른 실업증가 억제

2. 무역이론

(1) 절대우위론과 비교우위론

1) 절대우위론

① 의미　　절대우위란 '국가' 간을 비교하여 생산비가 절대적으로 적게 들거나 생산량이 절대적으로 많은 것을 말한다.

② 절대우위론(A. Smith)　　이와 같이 각국이 절대우위에 있는 상품을 특화하여 교역을 하면 양국 모두 이익을 얻을 수 있다는 것을 절대우위론이라고 한다.

③ 한계　　절내우위를 갖지 못한 국가가 국제교역에 참여하는 현상을 설명할 수 없다는 한계에 의해 비교우위론이 등장하게 되었다.

2) 비교우위론

① 의미　　비교우위란 '상품' 간을 비교하여 생산비가 상대적으로 적게 들거나 생산량이 상대적으로 많은 것을 말한다.

② 비교우위론(D. Ricardo)　　이와 같이 각국이 비교우위에 있는 상품을 특화하여 교역을 하면 양국 모두 이익을 얻을 수 있다는 것을 비교우위론이라고 한다.

(2) 비교우위론에 따른 무역이익 계산

1) 사례 1

자급자족할 경우의 단위당 생산비	상품	갑국	을국
	의류 1단위	$8	$12
	기계 1단위	$9	$10
비교우위 판정	상품 간을 비교할 경우, 갑국은 의류에 비교우위, 을국은 기계에 비교우위가 있음		
무역이익 계산	교역 전	갑국 의류 1단위, 기계 1단위 자체 생산 → $17 을국 의류 1단위, 기계 1단위 자체 생산 → $22	
	교역	갑국 의류 2단위 생산, 을국 의류 2단위 생산 → 교역 조건 1 : 1로 한 단위씩 맞교환	
	교역 후	갑국 의류 1단위, 기계 1단위 사용 가능 ← $16 을국 의류 1단위, 기계 1단위 사용 가능 ← $20	
	무역이익	갑국 $1(의류 1/8 단위) 을국 $2(기계 1/5 단위)	

2) 사례 2

㉠ 생산비 비교

구분	갑국	을국
모자(1단위)	4명	20명
가방(1단위)	8명	10명

⇒ 기회비용

구분	갑국	을국
모자(1단위)	가방 1/2단위	가방 2단위
가방(1단위)	모자 2단위	모자 1/2단위

㉡ 비교우위의 확인

모자	모자 1단위 생산의 기회비용은 갑국이 을국보다 작으므로 갑국이 모자 생산에 비교우위가 있음
가방	가방 1단위 생산의 기회비용은 을국이 갑국보다 작으므로 을국이 가방 생산에 비교우위가 있음

ⓒ 무역의 이익(교역 전 양국은 모두 모자 1단위와 가방 1단위를 생산·소비하고 있음)

구분	무역 전	무역(교역조건이 1 : 1인 경우)	무역의 이익
갑국	12명의 노동자로 모자와 가방 1단위씩 생산하여 소비	12명의 노동자로 모자 3단위를 생산하여 모자 1단위를 가방 1단위와 교환	모자 1단위
을국	30명의 노동자로 모자와 가방 1단위씩 생산하여 소비	30명의 노동자로 가방 3단위를 생산하여 가방 1단위를 모자 1단위와 교환	가방 1단위

🔆 보충

● **절대우위와 비교우위의 판정**

1. 절대우위와 비교우위의 정의

a. 절대우위(아담 스미스): 절대적으로 생산비가 낮은 제품에 절대우위가 있다.

① 절대적으로 생산비가 낮은 제품

② 절대적으로 생산시간이 적은 제품

③ 절대적으로 생산성이 높은 제품

④ (국가 간에는) 절대적으로 가격이 낮은 제품

b. 비교우위(리카르도): 상대적으로 생산비가 낮은 제품에 비교우위가 있다.

① 상대적으로 생산비(기회비용)가 낮은 제품

② 상대적으로 생산시간이 적은 제품

③ 상대적으로 생산성이 높은 제품

④ (국가 간에는) 상대적으로 가격이 낮은 제품

2. 절대우위와 비교우위의 판정방법

a. 생산관련 표가 주어졌을 때

(가) 단위당 생산비(단위당 생산비, 단위당 생산시간)의 경우

구분	단위당 생산비(시간)	
	철수	순이
딱지	10분	5분
꽃	20분	4분
	$\left(\frac{10}{20}\right)_{철수}$	$\left(\frac{5}{4}\right)_{순이}$

▶ 딱지는 순이가 절대적으로 짧은 시간에 생산 (절대우위 순이)

▶ 꽃도 순이가 절대적으로 짧은 시간에 생산 (절대우위 순이)

꽃의 단위로 계산한 딱지 1단위 생산의 기회비용은 철수가 순이보다 적다(철수는 딱지, 순이는 꽃에 비교우위 존재).

(나) 시간당 생산량(동일한 투입요소에서 생산량)의 경우

구 분	투입(시간)당 생산량	
	철수	순이
딱지	6개	12개
꽃	3개	15개

$\left(\dfrac{3}{6}\right)_{철수}$ $\left(\dfrac{15}{12}\right)_{순이}$

→ 딱지는 순이가 더 생산성이 높음 (절대우위 순이)

→ 꽃도 순이가 더 생산성이 높음 (절대우위 순이)

→ 꽃의 단위로 계산한 딱지 1단위 생산의 기회비용은 철수가 순이보다 적다(철수는 딱지, 순이는 꽃에 비교우위 존재).

3. 특화와 교환의 이득

(가) 분업과 특화

① 분업: 한 상품을 여러 공정으로 나누어서 여러 사람이 나누어 작업(생산성 증대) → 아담 스미스는 시장이 분업을 촉진시킨다고 주장

② 특화: 특정 상품에 전문화하고 생산해서 교환(사회적 분업으로 교환의 이득 발생) → 아담 스미스는 절대우위로 교환이득 설명

(나) 비교우위에 의한 자발적 교환이 일어날 교역조건

앞의 예에서 비교우위에 의해 철수는 딱지, 순이는 꽃에 특화했다고 가정하자. 기회비용 이상의 수익을 누리며 교환(교환비율을 교역조건이라고 함)이 가능하다면 특화에 따른 분업이 유리하다.

① 철수가 이득을 볼 교역조건 범위: 딱지에 특화하는 철수는 시장에서 딱지 생산의 기회비용보다 더 유리하게 교환해야 이득이 발생

철수의 딱지 생산 기회비용 = $\left(\dfrac{3}{6}\right)_{철수}$ ≤ 딱지와 꽃의 교역조건

② 순이가 이득을 볼 교역조건 범위: 꽃에 특화하는 순이는 스스로 생산하는 것보다 시장에서 딱지를 더 유리하게 교환해야 이득이 발생

순이의 딱지 생산 기회비용 = $\left(\dfrac{15}{12}\right)_{순이}$ ≥ 딱지와 꽃의 교역조건

→ 순이의 꽃 생산 기회비용 = $\left(\dfrac{12}{15}\right)_{순이}$ ≤ 꽃과 딱지의 교역조건

③ 특화한 두 사람이 모두 이득을 볼 조건: 두 사람의 기회비용 사이에서 교역조건이 결정되어야 함(이 구간을 벗어나면 한 사람은 교역으로 손실 발생)

$\left(\dfrac{3}{6}\right)_{철수}$ ≤ 교역조건 ≤ $\left(\dfrac{15}{12}\right)_{순이}$ 또는 $\left(\dfrac{10}{20}\right)_{철수}$ ≤ 교역조건 ≤ $\left(\dfrac{5}{4}\right)_{순이}$

(다) 특화를 통한 교역이득의 크기

앞의 예에서 두 사람이 모두 이득이 발생할 교역조건(딱지와 꽃의 교환비율) 중 실제로 딱지와 꽃이 1 : 1로 교환이 일어난다고 가정하자. 각기 1개씩 생산할 시간을 기준으로 정리하면 다음과 같다.

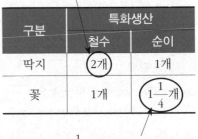

꽃과 딱지 1개씩 생산할 시간 30분을 딱지 (비교우위 품목) 생산에만 투입한 결과

자급자족보다 1개의 딱지를 더 얻음(특화에 따른 교환이득)

구분	특화생산	
	철수	순이
딱지	3개	0
꽃	0	$2\frac{1}{4}$개

교환 →

구분	특화생산	
	철수	순이
딱지	2개	1개
꽃	1개	$1\frac{1}{4}$개

꽃과 딱지 1개씩 생산할 시간 9분을 꽃 (비교우위 품목) 생산에만 투입한 결과

자급자족보다 $\frac{1}{4}$개의 딱지를 더 얻음(특화에 따른 교환이득)

딱지와 꽃의 교환비율을 1 : 2(서로 이득이 생길 교역조건범위 밖)로 하면 어떻게 되는가? 철수는 딱지와 꽃을 모두 1개씩 더 갖지만, 순이는 꽃 $\frac{3}{4}$개 손해다. 따라서 순이가 합리적이라면 교역(교환, 거래)을 원하지 않을 것이다. 시장형성이 안 된다.

4. 생산가능곡선에서 절대우위와 비교우위의 판정 방법

(가) 생산가능곡선 그리기: 앞의 예에서 철수와 순이가 똑 같이 1주일(40시간) 작업할 때 생산가능곡선을 그려보자. 먼저 주어진 시간에서 최대로 생산가능한 상품수량(이것은 생산가능곡선의 각축 절편이 된다)을 표를 만들고 이것을 그래프로 옮긴다.

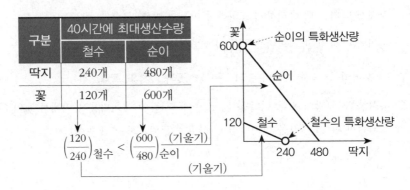

구분	40시간에 최대생산수량	
	철수	순이
딱지	240개	480개
꽃	120개	600개

$\left(\frac{120}{240}\right)$철수 $< \left(\frac{600}{480}\right)$순이 (기울기)

(기울기)

① 주어진 조건에서 각 생산물의 최대생산가능량을 계산

② 최대가능생산량을 절편으로 잡아 두 사람의 생산가능곡선 유도

③ 생산가능곡선의 접선의 기울기 절대값(딱지기회비용)으로 비교우위 판정

④ 각자 특화상품축 절편이 생산점

(나) 절대우위와 비교우위의 판정

주어진 투입물이 동일하다는 전제하에 그려진 두 사람의 생산가능곡선이 있을 때,

① 각 상품축의 절편이 밖에 있는 사람에게 그 상품의 절대우위가 존재

　　㉠ 앞에서 딱지와 꽃 모두 순이에게 절대우위가 있다.

② 각자의 생산가능곡선의 기울기 절대값(수평축 상품생산의 기회비용)이 작은 사람
에게 수평축 상품의 비교우위가 존재

　　㉠ 앞에서 딱지는 철수에게, 꽃은 순이에게 비교우위가 있다.

③ 서로 이득이 존재할 교역조건범위는 생산가능곡선 기울기 절대값의 사이

5. 절대우위와 비교우위의 관계

① 절대우위가 한 쪽씩 존재하면 비교우위도 절대우위와 일치한다.

② 한 쪽에 절대우위가 모두 존재해도 비교우위는 양 쪽에 존재한다. 단, 양쪽의 상대적
생산비가 정확히 일치하면 비교우위는 어느 쪽에도 존재하지 않는다.

③ 절대우위나 비교우위에 의해 특화생산하여 교역할 때 서로 이득을 보려면 교역조건
이 양쪽의 상대적 생산비(기회비용) 사이에 존재해야 한다.

④ 절대우위나 비교우위에 의해 특화생산하여 교역할 때 상대적 생산비(기회비용)가 교
역조건에 가까운 쪽이 상대적으로 이득이 적다.

● 비교우위 Ⅰ

구분	1단위를 생산하는 데 소요되는 시간	
	X재	Y재
갑국	1	2
을국	2	8

• 갑국은 두 재화생산에 모두 절대우위를 가지고 있다.
• 갑국은 Y재 생산, 을국은 X재 생산에 비교우위가 있다.
• 을국의 X재 1단위 생산에 따르는 기회비용은 Y재 1/4 단위이다.
• 을국의 Y재 1단위 생산에 따르는 기회비용은 X재 4단위이다.
주의할 점은 갑국의 Y재 1단위 생산에 따르는 기회비용은 X재 2단위라는 점이다.

● 비교우위 Ⅱ

• 갑국은 X재와 Y재만을 생산하고 있으며, X재는 최대 80개, Y재는 최대 40개를 생산할 수 있다.
• 해외시장에서 X재와 Y재는 4 : 1의 비율로 교환되고 있으며 갑국의 생산량은 X재와 Y재의 가격에는 영향을 미치지 못한다.
• 교역 전 갑국의 Y재 1개 생산에 따르는 기회비용은 X재 2개이다.
• 교역 전 갑국의 Y재 1개를 더 소비하기 위해서는 X재 2개를 덜 소비해야 한다.
• 교역 후 갑국의 Y재를 12개 소비하고자 할 때 최대로 소비할 수 있는 X재 수량은 112개이다.
• 교역 후 갑국의 X재를 48개 소비하고자 할 때 최대로 소비할 수 있는 Y재 수량은 28개이다.

● 비교우위 Ⅲ

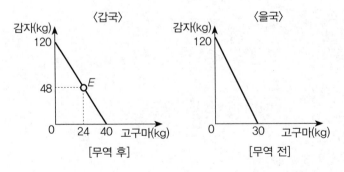

〈갑국〉 [무역 후]

〈을국〉 [무역 전]

- 그림은 갑국과 을국의 생산가능곡선이다.
- (가정) 무역을 한 결과 갑국의 소비가 E점에서 이루어진 경우
- 교역 후 을국의 소비량은 감자 72kg과 고구마 16kg이다.
- 갑국과 을국은 고구마 1kg과 감자 3kg의 비율로 교환하였다.

● 비교우위 IV

- (가) 곡선은 갑국이 무역하기 전 기계와 의류를 최대한 생산하여 소비할 수 있는 재화의 조합을 나타냄

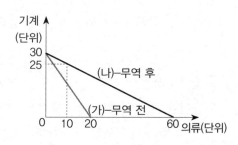

- (나) 곡선은 갑국이 비교우위 상품에 특화하여 무역을 한 후 기계와 의류를 최대한 소비할 수 있는 조합을 나타냄
- 갑국은 무역 상대국에 대해 기계생산에 있어서 비교우위가 있다. 갑국과 무역 상대국의 거래에서 기계 1단위는 의류 2단위와 교환된다. 갑국의 무역 전과 무역 후 기계 1단위 소비에 따른 기회비용을 의류단위로 나타내면 무역 전은 2/3이고, 무역 후는 2이다.

● 비교우위 V

- (가정) 생산요소는 노동 하나뿐이고, 양국에서 투입가능한 노동의 양은 동일하다. 그래프는 갑국·을국의 생산가능곡선이다.

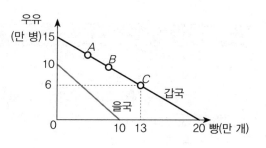

- 갑국은 을국에 비해 두 재화 모두 생산비가 저렴하다.
- 갑국이 을국보다 우유 한 병에 대한 기회비용은 크다.
- 교역 후 갑국이 C점을 소비하기 위해서는 교역조건이 빵 1개에 우유 6/7병이어야 한다. 갑국이 생산조합을 A점에서 B점으로 이동하는 경우, 빵 1개 추가생산에 따른 기회비용은 일정하다.

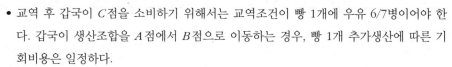

3. 환율과 국제수지

(1) 외환시장과 환율

1) 외환시장

외환이란 외환시장에서 거래되는 외국화폐 및 외화표시증권을 말하며 다른 나라 화폐 및 외환표시증권을 하나의 상품처럼 사고파는 시장을 외환시장이라고 한다.

2) 환   율

환율이란 자국 화폐와 외국 화폐의 교환비율을 말하며, 외국 화폐 1단위와 교환되는 자국 화폐의 단위로 표시하며, 외국 화폐의 가격을 뜻한다. 환율의 필요성은 세계 각국은 서로 다른 화폐를 사용하므로 국가 간의 거래시에는 국제결제의 문제가 발생하여, 국제거래의 결제에는 각국 화폐의 상호 교환비율을 정할 필요가 있다.

(2) 환율제도

구분	고정환율제도	변동환율제도
의미	한 나라의 환율을 정부가 결정·고시하여 운영하는 제도	외환시장에서 외화의 수요·공급에 의해 결정되는 제도
장점	환율이 안정적으로 운영되어 수출입 계획 수립이 쉬움 → 국민경제 안정에 도움	국제수지 불균형을 자동적으로 해소, 정부의 국제수지 불균형 해소 대책이 불필요함
단점	국제수지 불균형에 대한 정부 개입 필요, 무역분쟁 발생 가능성	환율의 수시 변동, 수출입 불안정, 환투기 발생 → 국민경제 불안정

(3) 환율의 결정

1) 국제거래 결제수단

각국의 사용 화폐가 다르므로 국제통화(기축통화)를 사용한다. 이때 외화의 현실적인 현금결제가 사실상 곤란하여 외화로 표시된 어음이나 수표, 즉 외국환으로 결제를 한다. 이렇게 외국과의 거래대금을 결제하기 위해 중앙은행이 보유하고 있는 금과 외화의 총합계를 외환보유고라고 한다.

2) 외화의 공급과 수요요인

외화의 공급요인으로는 수출, 외국인의 국내관광, 차관(해외 저축) 도입, 외국인의 국내투자, 재외교포의 국내송금 등이 있고 외화의 수요요인으로는 수입, 자국민의 해외여행, 외채상환, 국내기업의 해외투자, 해외친지로의 송금 등이 있다.

3) 환율의 결정

외환시장에서 외화에 대한 수요와 공급이 일치하는 수준에서 결정된다. 일반적인 시장과 같이 초과수요와 초과공급요인에 의하여 환율이 결정되고 외화의 수요와 공급의 변화요인에 의해 수요와 공급곡선에 변화가 일어나 환율이 변동되어진다.

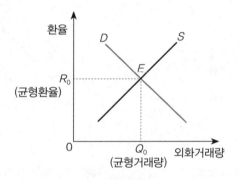

4) 변동환율제도하에서 국제수지 불균형의 자동조정

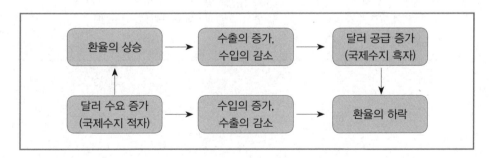

5) 환율변동의 원리

외화의 수요나 공급곡선의 이동에 의해 환율이 변동된다. 외화수요곡선의 이동이 우측으로 이루어지게 되면 외화의 수요증가를 의미하고 이에 환율이 상승하게 된다. 반면 외화의 수요곡선이 좌측으로 이동하게 되면 이는 수요의 감소를 의미하고 환율을 하락하게 된다.

외화의 공급곡선의 경우 공급곡선이 우측으로 이동하게 되면 이는 공급의 증가를 의미하게 되어 환율은 하락하고 외화의 공급곡선이 좌측으로 이동하게 되면 이는 공급의 감소를 의미하게 되어 환율을 상승하게 한다.

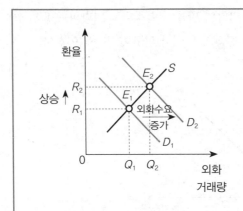 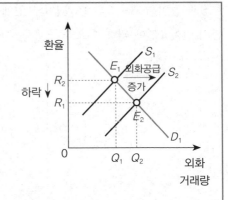

외화의 수요증가 → 환율상승
- 원인: 수입증가, 해외투자증가, 해외여행증가, 유학증가, 외국인 투자자금회수증가, 외채상환증가 등
- 결과: 환율상승($R_1 → R_2$)

외화의 공급증가 → 환율하락
- 원인: 수출증가, 외국인투자증가, 외국인의 국내관광증가, 차관도입증가 등
- 결과: 환율하락($R_2 → R_1$)

(4) 환율변동의 효과

1) 수출입과의 관계

환율 상승시	수출 측면	수출품의 외화표시 가격하락 → 수출증가 → 외화공급 증가	• 국제수지 개선 • 외환 보유고 증가 • 국내 통화량 증가
	수입 측면	수입품의 원화표시 가격상승 → 수입감소 → 외화수요 감소	
환율 하락시	수출 측면	수출품의 외화표시 가격상승 → 수출감소 → 외화공급 감소	• 국제수지 악화 • 외환 보유고 감소 • 국내 통화량 감소
	수입 측면	수입품의 원화표시 가격하락 → 수입증가 → 외화수요 증가	

2) 국내물가와의 관계

환율상승시	원자재, 부품 등의 수입품 가격상승 → 국내물가 상승
환율하락시	원자재, 부품 등의 수입품 가격하락 → 국내물가 안정

3) 해외여행 관련

환율상승시	• 내국인의 해외여행 경비 부담 증가 • 외국인의 국내여행 경비 부담 감소
환율하락시	• 내국인의 해외여행 경비 부담 감소 • 외국인의 국내여행 경비 부담 증가

4) 외채상환 부담 및 해외 친지 송금 관련

환율상승시	• 외채상환시 원화 부담 증가 • 해외 친지에 송금해야 하는 내국인의 부담 증가
환율하락시	• 외채상환시 원화 부담 감소 • 해외 친지에 송금해야 하는 내국인의 부담 감소

5) 환율변동과 외화($화)표시 GDP

환율상승시	외화($화)표시 GDP 감소
환율하락시	외화($화)표시 GDP 증가

6) 환율상승의 경우

유리한 사람	수출업자, 외화 형태로 재산을 보유한 사람, 한국에 여행 오는 외국인, 한국에 투자하는 외국인 등
불리한 사람	수입업자, 차관을 상환하려는 한국 업체, 해외여행 나가는 사람, 유학생에 송금하는 한국 부모 등

7) 엔(¥)고 현상에 대한 이해

$화에 대한 ¥화의 평가절상	미국 시장에서 일본 수출업체 불리, 원/달러 환율의 변동이 없을 경우 한국 수출업체는 상대적으로 유리해짐
¥화에 대한 ₩화의 평가절하	¥화 형태로 차관을 들여온 한국 업체와 부품을 수입하는 업체는 불리함, 일본에 수출하는 한국 업체는 유리해짐

8) 환율상승의 긍정적인 측면과 부정적인 측면

환율이 상승하면 일반적으로 수출이 증가하고 수입이 감소한다. 이렇게 되면 총수요가 증가하여 국내경기가 활성화되고 국민소득이 증가하는 결과를 가져온다. 하지만 환율이 상승하면 국제 원자재의 국내 도입 가격이 상승하고, 이에 따라 각종 생산물의 제조원가가 높아져 물가가 상승하는 부정적 결과가 초래될 수도 있다.

● **환율변동의 영향**

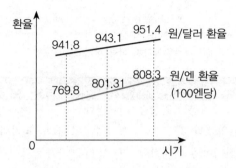

● 환율이 상승하면 자국의 화폐가치는 절하되고 외국의 화폐가치는 절상

● 달러와 엔화의 환율이 모두 상승할 경우 상승폭이 큰 외화의 화폐가치가 상승폭이 작은 외화의 화폐보다 더 크게 평가절상

● 전반적으로 원/달러 환율과 원/엔 환율이 동반 상승하고 있다. 따라서 원화가치는 달러화나 엔화에 비해 평가절하되고 있음을 알 수 있다. 이로 인해 일본으로 수출은 증가하고 수입은 감소하여 대일 무역수지가 개선될 것이다. 또한 엔화 표시 채권에 대한 원리금 상환 부담은 증가할 것이다. 달러 가치가 상승되면 미국인의 한국 여행 부담은 감소할 것이며, 미국에 있는 현물 자산은 달러화로 표시되어 있기 때문에 자산의 실질가치는 상승할 것이다.

● 엔화가치 상승과 원화가치 하락이 나타나고 있으므로 이런 현상이 지속되면 국내인의 일본 유학이나 여행 부담은 계속 커질 것이다. 따라서 하루속히 유학 및 여행을 하는 것이 합리적이다.

● 달러화와 엔화에 대한 원화의 환율 변동추세가 지속될 것이 예상될 경우 합리적 판단은 외화예금으로 달러보다 엔화로 보유하는 것, 일본에서 수입한 기계대금을 서둘러 결제하는 것, 미국으로 신혼여행을 가는 데 결혼식을 앞당기는 것이 될 것이다.

● **대미환율의 평가절하와 평가절상**

환율은 원화의 대외적 가치를 상대적으로 결정한다. 만일, 대미환율이 상승하면 달러의 가치가 상승(달러의 평가절상)했고, 원화의 가치가 하락(원화의 평가절하)했다는 의미이다.

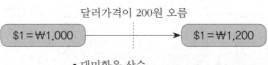

달러가격이 200원 오름

$1 = ₩1,000 ──────→ $1 = ₩1,200

- 대미환율 상승
- 달러가치 상승(평가절상)
- 원화가치 허락(평가절하)

원화의 평가절상(달러의 평가절하)	원화의 평가절하(달러의 평가절상)
• 원화로 가격이 매겨진 수출품 가격상승 (수출감소) → 경기부양효과	• 원화로 가격이 매겨진 수출품 가격하락 (수출증대) → 경기위축효과
• 달러로 가격이 매겨진 수입품 가격하락 (수입증가) → 국내물가안정	• 달러로 가격이 매겨진 수입품 가격상승 (수입감소) → 국내물가상승
• 달러로 갚아야 하는 해외채무 감소	• 달러로 갚아야 하는 해외채무 증가
• 달러로 받아야 하는 해외채권에서 손실 발생(환차손)	• 달러로 받아야 하는 해외채권에서 이득 발생(환차익)
• 수출업자의 원화이윤 감소(환차손)	• 수출업자의 원화이윤 증가(환차익)
• 수입업자의 원화이윤 증가(환차익)	• 수입업자의 원화이윤 감소(환차손)
• 해외여행, 해외유학 등 경비 감소	• 해외여행, 해외유학 등 경비 증가
• 원화의 추가평가절상 예상되면 투기자금 유입 → 환율 추가하락	• 원화의 추가평가절하 예상되면 투기자금 유출 → 환율 추가상승

(5) 적정환율과 빅맥지수

1) 적정환율

완전경쟁시장을 가정할 때 동일한 상품이 양국에서 동일한 가격에 거래되도록 결정된 환율이 적정환율이다. 적정환율에서는 세계적으로 "일물일가(동일한 상품은 동일한 가격에 거래)의 법칙"이 성립한다.

예를 들어 적정한 대미환율이 $1 = ₩1,000이라고 해 보자.

시장환율이 $1 = ₩1,100이라면, 원화는 과소평가, 달러는 과대평가된 것이고,

시장환율이 $1 = ₩900이라면, 원화는 과대평가, 달러는 과소평가된 것이다.

원화의 과대평가 (달러의 과소평가)	수출품(원화표시 제품)은 상대적으로 비싸고, 수입품(달러표시 제품)은 상대적으로 싸다.	순수출 감소 국내경기침체 국제수지 악화
원화의 과소평가 (달러의 과대평가)	수출품(원화표시 제품)은 상대적으로 싸고, 수입품(달러표시 제품)은 상대적으로 비싸다.	순수출 증가 국내경기 호황 국제수지 개선

2) 빅맥지수

$$\frac{\text{₩가격}}{\text{\$가격}} = \frac{2,000}{2}$$

이제 빅맥지수로 양국에서 거래되는 빅맥의 가격을 환산해 보자. 2,000원으로 동일하다(일물일가법칙 성립). 그러나 빅맥지수에 의한 환율이 적정환율임에도 불구하고,

① 시장환율이 $1 = ₩1,100으로 달러(원화)가 과대(과소)평가되면, 우리나라에서 2,000원인 빅맥을 미국에서 먹으려면 2,200원이 필요하다. 완전경쟁시장이라면 거래비용이 없으므로 사람들은 한국에서 빅맥을 구입할 것이다.

② 시장환율이 $1 = ₩900으로 달러(원화)가 과소(과대)평가되면, 우리나라에서 2,000원인 빅맥을 미국에서 먹으려면 1,800원이 필요하다. 그러므로 사람들은 미국에서 빅맥을 구입할 것이다.

(6) 국제수지의 구성

1) 개   념

1년 동안의 한 나라가 수취한 외화와 지불한 외화의 차액을 말하며 이러한 국제수지의 내역을 기록한 표를 국제수지표라 한다.

2) 국제수지표의 역할

국제수지표를 통해 우리는 국제거래에 대해 다양한 정보를 파악할 수 있다. 한 나라가 외국에 상품과 서비스를 판매하여 얼마만큼의 외화를 벌어들였는지, 상품과 서비스 구입을 위해 얼마만큼의 외화를 사용하였는지 알 수 있다. 또한, 그 과정에서 외화가 남거나 부족할 때, 이를 어떻게 해결하는지도 파악할 수 있다.

국제수지가 흑자의 경우 국제거래에서 지급액보다 수취액이 많은 것을 말하며, 국제수지가 적자의 경우에는 국제거래에서 지급액이 수취액보다 많은 것을 말한다.

3) 국제수지의 구성

① **경상수지** 재화와 서비스의 이동이라는 실물면에서 본 수지의 개념으로, 한 국가의 대외거래를 나타낸 지표의 합을 의미한다(상품수지, 서비스수지, 본원소득수지, 이전소득수지의 합).

상품수지	일정기간 동안 재화의 수출입을 통해 벌어들인 외화와 지급한 외화의 차이
서비스수지	일정기간 동안 외국과의 서비스 거래를 통해 벌어들인 외화와 지급한 외화의 차이 → 운송, 여행, 통신, 지적 재산권 사용료 등으로 구성
본원소득수지	임금이나 투자에 의해 발생하는 소득과 관련된 외화의 수취액과 지급액의 차이 → 거주자 또는 비거주자인 노동자가 노동의 대가로 수취하는 임금, 대외금융자산 또는 부채와 관련된 배당이나 이자 등의 투자소득을 포함
이전소득수지	아무런 대가 없이 주고받는 외화의 수취액과 지급액의 차이 → 해외교포의 무상 송금, 자선단체의 해외 기부금, 원조, 구호물자 등 포함

② **자본 · 금융 계정** 국경을 넘는 투자와 대출에 의한 외화의 유 · 출입을 집계한 것으로 외국에서 돈을 빌리거나 외국에 돈을 빌려 줌으로써 발생하는 외화의 수취와 지급에 관한 것(자본수지와 금융계정의 합)을 말한다.

자본수지	해외 이주비, 특허권이나 저작권, 상표권의 취득과 처분에 따라 이루어지는 외화의 수취액과 지급액의 차이
금융계정	• 해외에 공장을 설립하거나 주택을 구입하는 등의 직접투자, 주식이나 채권을 거래하는 증권투자, 차관의 도입이나 제공 등으로 구성됨 • 준비자산: 외환시장 불균형 보전을 위해 한국은행이 보유하고 있는 외환보유액의 증가($\ominus$), 감소($\oplus$)를 나타냄

③ **오차 및 누락**   통계 간의 계산시점, 평가방법 등의 불일치로 인해 발생하는 국제수지의 수입계정과 지급계정의 차이

💡 보충

● **국제수지와 경상수지**

국제수지는 경상수지와 자본 · 금융 계정을 모두 포함하여 구하지만, 일반적으로 국제수지를 말할 때는 경상수지를 의미하는 경우가 많다. 경상수지는 수출과 수입에 관련된 상품수지와 서비스수지를 포함하고 있어서 우리 경제에 미치는 영향이 크기 때문이다.

● **국제수지표**

1. 국제수지의 구성

국제수지표는 국제거래에서 발생하는 외환의 유입과 유출을 복식부기원리에 의해 기록한 것이다. 국제수지표는 경상수지와 자본 · 금융 계정, 2가지 항목으로 구성된다.

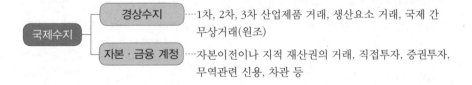

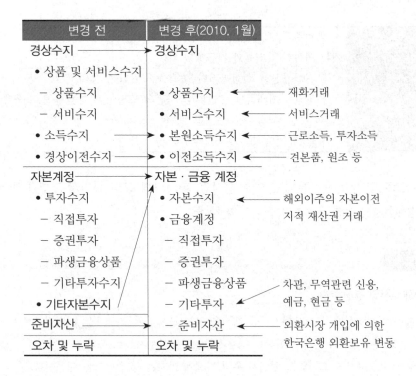

변경 전	변경 후(2010. 1월)	
경상수지 ────────▶	경상수지	
• 상품 및 서비스수지		
─ 상품수지	• 상품수지 ◀────	재화거래
─ 서비수지	• 서비스수지 ◀────	서비스거래
• 소득수지 ────────▶	• 본원소득수지 ◀────	근로소득, 투자소득
• 경상이전수지 ───▶	• 이전소득수지 ◀────	견본품, 원조 등
자본계정────────▶	자본 · 금융 계정	
• 투자수지	• 자본수지 ◀────	해외이주의 자본이전
─ 직접투자	• 금융계정	지적 재산권 거래
─ 증권투자	─ 직접투자	
─ 파생금융상품	─ 증권투자	
─ 기타투자수지	─ 파생금융상품	차관, 무역관련 신용,
• 기타자본수지	─ 기타투자 ◀──	예금, 현금 등
준비자산 ────────▶	─ 준비자산 ◀────	외환시장 개입에 의한
오차 및 누락	오차 및 누락	한국은행 외환보유 변동

① 본원소득수지에는 생산요소 사용대가(임금, 배당, 임대료, 이자)를 기록
② 이전소득수지는 국가 간 대가 없이 오간 외화(견본품, 원조품, 기부금 등)
③ 자본수지는 해외이주비 등 자본이전이나, 특허권, 상품권 등 지적 재산권 거래
④ 지적 재산권 사용료는 서비스수지에, 지적 재산권 거래는 자본수지에 기록 → 서비스
    수지 대상은 운송, 통신, 보험, 여행, 지적 재산권 이용료, 기타서비스
⑤ 기타투자에는 차관, 무역관련 신용, 예금 등을 기록
⑥ 준비자산 증감은 한국은행이 외환시장에 개입해서 변화된 외환보유고(국제준비자산)
    의 변화를 기록

2. 국제수지표의 항등식

경상수지 + 자본 · 금융 계정 + 오차 및 누락 = 0

※ 경상수지와 자본 · 금융 계정은 반대로 움직인다!

3. 국제수지 처리방식

차변에 기록되면 음(−)의 부호로 적고, 대변에 기록되면 양(+)의 부호로 적는다.

	차변(−)	대변(+)
경상수지	• 상품수입(실물자산 증가) • 서비스 지급(제공받음) • 본원소득/이전소득 지급	• 상품수출(실물자산 감소) • 서비스 수입(제공해 줌) • 본원소득/이전소득 수입
자본 · 금융 계정	• 금융자산 증가 • 금융부채 감소	• 금융자산 감소 • 금융부채 증가

(7) 국제수지의 변동과 영향

1) 국제수지의 균형과 불균형

국제수지의 적자의 경우 외화의 수취보다 지급이 더 크다는 것을 의미하며 이는 경기를 위축시키고, 국제신인도를 저하시키고, 외채 상환능력을 떨어뜨린다. 반면 국제수지 흑자의 경우에는 외화의 수취가 지급보다 더 큼을 의미하며 경기가 호황이고 성장이 가능하나 무역마찰의 우려와 통화량증대로 물가가 상승하게 될 것이다. 만약 외화의 수취와 지급이 일치하는 수준이라면 이는 국제수시균형을 밀하며 국제수지의 중 · 장기적인 균형이 가장 바람직하다.

2) 국제수지 흑자의 영향

① **긍정적 영향**　국민소득의 증대와 고용창출, 처분가능소득의 증가로 인한 소비 활성화, 외채 상환능력의 확대, 해외투자 능력의 확대 등의 영향이 발생한다.

② **부정적 영향**　통화량 증가로 인한 물가상승 압력 증가, 원화가치 상승 압력의 증가로 수출기업의 채산성 악화 우려 등의 영향이 발생한다.

3) 국제수지 적자의 영향

국민소득 감소로 인한 경기침체, 투자여력의 감소와 고용감소, 부족한 외환을 메우기 위한 외채증가, 국제 신인도의 하락 등이다.

4) 경상수지와 자본 · 금융 계정의 관계

경상수지가 흑자인 경우 벌어들인 외화로 외채를 상환하거나 해외투자를 늘리는 것이 일반적이므로 자본 · 금융 계정은 유출초가 될 수 있다. 반면 경상수지가 적자인 경우에는 부족한 외화를 해외에서 빌려오게 뇌므로 자본·금융 계정은 유입초가 될 수 있다.

🔘 보충

● 관세부과의 효과

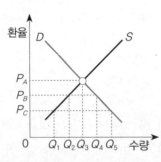

- *D* : 국내산 쇠고기 수요
- *S* : 국내산 쇠고기 공급
- P_A : 수입 전 국내 쇠고기 가격
- P_B : 관세부과 후 쇠고기 가격
- P_B : 국제 쇠고기 가격

구분	수입 전	수입 후	관세부과 후
국내 생산량과 수입(收入)	$0P_A \times 0Q_3$	$0P_C \times 0Q_1$	$0P_B \times 0Q_2$
국내 소비자의 소비지출액 변화	$0P_A \times 0Q_3$	$0P_C \times 0Q_5$	$0P_B \times 0Q_4$
수입량	0	Q_1Q_5	Q_2Q_4
관세수입		$P_BP_C \times Q_2Q_4$	

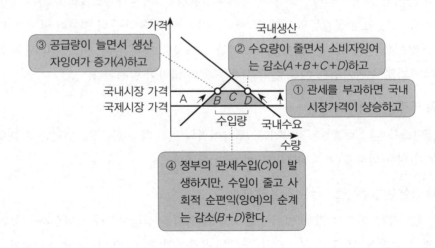

③ 공급량이 늘면서 생산 자잉여가 증가(A)하고

② 수요량이 줄면서 소비자잉여는 감소(A+B+C+D)하고

① 관세를 부과하면 국내 시장가격이 상승하고

④ 정부의 관세수입(C)이 발생하지만, 수입이 줄고 사회적 순편익(잉여)의 순계는 감소(B+D)한다.

① 수입품의 국내물가가 상승 → 소비세의 일반적 효과(물가지수 상승)

② 소비감소 → 소비자잉여 감소

③ 공급증대 → 생산자잉여 증대(실업감소, 산입보호)

④ 수입감소 → 국제수지 개선

⑤ 정부 관세수입

⑥ 사회적 순편익(잉여) 감소 → 정부실패

≫ 제2장
한국경제의 미래전망과 경제협력

1. 세계화와 지역주의

(1) 의미와 배경, 영향

국가 간에 존재하던 인적·물적 교류의 장벽이 제거되어 하나의 거대한 시장으로 통합되고 자본, 물자, 인력, 정보 등이 자유롭게 이동하는 현상을 말하며, 이념 대립을 바탕으로 하던 냉전체제의 붕괴, 교통과 통신수단의 발달, WTO의 출범과 다국적 기업의 활발한 경제활동 증가 등을 배경으로 한다. 개인과 기업 및 국가 간의 경쟁 심화, 세계적 차원에서의 경제적 효율성 증대, 개인이나 기업에 대한 정부의 보호 및 규제 제한, 국제분업의 이익증대 등의 영향이 발생한다.

(2) 지역주의

자국의 이익을 위해 지역적·문화적으로 인접한 국가들끼리 결속하여 공동의 목표를 추구하려는 현상을 말하며, 유럽연합(EU), 북미자유무역협정(NAFTA), 아시아·태평양 경제공동체(APEC) 등이 해당된다.

(3) 세계화

생산성의 향상과 효율성 향상, 기업의 경쟁력 제고, 소비자의 소비만족도 증가 등의 긍정적 측면이 있으나 경쟁력 없는 기업과 개인의 도태 가능성 상승, 국가 및 기업·개인 간의 빈부격차 심화, 경제의 대외의존도 상승으로 인한 경제주권 침해 가능성 상승 등의 문제도 있다.

2. 정보화와 경제환경의 변화

정보 및 통신기술의 발달로 인해 산업사회의 구조를 벗어나 지식과 정보가 부가가치 창출에 결정적 영향을 미치게 되는 사회를 정보화라 하며 서비스업의 비중 증가 및 탈규격화와 다품종 소량생산 체제의 확산, 전자상거래 등 통신매체를 활용한 거래의 증가, 지식과 정보활용에 의한 부가가치 창출의 확산, 기업의 규모보다 혁신 및 경영전략의 중요성이 커지는 양상으로 나타나고 있다.

긍정적 측면	정보통신기술을 이용한 생산성 향상, 생활의 편리함 증대, 정보화로 인한 부가가치의 증대, 새로운 산업의 발전과 경제성장 등
부정적 측면	인간 소외현상의 심화, 정보 불평등에 따른 소득격차 심화, 정보의 통제에 따른 여론조작과 왜곡, 개인의 사생활 침해 등

3. 한국경제의 미래전망

(1) 21세기 한국경제의 과제와 대책

1) 세계화와 개방화에 대한 대비

상호 의존성 확대(국경을 초월한 상품과 자본의 이동), 시장개방의 가속화, 국제적 표준화, 경제적 이익과 관련된 국가 간 갈등 심화로서 기업은 세계적인 기업과 전략적 제휴 등으로 대외협력을 강화하고 국가적 차원에서는 구조조정과 과감한 개방, 국내 제도와 관행의 국제 표준화, 각 부문의 투명성과 신뢰도를 고양하여야 할 것이다.

2) 정보화와 지식기반경제에 대한 대비

지식의 창출과 활용 능력이 성장의 핵심적 역할을 하는 지식기반경제의 흐름에 대비해야 하고 창의적이고 능동적인 인력양성을 위한 교육개혁, 과학기술과 연구개발 투자의 활성화와 투자의 효율성 제고, 정보 인프라 구축, 서비스업의 지식화, 지식시장을 활성화하여야 한다.

3) 통일에 대한 대비

통일에 따른 통일 비용과 민족의 이질성 극복 문제에 대한 대비, 교류와 협력증진, 주변국의 협조 유도, 통일에 대한 국민적 합의, 민주주의의 신장, 지속적 경제 성장과 복지사회 실현을 위해 노력하여야 한다.

(2) 세계화·정보화와 한국경제의 과제

1) 개인과 기업의 경쟁력 강화

개인과 기업이 지니는 경쟁력의 중요성은 날로 커지고 있다. 따라서 경쟁에서 도태되지 않기 위한 노력과 제도적 지원이 필요하다.

2) 연구개발과 기술개발

기업경쟁력을 강화하기 위한 지속적인 연구개발이 필요하다.

3) 여러 국가와의 교류 · 협력증진

다양한 국가와의 교류증대 등을 통해 국익을 극대화하기 위해 노력해야 한다.

4) 지식기반경제의 활성화

부가가치가 높은 지식기반경제의 활성화가 필요하다.

(3) 통일한국의 경제적 문제

실업증가	• 남북한 간의 생산성의 차이 • 남북한 기업 간의 기술수준 및 경쟁력의 차이
물가상승	시장경제체제의 확대와 통일 초기의 물자 부족, 특히 원자재 부족으로 생산력이 저하될 우려가 높음
소득격차의 확대	남북한 정보화와 지식기반경제의 차이가 소득격차를 가져올 것임
도시화	북한 지역의 급격한 도시화가 이루어져 주거문제, 환경오염 등의 문제를 유발할 수 있음
국가재정의 악화	• 사회보장비 증가 • 막대한 사회간접자본의 확충 • 북한 주민에 대한 재교육비 증가
대외부채 증가	막대한 재정수요를 국내 자본만으로는 충족시키기 어렵기 때문에 해외로부터의 차관 도입이 상당히 증가할 것으로 예상됨

(4) 통일로 인한 이점

① **정치적 측면**　정치적으로는 분단으로 인한 이념대립의 해소, 민주화의 진전을 이룰 수 있다.

② **경제적 측면**　경제적 측면에서는 각종 분단 비용 축소, 남북한 생산요소 및 산업구조의 유기적 결합으로 국제경쟁력 향상, 시장확대로 인한 규모의 경제 실현(인구 7천만 명), 해양과 대륙 사이의 지정학적 위치 활용으로 중국, 러시아, 유럽과 연결되어 교역증대 및 물류비용 절감, 평화정착으로 국가 신인도 향상, 국제적 위상이 증대될 것이다.

4. 인류공동체와 경제협력

(1) 지역적인 경제통합

구분	특징	예
자유무역지역	가맹국 간 관세철폐, 비가맹국에 대한 독자적 관세정책 인정	한미자유무역협정(한 · 미 FTA) 유럽자유무역연합(EFTA) 북미자유무역협정(NAFTA)
관세동맹	가맹국 간 자유무역 실현, 비가맹국에 대한 공동관세	중앙아메리카공동시장(CACM)
공동시장	관세동맹에서 생산요소의 자유로운 이동 가능	유럽공동체(EC)
경제동맹	공동시장에서 더 나아가 국가 간 재정 · 금융정책까지 상호 협조	유럽연합(EU)

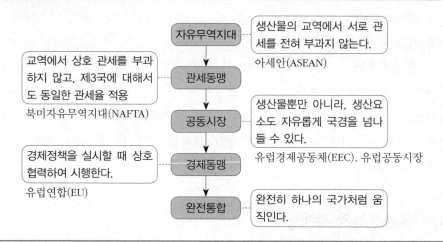

(2) 국제경제 협력 증대

국제경제 관계의 강화	특정 지역 내 국가들이 경제협력기구를 통해 경제관계 강화
국제경제 협력 기구	경제협력개발기구(OECD), 동남아시아국가연합(ASEAN), 아시아 · 태평양경제협력체(APEC) 결성

(3) 인류공동체의 경제문제

① **남북문제** 　선진국과 후진국 간의 소득격차를 발생시키는 무역문제를 말한다. 이는 선진국 중심의 GATT 체제가 후진국의 이익을 무시한 것을 배경으로 선진국의 공산품 무역규모 신장과 후진국의 1차산품 수출정체 및 교역조건 악화를 원인으로 등장했다.

② **정보격차문제** 　세계화와 정보화는 선진국과 후진국 간의 경제적 격차를 확대시키고 있다.

③ **환경문제** 　수질오염, 오존층 파괴, 열대림 소실, 지구온난화, 해양오염 등으로 국가 간 이해관계의 불일치로 입장 차이가 현격하다.

사회·문화

제1편 《《
사회·문화 현상의 탐구

≫ 제1장
탐구대상으로서의 사회·문화 현상

1. 자연현상과 사회 · 문화 현상

(1) 자연현상과 사회·문화 현상의 의미

자연현상이란 자연계에서 일어나는 현상으로서 인간의 의지, 가치와 무관하게 발생하는 모든 현상을 말하는 반면, 사회 · 문화 현상은 사회 내에서 인간과 인간의 상호작용에 의해 발생하는 모든 인위적인 현상을 말한다. 전자의 예로는 일출, 지동설, 신체의 노화, 지진, 계절의 변화, 후자의 예로는 선거, 길거리 응원, 무역, 범죄, 교통 체증, 물가의 상승 등을 들 수 있다. 쓰나미(지진성 해일)가 왔을 때 쓰나미 자체는 자연현상이나, 쓰나미의 피해를 복구하는 것은 사회 · 문화 현상이다. 이처럼 자연현상과 사회 · 문화 현상은 상호 밀접하게 연관되어 있으며, 서로 영향을 주고받는 불가분의 관계이다.

(2) 사회·문화 현상의 특징

사회 · 문화 현상은 '마땅히 하여야 한다'는 행위의 기준으로 바람직한 사실이나 가치판단인 당위법칙이 지배한다. 또한 인간의 의지 · 감정 · 가치 · 신념 등이 개입되어 발생하는 현상으로 가치 함축성을 지니며, 상이한 자연환경과 사회적 상황에 적합한 생활방식을 선택하는 것이 인간이므로 사회 · 문화 현상은 복잡하고 다양한 성격을 나타낸다. 그러나 발생원인과 결과가 자연법칙처럼 필연적인 관계로 연결되지 않으며, 예외적인 현상이나 우연히 나타나는 현상이 많다. 사회 · 문화 현상은 이처럼 개연성과 확률성이라는 특징 또한 지닌다.

(3) 자연현상과 사회·문화 현상의 비교

자연현상은 인간의 의지와 무관한 자연적인 현상이다(반면에 사회현상은 인간의 의지가 개입되는 인위적인 것이다). 존재법칙, 인과법칙, 필연법칙이 지배하고 인과관계가 분명해 확실성·필연성을 지니며 반복 재현이 가능하고, 이에 따라 규칙성을 발견할 수 있는 특징을 지닌다. 따라서 통제된 실험으로 법칙을 발견하는 것과 예측하는 것이 용이하다. 반면에 사회현상은 인간의 의지가 개입되는 인위적인 것이며, 당위법칙, 목적법칙, 규범법칙, 자유법칙이 지배한다. 따라서 자연현상과 달리 통제된 실험이 불가능하고, 법칙발견과 예측이 어려운 특성을 지닌다. 사회현상이 다양하고 유동적이며 역사성을 지니는 가치함축적인 반면, 자연현상은 획일·고정적이며 몰가치적이다.

자연현상의 예로는 지진, 태풍, 쓰나미, 일출, 일식, 계절의 변화, 만유인력의 법칙 등을 들 수 있고, 사회현상의 예로는 학원생활, 촛불집회, 길거리 응원, 핵문제, 종교활동, 무역, 경제법칙 등을 그 예로 들 수 있다.

일본 원자력 발전소에서 방사능 물질이 유출되어(사회현상) 인근지역은 물론, 태평양을 건너서까지 자연계의 물질구성이 변화되는 것(자연현상)이나, 일본 동북지방에 대지진(자연현상)이 발생하자 일본국민, 중국, 인류 모두가 재해극복을 위한 필사의 노력을 하는 것(사회현상)과 같이 자연현상과 사회현상은 상호 밀접하게 연관되어 있으며, 서로 영향을 주고받는 관계이다.

💡 보충

● **사회·문화 현상에서 보편성과 특수성의 공존 문제**

사회·문화 현상에서는 시대와 사회를 초월하여 공통적으로 존재하는 보편적인 현상이 발견되는 한편, 그 구체적인 모습은 시대와 장소에 따라 다르게 나타나기 마련이다. 예컨대 어느 시대에나 신분질서가 있었지만(보편성), 유럽의 봉건제와 조선의 양반제, 인도의 카스트제도는 성격과 그 내용이 다르다(특수성). 이와 같이 보편성만이 지배하는 자연현상과 달리 사회·문화 현상에서는 보편성과 특수성이 공존하고 있다.

● 인과관계

인과관계란, 어떤 현상의 원인과 결과 간의 필연적인 관계를 말한다. 자연현상은 모두 특정 원인에 의해서 발생한 결과들로서, 인과관계가 분명하다. 사회·문화 현상은 인위적인 질서에 의해 움직이기 때문에 자연현상처럼 명확한 인과관계를 발견하기는 어렵다. 예컨대 조선의 양반제가 사라졌다는 사회·문화 현상을 설명하는 원인으로 정치적 요인·경제적 요인·사회적 요인·사상적 요인 등을 들 수 있겠지만, 어느 요인이 얼마만큼 영향을 미쳤는가는 자연현상처럼 분명하고, 필연적인 관계가 있는 것은 아니다.

● 몰가치성과 가치함축성

자연현상은 인간의 의지와는 관계없이 진행되며, 따라서 인간의 가치가 개입될 수 없는, 즉 몰가치성을 갖는다. 인간이 신이 아닌 이상 어떤 자연현상도 없애거나 바꿀 수는 없다. 즉, 인간이 자연현상을 조절하고 자연법칙을 이용할 수는 있을지라도 자연현상 그 자체를 지배할 수는 없다.

사회·문화 현상은 인간이 창조해 낸 가치기준으로서 가치판단이 따른다. 따라서 지구가 돈다는 것은 몰가치적인 자연현상이지만, 갈릴레이를 재판한 중세 교회행위는 옳고 그름과 같은 가치판단이 개입된 사회현상이다.

2. 사회과학

(1) 사회과학의 연구 동향

사회과학현상은 복잡성과 다양성을 지닌다. 이러한 특성 덕에 최근 사회과학의 연구 동향은 크게 두 가지로 나타나는데, 하나는 전문화·세분화 경향이며, 다른 하나는 간학문적 경향(통섭)이다.

전문화·세분화 경향이란, 복잡하며 다양한 특성을 지닌 사회현상을 전문화·세분화시키는 경향을 말하는데, 예를 들어 사회학을 범죄사회학, 교육사회학, 도시사회학, 농촌사회학 등으로 세분화하는 것을 들 수 있다.

간학문적 경향이라면 전문화·세분화 경향과 반대의 현상으로 세분화된 단일 학문만으로 사회현상을 연구하는 데 한계가 봉착하여 인접 학문 간에 종합적이고 유기적인 연구가 필요하여 나타나는 경향을 말한다. 부동산문제에 대해 경제학, 사회학, 심리학, 정치학, 문화인류학 등의 학문을 활용하여 그 원인과 대책을 마련하거나, 환경문제에 대해 생물학, 화학, 정치학, 법학, 경제학, 윤리학 등의 다양한 관점에서 원인과 해결방안을 모색하는 것이다.

💡 보충

● 상식과 학문적 지식의 차이

일상생활에서는 과학적 지식에 의해 상식적 결론이 사실이 아닌 것으로 판명되는 경우가 많다. 예컨대 '교육을 많이 받은 군인들이 교육 정도가 낮은 군인들보다 정신 신경증 증세를 많이 보일 것이다'라는 상식적 결론이 정신 신경증 증세는 교육을 적게 받은 군인들에게 더 많이 나타나는 것으로 과학적으로 밝혀진 경우다. 따라서 상식적 결론을 반박하기 위해서는 다른 사람들이 납득할 수 있는 경험적 증거를 제시하여야 한다. 주의할 점은 실증적 연구 방법, 해석적 연구 방법, 개방적 태도 등이 상식과 학문적 지식을 구분하는 기준이 아니라는 점이다.

사회 · 문화 현상에 대한 연구는 실증성, 객관성, 논리성, 체계성, 가설적 성격, 확률적 · 개연적 특성을 지닌다.

사회과학은 자연과학과 마찬가지로 경험적인 증거를 토대로 성립한다. 따라서 실제 경험에 의하여 사실로써 증명 가능한 것을 연구대상으로 삼는데 이를 실증성이라 한다. 참고로 형이상학은 "신은 존재하는가?", "삶의 궁극적 목적은 무엇인가?"와 같이 실증이 불가능하고, 이성에 의한 사유나 직관으로 인식되는 존재를 연구하는 학문을 말한다.

또한 사회과학을 연구할 때에는 연구자의 주관적 가치관이나 신념, 이해관계를 배제하는 객관적인 태도가 요구되고, 연구목적과 결과 및 내용 등이 일관성을 띠며 논리적이어야 한다.

그 밖에 사회과학 연구의 특징은 부분적 지식이 전체와 적절하게 논리적으로 연결되고 통일성을 가지며, 새로운 반증이 나올 때까지만 진리인 가설적 성격, 자연과학에 비해 엄격하고 정밀하지 않은 확률적 · 개연적인 성격을 지닌다.

(3) 주요 사회과학

주요 사회과학의 분야로는 정치학, 경제학, 사회학, 문화인류학 등이 있다. 정치학은 권력의 획득과 행사, 공공정책 등을 연구대상으로 삼으며 공식적 문서와 정치적 행위분석, 정치체제를 비교하는 연구방법을 취한다. 정치학의 주요 개념으로는 권력, 정부, 정당, 정치과정, 민주주의 등을 들 수 있다. 경제학은 재화와 서비스의 생산과 소비 및 분배 등을 연구대상으로 수학적 모형과 통계적 분석을 연구방법으로 삼는다. 희소성이나 수요와 공급, 가격, 물가와 실업, 통화량 등이 주요 개념이다. 사회학은 사회적 존재로서의 인간행위와 개인과 집단의 관계 등을 연구대상으로 삼으며 사례를 분석하거나 질문지 또는 면접, 참여관찰을 통해 사회현상을 연구한다. 사회화와 지위와 역할, 사회집단, 계층, 사회제도 등이 주요 개념이다. 문화인류학이란 문화와 인간생활과의 관계에 대해 연구하며 참여관찰, 면접, 문헌과 유물의 조사, 현지 연구 등을 방법으로 하여 문화, 상징행위, 의식, 가치, 전통 등의 개념을 설명한다.

3. 사회 · 문화 현상을 이해하는 관점

(1) 분석 범주에 따라

사회 · 문화 현상을 이해하는 관점은 분석 범주에 따른 분류와 이론적 관점에 따른 분류로 나누어 볼 수 있다.

분석 범주에 따른 분류는 미시적 관점과 거시적 관점으로 나뉜다. 미시적 관점이란 인간의 상호작용, 행위의 개인적 의미에 중점을 두고 탐구하며, 그 대상은 개인 또는 개인 간의 관계, 상호작용, 일상생활 등이다. 대표적으로 상징적 상호작용론(학습이론, 사회생태이론)과 교환이론이 있다. 거시적으로 보는 관점은 사회구조적 관점이라고도 하는데, 사회구조나 사회변동과 같은 사회 · 문화 현상을 사회전체와의 연관성 속에서 폭넓게 탐구한다. 분석의 대상은 사회 그 자체 혹은 사회전체, 사회조직, 사회제도 또는 사회구성요소 등이며, 대표적으로 기능론과 갈등론을 들 수 있다.

같은 사회현상이라도 ―예를 들어 청소년 비행― 미시적 관점에서 청소년의 비행은 개인의 인성이나 노력의 부족에서 기인하는 것으로 보나, 거시적 관점에서 청소년의 비행은 가족 간의 불화나 사회적 압박감, 유해한 사회환경 등에서 기인하는 것으로 본다.

(2) 이론적 관점

사회·문화 현상을 이해하는 이론적 관점으로는 거시적 관점인 기능론과 갈등론, 미시적 관점인 상징적 상호작용론과 교환이론으로 크게 나누어진다.

1) 거시적 관점

기능론은 사회·문화 현상을 사회의 유지·존속에 필요한 기능을 수행하기 위해 발생하는 현상으로 보수적·안정적인 성격을 지니는 것으로 파악한다. 모든 인간은 상호 의존적인 관계로 연관성이 있으며, 모든 기능과 역할의 수행은 구성원들의 합의에 바탕한다는 이론이다. 유기체와 같이 조화와 균형을 이루는 사회 유기체설이 그 이론적 배경으로 콩트, 스펜서, 뒤르켐이 주장한 바 있다. 기능론은 현재의 상태를 유지·보전함으로써 사회통합에 기여한 긍정적인 측면이 있으나, 기득권을 옹호하는 보수적 관점이라는 비판과 갈등발생의 원인과 영향을 경시하며, 급격한 사회변동(전쟁, 혁명 등)을 설명하기 곤란하다는 단점을 지닌다. 갈등을 일시적·예외적·병리적 현상으로 보아 해결책이 필요한 것에 불과한 것으로 본다.

갈등론은 사회·문화 현상을 집단 간의 갈등으로 인해 발생하는 현상으로 보는 진보적·개혁적·변동적인 관점이다. 사회는 지배와 피지배의 갈등관계로 이루어져 긴장·마찰·투쟁의 연속이며, 대립·모순·불일치 관계로 상호 연관성이 없는 것으로 본다. 지배집단이 자신들의 기득권 유지를 위해 권력과 강제에 의해 정해 놓은 것으로 지배계급의 일방적 결정이 사회·문화 현상인 것으로 파악한다. 마르크스의 계급투쟁설과 연관이 있으며, 현재의 상태를 변화시켜 바람직한 방향으로의 사회발전에 기여한다는 장점이 있는 반면, 사회의 안정과 질서를 파괴해 사회 유지·존속을 깨뜨리며 통합을 경시하는 측면도 있다. 또한 갈등론의 측면에서는 구성원 간의 합리적인 역할분담을 설명하기 곤란하다는 비판도 있다. 갈등이란 항상 존재하며 사회발전에 공헌하는 일상적인 현상으로 해결책이 불필요하다고 본다.

2) 미시적 관점

상징적 상호작용론은 인간은 자율성을 지닌 능동적인 존재이며, 사물이나 행위에 복잡한 의미를 부여하는 상징을 활용할 수 있다는 것을 전제로, 사회·문화 현상은 인간이 다른 사람들과 상호작용을 한 결과로 발생한 주관적 의미가 담긴 현상이라고 이해한다. 즉, 사회·문화 현상을 만들어 내는 인간의 주관적 동기와 의미를 중시하는 구성원들의 주관적인 의미 규정과 해석을 주고받는 과정(상호작용) 자체가 사회라고 보는 관점이다. 상징적 상호작용론에 따르면 개인은 나름대로의 방식으로 사회나 주어진 상황을 해석·정의하여 행동하므로 상황정의와 해석에 따라 의미가 달라진다. 예를 들어 "차 한 잔 하자"라는 말의 의미는 상황에 따라 단순히 차 한 잔 마시는 의미로 사용될 수 도 있고, 시간 내서 이야기 좀 하자는 의미로 사용될 수도 있다.

또 상징적 상호작용론은 구체적인 일상생활의 관찰을 통해 인간의 능동적인 사고와 행위의 측면을 설명할 수 있다. 그러나 거시적 차원의 일반 법칙의 발견이 어렵고, 인간행위에 영향을 미치는 사회구조나 제도의 구조적 측면을 간과한다는 비판을 면하기 어렵다.

교환이론은 인간의 행위에는 항상 보상과 비용(이익과 손해)이 따르며, 인간은 이익을 추구하는 이기적이며 합리적인 존재라는 것을 전제로 한다. 인간의 행위를 비용과 그에 따른 보상을 교환하는 관계로 사회·문화 현상을 이해하며, 사회적 행위는 타자와 상호작용하는 데 들었던 보상과 비용의 경험에 의해 결정되어 인간의 행위는 이익을 고려한 전략적 사고의 결과라는 것이다. 또한 개인의 행위는 나름대로 한 사회에서의 합리적 선택의 결과로 개인이 왜 그런 행동을 하는가를 설명하는 데 유용하다. 보상과 비용(또는 제재)에 대한 과거의 경험이나 현재의 기대는 인간이 특정 행위를 선택하는 데 중요한 영향을 미치는 것으로 파악한다. 그러나 인간의 정서적이거나 비합리적인 행위를 설명하기 어렵다는 한계가 있다.

상징적 상호작용론은 인간이 의미를 추구하는 존재라는 점을 중시하는 반면, 교환이론은 인간은 이익을 추구하는 존재라는 것을 강조한다는 측면이 양자의 큰 차이라고 볼 수 있다.

● 상황 정의

개인들의 상호작용이 발생하는 상황과 전략에 대한 집합적 동의를 의미한다. 사회적 행위의 의미는 상호작용하는 상대방의 주관적인 동기와 의미를 해석하는 과정인 상황 정의에 따라 달라진다고 본다.

예를 들어 훈계하는 선생님의 눈을 똑바로 쳐다보는 학생에 대해 어떤 사람은 예의 바르다고 생각하는가 하면 어떤 사람은 선생님에게 대들고 있다고 생각하는 것은 상황에 대한 정의가 다르기 때문이다.

● 교환관계의 양상

사회 구성원 간의 교환관계는 개인 간에 이루어지기도 하고, 집단 간에 일어나기도 한다. 교환관계는 일대일, 세대 간 교환, 순환적 교환 등이 있고, 형태는 약탈, 경쟁, 협동 등 다양하게 나타난다.

● 교환이론과 거시적 관점

사회 구성원 간의 교환관계는 개인 간에 이루어지기도 하고(미시적), 집단 간에 일어나기도 한다(거시적). 교환관계는 일대일, 세대 간 교환, 순환적 교환 등이 있고, 형태는 약탈, 경쟁, 협동 등 다양하게 나타난다.

교환이론은 흥정이나 거래, 타협의 개념을 활용하여 개인 간의 상호작용을 이해할 뿐만 아니라 이러한 교환관계를 사회집단 간, 국가 간의 상호작용을 이해하는 데에도 적용한다. 따라서 교환이론은 미시적 관점을 바탕으로 전개되었으나 거시적 관점으로도 활용될 수 있다

4. 사회·문화 현상을 이해하는 관점의 활용

(1) 사회·문화 현상을 이해하는 여러 관점의 관계

사회·문화 현상은 인과관계가 불분명하고 자료가 복잡하므로 탐구과정에서 여러 학문의 관점을 살펴볼 필요가 있고, 사회·문화 현상을 이해할 때는 각 관점이 갖는 장점과 단점을 고려하고, 이들 관점을 보완적으로 활용할 필요가 있다.

(2) 사회·문화 현상을 보는 관점의 조화와 균형

하나의 사회·문화 현상을 이해할 때 가능하면 하나의 관점보다는 다양한 관점으로 살펴보아 균형과 조화를 이루도록 하는 자세가 필요하다. 조화와 균형 있는 관점은 깊이 있는 이해와 함께 다각적인 해결방안 모색에 유익하기 때문이다.

(3) 종단연구와 횡단연구

종단연구란 두 시점에서의 연구대상에 대한 차이를 분석하는 시간적 분석방법으로 2010년과 2012년의 GDP를 비교하는 것 또는 한 학생의 고 1부터 고 2까지의 모의고사 성적을 분석하는 것 등을 예로 들 수 있다.

횡단연구란 같은 시점의 도시와 농촌과 같이 공간적·지역적 차이를 분석하는 관점이다. 도시와 농촌의 인구를 비교한다든지 평준화 지역과 비평준화 지역의 모의고사 성적을 비교하는 것 등이다.

5. 사회·문화 현상의 연구방법 및 목적

사회·문화 현상은 연구방법에 따라 사회·문화 현상도 인과필연의 법칙이 존재하므로 자연과학처럼 법칙으로 설명할 수 있다고 보는 실증주의(방법론적 일원론)와 사회·문화 현상은 인간의 의지와 의식을 바탕으로 하므로, 사회를 구성하고 있는 행위자가 주관적 의미를 부여한 행위를 이해하고 분석해야 한다고 주장하는 해석주의(방법론적 이원론)로 나눌 수 있다.

19세기 콩트의 실증주의는 방법론적 일원론으로 사회·문화 현상의 보편성에 초점을 둔 관점이다. 콩트는 인간지식의 발전단계는 신학적 단계에서 형이상학적 단계로, 다음으로 실증적 단계로 발전하는데, 이 중에서 참다운 지식의 단계는 실증적 단계라고 하였다. 사회·문화 현상에도 자연현상과 마찬가지로 인과법칙이 존재하며 이를 측정이나 실험과 같은 실증적 방법을 통해 탐구할 수 있다고 생각하였다.

반면 베버의 해석주의는 사회·문화 현상의 특수성에 초점을 둔 관점이다. 콩트의 실증주의 전통을 비판하면서 인간의 사회적 행위를 깊이 있게 이해하려면 계량화된 방법이 아니라 직관적인 통찰을 통해 행위 이면에 대한 해석적인 이해가 필요하다는 방법론적 이원론을 주장하였다.

≫ 제2장
사회·문화 현상의 탐구방법과 자료수집

1. 실증적 연구와 해석적 연구

(1) 실증적 연구(방법론적 일원론=양적 접근법)

실증적 연구법은 사회·문화 현상은 자연현상과 본질적으로 다르지 않다는 것을 전제로 사회현상의 보편성을 강조한 연구법이다. 문제가 제기되면 그와 연관된 개념을 규정한 후 가설을 세우고, 개념의 조작적 정의를 바탕으로 자료를 수집·분석하여 검증함으로써 이론화하는 연구과정을 의미한다. 그 연구목적은 사회·문화 현상의 보편적·일반적인 법칙을 발견하는 것이며, 법칙을 발견하는 것은 모든 현상에 적용이 가능하다고 본다. 실증적 연구는 자료를 계량화하여 분석하는 연구방법이며, 사회조사나 실험연구를 주로 사용한다. 수집된 자료의 계량화 및 통계적 분석을 통해 자료를 해석하고 분석하므로 객관적인 법칙발견이 용이하고 정확성과 정밀성이 보장되는 연구방법이라는 장점을 지녔으나, 계량화가 어려운 인간의 주관적 영역은 탐구하기 곤란하며 사회현상을 인간의 동기·의도·가치 등을 배제하고 연구함에 따른 한계가 있다.

양적 접근법으로 연구하기 적절한 주제는 수량화가 가능한 주제나 통계적 분석에 의해 명확하게 인과관계를 밝힐 수 있는 주제, 또는 보편적 법칙이나 일반화가 필요한 주제—청소년 비행 실태조사, 엘리베이터 이용 실태조사, 얼마나 많은 학생들이 가출충동을 느끼는가?—를 대상으로 연구하는 것이 적절하다.

실증적 연구는 연역적인 접근으로 ① 문제제기(연구주제와 필요성, 목적을 제기하여) ② 가설설정(결론을 잠정적으로 도출하고 경험적으로 관찰 가능한 가설을 설정한다) ③ 연구설계(개념의 조작적 정의가 이루어지며, 자료 수집의 방법이나 절차를 결정한다)

④ 자료수집 및 분석 통계화(자료수집 방법으로는 주로 질문지법이나 실험연구법을 사용한다) ⑤ 가설검증(가설의 수용여부를 결정하고) ⑥ 결론도출(일반적이고 공통적인 결론을 도출한다)의 단계를 거쳐 진행한다.

(2) 해석적 연구(방법론적 이원론=질적 접근법)

해석적 연구는 사회 · 문화 현상은 자연현상과 달리 인간의 주관적 인식에 따라 다르게 존재한다는 것을 전제로 한다. 문제가 제기되면 그와 관련된 사회현상을 관찰하고 자료를 수집하고, 경험적 현상을 개념화하여 이론을 도출하는 연구과정을 의미하며, 사회 · 문화 현상은 일반화가 불가능하다는 입장이다. 사회 · 문화 현상의 의미해석 및 심층적으로 이해해 인간행동의 의미를 파악하는 데 그 목적을 두며, 직관적인 통찰 · 감정이입을 통해 인간행동의 의미를 이해하는 연구방법이다. 참여관찰이나 심층 면접법을 주로 사용하며 직관적 통찰이나 감정이입에 의한 이해를 통해 자료를 해석하는 특징이 있다.

해석적 연구는 사람들의 주관적 의식의 심층을 이해해 인간행동의 개인적 · 사회적 의미를 파악할 수 있다는 장점을 지니니, 객관적 법칙 발견이 곤란하고 정확성과 정밀성이 떨어진다는 점과 행위자의 주관적 관점을 대상으로 하므로 사회 제도적 측면은 소홀히 할 우려가 있다는 단점이 있다.

질적 접근법은 인간의 행위동기 및 의도를 깊이 있게 이해할 필요가 있을 때나, 수량화할 수 없거나, 통계적 분석이 어려운 주제 혹은 상황에 따라 적절한 해석을 하고 사회적 관심을 유도하려는 탐구 주제—예컨대 비행청소년 사례연구, 엘리베이터 안에서의 사람들의 모습 연구, 무슨 이유로 가출하였을까? 와 같은 주제—가 적절한 주제가 된다.

해석적 연구는 귀납적인 절차로 접근해 ① 문제제기 ② 연구설계 ③ 자료수집 및 해석(직관적 통찰이나 감정이입을 통해 자료에 담긴 의미를 해석하는 면접법, 참여관찰법을 자료수집 방법으로 사용한다) ④ 결론도출(양적 접근법과 같이 결론도출시 일반화가 불가능하다)의 절차로 진행한다.

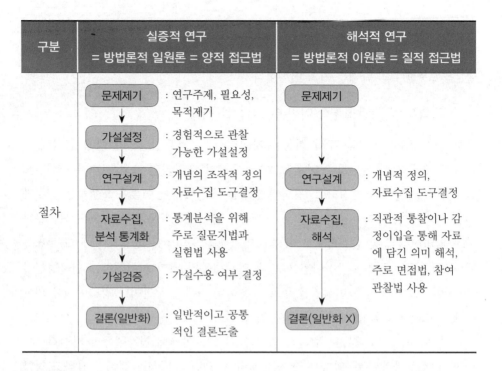

구분	실증적 연구 = 방법론적 일원론 = 양적 접근법		해석적 연구 = 방법론적 이원론 = 질적 접근법	
절차	문제제기	: 연구주제, 필요성, 목적제기	문제제기	
	가설설정	: 경험적으로 관찰 가능한 가설설정		
	연구설계	: 개념의 조작적 정의 자료수집 도구결정	연구설계	: 개념적 정의, 자료수집 도구결정
	자료수집, 분석 통계화	: 통계분석을 위해 주로 질문지법과 실험법 사용	자료수집, 해석	: 직관적 통찰이나 감 정이입을 통해 자료 에 담긴 의미 해석, 주로 면접법, 참여 관찰법 사용
	가설검증	: 가설수용 여부 결정		
	결론(일반화)	: 일반적이고 공통 적인 결론도출	결론(일반화 X)	

💡 보충

● 좋은 가설의 조건

(1) 검증이 가능해야 한다.

착하게 살면 천국에 갈 것이다. (나쁜 가설)

(2) 검증할 필요가 있어야 한다.

경제성장률이 높아지면 국내총생산(GDP) 증가율도 높아질 것이다. (나쁜 가설)

(3) 변수관계가 바르게 설정되어야 한다.

문화비 지출이 많으면 소득이 높아질 것이다. (나쁜 가설)

(4) 표현이 간단 · 명료해야 한다.

도시화율과 인구밀도가 높아지면 범죄율이 증가할 것이다. (나쁜 가설)

(5) 특정 가치가 개입되지 않아야 한다.

정치가 발전하려면 의원내각제를 실시해야 할 것이다. (나쁜 가설)

2. 자료수집방법

(1) 양적 자료(1차 자료)

1) 질문지법

조사하고자 하는 내용에 대해서 설문지를 작성하여 조사대상자에게 기입하게 하는 방법이다. 가장 많이 활용하는 방법으로 개인의 태도나 의식조사에 적절하다. 많은 사람들로부터 정보를 수집하거나 조사대상의 규모가 크고 계량화된 자료를 수집하는 양적 접근법에서 주로 이용한다. 시간과 비용이 절약되고 자료분석·정보수집이 용이하며 분석의 기준이 명백한 장점이 있으나, 낮은 질문지 회수율과 질문의 내용을 오해할 우려가 있고 문맹자에게는 실시할 수 없으며 응답자가 성의 없이 피상적으로 답할 가능성이 있는 등의 단점도 있다.

2) 실험법

실험집단에 조작을 가한 후 통제집단과의 결과를 비교하여 일정한 결론이나 법칙을 발견하는 방법으로 반드시 실험집단과 통제집단의 동질성이 있어야 한다. 가장 실증적이며 자연과학의 방법에 근접한 자료수집방법이며 원인과 결과 사이의 명확한 관계를 알아보기 위한 연구에 활용된다. 인과관계를 정확하게 분석할 수 있어 효과적인 가설검증으로 과학적 연구가 가능하다. 그러나 실험대상이 인간이므로 윤리성 문제제기 가능성이 높은 점이나 실험집단의 예상치 못한 변수가 생길 수 있다는 점, 실험결과의 일반화에 한계가 있을 수 있다는 점이 있다.

🔎 보충

● 표본조사와 전수조사

표본조사는 모집단에서 일정 수의 표본을 뽑아 조사하는 방법으로 표본의 대표성 확보가 중요하다. 대부분의 사회조사에서 활용되며 물가지수 계산 등에 이용된다.

전수조사는 모집단 전체를 모두 조사하는 방법으로 가장 정확한 자료조사방법이다. 인구 센서스와 같은 인구 통계, 가옥 통계 등에서 사용된다.

(2) 질적 자료(1차 자료)

1) 면접법

필요한 정보를 대화를 통해 얻고자 하는 방법으로 비교적 소수의 표본으로부터 자료를 수집하는 대신 깊이 있는 정보를 수집할 때 활용된다. 응답자의 솔직한 답변을 유도할 수 있어 심층 정보의 수집이 가능하고 문맹자에도 실시 가능하며 무응답률이 낮다. 그러나 표본을 많이 구하기가 어려우며 시간과 비용이 많이 소요되는 단점과 조사자의 편견이 개입될 우려가 있다.

2) 참여관찰법

연구자가 연구대상자와 함께 생활하면서 그들의 행동을 관찰하여 자료를 수집하는 방법이다. 어린이나 언어 소통이 어려운 종족에 대한 자료를 수집할 때 활용할 수 있다. 생생한 자료를 확보할 수 있으며 언어로 표현하기 어려운 현상에 대한 접근이 가능하다. 또한 연구대상자의 반응과 상관 없이 관찰이 가능한 장점이 있다. 하지만 수집하려는 현상이 나타날 때까지 기다려야 하고 예상하지 못한 변수의 통제가 곤란하며 관찰자의 편견이 개입될 우려가 있다.

(3) 문헌연구법(주로 2차 자료로 활용)

기존의 연구결과와 역사적 문헌 또는 이미 발표된 통계자료 등을 수집하여 분석하는 방법으로 공식적 문헌(정부자료, 논문), 비공식적 문헌(일기, 자서전)을 의미한다. 주로 1차 자료를 직접 수집하기 어려운 경우에 많이 활용하며 대부분 연구에 있어 기초가 되는 작업이다. 보조연구로 활용되는 경우가 많고 역사연구와 2차 자료로 활용된다. 시간과 비용을 절약할 수 있으며 장기간에 걸쳐 이루어지는 사회현상에 대한 연구나 시·공을 초월한 자료수집이 가능하다. 연구문제에 대한 기존의 연구동향을 알 수 있는 자료가 된다. 그러나 기록으로 남아 있는 자료만 이용하는 데 따른 한계(기록의 신뢰성 문제)가 따르고 문헌의 신뢰성 문제뿐만 아니라 해석에 있어 주관이 개입될 우려가 있다.

자료수집방법	양적 연구에서의 활용 정도	조작화 정도	가치 개입 가능성 정도
실험법	+	+ +	-
질문지법	+ +	+	-
참여관찰법	- -	- -	+ +
면접법	-	-	+

+는 강함 내지 높음을, -는 약함 내지 낮음을 나타냄.

≫ 해설

1. 질문지법

시간과 비용 절약, 대규모 집단에게 실시 가능, 비교용이, 성의 없는 응답 가능, 문맹자에게 실시 곤란

2. 면접법

소수로부터 심층적 정보수집 가능, 연구자의 편견 개입 가능, 문맹자에게도 실시 가능, 시간과 비용의 소요 많음

3. 참여관찰법

언어 소통이 어려운 대상에 대한 자료수집 용이, 예상치 못한 변수의 통제 곤란

4. 실험법

정확성과 정밀성 확보, 인과관계 파악 용이, 법적 · 윤리적 문제 발생 가능, 엄격히 통제

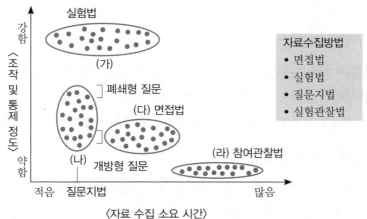

된 실험 곤란

  (1) 실험법: 조작 및 통제 정도가 가장 강함

  (2) 질문지법: 자료수집 소요 시간이 적음, 조작 및 통제 정도가 강한 폐쇄형(객관식) 질
    문과 약한 개방형(주관식) 질문

  (3) 면접법: 자료수집 소요 시간이 비교적 많음, 조작 및 통제 정도가 비교적 약함

  (4)) 참여관찰법: 자료수집 소요 시간이 많음, 조작 및 통제 정도가 가장 약함

● 1차 자료와 2차 자료

  조사자가 직접 자료를 수집하거나 작성한 자료를 1차 자료 혹은 원자료라고 한다. 1차 자료로는 자신이 직접 수집한 자료, 일기, 자서전 등이 있다. 2차 자료는 1차 자료를 토대로 가공한 자료를 말하며, 각종 사회지표(실업률, 물가상승률 등), 교과서, 백과사전 등이 있다.

3. 사회조사과정

(1) 연구주제의 선정

문제를 제기하고 기존의 연구결과를 검토한다.

(2) 연구 가설설정

구성요소 간의 관련성에 관하여 잠정적으로 진술하는 것으로, 필요한 경우에 설정한다.

(3) 연구방법의 결정

연구주제에 따라 연구를 어떻게 할 것인가를 결정하는 단계로 연구주제가 계량적이고 분석적이면 실증적 연구, 가치판단이나 의식에 관한 것이면 해석적 연구를 선택한다. 비교관점에 따라 횡단연구, 종단연구로 나누어 선택할 수도 있다.

(4) 자료의 수집과 분석

연구계획에 따라 경험적 자료들을 수집하는 단계로 수집된 자료를 실용적으로 활용하기 위해 자료를 가공·계량화하는 과정이다.

(5) 연구결과 해석 및 일반화

수집·분석한 자료를 기초로 연구가설을 검증한다. 검증을 통해 증명된 가설을 결론으로 도출하여 일반화할 수 있고, 가설이 없는 경우에도 연구의 타당성과 신뢰성을 검증한다.

질문지 작성시 유의사항

1. 특정 응답 유도질문 금지(가치중립성 유지)
2. 한 문항에서 두 가지 이상의 내용 질문 금지
3. 질문 내용의 간결성과 명확성
4. 응답자 수준에 맞는 용어와 개념의 선택
5. 응답지의 내용이 배타적일 것
6. 응답지의 내용이 모든 경우의 수를 포함할 것

≫ 제3장
사회·문화 현상의 탐구와 일상생활

1. 사회 · 문화 현상 연구의 한계와 과학적 태도의 필요성

(1) 사회·문화 현상 연구의 한계

사회 · 문화 현상은 가치함축적이어서 연구자와 연구대상에 속한 사람들의 가치가 다를 경우 현상의 이해가 매우 어려워질 수 있으며, 연구대상에 대한 연구자 자신의 가치나 편견이 연구과정에 개입되어 연구결과를 왜곡할 가능성이 있다.

(2) 과학적 태도의 필요성

사회 · 문화 현상뿐 아니라 연구자 자신도 특정한 가치를 지니므로 객관적이며 보편타당한 지식의 생산이 어려워 연구자의 과학적 태도가 필요하다.

2. 사회 · 문화 현상의 바람직한 탐구 태도

(1) 객관적 태도(가치중립적 태도)

연구자가 자신의 주관적인 가치와 선입견, 편견 등을 배제하고, 제3자의 중립적 입장에서 연구하려는 태도를 말한다. 탈주관적인 태도와 선입관이나 감정적 요소를 배제하고 실증적 경험에 바탕을 두고 사회현상을 판단하려는 태도이다.

현상의 정확한 인식을 위한 자료수집 및 분석단계에서 특히 중시되며, 대책 수립의 단계에서는 자신의 가치관에 근거한 판단이 필요하다(사례: 사교육비 문제의 심각성을 알아보기 위해 통계청 홈페이지 자료를 찾아보았다).

(2) 개방적 태도

여러 가지 가능성이 동시에 공존할 수 있다는 사실을 인정하는 태도로 시간적·공간적 동일성을 전제로 한다. 새로운 사실 또는 다른 사람의 주장을 편견 없이 수용하고, 그것들이 경험적으로 실증될 때까지는 가설로만 받아들이는 자세와 자신의 주장에 대한 비판을 허용하며, 새로운 사실이나 주장을 편견 없이 받아들이는 태도, 편협한 종교관이나 세계관에 빠지지 않는 겸허한 태도를 말한다. 어떤 사실이나 주장이 논리적으로 옳다고 하여도, 경험적으로 실증될 때까지는 하나의 가설로서만 받아들이는 태도가 핵심이며 새로운 증거에 의해 수정될 수 있는 가능성을 인정(결론의 수정 가능성을 인정)하는 것이다.

(3) 상대주의적 태도

개방적 태도가 시간적·공간적 동일성을 전제로 하는 반면에 상대주의적 태도는 사회·문화 현상의 시간적·공간적 특수성과 다양성을 고려하는 태도이다. 각 사회가 처해 있는 여러 가지 현실적 상황과 문화적 배경은 인정해야 하나 모든 사회현상을 무조건 가치 있는 것으로 보는 극단적 상대주의는 인류의 보편성이라는 가치를 존중하지 않는 태도이므로 바람직하지 않다. 자기 문화만을 중시하는 자문화 중심주의, 타문화를 숭상하고 자기 문화를 낮게 보는 문화 사대주의 또한 경계해야 한다.

(4) 종합적인 인식 태도(총체성)

관련되는 모든 요인들과의 관계를 종합적으로 파악하는 태도로 사회를 구성하는 요소들은 상호 유기적인 연관을 맺고 있음을 인식하는 것을 말한다. 수능시험의 난이도가 낮아지자 강남 학원가를 찾는 학생이 줄고, 인근 아파트 전세가격이 내려가고 있다. 또한, 입시제도의 변화가 부동산 시장에도 영향을 주게 되는 것 등이 그 예이다.

(5) 성찰적 태도

사회·문화 현상에 대하여 의문을 가지고 끊임없이 탐구하는 태도로 사회적으로 당연시되는 사회현상일지라도 새롭게 해석될 수 있고, 역사적·문화적 맥락 속에서 그 적합성 여부가 달라질 수 있음을 의미한다. 주의할 것은 사회·문화 현상에 관심을 가지고 탐구하려는 자세를 가져야 하며, 사회·문화 현상을 피상적으로 이해하지 않도록 경계해야 한다는 점이다.

3. 사회·문화 현상의 탐구와 가치문제

(1) 사실과 가치

사실이란 우리가 경험할 수 있는 현상 그 자체로 존재의 법칙이 지배한다. "우리나라의 경제성장률이 5%를 기록하였다"와 같은 현상을 말한다.

가치란 선악이나 옳고 그름 등을 판단하는 기준, 당위(當爲, 마땅히 하여야 한다)법칙이 지배한다. "경제성장률 5%를 달성해야 한다"와 같이 가치가 개입되어 있다.

(2) 가치중립을 둘러싼 과학적 논쟁

가치중립이란 사회과학자가 자신의 주관적 가치를 배제하고 객관적으로 연구를 수행한다는 것이다. 그러나 가치중립이 연구자의 가치를 완전히 배제한나는 의미는 아니고 연구자의 주관적 가치 개입으로 연구를 왜곡해서는 안 된다는 것이다. 사회현상의 탐구 목적은 사회·문화 현상의 기술법칙 발견에 있다. 주관적인 가치를 배제하고 경험적인 근거에 의하여 객관적·과학적으로 탐구해야 한다. 연구자의 가치가 개입되면 사실을 왜곡하기 쉬우나 사회과학연구에서 가치중립적인 태도를 관철하기가 어렵다. 왜냐하면 탐구대상 속에 연구자 자신도 포함되어 있으며 사회과학의 탐구는 연구자의 주관적 가치나 이해관계, 시대적 가치로부터 자유로울 수 없기 때문이다.

사회현상의 탐구목적은 인간의 존엄성과 공동체의 복지증진에 있다. 사회현상은 연구자 자신까지 포함하고 있으므로 연구자와 완전히 분리될 수 없으며 연구과정에서 사회과학자의 감정과 가치관을 완전히 배제하기 어렵다는 특징이 있다. 따라서 가치개입이 불가피한데 문제제기 및 가설설정단계에서는 소극적 가치개입이 가능하다. 자료수집 및 분석단계와 가설검증 및 결론도출 단계는 철저한 가치중립적인 태도로 임해야 하나, 결론의 적용 및 대안을 모색하는 단계에서는 적극적으로 연구자의 가치가 개입되어야 적절한 연구결과를 얻을 수 있을 것이다.

(3) 연구과정에서의 가치개입과 가치중립

연구과정에서 문제제기(연구주제의 선택) 단계와 가설설정 단계, 결론도출 단계에서는 소극적인 가치개입이 허용되고, 활용(대책마련)단계에서는 적극적인 가치개입이 가능하다고 볼 것이다. 그러나 자료수집 및 분석단계 · 가설검증 · 결론 도출의 단계에서는 철저한 가치중립을 지켜야 한다.

4. 사회과학연구의 활용과 윤리적 문제

(1) 연구결과 활용의 의의

연구결과는 학문적 차원에서는 연구동향의 파악과 새로운 연구방향의 모색으로, 정책적 차원으로는 사회문제 해결을 위한 정책개발에 활용된다. 사회과학의 연구결과는 사회 · 문화 현상의 심층적 이해와 인과관계 파악에 도움이 되며, 우리의 삶과 사회에 있어서 바람직한 변화를 기대할 수 있다.

(2) 사회과학적 연구결과의 활용 자세

사회과학적 연구결과는 사실과 가치를 엄격하게 구분하여 수용하고, 맹목적인 추종의 자세를 버리고 비판적으로 수용하며, 탐구결과의 보편적 적용 가능성을 검증해야 한다.

(3) 사회·문화 현상의 탐구와 윤리적 자세

가치판단의 기준은 인간 존엄성, 자유, 평등, 민주주의, 환경보호 등 인류 보편적 가치가 되어야 할 것이며, 탐구자는 개인의 이해관계를 떠나 객관적으로 연구해야 하고 인간의 존엄성과 생명 등 인권을 존중해야 하며, 탐구결과를 악용하지 않고 그 결과에 끝까지 책임을 져야 한다.

⑷ 연구과정에서 연구자가 가져야 할 윤리의식

연구주제는 사회에 이롭고 윤리적으로 문제가 되지 않는 주제로 선정해야 한다. 연구대상자의 인권을 존중하는 차원에서는 연구대상자의 자발적 동의, 사생활 보호, 연구로 얻은 정보는 연구목적에만 사용하며, 연구목적을 사전 고지해 주어야 할 것이다. 또한 연구대상의 인권을 침해하는 것은 연구방법에서 배제하여야 할 것이다. 연구자 자신은 정직한 탐구를 통하여 사실을 왜곡하지 않도록 탐구결과가 사회에 미칠 영향에 대한 끊임없는 반성적 고찰과 책임의식을 가져야 할 것이다.

제2편 ≪

개인과 사회구조

≫ 제1장
사회화, 사회적 관계, 사회적 상호작용

1. 개인의 지위와 역할

(1) 지   위

지위란 한 개인이 집단 내에서 차지하고 있는 위치를 말한다. 지위는 크게 사장, 장관, 교사, 학생 등 개인의 노력이나 재능에 따라 차지하게 되는 지위인 성취지위와 아들, 청소년, 백인, 왕족 등 태어나면서부터 자연적으로 차지하게 되는 지위인 귀속지위로 나눌 수 있다.

(2) 역할과 역할행동 및 역할갈등

역할이란 어떤 지위에 대해 사회적으로 기대되는 행동방식으로 누구에게나 동일한 정도로 기대된다. 이러한 역할을 개인이 수행하는 구체적이고 실제적인 행동을 역할행동(혹은 역할수행)이라 한다. 역할행동의 결과에 따라 사회적 보상(승진, 포상, 훈장 등)이나 사회적 제재(파면, 징계, 감봉 등)가 뒤따른다.

이러한 역할을 수행하는 과정에서 한 사람이 둘 또는 그 이상의 지위를 가지고 있고 이에 따른 여러 가지 역할들이 서로 어긋나거나 상충되어 어려움을 겪게 되는 경우에 역할갈등이 발생하는데, 역할 간 갈등인 역할모순과 역할 내 갈등인 역할긴장으로 나누어 볼 수 있다.

역할모순이란 둘 이상의 지위 간 역할충돌을 말한다. 경찰관이 신호위반 차량을 적발했는데, 운전자가 아버지인 경우 경찰관의 지위와 아들의 지위에 따른 역할 간의 갈등이나, 공무원이 출장명령을 받았을 때 자식이 아픈 경우 출장을 가야 할지(공무원의 지위), 병원에 가야 할지(엄마의 지위)의 고민(갈등) 등이 그 예이다.

역할긴장이란 하나의 지위에 따른 역할충돌을 말하며, 기대에 못 미치는 딸의 성적표를 받아 든 엄마(하나의 지위)가 딸을 혼내야 할지, 격려해야 할지의 역할갈등 또는 판사(하나의 지위)가 살인범에 대해 사형을 선고할지, 무기징역을 선고할지의 고민(갈등)하는 등의 예를 들 수 있다.

현대 사회에서 개인은 다양한 집단의 구성원이 되어 그에 따른 역할을 수행하고, 급속한 사회변동에 따라 역할의 내용도 빠르게 변화하므로 역할갈등이 많이 발생한다. 역할갈등의 해결방안으로는 개인적 해결방안과 사회적인 해결방안이 있다. 개인적 해결방안은 역할의 중요성을 바탕으로 우선순위를 정하고 자신의 선택을 합리화함으로써 고민을 감소시키는 방법이며, 물에 빠진 두 사람(아내와 아들) 중 누구를 먼저 구할 것인가 하는 문제에서 개인적 해결방안으로 합리적으로 선택해야 한다.

사회적인 해결방안으로는 역할갈등에 처한 개인의 상황을 고려하거나, 역할을 격리하기 위해 도구를 사용하는 것이다. 예컨대 경찰관이 경찰복을 입고 근무하거나, 군인이 군복을 입고 근무하도록 하는 것과 같은 것이다.

2. 사회화

(1) 의   미

다른 사람과의 사회적 상호작용을 통하여 그가 속한 사회생활에 필요한 기본적 지식과 태도, 심리적 성향과 자아 정체감, 사회적 역할, 문화적 가치와 신념 등을 학습하는 과정—예컨대, 한국에서 태어나 한국어를 배우고 한국의 옷 입는 법, 인사하는 법, 한국의 예절 등 한국 사람이 되기 위한 모든 학습과정—을 의미한다.

사회화에는 주로 가정이나 학교에서 이루어지는 사회화 교육인 기초사회화, 대학 신입생의 오리엔테이션, 결혼을 앞둔 예비 신랑·신부의 준비과정, 신병교육 등 미래에 이상적인 자기 지위를 설정한 사람들이 그 지위에 상응하는 행동양식을 습득해 가는 과정인 예기사회화, 재사회화에 속하는 개념으로 특히 이전에 학습했던 가치관, 태도 등을 버리고 잊어야 하는 탈사회화—예컨대, 새터민(탈북자)의 북한 사회에서의 생활습관을 버리게 하는 과정 등—가 있다. 또 기존의 지식, 가치만으로는 변화하는 사회에 적응하기 어려워 새로운 지식, 기술, 가치, 생활양식 등을 배워 나가는 과정으로 새터민의 남한 사회에서의 적응과정, 교도소, 군대 등 성인으로서의 사회화인 재사회화가 있다.

(2) 사회화 과정

유아기에는 주로 가족과의 상호작용 속에서 기본적인 생물적 욕구를 표현하고 충족시키는 방법으로 사회화가 진행되며, 유년기에는 놀이집단(또래집단)을 통해서 언어의 습득, 또래집단 형성으로 상호작용의 범위 확대, 최초로 갈등을 경험하며 자아 개념이 형성되기 시작하는 것으로, 청소년기에는 학교생활 적응, 사회생활에 대한 지식, 태도, 가치관 형성, 자아 정체감, 행동방식과 사고방식을 습득하는 방식으로 이루어진다.

성인기의 사회화는 학교 울타리를 떠나 사회생활에 필요한 새로운 기술과 지식의 습득이 주로 이루어지며, 노년기에는 삶에 대한 회고와 인생에 대한 마무리 및 재사회화가 지속된다.

(3) 기   능

개인적 측면의 기능은 개인을 사회적 성원으로 성장시키고 사회적 소속감을 가지도록 하는 것이며, 사회적 측면으로는 문화의 전승으로 구성원의 동질화를 꾀하고 사회와 문화를 존속시키는 기능이 있다.

(4) 재사회화

재사회화란 성인이 된 후에 새로운 사회생활에 필요한 내용을 습득하는 사회화 과정을 말한다. 가정주부의 인터넷 교육, 직장인의 직업상 교육, 새터민의 남한 사회 적응교육, 교도소의 교정교육 등을 재사회화의 예로 들 수 있다.

(5) 사회화 기관

사회화 기관이란 개인의 사회화에 도움을 주는 사회적 관계 혹은 장소를 의미하며 1차적 사회화 기관과 2차적 사회화 기관으로 내용과 시기에 따라 구분할 수 있다. 1차적 사회화 기관은 대면적 관계로 자연발생적인 전인격적 기관으로 기본적

인성과 자아 정체감을 형성하는 데 도움을 준다. 1차적 사회화 기관의 종류에는 가족, 친족, 또래집단, 촌락공동체 등이 있다. 2차적 사회화 기관은 형식적이며 인위적이고 비인격적인 사회생활을 위한 지식과 기능을 습득하는 학교, 직장, 대중매체 등이 있다.

목적에 따라 공식적 사회화 기관과 비공식적 사회화 기관으로 나눌 수 있는데, 공식적 사회화 기관이란 사회화를 계획적으로 수행하는 기관으로 사회화를 주목적으로 하는 유치원, 각급 학교, 직업훈련소, 교도소 등이 있다. 비공식적 사회화 기관은 사회화를 비의도적으로 수행하는 기관이다. 비공식적 사회화 기관에서의 사회화는 부수적으로 이루어지며 가족, 또래집단, 직장, 정당, 대중매체 등이 그 예에 해당한다.

(6) 사회화를 바라보는 관점

사회화를 바라보는 관점에는 크게 기능론, 갈등론, 상징적 상호작용론이 있다. 기능론에서 인간은 사회 속에서 복잡한 사회적 관계를 형성하며 살아가므로 상당 기간에 걸친 사회화가 필요하며 사회화를 통해 개인의 행동이 원만하게 조정, 통합되어 사회가 유지된다고 본다. 따라서 기능론에 따르면 사회화가 제대로 이루어지지 않은 개인은 사회에 적응하지 못하거나 사회통합을 저해할 가능성이 크다. 반면 갈등론은 사회화란 기득권을 가진 집단의 이익을 위해 기존 질서의 유지나 강화에 기여하는 내용을 전달하는 것에 불과하며 교육을 통해 지배 문화를 정당화하고 불평등을 재생산하는 것으로 파악한다. 미시적 관점의 상징적 상호작용론은 인간의 자아형성 과정에서 원초적 관계에 있는 사람의 역할이 중요한 것으로 파악하고 일반화된 타자(他者)의 시선을 염두에 두고 반응하는 과정에서 자아가 형성되는 것으로 본다.

(7) 사회적 상호작용

인간이 정상적 사고로 의미전달을 위해 문화적 가치와 신념을 내포해 행동하는 것이 사회적인 행동이며 이러한 사회적 행동을 상호 교환하는 것이 사회적 상호작용이다. 상호작용은 크게 협동, 경쟁, 갈등으로 나타난다.

협동이란 공동의 동일 목적을 효율적으로 달성하기 위해 업무를 분담하거나 서로 돕는 상태를 말한다. 협동은 당사자 간의 합의와 상호 의존을 바탕으로 하며, 참여의 기회가 개방되어 있다. 협동의 효율성의 전제는 달성한 목표의 결과가 구성원에게 공정하고 고르게 분배될 때 효과적으로 이루어진다.

경쟁이란 동일한 목표가 제한되어 있고, 다수가 그것을 달성하려 할 때 발생하며 상대방보다 먼저 달성하기 위해 노력하는 상태를 말한다. 경쟁에서는 공정한 규칙 준수가 무엇보다 중시되며 타 집단과 경쟁하는 과정에서 집단 내부의 결속이 강화될 수 있다. 경쟁의 효율성의 전제는 합법성이며, 만약 합법성을 상실할 경우 갈등이 나타 날 수 있다. 경쟁은 우수한 인재를 발굴하거나 신기술 등을 개발하는 데 유용한 사회 발전요소 중의 하나이나, 사회적으로 금지되거나(선거공영제: 과도한 선거 경쟁의 금지), 중지되는 경우(카르텔: 담합)도 있어 항상 허용되는 것만은 아니다.

갈등은 목표나 이해관계가 상충되어 서로를 적대시하거나 제거, 파괴하려는 상태이나 갈등과정에서 사회의 비합리적인 면이 폭로되어 이를 개선시키고, 갈등해소를 통해 사회통합을 실현하는 등의 긍정적 측면이 있다. 경쟁과 마찬가지로 집단 간의 갈등은 집단 내부의 결속을 강화시킬 수도 있으며, 독주·독선·독재를 견제하는 수단이 되기도 한다.

≫ 제2장
사회집단과 사회조직

1. 사회집단과 사회조직(전문화된 사회집단)

(1) 사회집단의 의미

둘 이상의 사람들이 모여 지속적으로 상호작용을 하면서 사회적 관계를 형성한 모임으로 사회집단이 성립하기 위해서는 2인 이상의 사람이 지속적 상호작용을 하면서 소속감을 가진 단체가 되어야 한다. 따라서 야구장의 관중은 지속적 상호작용이 없기 때문에 사회집단이라고 할 수 없다.

(2) 썸너의 분류(내집단·외집단)

썸너는 집단을 소속감을 기준으로 내집단과 외집단으로 나누었는데, 내집단(우리집단)은 한 개인이 그 집단에 소속되어 있다는 느낌을 가지며, 자신이 그 집단의 일부라고 생각하는 집단으로 자신을 인정받아 자아 정체감을 획득하며 판단과 행동의 기준을 습득한다. 외집단(타인집단)은 자신이 소속된 집단이 아니며, 이질감을 가지거나 심지어는 적대감이나 공격적인 태도까지 갖게 되는 집단이다. 개인은 외집단을 통해 집단의 성격을 비교하고 파악하며 내집단 결속의 필요성을 인식하게 된다. 또 판단과 행동의 상이한 기준을 인식하게 된다. 하버드 대학을 수석으로 졸업한 졸업생은 하버드에 소속감을 가지고 있으므로 내집단이나 소속된 집단은 아니다.

(3) 쿨리의 분류(1차 집단·2차 집단)

쿨리는 집단을 1차 집단과 2차 집단으로 접촉방식과 형식에 따라 구분한다. 1차 집단이란 가족과 놀이집단 등 구성원 간의 친밀한 대면 접촉을 통하여 이루어지는 집단으로 결합 그 자체가 목적인 집단이다. 자연적으로 발생하며, 소규모의 친밀감을 지닌 집단으로 1차적·대면적 접촉을 한다. 인격적·자발적·비형식적 인간관계를 이루며, 도덕, 관습 등의 비공식적 통제가 이루어진다. 2차 집단은 회사, 정당, 국가, 민족 등 구성원 간 간접적인 접촉과 목적달성을 위한 수단적인 만남을 바탕으로 결합된 집단을 말한다. 2차 집단은 수단적·인위적 결합을 통해 발생하며, 일시적이고 대규모의 집단으로 주로 간접적 접촉을 한다. 비인격적·계약적인 형식적 관계로 인간관계가 구성되며 법, 제도 등 공식적 통제가 이루어진다. 주로 공동사회에서 1차적 접촉이, 이익사회에서 2차적 접촉이 이루어진다. 그러나 민족과 같이 공동사회이나 2차 집단인 경우도 존재하므로 구분에 주의해야 한다.

(4) 퇴니스의 분류(이익사회·공동사회)

집단을 공동사회와 이익사회로 결합의지의 여부에 따라 분류한다. 공동사회란 구성원 스스로의 의지나 선택과 무관하게 결정되는 사회집단(본질의지로 결합된 집단)으로 가족, 친족, 민족, 지역사회 등을 말하며, 이익사회란 구성원 스스로의 의지와 선택에 의해 형성된 사회집단(선택의지로 결합된 집단)인 회사, 각종 단체, 국가 등을 말한다. 이익사회는 계약과 일정한 절차에 따라 마련된 규칙이 집단을 구성하는 바탕이 되는 반면, 공동사회는 구성원의 상호 이해와 공동의 가치관 및 관습이 집단을 구성하는 바탕이 된다. 또한 공동사회는 결합 그 자체가 목적이나, 이익사회는 이익을 목적으로 결합한 수단적인 집단이다.

보충

● 본질의지와 선택의지

퇴니스는 집단을 구성하는 결합 의지에는 본질의지와 선택의지가 있다고 보았다. 본질의지란 인간이 태어나면서부터 본인의 의사와는 관계없이 자연적으로 얻어지는 의지를 말하며, 본질의지가 지배하는 인간관계는 자연적이고 정서적이며 상호 신뢰에 입각한 협동적 관계가 이루어진다. 반면 선택의지란 인간이 자신의 이해관계에 따라 어떤 목적을 갖고 인위적으로 선택할 수 있는 의지를 의미하며, 선택의지가 지배하는 인간관계는 인위적이고 공리적이어서 목적달성의 능률을 추구하는 경쟁적 관계이다. 따라서 본질의지에 따라 결합된 집단은 공동사회, 선택의지에 따라 결합된 집단은 이익사회가 된다.

● 1차 집단과 2차 집단

1차 집단과 2차 집단은 개념상의 구분일 뿐 우리 주변의 많은 집단들이 1차 집단 혹은 2차 집단으로 엄격하게 구분되는 것은 아니며, 정도의 차이에 따라 두 요소를 모두 가지고 있는 경우가 많다.

특히 2차 집단의 비중이 커진 현대사회에서는 사람들이 심리적 안정감을 얻기 위해 2차 집단 내에서 1차 집단의 성격을 갖는 다양한 집단을 만들어 내고 있다. 직장 내의 취미 모임이나 대학의 고등학교 동문회 등이 활성화되고 있는 것이 그 좋은 예이다.

(5) 소속집단과 준거집단

소속집단이란 현재 소속되어 있는 집단이고 준거집단이란 개인이 판단이나 행동의 기준으로 삼는 집단을 말한다(준거집단은 상대적 빈곤을 설명할 때 유용한 개념이다). 준거집단은 공무원집단, 교수집단, 의사집단 등 소속되기를 바라는 긍정적 준거집단과 소속되기를 원치 않는 노숙자 집단이나 범죄자 집단 등의 부정적 준거집단으로 나뉜다.

만일 준거집단이 내집단이라면 소속된 개인의 자긍심이 높아지고 규범을 준수하며 사회에 협력적인 자세로 임하게 되어 질서유지에 기여하고 소속된 집단은 보수화할 것이다. 그러나 준거집단이 외집단일 경우 소속된 개인은 불만이 커지고 규범을 준수하지 않거나 사회이동이 촉진될 것이며, 이도 여의치 않을 경우에는 내집단과 준거집단인 외집단이 동질화될 것이다. 중소기업에 근무하던 개인이 ○○전자를 준거집단으로 삼아 ○○전자로 이직을 하거나, 회사에 다니는 개인이 공무원을 준거집단으로 삼아 9to6의 근무시간을 회사에 요구한다거나 하는 상황을 예로 들 수 있다.

2. 관료제

(1) 관료제

관료제란 기능상 분업체제를 이루고 상하 위계질서가 분명한 사회조직이다. 대규모 조직(공장, 기업체 등)을 효율적으로 관리하기 위해 18C 산업혁명 이후 등장하였으며 산업사회에서 효율적인 공식조직이다.

관료제는 과업의 전문화와 위계의 서열화(피라미드형 서열체계), 규칙과 절차에 따른 업무수행, 지위획득의 공평한 기회 보장, 경력에 따른 보상으로 연공서열을 중시하는 특징을 지닌다. 따라서 복잡하고 거대한 조직의 과업을 능률적으로 처리할 수 있고 과업의 수행시 안정적이고 지속적으로 업무수행이 가능한 장점을 지니고 있다.

그러나 지나친 규칙과 절차의 강조로 목적전치현상이 발생하거나 무사 안일주의와 비능률을 초래할 수 있고, 인간 소외현상이 발생하거나 창의성을 상실하는 등의 단점이 존재한다. 이와 같은 역기능의 극복을 위해 구성원의 참여의식을 제고하고 의사표출의 기회를 확대하거나 규약과 절차와 더불어 개인적 융통성을 존중하는 조직문화를 확립하고 비공식적 관계의 활성화와 자유로운 토론과 비판을 허용하는 분위기를 조성하는 등의 노력이 필요하다.

cf. 목적전치현상을 레드 테이프 현상이라고도 하는데, 레드 테이프란 관청에서 서류를 묶던 끈이었다고 한다. 이후 행정관료들이 형식과 절차만을 중시하여 일의 처리를 지연시키는 비능률적 현상을 의미하는 말이 되었다. 관료적 위계 서열 조직체 안에서 모든 성원들이 자신의 무능 수준까지 승진하려 함으로써 조직이 무능한 사람들로 채워진다는 피터의 원리와 관료제 조직은 시간이 지날수록 자꾸 비대해지게 됨을 강조한 법칙으로 관료제에서 구성원들은 쓸데없이 일을 늘리고, 결과적으로 불필요한 직원 수가 필연적으로 증가하게 된다는 파킨슨의 법칙이 관료제의 문제점을 지적한 용어들이다.

(2) 탈관료제(다원적 조직)의 등장

정보사회에서 효율적인 공식조직으로 팀제, 네트워크형 조직, 과제 탑승제, 사업부제 등 창의성과 유연성을 중시하는 조직이 관료제의 단점을 극복하기 위해 등장하기 시작했다. 사회변화에 적응하기 위해 전통적인 관료제에서 벗어난 새로운 조직형태가 나타나고 있는데, 팀조직(팀제), 네트워크형, 아메바형, 심포니 오케스트라형을 살펴보자. 팀조직은 어떤 목표를 완수하기 위해 팀을 중심으로 운영되는 조직이다. 네트워크형 조직은 핵심 부서를 중심으로 각 전문가들이 평등하게 점과 점으로 이어지는 네트워크 형태를 띠고 있는 것이 특징다. 아메바형 조직은 자율성과 유연성을 기본 원칙으로 하며, 조직의 목적에 따라 분열·결합·소멸하는 특징을 가지고 있다. 심포니 오케스트라형 조직은 구성원들이 서로 협동하고, 동등한 지위와 책임을 가진다.

(3) 관료제와 탈관료제 조직의 차이점

관료제는 경력을 중시하는 근무연수에 따른 호봉제인 반면, 탈관료제는 능력을 중시하는 능력에 따른 연봉제를 택한다. 엄격한 조직체계와 획일적인 복장을 요구하며 명령과 복종을 강조하는 하향식의 지시를 내리는 관료제에 비해 탈관료제는 조직이 유연하며 자율과 책임을 중시하는 상향식 의사결정방식을 취한다. 또한 관료제는 권력의 집중과 통제가 용이하고 경직적이어서 산업사회에서 효율적이나, 탈관료제는 권력이 분산되어 신속하고 자율적이며 유연한 조직으로 정보사회에서 효율적인 조직이다. 획일적인 복장으로 출근시간을 엄수해야 하는 관료제와 달리 탈관료제는 비교적 자율적인 복장으로 가변근무제를 취한다. 따라서 관료제는 장기판(장기 말이 이동할 수 있는 위치가 정해져 있다)이나 조정경기에 비유되는 반면, 탈관료제는 바둑판(바둑알을 둘 수 있는 곳이 자유롭다)이나 레프팅 경기로 비유되곤 한다.

● 관료제

(가)

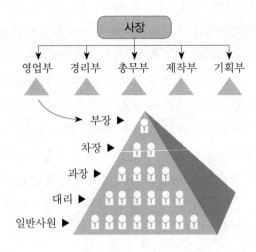

(나)

- 양파가 풍년이 들어 가격이 폭락하자 양파 농가 농민들이 냉동창고를 지어 보관한 후 내년에 팔기로 하였다. 그런데 냉동창고 건축허가에 필요한 서류준비 등의 절차가 복잡하여 준비과정에서 양파가 다 썩고 말았다.

- 수술 농의서를 받는 절차 때문에 빠른 조치를 취하지 못하여 환자의 상태가 더욱 악화되었다.

- 위급한 상황이어서 경찰에 신고를 하였는데, 관할구역이 아니라고 도와줄 수 없다고 하였다.

≫ 해설

(가)와 같이 관료제는 조직 내 지위가 권한과 책임의 정도에 따라 피라미드 형태로 서열화되어 있다. 즉, 지위가 높을수록 의사결정의 폭이 넓고 책임도 크다. 이와 같이 관료제는 규모가 커진 조직을 효율적으로 운영하기 위해 등장한 사회조직 운영 방식이다. 그러나 규정과 절차에 따라 업무를 수행하도록 한 결과, 그 절차를 지키는 데에만 급급하여 (나)와 같이 목적과 수단이 뒤바뀌는 목적전치현상이 나타나기도 한다.

● 탈관료제

- 팀조직

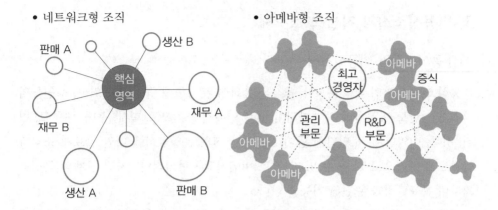

- 네트워크형 조직

판매 A
생산 B
핵심 영역
재무 A
재무 B
생산 A
판매 B

- 아메바형 조직

아메바
최고 경영자
증식
아메바
관리 부문
R&D 부문
아메바
아메바

- 심포니 오케스트라형 조직

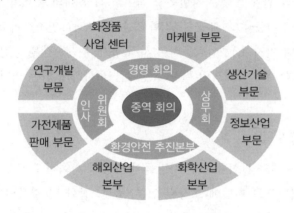

화장품 사업 센터
마케팅 부문
연구개발 부문
경영 회의
생산기술 부문
인사 위원회
중역 회의
상무회
가전제품 판매 부문
정보산업 부문
환경안전 추진본부
해외산업 본부
화학산업 본부

≫ 해설

사회변화에 적응하기 위해 전통적인 관료제에서 벗어난 새로운 조직형태가 나타나고 있다. 팀조직은 어떤 목표를 완수하기 위해 팀을 중심으로 운영되는 조직이다. 네트워크형 조직은 핵심 부서를 중심으로 각 전문가들이 평등하게 점과 점으로 이어지는 네트워크 형태를 띠고 있다.

아메바형 조직은 자율성과 유연성을 기본 원칙으로 하며, 조직의 목적에 따라 분열·결합·소멸하는 특징을 가지고 있다.

심포니 오케스트라형 조직은 구성원들이 서로 협동하고, 동등한 지위와 책임을 가진다.

3. 비공식조직과 자발적 결사체

(1) 공식조직과 비공식조직

공식조직은 짜임새가 문서나 규칙을 통하여 분명하게 규정되어 있고, 성원들의 지위와 역할도 명확하게 체계화되어 있는 인위적 조직으로 회사, 군대, 대학교, 병원, 정부, 이익단체, 시민단체 등이다. 공식조직의 운영방식에 따라 관료제 조직과 탈관료제 조직으로 나눌 수 있다. 주로 비인격적 · 형식적인 2차적 관계의 특성을 지니며 목표달성과 관련된 기능을 한다.

비공식조직은 조직체 내의 구성원들이 공식적인 조직과는 별도로 공동의 관심사나 취미에 따라 관계를 맺는 자발적 조직이며 직장 내의 동호회, 동창회, 향우회로 나타난다(최근 비공식조직의 공식조직화 경향이 나타남). 인격적이고 비형식적인 1차적 관계로 이루어지며, 구성원들의 정서적 유대나 만족감을 증진시키는 순기능과 파벌을 조성하거나 공식적인 절차와 형식을 무시하게 되는 역기능을 수행하기도 한다.

(2) 자발적 결사체

공동의 이해관계와 관심을 가진 사람들이 공통의 사회적 목표를 위하여 자발적으로 조직한 집단으로 헌법에 보장된 언론, 출판, 집회 및 결사의 자유에 의하여 오늘날 다양한 자발적 결사체가 등장하고 있다. 그 종류로는 구성원의 교양, 취미또는 친목에 관심을 가지는 낚시회, 등산회 등의 친목단체와 특정 집단의 직업적이익을 중시하는 의사협회, 노동조합 등의 이익단체, 사회공동체의 발전을 추구하며 정부정책에 영향력을 행사하기도 하는 환경연합 등 각종 시민단체, NGO 등의시민단체가 있다.

자발적 결사체는 가입과 탈퇴가 자유로워 공식적 조직에 비해 개방적인 성격을지닌다. 또한 구성원들이 조직의 목표에 대한 신념이 뚜렷하고 조직활동에 열성적인 특징을 가지며 사회 구성원의 이해관계와 욕구가 다양해지면서 증가하는 추세이다.

조직 구성원에게 만족감과 사기를 높여주고 공식적 조직의 경직성을 완화시키는 기능을 하며 구성원 간의 유대와 협력을 통해 업무의 능률성을 향상시키기도 한다. 또 의사전달 통로로서의 기능을 수행하기도 한다. 그러나 파벌이 조성되어 경쟁과 대립이 발생할 수 있고 친밀감이 지나쳐 공식적 조직의 규약이나 절차를 깨뜨리기도 하는 부정적인 기능도 배제할 수 없다. 또한 공식 발표에 앞서 중요 계획을 사전에 누설하거나 잘못된 풍문을 유포하여 불안감을 조성하기도 한다.

≫ 제3장
사회구조와 일탈행동

1. 사회구조

(1) 의 미

사회적 관계의 조직적·통일적 총체를 사회구조라 한다. 사회적 관계란 부모와 자녀, 부부, 형제자매, 교사와 학생, 상인과 고객 관계 등 개인 간의 상호작용이 오랜 세월 반복되고 지속되면서 안정된 틀을 갖추게 되는 것을 말하며, 사회구조란 사회 내의 다양한 사회적 관계들을 서로 긴밀하게 조직하여 사회적 행위를 유형화시키는 조직적인 총체로 사회를 구성하고 사회적 행위를 유형화시켜 예측을 가능하게 한다.

(2) 특 징

이러한 사회구조는 사회를 구성하는 구성원이 바뀌어도 계속 유지되는 지속성과 개인들이 사회적으로 구조화된 행동을 함으로써 안정된 사회적 관계가 유지됨을 말하는 안정성, 오랜 세월을 거쳐 형성되는 역사성, 상황에 따라 변화할 수 있는 변동성 그리고 사회 구성원의 사고와 행위를 제약하는 강제성의 특징이 있다.

(3) 개인과 사회를 바라보는 관점

개인과 사회를 바라보는 관점으로 사회실재론과 사회명목론이 있다.

① **사회명목론**　　사회명목론이란 사회는 이름에 불과하다고 주장하는 개인주의, 자유주의, 천부인권사상(자연법사상)에 그 이론적 기초를 두고 있는 사회는 실재하지 않는다고 보는 이론으로 사회는 개인의 합에 불과하며 개인이 사회보다 우

위라는 개인주의 가치관과 개인은 사회구조로부터 자유로운 존재라는 입장이다. 홉스, 로크, 루소의 사회계약설과 관련이 있으며, 배우자를 선택할 때 집안보다 개인의 능력을 중요시하고 선거에서 정당보다 입후보자의 능력을 중시하며 한국에서 입영을 거부하고 미국행을 선택한 이중국적자 등을 그 예로 들 수 있다.

② **사회실재론**　　사회실재론이란 사회는 생명력을 가지고 실제로 존재하며 사회는 단순한 개인의 합보다 큰 실재하는 존재라는 이론으로 콩트, 스펜서, 뒤르켐의 사회유기체설을 이론적 기초로 삼는다. 사회는 개인보다 우월하다는 전체주의 가치관으로 개인의 사고와 행동방식은 사회구조나 제도에 영향을 받으며 개인은 사회의 그림자일 뿐이고 개인은 집단 전체의 이익을 위해 수단화할 수 있다고 주장한다. 사회실재론은 명목론과 달리 배우자를 선택할 때 개인의 능력보다 가문과 집안을 중시하며 선거에서 후보의 능력보다 정당의 정책을 중요시하고 미국 국적을 포기하고 한국군에 입영한 이중국적자를 예로 들 수 있다.

그러나 개인을 완전히 무시하는 사회도 있을 수 없고, 개인만을 위하는 사회도 있을 수 없으므로 사회명목론과 실재론은 상호 조화가 필요하다.

사회명목론	사회실재론
A + B + + → (원: A B C D) C + D	A + B + + = (A B C D) C + D
각 도형이 모여 새로운 묶음을 형성하였으므로 사회실재론과 관련 있다.	각 도형이 모여 단순히 합해진 것이므로 사회명목론과 관련 있다.
• 사회는 개개인의 합 이상의 독립적인 실체임 • 사회를 중시하는 관점 → 사회유기체설, 전체주의와 연결 • 사회가 개인의 사고와 행동에 영향을 준다고 봄	• 개인만이 참다운 실재이고 사회는 개인들의 집합체에 불과함 • 개인을 중시하는 관점 → 개인주의, 자유주의, 사회계약설과 관련 • 사회를 구성하는 능동적인 존재로서 개인을 인정함

● 사회유기체설

사회를 생물유기체로 비유하고 사회 구성원으로서의 개인을 생물유기체의 기관으로 견주는 것으로, 개인은 사회유기체의 한 분자로서 활동하고 저마다의 역할을 수행하지만, 거기서 떠나서는 존재할 수 없다는 것이다. 사회는 각 개인에게 규범과 질서를 과하고, 개인보다 우위에 있는 독자적인 존재로 생각한다. 사회현상을 자연현상과의 유추로써 파악하려는 방법이나 또는 전체는 부분보다 우위에 있다는 견해는, 플라톤과 아리스토텔레스까지 거슬러 올라간다. 사회유기체설의 특징은, 계몽합리주의의 입장에서는 사회계약설의 혁명적 성격 및 논리의 기계론적 성격에 대한 비판으로서 등장하는데, 사회유기체설의 창시자인 A. 콩트는 프랑스혁명 후의 혼란 상태를 부르주아 체제의 위기로 자각하여, 실증주의적 지성에 입각한 질서 · 안정을 구상하였으며, 당시의 자연과학 발달에 영향을 받아 실증주의적 사회학의 모델을 생물유기체의 관념에서 구하고, 그 유추에 의하여 사회현상을 설명하려고 하였다. 즉, 그는 생물유기체에서 볼 수 있는 생명조직의 질서와 생명발전의 논리를 사회의 질서와 발전에 전용한 것인데, 생물학적 영향을 기초로 그 이후 이 학설을 명확히 주장한 것은 H. 스펜서였다.

● 사회계약설

정치사회 성립의 역사적 논리적 근거를 평등하고 이성적인 개인 간의 계약에서 구하려는 정치이론으로서, 17~18세기 영국 및 프랑스에서 전개된 이론이며, 시민혁명 때에는 근대 시민계급의 이데올로기로써 중요한 역할을 하였다. 이 이론은 국가 기타 정치적 제도는 실제적 · 실체적 성격을 잃고 계약을 지탱하는 개인의 의지에 따라 그 존재가 좌우되는 인공적 가공물이라 생각하였다. 그러므로 종래의 지배질서는 모두가 비판을 당하게 된다. 따라서 사회계약설의 혁명적 성격도 이 점에 있지만 동시에 그 이론적 결함도 또 여기에 있다. 그러나 정치사회 성립의 실증성이 약함에도 불구하고 민주국가의 윤리성을 뒷받침하는 이론적 가치는 간과할 수 없다. 이 이론의 전형적 주장자로는 T. 홉스, J. 로크, J. J. 루소 등을 들 수 있다. 홉스는 자연상태를 만인의 만인에 대한 투쟁이라 생각하고 사람들의 자연권을 지배자에게 전부 양도함으로써(전부양도설) 평화로운 상태로 들어갈 수 있다고 주장하여, 17세기 절대왕정제 이론을 성립시켰다. 로크는 계약에 의해서도 생명 · 자유 · 재산 등의 자연권은 지배자에게 위양할 수 없다고 주장(일부양도설)하여, 입헌군주제 이론을 선도하였다. 그리고 루소는 인간의 불평등 원인을 사유재산에 의하는 것이라고 생각하여, 사회계약설에 입각하여 각인이 자유 · 평등을 누릴 수 있는 자연상태를 구상하였다. 즉, 인민의 일반의지로서의 국가가 자유 · 평등을 보장할 수 있는 정치체제가 되어야 한다고 주장하며, 직접민주정치를 이상적인 정치체제로 보았다.

(4) 개인 및 집단과의 관계

집단은 개인의 사회적 행위에 대해 징병제도에 따른 개인의 행위를 강제하는 등 여러 가지 영향력을 행사한다. 그러나 집단은 개인의 행위에 의해 변화될 수 있는 가능성도 내포하고 있다.

(5) 사회구조를 보는 관점

사회구조를 바라보는 관점은 크게 기능론과 갈등론이 있다. 기능론은 사회의 구성요소들은 상호 의존관계에 있으며, 사회 전체의 유지와 통합에 필요한 기능을 수행한다고 본다. 사회구성 요소들의 기능과 역할은 합의된 것으로 당연히 지켜야 하며, 상호 의존, 합의, 안정을 중요시하는 관점이다. 그러나 기존 질서나 권력관계의 유지를 중시하여(기득권자를 옹호하여) 보수적이라는 비판을 받고 있다. 반면 갈등론은 사회의 구성요소들은 상호 갈등관계에 있으며, 이러한 갈등은 사회 전체의 변동에 기여하고 있다고 보며, 사회의 구성요소를 특정 집단(지배집단)이 규정하고 이를 강제와 억압을 통해 기정사실화하려고 한다는 입장으로 갈등, 강제, 변동 등을 강조한다. 하지만 협동과 조화를 경시하고, 사회의 존속과 통합을 소홀히 한다는 한계가 있다.

이러한 입장 차이 때문에 학교교육, 법, 성과급제도 등에 대한 입장 차이를 보인다. 기능론의 측면에서 학교교육은 누구나 교육과정을 충실히 이행하고 학교생활을 열심히 하면 이 사회에 필요한 인재가 될 수 있기 때문에, 학교는 우리 사회가 유지되고 결정할 수 있도록 하는 기관이라고 보는 반면, 갈등론의 관점에서 교과란 기존의 계급적 이해관계와 계급질서의 위계를 그대로 반영하여 차별적으로 인재를 선발, 분배하여 불평등을 조성하며 재생산하는 기관에 불과하다고 본다. 또 갈등론의 입장에서 법은 지배집단의 이익만을 반영하고, 계급 억압의 수단으로 이용될 뿐이라고 보지만, 기능론은 사회구성원이 합의한 산물로 사회질서를 유지하는 기능을 한다고 본다. 성과급제도를 바라보는 입장도 차이가 크다. 기능론이 성과급제도는 구성원들로 하여금 자신의 능력을 가장 효율적이고 적극적으로 발휘하도록 동기를 부여하는 것으로 보는 반면, 갈등론은 지배계급이 구성원의 노력을 착취하기 위한 수단이며 이로 인해 대립과 투쟁이 초래된다고 본다.

그러나 기능론적 관점과 갈등론적 관점은 각기 사회구조에 일면적 특성에만 초점을 맞추고 있으므로 두 관점을 동시에 고려하는 조화적인 자세가 필요하다.

2. 일탈행동

일탈이란 사회제도나 사회규범에 어긋나는 행동이나 비정상적인 행동으로 범죄보다 큰 개념으로 범죄가 법규정에 의해 좌우되며, 공식적인 통제가 이루어지는 반면, 일탈행위는 구성원이 일탈행위라 규정하기 때문에 일탈이 되는 상대적인 것이고 공식적 · 비공식적 통제가 모두 이루어진다. 일탈은 판단하는 기준이 사회적 조건 · 상황, 시대, 민족, 국가, 지역, 세대, 계층, 시간, 장소에 따라 달라질 수 있는 상대적인 것이며, 사회마다 일탈행동의 규정이 다를 수 있고, 같은 행위라도 상황에 따라 일탈행동의 여부가 달라진다. 예컨대, 무대 의상과 진한 분장은 무대 위에서는 자연스럽지만, 교실에서는 일탈로 여겨진다든지, 우리나라에서 부모의 체벌은 어느 정도 수용되지만 법적으로 금지하는 나라가 있다든지, 1970년대는 미니스커트 착용이 경찰의 단속 대상이었으나 지금은 개인의 취향으로 보는 것 등이다. 일탈은 개인적인 문제로 그칠 수도 있으나, 음주 폭행이 부부 간의 문제로 그칠 수도 있지만, 사회적 문제로 확산되는 추세와 같이 사회문제로 확산될 수도 있는 가능성도 가지고 있다. 그러나 이러한 가능성에도 불구하고 일탈은 개인적 긴장을 야기하거나 사회적 질서를 붕괴시키며, 동조 행위의 가치와 기존 규범을 강화하거나 표면화된 사회문제를 해결하여 사회발전을 유도하는 등의 기능도 수행한다.

(1) 일탈행동을 보는 이론의 관점별 분류

일탈행동을 보는 이론에는 기능론, 갈등론, 상징적 상호작용론이 있으며, 기능론은 일탈은 사회 내의 긴장과 도덕적 규제의 부족에서 초래된 결과로, 일탈행동을 일시적 현상으로 보며 대표적으로 머튼과 뒤르켐의 아노미이론, 사회해체론, 사회병리론, 하위문화론 등이 있다. 갈등론은 자본주의 체제의 불평등에 대한 대응으로 일탈행위에 가담한다고 보는 관점으로, 일탈행동을 일상적 현상으로 본다. 집단갈등론, 가치갈등론이 대표적이다. 상징적 상호작용론은 사회 구성원들이 일탈행동을 규정하여 일탈행동이 되는 것으로 보아 상대성이 강하며, 낙인이론, 차별적 교제이론(학습이론) 등이 있다.

(2) 원인에 대한 이론

① **아노미이론**　　아노미이론은 규범의 약화나 부재 또는 상반된 규범이 동시에 존재할 때 발생(사회가 급변할 때, 예컨대 급격한 산업화로 공동체주의가 무너지고 개인주의가 등장하여 발생하는 일탈)한다고 보는 뒤르켐의 아노미이론과 목표달성을 위한 적절한 제도적 수단이 강구되지 못할 때 발생하는 머튼의 아노미이론이 있다(공무원 임용고시 합격을 위해 컨닝하는 행위). 아노미이론의 해결은 사회적 합의에 바탕을 둔 지배적 규범을 확립하거나 사회적 목표달성을 위해 다양한 수단과 기회를 마련하는 방법을 해결책으로 제시할 수 있다.

② **사회해체론**　　사회해체론은 일탈행동이 사회변동으로 인해 기존 사회구조가 해체되어 제 기능을 담당하지 못할 때 발생하는 것으로 보고, 해결책으로는 사회변동에 따른 해체상태를 균형상태로 만들기 위한 제도적 노력을 꼽는다.

③ **사회병리론**　　사회병리론은 청소년의 비행이나 알코올 중독, 약물 남용처럼 개인, 집단, 제도 등이 제 역할을 하지 못할 때 발생하나 올바른 사회화를 통해 해결할 수 있다.

차별적 교제이론은 학습이론, 상호작용론, 사회생태이론이라고도 한다. 범죄 소년과 어울리다 범죄에 가담하는 경우와 같이 일탈자나 일탈 집단과 접촉하면서 일탈행동을 학습한 결과로 발생하게 되는데, 일탈자나 일탈 집단과의 접촉을 최소화 또는 격리하여 해결할 수 있다.

④ **집단갈등론**　　집단갈등론은 노사 간의 갈등과 같이 일탈행동은 지배적인 사회집단이나 계층의 가치, 규범, 이해관계가 사회규범화되어 불이익을 당하는 피

지배집단이 지배집단의 규범에 상충되는 행위를 하여 발생한다고 본다. 가치갈등론은 지배집단의 가치에서 벗어나 발생하는데, 갈등론의 관점에서 일탈행동에 대한 해결책으로 공정한 법 제정과 시행, 사회불평등 구조를 해소하는 등 집단 간 지배와 피지배의 역학관계를 해소하는 방법을 든다.

⑤ **낙인이론**　　낙인이론은 '피레네 산맥 이쪽에서의 정의가 저쪽에서는 불의'라는 말과 같이 특정 행위에 대해 다른 사람들이 일탈자라고 낙인을 찍은 결과 지속적으로 발생하는 것을 일탈행동으로 보아 2차적 일탈에 관심을 두는 관점이다. 낙인이론에서는 낙인에 대해 신중한 자세를 취하고, 일탈행동 치료 프로그램을 시행하는 등의 방법을 해결책으로 든다.

🔍 보충

● 뒤르켐의 아노미이론

아노미라는 말은 19세기 말 뒤르켐의 저서 「자살론」에서 처음으로 도입된 개념이다. 뒤르켐은 사회의 규범이 약화되거나 부재할 때, 또는 두 가지 이상의 상반된 규범이 동시에 존재할 때, 개인의 사고와 행위를 조정해 줄 수 있는 사회적 규율이 부재함으로써 개개인이 행동의 방향을 잃게 되는 상태를 아노미적 상황이라고 하였다. 따라서 아노미적 상황이 일어나면 일탈행동이 일어날 가능성은 급격히 높아진다. 특히 전통적인 가치규범은 빠른 속도로 와해되는 데도 불구하고 사회 성원들의 사고와 행동을 규제할 수 있는 새로운 규범이 미처 확립되지 못함으로써 규범적 혼란 혹은 무규범적인 상태가 전개되기 쉽다. 아노미가 심화된 사회에서는 사회 내의 집단 결속이 약화되기 쉽고, 심한 경우 사회조직이 와해될 수 있는 위기에까지 도달하게 된다. 따라서 사회성원들은 더 이상 공통된 목표와 가치를 공유하지 않게 됨으로써 사회적 통합은 지탱되기 힘들어진다. 예를 들면, 기독교의 전래로 전통적인 제사의례와 기독교의례 간의 마찰로 인한 가치관의 혼란이 일탈행동의 원인이 된다는 것이다.

● 머튼의 아노미이론

일탈행동을 설명하는 머튼의 아노미이론은 뒤르켐의 아노미이론과는 약간 다르다. 뒤르켐에 있어 아노미란 규범들이 약한 상태에 있거나 부재하거나 또는 서로 상충하고 있는 상태였다. 그러나 머튼은 널리 공유하는 문화적 목표와 이 목표를 달성하기 위하여 사회적으로 인정받은 제도적 수단 사이에 괴리가 생긴 상태를 아노미라고 보았다. 사회에는 그 성원들이 추구하는 문화적으로 인정된 목표들이 있고, 그러한 목표를 정당하게 성취할 수 있도록 사회적으로 마련된 수단들이 있다. 그런데 이 두 요소가 잘 부합하지 않을 경우에 아노미 현상이 일어난다는 것이다. 예를 들면, 대통령이나 국회의원에 당선되고자 하는 목표는 정당하나 이를 실현할 수단의 부재에서 부정선거, 관권선거를 하는 경우를 들 수 있다.

제3편 《
문화와 사회

≫ 제1장
문화의 의미와 속성

1. 문화의 의미

(1) 문화의 개념

협의의 문화(좁은 의미의 문화)란 '개화된 것', '발전된 것', '세련된 것', '편리한 것', '예술적인 것' 등 '문명'의 의미로 사용(우열 평가 가능)된다. 문화인, 문화시설, 문화생활, 문화상품권 등이 좁은 의미로 사용된 예에 해당한다. 광의의 문화(넓은 의미의 문화)란 특정한 사회집단의 성원들이 사고하고 행동하는 방식의 총체로서의 우열을 판단하는 것이 불가능한 생활양식을 의미하며, 사회·문화 현상을 말할 때 넓은 의미로 사용된다. 예를 들어 한국문화, 서양문화, 외래문화, 공무원문화, 군대문화와 같이 쓸 수 있다.

(2) 문화의 구성요소

문화는 물질문화(기술문화), 제도(규범)문화, 관념(정신)문화로 구성된다. 물질문화란 의복, 주택, 음식 등 인간이 만들고 사용하는 물질적인 모든 것, 그리고 이것을 만들고 사용하는 기술을 말한다. 물질문화는 인간이 환경에 적응하기 위한 수단을 제공한다. 제도문화는 사회질서 유지, 전체로서의 사회 운영을 가능하게 하는 사회 구성원들의 행위를 규제하거나 관계를 규정하는 규칙, 규범 원리 등을 말한다. 가족제도, 경제제도 등이 그 예이다. 인간이 살아가야 할 궁극의 목표, 행위의 방향을 제시하는 관념문화는 신화, 전설, 예술과 같이 자연, 초자연, 인간, 사회 등에 대한 인간의 지식, 신념, 가치 등을 일컫는다.

(3) 인간의 문화창조

문화는 인간이 환경에 적응하기 위해 선택·발전시켜 온 생활양식의 총체이며 인간은 생물학적 적응 능력의 한계를 문화적 수단을 통해 극복해 왔다. 직립보행으로 손의 자유로운 사용이 가능해져 도구를 제작하고 사용하는 것도 가능해졌다. 또한 인간은 발달된 두뇌와 학습능력, 상징체계 등을 가지고 문화의 창조와 다음 세대로의 문화계승도 가능하다. 불과 무기의 사용, 농경기술, 기계, 정보·통신 기술 등의 발명을 통한 인간생활의 변화 등이 문화창조의 예이다.

(4) 문화의 기능

문화는 인간이 환경에 적응하도록 해 주고 집단 성원의 심리적 욕구를 충족시켜주며, 사회통합에 도움을 주고, 사회현상 및 자연현상에 대한 호기심을 충족시키거나 삶의 목적이나 자연의 섭리와 같은 질문에 대답을 제공하는 등의 순기능을 수행한다. 그러나 문화의 다양성으로 개인의 혼란을 초래하거나 고도로 발달된 기술문화는 무기 경쟁이나 환경오염 등을 초래한다는 부작용도 낳는다.

2. 문화의 속성

(1) 공유성

한 집단의 사회 구성원들은 그들의 생활양식을 구성하고 있는 중요한 요소들을 공유하여 한 사회의 문화를 다른 사회의 문화와 구별할 수 있는데, 이를 문화의 공유성이라 한다. 문화를 공유하기 때문에 사회 구성원의 행동을 강제하거나, 원활한 사회생활을 위한 공통의 장을 제공하고, 사회생활의 질서를 유지하며 다른 사람의 행동과 사고에 대한 예측과 기대를 가능하게 한다. 함, 김치, 장례, 의복, 주택 문화 등에서 공유성을 찾아 볼 수 있다.

(2) 학습성

문화는 출생 후 후천적으로 사회화 과정이나 다른 사람과의 상호작용을 통해 습득되는 것으로, 본능적·유전적·선천적인 것은 문화가 아니다. 따라서 문화는 학습성을 띠게 되는데 개인은 학습을 통해 사회의 문화를 수용하고, 사회는 개인에게 문화를 사회화시킴으로써 존속되는 것이다. 우리가 배가 고플 때 음식을 먹는 것은 생물학적인 특성이지만, 숟가락를 사용하여 밥을 먹거나 포크를 사용하여 고기를 먹는 것은 학습된 것이다.

(3) 축적성

문화는 인간의 학습능력과 상징(언어와 문자 등)체계에 의하여 다음 세대로 축적되고 전승된다는 뜻이다. 조상들의 생활모습을 알 수 있는 것은 그 시대의 문화가 축적되어 우리 세대에까지 전해졌기 때문이며, 기존의 것에 새로운 삶의 방식들이 더해지면서 문화의 내용이 점점 복잡해지고 다양해지게 된다. 김치문화의 계승이나, 세종대왕이 창제한 한글의 세대 간 계승이 축적성이 반영된 예라고 볼 수 있다.

(4) 전체성(총체성)

전체로서의 문화는 수없이 많은 부분으로 구성되어 있으며, 문화를 구성하는 각 영역들은 상호 밀접한 관련을 맺으면서 체계를 이루고 있다. 즉, 문화체계는 유기적 통합체로 문화는 어느 한 부분에 변동이 생기면 연쇄적으로 다른 부분에도 영향을 주어 변동이 일어난다. 피임약의 발명으로 육아로부터 자유로워진 여성은 경제활동이 증가하였고, 여성의 사회적 지위도 상승하게 되어 결국, 호주제가 폐지된 것이 총체성의 예이다.

(5) 변동성

한 사회의 문화적 특성들은 고정불변의 것이 아니라, 시간이 지나면서 새로운 문화요소가 추가되거나 소멸하면서 끊임없이 변화하는 것을 문화의 변동성이라 한다. 근본적인 문화의 틀이 변하는 것이 아니라 새로운 문화 특성이 추가되거나 소멸되는 것이다. 소금에 절인 짠지 수준의 김치가 임진왜란 후 고추의 유입으로 고춧가루 양념김치로의 변화처럼, 문화가 창조되고 소멸하며 변화하는 것이 문화의 변동성이다.

≫ 제2장
문화이해 태도

1. 다른 사회의 문화를 이해하기 위한 기초

문화는 보편성, 특수성, 다양성, 상대성을 가지므로 이러한 특성을 인식하는 것이 문화를 이해하기 위한 기초라고 할 수 있다. 문화의 보편성이란 신체구조와 신체적 한계가 유사하고, 심리적 공통성으로 인해 모든 사회의 생활양식이 유사하게 나타난다는 인간의 제일성(齊一性)을 의미한다. 공자의 性相近 習相遠(인간의 본성은 가까우나, 관습은 서로 멀다), "인간의 탈을 쓰고 어찌 그런 일을…"과 같은 속담에서 문화의 보편성에 대한 이해를 엿볼 수 있다.

각 사회의 자연·사회 환경의 차이로 인해 시대와 장소별로 독특한 생활양식이 나타나는 것을 문화의 특수성이라 한다. 인류의 생활양식은 시대와 장소에 따라 여러 가지 형태로 존재한다는 것을 문화의 다양성, 다양한 생활양식들이 각기 그 나름대로 고유의 가치, 이유, 의미를 지니고 있어 그 사회의 맥락 속에서 특정한 생활양식이 존재한다는 것을 문화의 상대성이라 한다.

2. 문화이해의 관점

(1) 총체론적 관점

어떤 문화를 이해할 때, 전체적인 맥락 속에서 다른 문화요소들과의 상호 관련성까지 파악하며 이해하려는 태도를 총체론적 관점이라 한다. 한 사회의 문화는 정치, 경제, 법률, 가족, 예술, 관습 등 많은 부분으로 구성되어 있고, 각 부분은 밀접한 관련을 맺으면서 전체를 이루고 있기에 문화를 총체론적인 관점으로 바라보는 태도가 필요하다. 호주 북쪽 멜빌섬 티위 부족은 채집 경제활동을 하고 있다.

여성들이 채집활동에 종사하기 때문에 많은 여성을 아내로 둔 사람은 경제적 부를 가질 수 있고, 이를 바탕으로 정치적 지위를 획득할 수도 있다. 이러한 배경에서 티위 부족에는 일부다처제가 정착되었다. 이 때문에 티위 부족에서는 젊은 아내를 둔 노인과 미혼의 젊은 남자 사이에 사회적 긴장과 분쟁이 발생하기도 한다. 이와 같이 문화의 각 부분이나 요소의 변동은 연쇄적으로 다른 부분에 영향을 주기 때문에 전체(총체)적인 관점에서 파악해야 할 필요가 있다.

(2) 상대론적 관점

어떤 사회의 문화를 그 사회의 독특한 환경과 상황 및 역사적 맥락에서 객관적으로 이해하고 해석하려는 태도가 상대론적 관점인데, 각 사회가 지니는 문화의 의미는 절대적인 것이 아니고 상대적인 것이므로 문화 간의 우열을 평가할 수 없기에 상대론적인 관점에서 문화를 이해하려는 태도가 필요하다. 수년 전 미국으로 이민 간 지 얼마 안 되는 한국 교포가 '어디 고추한번 보자'고 하면서 6~7세쯤 되는 어느 백인 아이의 고추를 만지려다가 '미성년자 성추행 죄'로 체포되었다. 교포변호사들로 구성된 변호인단은 한국사회에서는 아이가 귀엽고 사랑스러울 때 그러한 말과 행동을 한다는 것을 판사에게 이해시키기 위해 노력했다. 결국 변호인단의 설명으로 판사는 이 교포의 행동은 문화차이로 인해 나타난 악의 없는 행동으로 받아들여 그를 무죄로 판결하였다. 판사가 한국교포를 무죄로 판단한 것은 미국적 가치관이 아닌 한국적 가치관에 따라 그의 행동을 인식한 것이다. 이는 한 사회의 문화를 그 사회의 맥락에서 인식하는 문화상대주의적 태도임을 알 수 있다.

(3) 비교론적 관점

어떤 문화를 다른 문화와의 상호 비교를 통해 이해하려는 태도를 말한다. 타문화를 알지 못하면 자문화에 대해 비판적인 시각을 가질 수 없으며, 다른 문화와의 비교를 통해 자문화 발전을 위한 아이디어를 얻을 수 있고, 문화의 보편성과 특수성을 비교하여 문화를 객관적으로 이해해 문화의 장님 현상을 극복할 수 있다. 우리나라에서는 눈, 코, 입이 작고 전체적으로 다소곳한 분위기를 풍기는 것을 미인으로 보았다. 한편, 중국의 미인은 눈의 경우 검은자위가 2/3, 흰자위가 1/3을 차지하고, 긴 머리로 얼굴을 감싸야 하며, 볼은 미륵보살의 볼처럼 풍만해야 했다. 그리고 이탈리아의 미인은 눈동자와 눈썹이 검고, 이마와 미간은 넓어야 했다. 이렇게 대부분의 사회에서 미인상을 발견하는 것은 어렵지 않다. 이와 같이 문화 간의 보편성과 특수성을 밝히고, 자기 문화에 대한 이해를 높이는 데 도움이 되는 것이 비교론적 관점이다.

3. 문화의 상대성을 부정하는 태도

문화의 보편성을 부정하는 극단적 상대주의와 문화의 상대성을 부정하는 자문화 중심주의, 문화 사대주의는 문화를 이해할 때 피해야 할 태도이다.

(1) 극단적 상대주의

이슬람국가의 명예살인을 허용할 수 있다거나, 식인을 긍정하는 등의 인간의 존엄성이나 생명권과 같은 인류 보편적 가치를 부정하는 행위마저도 상대주의를 바탕으로 이해하려는 태도를 극단적인 상대주의라 한다. 극단적 상대주의는 윤리적 무정부주의 상태에 빠질 수 있으며, 인류 공통의 보편적 가치를 무시하는 행동양식으로 정당화될 수 없다.

(2) 자문화 중심주의

자기의 문화만 절대적으로 옳고 가장 우월하다고 믿고, 다른 문화는 야만적이고 비인간적이라고 판단하는 태도를 말한다. 나치즘이나 중화사상과 같은 태도를 말하는데, 구성원의 동질감과 동류의식의 형성과 사회통합의 여건을 마련하거나 사회질서 유지 등에 기여하는 점이 있다. 그러나 자문화 중심주의적인 태도를 유지한다면 국제적 고립을 초래할 수 있고 국수주의적 태도로 전쟁 도발을 유도하거나, 문화적 제국주의로 변질될 수 있다. 또 자국의 문화발전을 위한 통찰력을 방해할 수 있다.

(3) 문화 사대주의

타문화만을 우월하다고 평가하고, 자문화를 낮게 평가하는 태도이다. 문화 사대주의는 민족문화의 가치를 과소평가하여 문화적 주체성을 상실할 우려가 있으며, 무분별한 외래문화의 수용이 나타날 수 있다.

≫ 제3장
현대사회의 다양한 문화양상

1. 다양한 문화양상

　문화는 전체문화와 하위문화로 나눌 수 있는데, 한국문화, 대중문화, 민족문화 등 한 사회 구성원 대다수가 공유하는 문화이다. 청소년문화, 지역문화, 상류계층의 문화, 농민문화, 도시문화, 군사문화 등 특정한 집단의 성원들만이 공유하는 문화를 부분문화 또는 하위문화라 한다. 하위문화 중에서 기존 사회의 지배적 문화에 정면으로 반대하고 적극적으로 도전하는 집단의 문화를 반문화라고 한다.

2. 하위문화

　특정한 집단의 구성원들만이 공유하고 있는 문화로 전체문화와 하위문화의 구분은 상대적이다. 하위문화는 집단의 결속력을 강화하고 전체문화에 다양성을 부여하여 문화의 창조와 변화에 기여하며, 다양한 하위문화로 표현의 자유를 누리고 전체문화에서 누릴 수 없는 하위집단의 욕구를 해결하거나 하위집단의 정신적인 지향점을 제시하거나 전체문화의 획일성을 방지하여 문화의 역동성과 다양성을 제공하는 기능을 수행한다. 하위문화의 종류는 일정한 지역에 거주하는 주민이 공유하는 문화인 지역문화, 청소년문화나 7080문화와 같은 특정한 역사적 경험을 공유하거나 사고방식과 생활양식이 비슷한 일정 범위의 연령층이 공유하는 문화인 세대문화, 그리고 히피문화, 비행 청소년 집단문화 등 사회의 지배적인 문화에 저항하고 대립하는 문화인 반문화가 있다.

3. 대중문화(전체문화, 상위문화)

대중매체의 발달, 대량생산과 대량소비, 근대 교육을 받은 대중의 확대로 대중의 지위 상승 및 문화적 역량 증가 등으로 대중문화가 등장하게 되었는데, 대중매체에 의해 제공되고 형성된 문화라는 뜻의 협의와 대중들이 즐기고 누리는 문화(전체문화)라는 넓은 의미가 있다. 다양한 지식과 정보를 제공하고, 오락 및 여가 문화로서의 기능을 하며, 문화 보급의 확대에 기여하는 등 긍정적인 측면에 비해 과도한 상업성, 대중문화의 획일화와 몰개성, 대중의 주체성 상실, 사회의 퇴폐화 및 저속화, 문화의 질적 저하, 정치적 무관심과 배금주의(물질만능주의)적 가치 양산, 지배층의 대중 조작 수단으로 이용할 수 있다는 부정적인 면모도 보인다. 대중문화의 생산자는 대중문화의 생산·보급 과정에서 과도한 상업성 지양, 보다 수준 높은 문화의 창조를 위해 노력하고, 소비자는 대중문화를 선별적으로 수용하고 비판적으로 인식하려는 태도가 필요하다.

4. 대중문화를 보는 시각

대중문화는 고급문화의 대중화를 통해 사회의 민주화에 기여하고, 모든 사람이 평등하게 다양한 문화적 욕구를 충족할 수 있게 함으로써 문화의 민주화에도 기여한다. 다양한 지식과 정보를 제공하여 대중들의 삶의 질을 높여 주기도 하고, 고급문화의 대중화로 사회 전체의 평균적인 문화수준을 향상시키는 기능도 한다. 또 휴식과 오락의 기회를 제공하며 정치적 비판기능을 수행하기도 한다는 측면에서 대중문화를 긍정적으로 바라보는 시각이 있다. 그러나 대중문화는 문화의 상업화, 문화의 획일성과 몰개성을 가져오며 대중매체를 보유한 기업에 의해 대중문화가 생산되고, 대중은 대중문화의 객체로 전락하는 면, 사회 퇴폐화와 저속화 및 문화의 질적 저하를 증가시키는 점, 대중의 관심을 현실에서 유리시켜 대중의 정치적 무관심을 유도하는 점(3S 정책), 배금주의적·물질만능주의적 가치를 양산하거나 권위주의 정부에 의한 대중여론의 조작 가능성이 있어 대중문화를 부정적으로 바라보는 시각도 있다.

5. 대중문화 수용의 바람직한 자세

(1) 필요성

대중문화는 고급문화의 대중화, 문화의 민주화, 대중들의 삶의 질 향상 등 긍정적인 측면에서 필요하나, 부정적인 측면이 동시에 내포되어 있으므로 대중문화의 긍정적인 측면은 키우고, 부정적인 측면은 최소화해야 한다.

(2) 바람직한 자세

대중문화를 받아들일 때에는 대중매체가 제공하는 일방적 · 획일적인 정보와 지식을 비판적으로 수용하는 자세를 함양해야 한다. 따라서 다양한 방법으로 정보와 지식을 접하고 비교할 줄 아는 자세를 길러야 하며, 대중매체에 대한 끊임없는 감시의 자세를 견지해야 한다. 또한 대중문화의 상업성을 경계하는 자세와 단순한 문화의 소비자로만 존재하는 것이 아니라, 대중문화의 생산자 역할도 하여야 한다. 과거에는 대중의 역할이 문화의 일방적인 소비자 역할에 한정되었지만, 현대에는 적극적으로 문화의 생산에 참여하여 대중문화의 창조자로서의 역할을 수행해야 한다.

제4장
문화변동과 한국문화

1. 문화의 변동

(1) 내부적 요인

문화변동의 내부적 요인으로는 발명, 발견이 있다.

발명이란 새로운 문화요소를 만들어 내는 것으로, 종교, 신화, 이데올로기 등의 관념적인 발명과, 바퀴, 쟁기, 전화, 컴퓨터 등의 물질적인 발명, 처음으로 새로운 문화요소를 만들어 내는 것인 1차적 발명과 기존 문화요소를 조합·응용하여 새로운 문화요소를 만들어 내는 것인 2차적 발명이 있다. 활이나 진공관을 발명한 것은 1차적 발명이며, 이를 응용해 활의 줄을 튕겨보았더니 소리가 나서 현악기를 발명했다든지, 진공관을 이용해 라디오를 만드는 등의 발명을 2차적 발명이라한다.

유전(油田)의 발견이나, 태양의 흑점 발견, 비타민 발견 등과 같이 발견이란 이미존재하고 있었던 것을 새롭게 찾아내는 것이다.

발명과 발견이 사회적 수용이 안 될 때에는 문화변동을 유발하지 못하나, 사회적 수용과 활용이 이루어질 때에는 기존의 문화요소와 상호작용하는 과정에서 문화변동을 촉진시킨다.

(2) 외부적 요인

문화변동의 외부적인 요인으로 문화전파(직접·간접·자극전파)가 있다. 직접전파란 이웃한 두 문화 간에 인적 교류와 같은 직접적인 접촉에 의해 전파가 이루어지는 것으로, 중국으로부터 한자나 유교가 전래된 것이 직접전파의 예이다. 간접전파란 주로 매개체를 통한 전파를 말하는데, TV, 라디오, 인쇄물 등이 대표적인 매개체이다. 직·간접전파와 달리 다른 사회의 문화요소에서 아이디어를 얻어 새로운 문화요소를 만들어 내는 경우를 자극전파라 하는데, 우리나라에 한자가 전래되어 한글이 창제된 것과 같은 사례가 있다.

보충

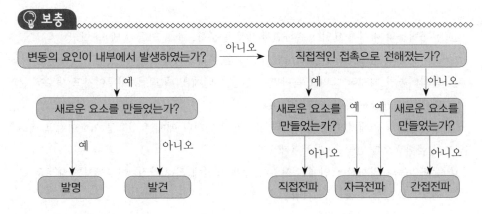

≫ 해설

1. 문화변동의 내재적 요인
   - 발명: 새로운 문화요소를 만들어 내는 것
   - 발견: 이미 존재하고 있었으나 알려지지 않은 문화요소를 찾아내는 것

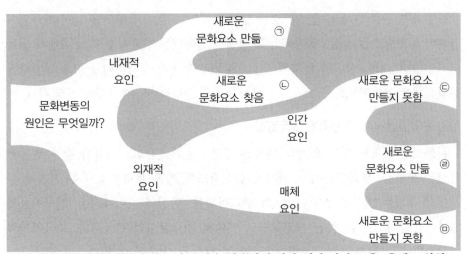

* 왼쪽에서 출발, 해당하는 요인 조건을 경유하여 각각 최단 거리로 ㉠~㉤에 도착함

2. 문화변동의 외재적 유인: 전파

- 직접전파: 직접 접촉에 의해 전해지는 것
- 간접전파: 매개체를 통해 전해지는 것
- 자극전파: 다른 사회의 문화요소에서 아이디어를 얻어 새로운 문화요소를 만들어 내는 것

≫ 해설

ⓐ: 문화변동의 내재적 요인에 속하면서 새로운 문화요소를 만들어 냄 → 발명

ⓑ: 문화변동의 내재적 요인에 속하면서 새로운 문화요소를 찾음 → 발견

ⓒ: 문화변동의 외재적 요인에 속하면서 인간 요인에 의해(직접) 이루어지고 새로운 문화요소를 만들지 못함 → 직접전파

ⓓ: 문화변동의 외재적 요인에 속하면서 인간 요인이나 매체 요인으로 이루어지고 새로운 문화요소를 만듦 → 자극전파

ⓔ: 문화변동의 외재적 요인에 속하면서 매체 요인에 의해(간접) 이루어지고 새로운 문화요소를 만들지 못함 → 간접전파

(3) 문화변동의 양상

1) 문화의 내재적 변동과 문화접변

발명과 발견을 통해 새롭게 등장한 문화요소가 그 문화체계 안에 널리 확산되어 기존의 문화요소들과 상호작용하는 과정에서 일어나는 변동을 문화의 내재적 변동이라 하며, 성격이 상이한 문화체계가 오랫동안 접촉하는 가운데 문화요소가 다른 문화체계에 전파됨으로써 나타나는 문화변동을 문화접변(접촉적 변동)이라 한다.

2) 문화접변에 따른 문화변동의 양상

문화접변(외재적 변동)에 따라 문화는 공존ㆍ동화ㆍ융합ㆍ저항과 같은 변동의 양상을 보인다. 문화공존이란, 새로운 문화요소와 기존 문화요소의 두 가지가 동시에 존재하는 현상을 말한다. LA의 코리아타운, 인천의 차이나타운, 한국이름과 일본이름을 함께 사용하는 재일교포의 예에서 미국문화와 한국문화, 중국문화와 한국문화, 일본문화와 한국문화가 공존하는 현상을 찾아 볼 수 있다.

한 사회의 문화가 다른 사회의 문화를 받아들여 그 문화와 동일해지거나 유사해지는 현상을 문화동화라 하는데, 수용 주체의 문화 통합력이 약할 때 주로 일어나는 현상이다. 그 예에는 한족문화와 만주족문화가 만나 만주족문화가 한족문화에 동화된 것이나, 인디언문화가 아메리칸문화에 동화되어 아메리칸문화만이 남은 것과 같은 것이 있다.

문화요소가 다른 사회에 전파된 결과 어느 문화에도 속하지 않았던 제3의 문화가 생겨나는 현상을 문화융합이라 하는데, 불교문화와 우리나라의 토착문화(신앙)가 융합되어 사찰 내에 산신각이나 칠성각이 생겨난 것, 그리스문화와 페르시아문화가 헬레니즘문화가 된 것, 택견과 쿵푸가 태권도가 된 것, 퓨전음악, 퓨전음식 등이 대표적인 문화융합현상이다.

인도가 영국의 식민지로 있을 때 간디를 중심으로 영국으로부터 들어온 기성복을 거부하고 전통 물레를 돌려 전통 옷을 지어 입은 것처럼 하나의 문화체계 내에 다른 문화가 들어올 때 기존 문화의 정체성이 흔들리게 됨에 따라 정체성 확립의 차원에서 일종의 복고 운동이나 저항 운동이 일어나는 것을 문화저항이라 한다.

3) 외재적 문화변동 양상의 구분

자문화에 기초한 통합성(자문화에 대한 애착)이 강하고 타문화의 수용 양상이 강제적일 경우, 일제시대 일본어 사용과 일본식 성명 강요, 신사참배를 거부한 것과 같은 문화거부나 저항, 또는 문화 복고현상이 일어나고, 타문화의 수용 양상이 자발적일 경우에는 문화가 병존 또는 공존하거나, 문화융합현상이 일어난다. 자문화에 기초한 통합성이 약하고, 타문화 수용 양상이 강제적일 경우에는 문화는 강제적 소멸(강제적 동화)현상이 일어나게 되고, 타문화 수용 양상이 자발적인 경우에는 문화의 자발적 동화 현상이 나타난다.

(4) 문화변동에 따른 문제점

문화가 변동함에 따라 아노미현상이나 문화 정체성이 약화되고, 문화지체현상이나 기술지체현상 등의 문제점이 나타날 수 있다.

첫째, 아노미현상이란 급격한 문화변동으로 기존 규범의 붕괴 또는 새로운 규범이 정립되지 않은 것으로 인한 무규범 상태를 말하며 뒤르켐의 아노미 개념이다.

둘째, 고유문화의 정체성이 약화될 수 있다. 문화변동은 곧 개인에게 익숙해 있던 것의 수정이나 포기를 의미하고, 따라서 개인의 정체성 및 문화 정체성의 약화를 초래할 가능성이 농후하다. 문화 급변에 따른 불확실한 미래에 대한 불안이 발생하므로 체계적 사고를 바탕으로 한 능동적인 대처로 문화 정체성이 약화되는 것을 방지할 수 있다.

셋째, 문화지체현상이 발생할 수 있다. 의식이나 제도와 같은 비물질문화가 물질문화의 변동 속도를 따라가지 못하는 현상을 문화지체라 하는데, 사회문제나 갈등을 초래하는 문제점을 낳게 된다. 휴대폰 보급이 확대되었으나 전화 예절은 미흡한 경우나 자동기계의 발명으로 실업이 증가한 것, 의료기술의 발달로 평균수명이 늘어남에 따라 노인문제가 심각해진 경우나, 컴퓨터의 발달로 컴퓨터 범죄가 증가한 경우 등과 같이 현대 물질문명의 변동 속도가 빨라짐에 따라 이러한 문화지체현상이 증가하는 추세이다.

🔆 보충

● 문화지세현상과 기술시체현상

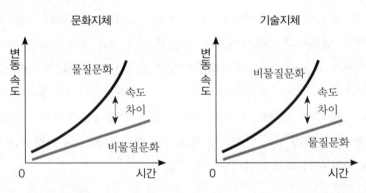

마지막으로 기술지체현상이란 문화지체현상과 반대로 비물질문화의 발전 속도에 비해 물질문화가 지체되어 나타나는 갈등현상을 말한다. 환경의식은 있으나, 친환경 상품을 생산할 기술이 부족한 경우나, 장례의식이 변화했으나 화장장이 부

족한 현상 등이 기술지체의 사례이다.

2. 세계화와 한국문화

(1) 세계화와 한국문화의 다양성

세계화는 기존 문화가 더욱 풍부해지는 방향으로 문화를 변동시킬 수 있으나, 고유문화가 소멸할 우려도 있다. 또한 세계화에 따라 한국사회가 문화적으로 다양성을 띠게 되고, 외국인 노동자와 결혼 이민자가 증가하여 다문화 사회가 도래하였고, 이에 따라 타문화에 대한 개방적 태도와 관용의 자세가 필요해졌으며, 문화상대주의적 태도가 중요해졌다.

(2) 한국사회의 문화적 정체성과 세계화

우리 사회의 문화적 정체성은 수도작(水稻作) 농경문화로 인한 협동과 상부상조의 발달이 큰 특징이다. 농경문화로 인해 계, 두레, 향약, 울력, 품앗이 등과 같은 공동체문화가 발달하였으며, 수리관계시설의 빌달, 동제 또는 산신제 등의 제천의식과 노동요·풍물과 같은 민족문화를 형성하였다.

또한 현세 중심의 토속 신앙, 홍익인간의 인간중심 사상, 아시아권의 유교문화와 불교문화의 영향을 받은 특징 또한 한국사회의 문화적 정체성이라 할 수 있다. 세계화 시대를 맞아 한국문화가 발전하기 위해서는 전통문화를 창조적으로 계승하고, 외래문화를 주체적·비판적으로 수용하고, 수용된 문화에 우리 문화요소를 접목하여야 할 것이다.

제4편 ≪

사회계층과 불평등

>>> 제1장
사회불평등과 계층현상

1. 사회불평등과 사회계층현상

(1) 사회불평등현상

어떤 사회 속의 개인들이 평등한 사회적 지위를 갖지 못한 상태를 불평등현상이라 한다. 그 유형으로는 경제적 · 성적 · 지역 간 불평등과 정보격차(정보불평등) 등이 있다.

> ### 💡 보충

● 사회적 자원의 희소성과 사회불평등

사회에는 재산, 정치적 권력, 명예 등 사회 구성원들이 보다 가치 있게 생각하고 가지고 싶어 하는 사회적 자원이 존재한다. 그러나 이러한 사회적 자원은 모든 사회 구성원 누구나 자신이 원하는 만큼 가질 수 있는 것은 아니다. 따라서 누군가는 사회적 자원을 가지고 누군가는 그렇지 못한 사회불평등현상이 발생하게 된다.

● 사회불평등현상의 이해

기능론은 개인의 인적 자본 형성과 그에 따라 차등적으로 보상이 이루어지는 과정을 중시하고, 갈등론은 사회적 불평등이 발생하는 사회 구조적 조건을 집중적으로 조명하고, 갈등의 제도화를 대안으로 제시한다. 사회현상을 올바르게 이해하려면 이러한 기능론과 갈등론의 관점을 조화시켜 균형 있게 이해하려는 태도가 필요하다.

(2) 사회계층현상

사회적 희소가치가 불평등하게 분배되어 개인 및 집단이 서열화되어 있는 현상을 계층현상이라 한다. 주로 부, 권력, 위신, 명예 등 사회적 가치의 희소성과 한정된 자원, 개인의 능력과 학력, 출신 배경의 차이 등이 계층현상이 발생하는 원인이다. 이런 계층현상은 근대 이전에는 엄격한 서열화, 사회적 지위의 세습으로 인하여 조선의 신분제, 인도의 카스트제 등의 경직된 사회계층현상이 존재하였으나, 근대 이후 사회적 가치가 다원화되면서 사회계층에 따른 구별과 차별이 약화되는 방향으로 변화하였다. 사회계층현상은 하나의 사회구조로서 개인의 삶과 행동, 사고방식에 큰 영향력을 행사한다.

2. 계급과 계층

사회계층현상을 설명하는 두 가지 개념으로 계급개념과 계층개념이 있다.

(1) 계급(마르크스의 계급분류의 일원론)

마르크스가 설명하는 계급이란, 경제적 요인인 생산수단의 소유 여부에 의해 양분화된 집단개념으로, 소속감을 지닌 집단개념인 부르주아와 프롤레타리아로 구분된다. 이 이론에 따르면, 사회계급은 이분법적 · 불연속적으로 두 계급은 지배와 피지배의 관계에 있으며, 계급의식이 강한 특징을 보인다. 노동운동 및 혁명적 사회운동의 토대가 된 마르크스의 계급이론에서는 지위 불일치가 나타나지 않으며, 중산층의 존재를 부정하고, 사회이동이 제한됨에 따라, 계급 간의 대립과 갈등이 불가피하다고 설명한다. 계급개념은 산업화 초기의 사회불평등현상을 설명하는 데 유용하나, 다양한 사회계층의 형성을 설명하기 어려운 한계가 있다. 관련된 이론으로는 갈등론이 있다.

(2) 계   층

베버는 계층개념을 다양한 요인인 경제적 부, 사회적 위신, 정치적 권력 등 다양한 기준에 의해 서열화된 위치개념으로 설명한다. 베버의 이론을 사회적 희소가치

의 불평등한 배분 상태를 상 · 중 · 하층으로 범주화하고, 계층들을 하나의 연속선
상에 서열적으로 배열해 소득, 직업, 교육 수준 등 다차원적으로 계층을 분석하여
다원론이라 한다. 계층개념에 의하면 지위 불일치(셋방 사는 교수) 현상이 나타나기
도 하며, 사회 중산층의 존재를 인정하고, 계층 간 사회이동이 자유롭다. 다원화된
현대사회의 사회불평등현상을 설명하는 데 유용한 개념이나, 사회계층 간의 대립
과 갈등관계를 설명하기 어려운 한계가 있다. 기능론적 관점과 가까운 개념이다.

3. 사회불평등현상을 바라보는 관점

불평등현상을 바라보는 관점에는 기능론과 갈등론이 있다.

(1) 기능론

기능론은 사회불평등현상을 필연적이고, 인간의 능력 차이와 그에 따른 차등적
보상체계라고 본다. 따라서 사회불평등은 사회적 희소가치가 차등적으로 분배된
결과 때문에 발생하는 필연적이고 불가피한 현상일 수밖에 없고, 필요악이다. 기
능론에서 사회적 가치는 구성원들 간의 합의된 기준으로, 개인의 자질과 노력 등
에 따라 공정하고 합리적인 방식으로 분배되는 것으로 본다. 또한 개인과 사회가
최선의 기능을 하도록 유도하며, 개인에게 동기를 부여하고, 사회에 인재를 충원
하며, 사회발전에 기여하는 기능을 하는 것으로 인식한다. 그러나 권력이나 가정
의 배경처럼 현실적인 영향력을 간과하는 한계가 있다. 베버의 계층이론, 사회가
마치 살아 있는 유기체처럼 항상 조화와 균형을 이루고 있다고 보는 사회유기체설
과도 관련이 있다.

(2) 갈등론

갈등론의 관점에서 사회불평등은 해소되어야 할 대상이며, 힘을 가진 집단(지배
집단)의 강압에 의해 유지되는 것이다. 또 지배집단의 기득권 유지 노력의 결과로
발생하는 현상이므로 사회불평등은 개선되어야 할 현상으로 본다. 사회적 가치는
지배집단에 유리한 기준을 바탕으로 가정의 배경, 권력 등에 따라 강제적으로 분

배된다. 따라서 불평등은 개인과 사회가 최선의 기능을 하는 데 장애가 되며, 개인에게 상대적인 박탈감을 안겨주고, 집단 간의 갈등을 유발하는 등 사회발전을 저해하는 요소이다. 그러나 개인의 능력이나 노력으로 사회이동이 일어날 수도 있다는 점을 간과하고 개인의 능력을 지나치게 무시하는 한계가 있다. 마르크스의 계급이론과 관련된 관점이다.

≫ 제2장
사회이동과 사회계층구조

1. 사회이동

(1) 의   미

사회적 불평등 체계 내에서 개인이나 집단의 계층적 위치가 바뀌는 현상을 사회이동이라 한다.

(2) 원   인

개인의 능력과 교육 정도, 지위 상승에 대한 열망 등의 개인적인 원인과 산업구조와 직업구조의 변화와 과학기술의 발달, 교육의 보급 등 사회구조적인 원인으로 사회이동이 일어난다.

(3) 유   형

사회이동의 유형은 이동방향에 따라 수평·수직이동, 이동범위에 따라 세대 내·세대 간 이동, 이동원인에 따라 개인적·구조적 이동으로 나눠진다.

수평이동은 동일한 계층 내에서 이루어지는 이동으로, 홍보부 사원에서 영업부 사원으로의 이동과 같은 사회이동이며, 수직이동은 계층적 위치가 상승하거나 하강하는 이동으로 회사의 과장에서 부장으로의 상승 이동, 사장에서 실직자로의 하강 이동이 있다.

세대 내 이동은 한 개인의 생애 동안에 계층적 위치의 변화가 나타나는 이동으로, 28세에 7급 공무원에서 50세에 3급 공무원으로의 변화와 같은 사회이동이다. 세대 간 이동은 한 세대에서 다음 세대 간에 나타나는 계층적 위치가 변화하는 이동이고 아버지는 빈농이나 자녀는 법관이 된 것과 같은 예가 있다.

이동원인에 따라 개인적 · 구조적 이동으로 나누어지는데, 개인적 이동은 계층 체계 내에서 개인의 노력과 업적 등에 의해 나타나는 사회이동으로, 사회구조의 변화 없이 회사의 과장이 부장이 된 경우와 같은 사례를 들 수 있고, 구조적 이동은 사회변동에 따른 기존의 계층구조 변화에 의해 나타나는 집단적인 사회이동이며, 시민혁명으로 자본가 계급이 사회의 중심 세력이 된 경우, 남북전쟁 후에 흑인 노예들이 해방된 경우, 갑오개혁으로 신분제도가 폐지되어 노비가 평민이 된 경우 등의 사례가 있다.

(4) 결　　과

사회이동은 심리적인 만족감을 얻거나 좌절감을 느낄 수 있고, 원초 집단과의 관계가 단절되거나, 사회적 혼란과 갈등을 경험하는 등의 결과를 가져올 수도, 정치적 · 사회적 통합에 이바지할 수도 있다.

2. 사회계층구조

(1) 의　　미

한 사회 내에서 개인의 직업, 직업상의 지위 · 수입 · 재산 · 생활양식 등의 차이에 따라 인위적으로 구별되는 계층의 틀을 사회계층구조라 한다. 이러한 사회계층구조는 사회의 불평등 정도를 알아보는 척도로 사용된다.

(2) 유　　형

1) 사회이동 가능성에 따른 계층구조

사회이동 가능성에 따른 계층구조는 폐쇄적 계층구조와 개방적 계층구조로 나뉘며, 폐쇄적 계층구조는 수직이동이나 세대 간 이동의 가능성은 엄격히 제한되고, 수평이동은 가능한 계층구조로 부모의 지위가 자녀에게 세습되는 경향이 있어 귀속 지위가 강조되며, 과거 신분질서가 엄격하였던 사회의 계층구조로 제도적(법적)으로 사회이동이 금지되어 있었다. 개방적 계층구조는 수평 · 수직 · 세대 간 ·

세대 내 이동이 모두 가능한 계층구조로 개인의 능력이나 노력이 중시되며 성취 지위가 강조된다. 민주화와 산업화가 이루어진 사회의 계층구조로서 제도적(법적)으로 사회이동이 보장된다.

2) 계층구성원 비율에 따른 계층구조

계층을 구성하는 비율에 따라 피라미드형, 다이아몬드형 계층구조로 구분된다. 피라미드형 계층구조는 하층의 비율이 가장 높고, 상위 계층으로 올라갈수록 비율이 낮아지는 계층구조이며, 전근대적인 신분제 사회에서 주로 나타나는 소수의 상층이 다수의 하층을 지배하는 구조로서 사회의 안정도가 낮고 사회통합이 어려운 계층구조이다.

다이아몬드형 계층구조는 중층의 비율이 상층이나 하층보다 높은 계층구조로서 중층이 하층과 상층 간 갈등의 완충제 역할을 수행하여 피라미드형에 비해 사회의 안정도가 높고 사회통합에 유리하다. 다이아몬드형 계층구조는 주로 고도의 산업사회, 현대 복지사회에서 나타난다.

(3) 정보사회의 계층구조

정보사회의 계층구조를 보는 관점은 중산층이 늘어날 것이라는 긍정적인 관점으로 타원형 계층구조, 그와는 반대로 중산층이 산업화사회보다 줄어들 것이라는 부정적인 관점인 모래시계형 계층구조로 전망되고 있다.

타원형 계층구조는 정보화로 사회의 각 분야에 정보가 널리 확산되면 계층 격차가 줄어들 것이라는 입장으로, 계층 비율이 다이아몬드형 계층구조보다 중층의 비율이 더 높고, 낙관론자의 입장이다. 모래시계형 계층구조는 정보 격차로 상층과 하층 간 불평등이 심화되고, 중층의 비율은 현저히 감소한다는 입장으로 계층의 비율이 하층 비율>상층 비율>중층 비율 순으로 형성될 것이라는 비관론자들의 입장이다.

● 사회이동 가능성과 사회통합

개인의 노력에 의한 사회이동 가능성이 높은 사회에서는 사회이동이 그 사회의 정치적 · 사회적 통합에 이바지한다. 따라서 사회이동에 공평한 기회가 부여되는 개방형 계층구조의 사회가 그렇지 못한 폐쇄형 계층구조의 사회보다 국민의 사회통합 수준이 훨씬 높다. 이러한 의미에서 대부분의 민주주의 사회에서는 기회의 평등과 공정한 경쟁을 중시한다.

≫ 제3장
여러 가지 사회불평등과 사회복지

1. 여러 가지 사회불평등현상

　빈곤문제, 성 불평등 문제, 사회적 소수자 문제 등이 사회불평등현상으로 나타나고 있다. 최근 여성의 성 불평등 문제는 다수 해결된 것으로 보이며, 반대로 남성의 역차별이 사회적 문제가 되는 추세이다. 남성연대의 자살소동과 같은 현상이 나타나기도 한다. 빈곤은 인간의 기본 욕구와 관련된 물질의 결핍이 만성적으로 지속되는 것을 말한다. 빈곤문제의 원인은 크게 기능론과 갈등론의 측면에서 고려해 볼 수 있는데, 기능론은 개인의 나태, 능력 부족, 잘못된 선택 등 가난한 사람들의 특성에 있다고 보는 반면, 갈등론은 지배계급이 희소가치를 독점하고, 빈곤을 가져오는 사회구조에 원인이 있다고 본다. 개인적 측면에서 이기적인 사고방식에서 탈피하고, 공존의 가치관과 공동체 의식을 함양하며, 제도적으로는 빈곤층을 위한 다양한 제도와 정책을 마련하는 방법으로 최저 임금제를 확충하고, 기초 생활비·자녀 양육비를 지원하는 등의 노력을 해결방안으로 제시할 수 있다.

　성별 차이에 기반하여 여성이 임금, 직무, 승진, 교육기회 등에 있어서 남성에 비해 차별받는 것을 성 불평등 문제라 한다. 성 역할의 고정 관념과 성별에 따른 차별적 사회화, 가부장제와 남아 선호 사상, 생물학적 성의 차이를 이유로 사회적 보상과 기회를 제한하는 사회구조적인 요인이 성 불평등의 원인으로 지적되고 있다. 개인적 차원에서 양성성의 개발과 성 평등 사회를 지향하려는 가치관을 정립하고, 제도적으로 남녀평등을 실현하기 위한 법과 정책(여성 할당제 등)을 마련하는 것이 해결방안이다.

　장애, 나이, 사상, 인종, 국적 등의 측면에서 국가나 사회의 지배적 가치와 기준을 달리 한다는 이유로 차별받거나 불평등한 대우를 받는 것을 사회적 소수자 문제라 한다. 여기에서 소수자는 숫자가 문제가 아니라 다수라 하더라도 소외된 자를 의미한다는 점에 유의해야 한다. 사회적 소수자 문제의 원인으로 우리는 '정상'이고, 사회적 소수자는 '비정상'이라는 편견과 선입견이 지적되며, 배타적 민족주의와 순혈주의(특히, 우리나라) 또한 문제된다. 개인적으로는 관용 정신을 함양하고 사회적 소수자를 동등한 사회 구성원으로 여기고 존중하는 자세를 가지며, 제도적으로 장애인 의무 고용제, 인종 · 민족 · 성적 소수자에 대한 차별금지법 제정 등으로 사회적 소수자 문제를 해결하려는 노력을 진행하여야 한다.

보충

● 빈곤의 종류

1. 절대적 빈곤
(1) 의미: 인간의 생존욕구를 비롯한 최저 생활을 유지하는 데 필요한 자원이나 생계비가 절대적으로 부족한 상태 혹은 절대적 빈곤선에 미달하는 상태
(2) 특징: 주로 저개발국에서 심각하게 나타나며 복지제도가 정착되면 개선됨
(3) 우리나라의 절대적 빈곤: 가구소득이 최저 생계비에 미치지 못하는 상태

2. 상대적 빈곤
(1) 의미: 가계가 소유한 경제적 능력이 사회의 다른 가계들에 비해 상대적으로 낮은 상태
(2) 특징: 선진국에서도 나타나며, 빈부격차가 큰 사회에서 더 심각한 사회문제로 나타남
(3) 우리나라의 상대적 빈곤: 가구소득이 중위 소득(총 가구를 소득 순으로 나열했을 때 한가운데 있는 가구의 소득)의 50% 미만인 상태

● 생물학적 성(Sex)과 사회적 성(Gender)

사회학자들은 성을 두 가지로 구분한다. 하나는 생물학적 성(sex)으로 선천적으로 타고난 성별이며, 다른 하나는 사회적 성(gender)으로 사회적으로 형성되고 후천적으로 습득되는 성이다. 사회적 성은 시간에 따라 변화하고 지역에 따라 다르게 나타난다.

● 소수와 소수자

단순히 수가 적다고 해서 사회적 소수자인 것은 아니다. 사회에서 다수를 차지하더라도 정치 · 경제 · 사회적으로 권력의 열세에 있다면 사회적 소수자가 될 수 있고 또 반대의 경

우두 있기 때문이다. 예컨대 남아프리카 공화국의 경우 인구의 4분의 3이 흑인인데, 사회의 상층부를 차지하는 부유한 백인들에 비해 흑인들은 여전히 정치적 · 경제적으로 차별받는 사회적 소수자에 머무르고 있다.

● **소수자 집단의 식별 가능성**

대다수가 백인인 미국 사회에서 흑인은 피부색으로 식별되며, 일본에 살면서 한복을 입고 '조선 민족 학교'에 다니는 재일동포 여학생들이나 유럽에서 히잡이나 차도르를 착용한 무슬림 여성들은 문화적 특징에서 다른 사람들과 구별된다.

● **소수자 집단의 정체성**

소수자가 느끼는 집합적 정체성은 고정된 것이 아니라 사회적 · 역사적 맥락과 상황에 따라 변동한다. 어떤 상황에서는 소수자가 아니었던 사람도 상황이 바뀌면 소수자가 되는 경우가 많기 때문이다. 예컨대 우리 사회에서 소수자에 해당하지 않는 평범한 남자도 미국으로 이민을 가게 되면 사회적 소수자인 '아시아계 인종'이 되어 버린다.

2. 사회복지와 복지제도

(1) 사회복지와 복지이념

사회복지란 사회 구성원들이 사회적으로 행복하게 생활할 수 있도록 하는 체계이며, 복지사회란 모든 사회 구성원이 인간다운 생활과 높은 삶의 질을 누릴 수 있는 사회이다.

1) 복지이념의 등장 배경

자유방임적 자본주의의 폐해로 복지국가론이 확산되었다.

2) 복지이념의 변천

과거 복지의 대상은 사회적 약자였으나 현재 복지의 대상은 모든 국민으로 그 범위가 확대되었으며, 과거 온정주의에 바탕을 둔 복지였다면 현대의 복지는 공동체주의를 바탕으로 한다. 또한 과거 개인적인 차원에서 복지를 책임졌으나 현재 복지란 사회적 차원의 문제이고 최저생활을 보장하는 목적으로 이루어졌던 복지가 현재는 최적의 생활을 보장하며 삶의 질 향상을 그 목표로 삼고 있다. 과거의 복지는 보완적인 사후처리에 불과했던 반면, 현재 복지는 계획적인 사전예방으로 그 성격이 변화하였으며, 개인의 자선행위에 기초한 실현방식에 불과했던 복지개념이 현재는 시민의 권리인 사회권(인간다운 생활을 할 권리)으로 보장되고 있다.

(2) 복지제도의 발달과정

20세기에 들어 복지국가 이념이 확산되고 각국의 복지제도 또한 함께 발전하였다. 이러한 복지제도가 발달하게 된 선구가 영국의 엘리자베스 구빈법(1601)이다. 이는 현대적인 복지개념과는 거리가 있으나, 빈곤의 책임이 개인에게 있다고 보고, 자선 차원에서이지만 빈곤을 구제하려는 노력을 하였다. 시간이 흘러 19세기 비스마르크의 사회보험제도(1883)는 근대적인 사회보험제도가 탄생하는 계기가 되었으며, 영국의 비버리지 보고서(1942)에서는 삶의 질 보장에 대한 국가의 책임을 인식하였고 현대적인 사회보장의 의미가 확립되었다.

(3) 사회복지의 의미 변화

전통 사회나 초기 자본주의 사회에서 빈곤의 책임은 개인의 책임이었다. 상부상조의 형태로 주로 자선적 활동으로 민간인을 위주로 극빈층을 대상으로 하는 빈민구제에 불과했다. 현대 복지사회에 들어 빈곤문제의 책임이 사회의 책임임을 강조하고 있으며, 사회보장제도 및 사회정책의 형태로 나타나고 있다. 이는 국가가 주체가 되는 복지로서 모든 사회 구성원을 대상으로 인간다운 생활의 보장과 삶의 질을 보장하고 있다.

(4) 복지제도의 역할

복지제도는 개인적 수준에서 현재의 사회적 위험에 대비하고 어려움을 겪는 사람들에게 최소한의 기본적 욕구 수준을 보장한다. 사회적 수준에서는 사회문제의 원인을 제공하거나 지속시키는 사회구조와 주변 환경을 개선하는 방식으로 사회 불평등현상을 보완해 실질적 평등의 원리를 실현하고자 한다. 또한 사회문제에 대한 사회적 책임을 강조하며, 사회적 유대와 상부상조 정신을 구현해 궁극적으로는 인간의 존엄성 및 인간다운 생활을 할 권리를 실현하는 것이다.

● 복지국가의 유형 구분

복지국가는 탈상품화 수준(복지 서비스가 시장과 무관하게 제공되는 정도)에 따라 다음과 같이 세 가지 유형으로 구분할 수 있다.

유형	탈상품화 수준	특징	예
사회 민주주의	매우 높음	국가가 모든 시민들에게 보편적 복지 제공	스웨덴, 덴마크, 네덜란드 등
보수적 조합주의	중간	복지수준은 높으나 보편적 복지를 제공하지는 않음	프랑스, 독일
자유주의	낮음	• 복지 서비스가 시장에서 판매됨 • 극도로 가난한 사람들에게만 복지 급여 지급	미국

(5) 사회보장제도의 유형

사회보장제도의 유형으로는 크게 사회보험, 공공부조, 사회복지서비스(사회서비스)가 있다.

사회보험은 미래 불안을—소득중단이나 질병, 재해 등—대비하기 위한 제도이다. 소득이 있는 모든 국민이 수혜대상이며 개인이나 국가 또는 기업이 부담한 보험금을 그 재원으로 한다. 따라서 상호부조의 성격과(국가, 기업, 개인이 보험료 공동 부담) 필요에 따라 혜택을 받는다는 점과 수혜자가 비용을 부담하는 원칙하에 운영된다. 또 강제 가입을 원칙으로 하며 능력에 따른 부담을 원칙으로 하되 혜택은 동일하게 돌아간다. 공공부조에 비해 소득재분배 효과가 작고, 사전적인 성격과 선별적 복지가 아닌 보편적 복지의 특성을 갖는다. 따라서 근로의욕이 고취되며, 적게나마 소득재분배 효과가 나타난다. 그러나 정규직 근로자에게 더 많은 혜택이 돌아가며, 보험료를 부담할 수 없는 사람들의 경우 제외된다는 단점이 있다. 그 종류로는 흔히 말하는 4대보험인 국민건강보험, 고용보험, 산업재해보상보험, 국민연금과 노인장기요양보험 등이 있다.

공공부조란 저소득층의 생활보장을 위한 제도로 생활무능력자가 수혜대상이다. 재원을 전액 세금으로 하기 때문에 공공부조의 성격을 지니며, 비용 전부를 국가가 부담하여 최저 생활을 보장하고, 읍·면·동 단위로 자산, 건강상태 등을 조사하여 대상을 선정한다. 공공부조의 가장 큰 특징으로는 소득재분배 효과가 매우 크다는 것이다. 그러나 복지병을 유발하게 되어 공공부조를 받는 대상자들의 나태심, 의타심을 유발하고 생산성이 저하되는 문제점을 일으키게 된다. 이에 따라 생산적 복지라는 개념이 등장하기도 한다. 또 사후적인 사회보장제도라는 성격과 선별적인 복지라는 특징도 가진다. 그러나 자칫 국가재정의 부담이 증가할 수 있고, 재원이 부족하게 되면 수혜계층이 제한되며, 자산 조사과정에서 부정적 낙인이 발생할 우려도 있다. 그 종류로는 국민기초생활 보장제도, 의료급여, 주택보호, 재해구호, 기초노령연금(보편적·선별적 복지 여부가 논란이 됨-박근혜 정부) 등이 있다.

구분	사회보험	공공부조	사회복지 서비스
비교			전용주차장

사회복지 서비스는 취약계층의 자립과 안정을 위해 금전적인 지원이 아닌 상담, 재활, 직업소개, 시설이용 등의 비금전적인 지원을 해 주는 것을 말한다. 재원은 일부 세금 및 개인(민간단체)의 출자이며, 소득재분배 효과가 아주 작지만, 자활을 지원함으로써 생활 불안을 근본적으로 해결해 줄 수 있는 사회보장제도라는 장점을 가지고 있다. 그러나 소득재분배 효과를 기대하기 어려우며, 사회보험이나 공공부조와 동시에 이루어질 때만 효과가 있는 보조적인 장치(?)라는 한계점도 있다. 또한 사후적인 성격의 사회보장으로 선별적 복지 중 하나이다. 그 종류로는 장애

인 재활훈련이나 직업훈련, 노인복지시설, 아동복지, 한 부모 가정복지, 여성복지 등이 있다(취약계층의 자립과 생활능력을 높여 주기 위한 비금전적(비경제적) 지원이며, 상담, 재활, 직업소개 등의 서비스를 제공하는 방식으로 이루어진다).

💡 보충

● 우리나라의 사회보험

종류	특징
산업재해보상보험	산업재해 등에 의한 노동 능력 상실에 대비
국민건강보험	질병에 대비
국민연금	노령, 질병, 사고 등에 의한 소득 상실에 대비
고용보험	실업에 대비
노인장기요양보험	고령으로 인한 일상생활 능력 상실에 대비

● 우리나라의 공공부조

종류	특징
국민기초생활 보장제도	• 생활이 어려운 자에게 필요한 급여를 제공하여 최저 생활을 보장하고 자활을 돕기 위한 제도 • 일할 능력이 있는 사람에게는 자활지원사업 참여를 조건으로 보조금 지급, 일할 능력이 없는 사람에게는 조건 없이 생계비 지급
의료급여	생활이 어려운 국민 등을 대상으로 국가가 의료비용을 지급
기초노령연금	생활이 어려운 65세 이상 노인에게 연금을 지급하는 제도

● 사회보험과 공공부조의 비교

종류	사회보험	공공부조
목적	예기치 못한 사고나 질병, 소득 상실에 대비	생활이 어려운 국민의 최저 생활 보장 및 자립 지원
재원	정부, 기업, 개인(공동 부담 보험료)	정부(전액 세금)
대상	보험료 부담 능력이 있는 사람	보험료 부담 능력이 없는 사람

⑹ 복지제도의 한계와 극복 방안

현대에 과도한 사회보장으로 인한 복지병이 나타나게 되었는데 사회 전체적인 생산성이 하락하거나 근로의욕의 저하 및 경제성장률이 저하되는 등의 문제점이 있다. 이러한 현상의 극복방안으로 제시된 것이 바로 앤서니 기든스(A. Giddens)의 제3의 길과 생산적 복지라는 개념이다. 이는 노동과 복지를 연계하여 생활무능력자들의 자활 능력 증진에 중점을 두고 있는 제도이다.

우리나라의 복지는 복지 수혜자의 범위를 확대하고 대상자 간의 형평성을 제고하는 방안이 필요하고, 사회보험 재정의 건전화, 복지비용의 양적·질적인 확충과 사회보장 서비스를 다양화하고, 복지제도의 부작용을 최소화하며, 공동책임 의식과 사회적 유대를 강화하는 등의 노력이 요청된다.

🔆 보충

● 제3의 길

앤서니 기든스(A. Giddens)는 현대 복지국가의 위기를 극복하기 위해서는 기존의 사회민주주의와 신자유주의를 초월한 사고와 원칙이 필요하다고 하였다. 제3의 길이라고 불리는 그의 주장은 효율성과 형평성, 성장과 복지는 선택의 문제가 아니라 동시에 추구할 수 있는 상호 보완적이며 양립 가능한 가치라는 것이다. 생산적 복지를 주장하는 그의 노선은 형평성을 무시하는 경쟁 지상주의(신자유주의)나 효율성의 저하를 가져오는 지나친 국가 개입주의 모두를 배격하는 새로운 길을 제시한다.

현대 복지국가는 효율성 저하를 해결하기 위해 복지정책의 후퇴라 할 수 있는 신자유주의 노선을 취하였다. 그러나 제3의 길은 생산적 복지를 제안함으로써 복지제도가 추구하는 형평성과 함께 효율성을 달성하고자 한다.

● 생산적 복지

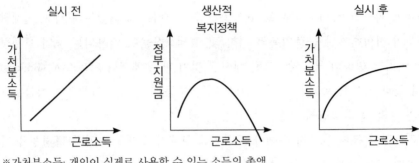

실시 전   생산적 복지정책   실시 후

가처분소득 / 근로소득   정부지원금 / 근로소득   가처분소득 / 근로소득

※가처분소득: 개인이 실제로 사용할 수 있는 소득의 총액

　위의 자료를 보면 생산적 복지정책의 실시 이전에는 근로소득과 가처분소득이 정비례하다가 생산적 복지정책이 실시된 이후에는 가처분소득의 증가가 둔화된다. 이는 소득의 증가분이 보험료로 지불되고 있다는 것을 보여준다. 또한 정부가 근로소득이 많을수록 지원금을 지급하다가 일정한 소득 이상에서는 지급액을 낮춘다. 이는 사회보험에서 정부의 부담액이 소득의 증가에 따라 증가하다가 일정한 소득수준 이후에는 다시 감소하는 것으로 노동과 복지를 연계하는 생산적 복지정책과 연관된다. 이러한 모든 생산적 복지정책은 소득수준을 정확하게 파악해야 그 정책의 형평성이 보장된다. 이러한 정책에는 근로장려지원금이나 기업연금제도 등이 있다. 노동능력이 전혀 없는 사람의 경우 복지에서 소외될 가능성이 크다는 한계가 있다.

● 보편적 복지와 선별적 복지

　보편적 복지는 우리가 추구해야 할 방향이기 때문에 이미 시행되고 있는 복지를 축소하거나 올바른 방향을 포기하는 것은 옳지 않다고 본다. 모든 국민은 인간답게 살 권리가 있다. 따라서 모든 국민에게 복지서비스를 제공하는 것이 바람직하다. 선별적 복지는 제한된 복지비를 효율적으로 사용하기 위해서는 우선 가난한 사람들에게 더 많은 복지서비스를 제공하는 것이 빈부의 격차를 줄일 수 있는 방법이다. 인간다운 삶을 위해서는 실증적 평등이 실현되어야 한다. 따라서 어려운 사람에게 먼저 복지서비스를 제공하는 것이 바람직하다.

제5편 ≪

일상생활과
사회제도

≫ 제1장
사회제도의 의미와 가족·교육제도

1. 사회제도의 의미

한 사회를 지배하는 관습화된 절차 및 규범의 체계를 사회제도라 한다. 사회제도의 개인적 차원에서의 기능은 개인의 본능적 욕구 및 사회적 욕구를 충족시켜 주는 것과 다른 성원의 행위를 예측 가능하게 한다는 것이고, 사회적 차원의 기능은 사회생활의 기본 틀과 질서를 제공하며, 사회의 안정적 유지·발전과 사회성원의 사회화에 기여한다는 것이다.

사회제도의 특성은 인간에 의해 만들어지지만 일단 한번 만들어지면 안정적으로 지속된다는 것과, 사회 구성원의 사고 및 행동에 대해 구속력을 가지고, 어느 사회에나 보편적으로 존재하지만 사회마다 특수성을 띤다는 것이다. 예를 들어 어느 사회에나 정치제도가 존재하지만 의원내각제를 채택하는 곳이 있는가 하면, 대통령제를 채택하는 곳이 있는 것과 같이 구체적 형태는 사회에 따라 특수성을 띤다. 또한 개인에서부터 사회조직에 이르기까지 광범위한 영향력을 행사하는 것 역시 사회제도의 특징이라 할 수 있다.

사회제도의 유형으로는 가족제도, 정치제도, 경제제도, 종교제도, 교육제도, 대중매체 등이 있다.

2. 가족제도

(1) 가족의 의미

혼인, 혈연, 입양 등을 통해 맺어진 두 사람 이상의 집단을 가족이라 한다.

(2) 가족의 기능

현대사회 가족의 많은 기능이 여러 기관으로 분산되었으나 오로지 사회 구성원의 재생산만은 타기관에서 대신 할 수 없는 기능이다. 또한 가족은 구성원의 양육과 보호, 개인의 사회화와 정서적 안정의 제공, 경제적 기능과 제사 등의 종교적 기능을 전통적으로 수행해 왔다.

(3) 가족의 형태

가족의 형태로는 확대가족, 핵가족, 수정확대가족으로 나타난다. 핵가족은 부부또는 부부와 미혼 자녀로 구성되는 부부 중심의 수평적이고 평등한 관계로 가족구성원 개개인의 자유를 중시한다. 확대가족은 부부와 기혼의 자녀로 구성되며 가족 구성원 간 수직적 관계로 가족의 결속과 유대를 중시한다. 수정확대가족은 자녀들이 결혼하면 모두 분가해 살되, 자녀 중 한 자녀는 노부모님 사시는 곳에 가까이 살면서 수시로 찾아뵙는 가족제도를 말한다고 노인협회에서 주장한다. 기타 독신가족, 이혼가족, 재혼가족, 노인 단독 가구, 한 부모 가족, 미혼모 가족, 다문화가족 등도 나타나고 있다.

보충

● **가족의 형태**

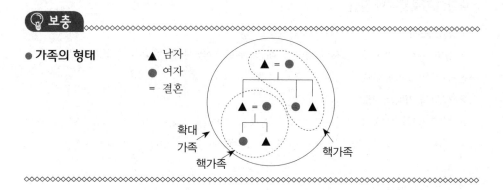

(4) 가족문제의 원인과 해결방안

가족문제를 바라보는 관점에는 기능론, 갈등론, 상징적 상호작용론, 교환론이있다.

기능론에서 가족문제란 가족의 기능이 원활하게 수행되지 못하는 상태로 가족

구성원의 가치관·태도 결함, 역할기대와 역할수행 사이의 부조화로 인한 것이다. 바람직한 역할과 태도를 형성하는 교육을 하거나, 공동체 의식과 유대감을 강화하는 방안을 해결책으로 제시한다.

기능론은 가족 간 갈등이 표출된 상태를 가족문제로 보며, 가족 내 희소자원을 둘러싼 갈등으로 인해 가족문제가 발생하는 것으로 본다. 따라서 구성원 간 불평등한 관계를 개선하면 가족문제가 해결될 것이라고 본다.

상징적 상호작용론은 사회 구성원들이 가족문제라고 간주하는 상태를 가족문제라고 보며, 변화하는 가족에 대한 해석과 가치판단이 모두 다르기 때문에 가족문제가 발생한다고 본다. 가족문제 개념의 정의와 해석·가치판단에 변화를 주면 문제해결이 가능하다고 본다.

교환론은 가족문제는 개인들의 합리적 계산에 의한 선택의 결과로 가족생활의 보상이 기대하는 수준 이하일 경우 발생한다고 본다. 바람직한 선택은 보상을 제고하고, 부정적인 선택에는 제재를 강화하면 가족문제의 해결이 가능하다고 본다.

💡 보충

● 다양한 가족문제의 원인

1. 빈곤문제

가정의 재정적 어려움은 자녀 양육 문제, 노부모 부양 문제, 저출산, 가족해체 등을 야기하는 원인으로 작용한다.

2. 정서적 기능의 약화

가족 구성원들에게 정서적으로 안정을 제공해야 하는 가정이 부부 간의 갈등, 고부 간의 갈등, 부모·자식 간의 갈등 등으로 인해 그 기능을 제대로 수행하지 못하여 가족문제를 야기한다.

3. 부양기능의 약화

산업화로 인해 핵가족이 확대되면서 노인을 부양하는 기능이 약화됨에 따라 가족 내 노인의 위치가 불안정해지면서 가족문제가 발생한다.

● 가족문제의 해결방안

  1. 개인적 차원
  가족 구성원 각자의 인식전환과 노력이 필요함
  2. 사회적 차원
  가족과 관련된 사회 전반적 문화, 법, 제도 등의 변화가 필요함
  3. 개인적 노력과 사회적 노력이 조화를 이루어야 함

3. 교육제도

(1) 교육의 특성

교육은 개인의 성장과 사회 적응에 기여하며, 사회의 유지 · 발전에 이바지한다.

(2) 교육제도의 기능

교육제도의 기능에 대해 기능론과 갈등론의 관점에서 살펴보면, 우선 기능론은 교육은 사회 구성원에 대한 사회화와 사회적으로 필요한 인력을 적재적소에 배치하는 기능과 사회를 유지 · 통합하고, 계층 상승 이동의 기회를 제공해 사회적인 불평등 해소에 기여한다고 본다. 그러나 모든 사회 구성원에게 교육기회가 균등한 것은 아니며, 개인의 능력 이외의 요인이 학업성취에 영향을 미칠 수 있다는 점을 간과하는 측면에서 기능론은 한계가 있다.

갈등론은 교육제도를 불평등한 사회구조를 유지하고 재생산하는 장치에 불과하며, 계층적 지위의 세습을 정당화하는 수단으로 본다. 또한 기득권층의 이익을 옹호하고 현상 유지를 강조하여 불평등을 지속시키는 것으로 파악한다. 그러나 개인의 노력과 능력을 바탕으로 교육이라는 수단을 이용하여 계층 간 수직상승 이동을 실현하는 경우를 합리적으로 설명하지 못하는 한계점을 지니고 있다.

(3) 교육의 기회균등 문제와 해결방안

기능론적 측면에서 교육에서의 기회균등이란 모든 개인이 자신의 적성과 개성

에 따라 자유롭게 교육기회를 부여받고 선택할 수 있어야 하는 것이다. 교육수준과 능력의 관계를 강조하고, 교육과정에서 나타나는 개인 간의 성취도 차이는 불가피하며, 오히려 어느 정도의 성취도 차이는 효율을 높이는 작용을 한다고 보며, 학교교육에 대한 접근 기회를 확대하여 교육이 개인의 노력과 능력에 따른 사회적 계층 극복수단으로 기능할 수 있도록 해야 한다고 본다.

반면 갈등론은 사회의 불평등한 구조로 인해 교육의 기회균등이 실현되기 어려우며, 실질적 평등이 실현되어야 한다고 본다. 또한 교육수준과 구조적 요인의 관계를 강조하며 교육과정에서 나타나는 개인 간의 성취도 차이는 개인의 노력·능력 외에도 계층 간 격차로 인해 나타나기도 하므로 불가피한 것은 아니라고 한다. 심각한 계층 간 격차 등과 같은 사회구조적인 모순을 해결함으로써 교육기회의 불평등 문제나 교육결과의 차이를 해결해야 한다고 주장한다.

교육의 균등문제의 해결방안으로 기능론은 취학률·진학률을 향상시키고, 교육에 대한 선택권의 보장 등을 통해 개인의 능력과 노력에 따라 상승 이동이 가능한 기반을 마련하는 것을, 기능론은 소외계층의 자녀를 배려하는 정책, 소외지역 학교를 지원하는 정책 등의 사회구조 차원에서의 개선방식을 제시한다.

🔎 보충 〰〰〰〰〰〰〰〰〰〰〰〰〰〰〰〰〰〰〰〰〰〰〰〰〰〰〰〰〰〰〰

● 교육기회 제공에 있어서의 평등

접근기회의 평등을 뜻하며, 계층이나 성별, 종교 등과 상관없이 누구나 차별받지 않고 동등하게 교육받을 수 있는 기회를 보장하는 것을 의미한다.

● 교육결과에 있어서의 평등

계층·지역 간 학업 성취도의 차이가 최소화되도록 하는 것을 뜻한다. 교육기회가 동등하게 주어져도 개인을 둘러싼 여러 가지 요인에 의해 학업 성취도는 차이가 나게 된다. 접근기회가 안정적으로 보장된 이후로는 교육결과에 있어서의 평등문제에도 관심이 높아지고 있다.

● 교육의 기회균등과 관련된 법

헌법 제31조 ① 모든 국민은 능력에 따라 균등하게 교육을 받을 권리를 가진다.

교육기본법 제4조(교육의 기회균등) ① 모든 국민은 성별, 종교, 신념, 인종, 사회적 신분, 경제적 지위 또는 신체적 조건 등을 이유로 교육에서 차별을 받지 아니한다.

② 국가와 지방자치단체는 학습사가 평등하게 교육을 받을 수 있도록 지역 간의 교원 수급 등 교육 여건 격차를 최소화하는 시책을 마련하여 시행하여야 한다.

교육기본법 제8조(의무교육) ① 의무교육은 6년의 초등교육과 3년의 중등교육으로 한다.

② 모든 국민은 제1항에 따른 의무교육을 받을 권리를 가진다.

≫ 제2장
대중매체와 종교제도

1. 대중매체

(1) 대중매체의 의미와 발달

대중매체란 많은 사람들에게 같은 메시지를 전달하는 대량 전달수단으로 사회 전반에 미치는 영향력이 지대하여 사회제도로서 기능한다. 인쇄매체에서 전자매체(음성매체, 영상매체, 인터넷 포함)로, 일방향 매체에서 쌍방향 매체로 변화하였으며, 대중매체의 융합현상이 증가하고 있다. 대중매체의 역할은 경제적 측면에서는 광고를 통해 상품을 소비자에게 소개하여 소비를 촉진시킴으로써 경제를 활성화하고, 정치적 측면에서 시민들에게 정치적 이슈를 제공함으로써 여론을 형성하며, 문화적 측면에서 다양한 문화상품들을 제공하여 보편적인 문화생활을 가능하게 한다.

(2) 대중매체의 유형과 특징

대중매체의 유형으로 인쇄매체, 음성매체, 영상매체와 뉴미디어가 있다. 인쇄매체는 책, 잡지, 신문 등 지면에 시각적 이미지를 활용하여 메시지를 전달하며, 복잡하고 심층적인 정보를 담을 수 있는 특징과 일방향적인 정보전달이 이루어진다는 특징을 가진다.

음성매체는 라디오, 음반, 녹음기 등 청각에 의존하여 메시지를 전달하는 것으로 정보전달 속도가 매우 빠르며, 정보전달 범위가 광범위함과 동시에 대중에 대한 영향력과 침투력이 강력하다.

영상매체는 시청각 이미지를 활용하여 메시지를 전달하는 텔레비전, 영화 등으로 정보전달 속도가 매우 빠르며, 정보전달 범위가 광범위하여 대중에 대한 영향력과 침투력이 강력하다는 특징을 지닌다.

뉴미디어는 인터넷, 휴대전화, 소셜 네트워크 서비스(SNS) 등과 같이 쌍방향 의사소통이 가능하며, 기존 미디어를 복합적으로 활용하는 특징이 있다.

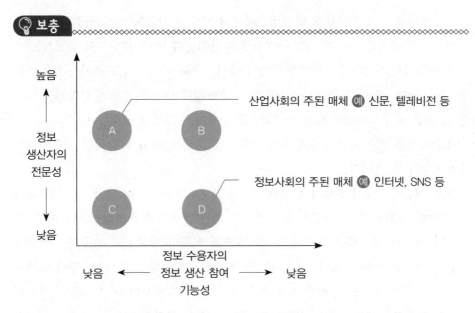

A: 정보 생산자의 전문성은 높고, 정보 수용자의 정보 생산 참여 가능성은 낮은 매체
B: 정보 생산자의 전문성도 높고, 정보 수용자의 정보 생산 참여 가능성도 높은 매체
C: 정보 생산자의 전문성도 낮고, 정보 수용자의 정보 생산 참여 가능성도 낮은 매체
D: 정보 생산자의 전문성은 낮고, 정보 수용자의 생산 참여 가능성은 높은 매체

(3) 대중매체의 기능

대중매체는 정보를 전달하고 여론을 형성하며, 사회통합과 고급문화의 대중화와 대중 동원으로 사회 위기 극복 등의 순기능을 하지만, 허위·무익한 정보를 제공하거나 여론조작과 지배적인 가치를 주입하거나, 저급 문화의 확산, 부정한 목적으로 대중을 동원하거나 남용하는 등의 역기능이 있다. 대중매체를 바라보는 관

점에서 기능론은 사회질서를 유지하고 사회를 통합하며, 사회를 통제하거나 어론 형성 등의 기능을 한다고 보며, 갈등론은 지배층의 이데올로기를 재생산하거나 여론을 조작하는 등의 기능을 한다고 본다.

(4) 대중매체의 비판적 수용

현대사회에서 대중매체가 일상생활에서 차지하는 비중이 매우 커졌으며, 대중매체가 생활방식뿐 아니라 사회 구성원들의 가치관과 내면, 감정까지 통제하는 수준에 이르렀다는 점, 대중매체가 언제나 중립적으로 사실을 전달하지는 않는다는 점, 또한 판단능력이 부족한 청소년들의 대중매체에 대한 의존도가 심화되고 있다는 점 등을 이유로 대중매체를 비판적으로 수용하는 자세가 필요하다.

대중매체를 비판적으로 수용하는 태도는 다음과 같아야 비판적인 대중매체의 수용이 가능할 것이다.

우선 대중매체에서 전달하는 정보를 수용할 때 한 가지 매체에만 의존하기보다는 다양한 매체를 통해 다양한 시각에서 정보를 탐색하여 비교해서 수용한다. 또 각 대중매체가 지향하는 가치관을 파악함으로써 해당 매체에서 제공되는 정보에 대한 이해도를 높여야 하며, 대중매체가 제공하는 정보의 오류, 왜곡 등이 발견될 경우 적극적인 태도로 수정을 요구해야 하고, 매체별 정보의 비교·분석, 정보에 포함된 가치관 파악, 오류·허위 등의 정보 발견시 시정을 요구하는 미디어 리터러시(Media Literacy)가 필요하다. 미디어 리터러시란 다양한 미디어에서 나오는 정보들을 단순하게 받아들이지 않고 비판적으로 해석하고 창의적으로 검토하여 콘텐츠를 재창조하는 능력을 말한다.

2. 종교제도

(1) 종교의 본질

인간의 행위를 유도하고 생활의 의미를 부여하며, 일정한 도덕 공동체로 통합시키는 성스러운 혹은 초자연적인 신념 및 행위의 체계를 종교라고 한다. 종교는 나무, 바람, 동물, 신 등 초월적이고 절대적인 존재·인간·세계에 대한 믿음이라는 믿음 체계와 성스러운 대상에 접근하고 종교적 믿음을 수행·실천하기 위한 기도, 노래 등의 의례, 공통의 믿음 체계와 의례를 수행하는 공동체로 구성된다.

(2) 종교의 기능

개인적 차원에서 종교는 삶의 의미와 목적을 제공한다. 또한 심리적인 안정, 만족감과 인간이 당면하는 근본적 질문에 대한 해답, 정신적·육체적 박탈감에 빠진 개인에게 심리적 위안을 제공한다.

사회적 차원에서는 사회 구성원에게 공통의 가치와 규범을 제공하여 사회통합 기능을 수행하는 동시에 종교적으로 여러 가지 금지규정을 마련하여 사회규범에 어긋나는 개인의 행위에 도덕적 제재를 가함으로써 사회통제 기능을 수행한다. 사람들의 의식과 태도, 행위 등에 영향을 주어 사회변화를 촉진함으로써 사회변동 기능 역시 수행한다.

종교의 기능에 관한 관점의 측면에서 바라보면, 우선 기능론적 측면에서 종교는 삶의 의미와 목적을 제공하고 사회통합적 기능과 사회질서를 유지하는 기능을 하는 것으로 본다.

반면 갈등론은 종교란 갈등을 은폐하는 기능을 하며, 현 상태를 정당화하고 사회변혁을 저지하는 수단에 불과하고, 왜곡된 현실과 사회구조적 모순을 위장하기 위한 허위의식에 지나지 않는다고 본다.

상징적 상호작용론의 관점에서는 준거집단으로서의 역할과 서로 다른 상징과 의미를 부여하고, 서로 다른 역할을 기대하고 정립하는 기능을 하는 것으로 파악한다.

💡 보충

● 마르크스의 종교관

마르크스는 종교가 피지배계급을 심리적으로 위로함으로써 사회적 불평등에 대한 비판 의식과 사회개선 의지를 약화시킨다고 보았다. 그 예로 힌두교의 교리는 위계가 엄격한 인도의 카스트제도를 유지하는 근거로 작용해 왔다.

(3) 종교갈등의 원인과 해결

종교갈등의 양상은 개인 간, 서로 다른 종교집단 간, 종교집단 내부에서의 갈등으로 나타난다. 종교갈등이 일어나는 원인으로는 타종교에 대한 배타적 태도와 종교적 믿음 체계에 대한 해석의 차이 그리고 종교집단 내 권력배분 및 경제적 이해관계를 꼽는다.

이러한 종교갈등은 타종교에 대한 개방적인 태도와 타인을 이해하고 대화를 통해 관심을 가지는 종교윤리, 다문화주의 등과 같은 태도를 가지는 것을 해결방안으로 제시한다.

제6편 《

현대사회와
사회변동

》》 제1장
사회변동과 근대화

1. 사회변동

(1) 의　　미

사회에서 발생한 기본 제도, 문화, 기술적 측면 등 사회 전반의 변화로 인해 기존의 사회구조나 사회적 상호작용의 유형이 달라지는 현상을 사회변동이라 한다. 사회변동은 물질적 · 정신적 측면의 문화변동도 포함하는 개념이다.

(2) 요　　인

인구와 자연환경, 문화전파, 기술 · 도구의 변화 등으로 사회는 변동한다.

인구에 의한 사회변동은 인구의 크기, 밀도, 증감, 구성, 분포 등에 따라 사회가 변동하는 것을 말하는데, 출산율 저하를 막기 위한 정부의 인구정책 변화와 같은 예를 들 수 있다.

사막화가 진행됨에 따라 그곳에 거주하는 사람들의 생활이 변화하는 것과 같이 자연환경의 변화 역시 사회가 변동하는 요인 중의 하나로 자연환경의 변화에 적응하고 대응하기 위해 사람들의 행동과 문화가 변화한다.

또 다른 요인 중 하나는 문화전파로 전파된 문화요소가 그 사회에 수용되면서도 나타난다. 나침반의 전파로 유럽인들의 신항로 개척과 식민지 건설이 이루어진 것과 같은 예를 들 수 있다.

기술 · 도구의 변화 또한 기술수준의 발달에 따라 사회변동이 나타난다. 예컨대 증기기관의 발명으로 산업혁명이 일어난 것이나, 정보통신기술의 발달이 정보화에 영향을 준 것과 같은 예가 있다.

기타 이슬람교의 창시로 아라비아 반도를 중심으로 통일 국가가 수립되고, 이슬람교 세력과 크리스트교 세력 사이의 충돌이 발생한 것, 계몽사상이 시민혁명에 영향을 준 것, 마르크시즘이 사회주의 혁명에 영향을 준 것과 같이 기존 이념과 충돌함으로써 갈등을 유발하여 사회변동이 일어나기도 한다.

이외에 사회 구성원 간의 갈등, 사회적 유대감과 사회통합의 근거를 제공한 것, 개발도상국에서는 정부나 엘리트 주도의 급격한 사회변동이 일어나기도 하는데, 빠른 경제성장을 가져오지만 권위주의적 정부의 출현이나 불균형한 발전 등과 같은 부작용이 나타날 수 있다는 단점도 있다. 사회 구성원 간의 갈등은 새로운 변동 방향을 정당화시켜 주며, 사회적 유대감과 사회통합의 근거를 제공하기도 한다.

(3) 특   징

모든 사회는 계속해서 사회변동이 진행 중인 상태이다. 특히 현대사회에서는 빠른 속도로, 광범위한 영역에서 사회변동이 이루어진다. 모든 사회가 일률적으로 동일한 속도로 변화하는 것은 아니며 사회변동은 사회마다 다양하게 진행된다.

(4) 사회변동에 대한 이론적 관점

1) 방향에 대한 관점

사회변동의 방향에 따라 사회적 진화론과 순환론이 있다. 진화론은 생물학 분야에서 등장한 진화론이 사회를 설명하는 이론으로 발전한 것으로 사회는 계속해서 이전보다 나은 상태로 변화해 가며, 인간 사회는 환경에 적응해 가는 과정에서 현재보다 진보한 상태로 변동하고, 모든 사회는 동일한 경로로 변화하는 것으로 인식한다. 사회의 발전 양상을 설명하는 데 유용한 장점이 있으나, 사회변동이 항상 발전을 의미하는 것은 아니며. 문화 제국주의를 합리화하는 수단이 될 수 있다는 비판을 받는다. 발전된 서구 사회가 낙후된 후진 사회를 식민지로 지배하는 것(제국주의)을 정당화하는 이론이며, 서구 중심적이고, 자문화 중심주의적인 관점이다. 또 서구 사회가 다른 사회보다 발전된 사회라고만 평가할 수 없다는 점과 사회는 발전하기도 하지만 정체되거나 퇴보하기도 하고 멸망하기도 한다는 점을 간과하고 있다.

순환론은 사회는 시간의 흐름에 따라 생성, 성장, 쇠퇴, 소멸의 과정을 되풀이 하며, 사회나 문명도 유기체의 일생처럼 생성, 성장, 쇠퇴를 반복한다고 보는 입장 이다. 장기적인 역사적 관점에서 인류문명은 특정한 기간을 주기로 순환하였다는 점에서 착안한 이론으로 역사 속에 반복되는 사회변동을 설명하는 데 유용하나, 사회변동의 예측이나 대응에는 적합하지 않으며, 중·단기적 사회변동 과정의 설 명이 곤란하다는 비판을 면할 수 없다. 과거의 사회변동을 설명하는 데 유용하나, 앞으로의 사회변동을 예측하고 대응하기에는 부적합하고 현실에 부합되지 않아 지금은 주목받지 못하고 있다.

2) 구조적 관점(기능론·갈등론)

기능론은 사회변동은 사회가 전체적으로 균형을 유지하기 위해 각 부분이 조정 되는 과정에서 나타나며 사회변동이란 사회구조가 항상성을 가지고 있어 전체적 인 균형과 안정을 되찾는 과정이라고 본다. 사회의 질서와 안정성을 구조적 측면 에서 설명하는 데 유용한 이론이나, 사회갈등과 변동을 설명하는 데 한계가 있는 사회유지를 중시하는 보수적 성향의 이론이라는 비판이 있다.

반면 갈등론은 사회변동은 사회의 여러 부분이 대립하는 과정에서 나타나게 되 며, 사회변동은 한 사회 내에서 지배집단과 피지배집단 사이에 존재하는 갈등 때 문에 발생하는 것으로 본다. 권력관계, 계급관계 등 사회갈등의 원인과 양상에 대 해 설명하는 데 용이하지만, 사회 구성요소의 상호 의존성을 경시하고, 혁명이나 투쟁의 정당화 근거로 활용되기 쉽다는 비판도 있다.

3) 사회변동의 요인에 따른 관점

기술결정론의 관점에서 사회변동은 사회변동의 요인으로 기술의 중요성을 강조 하며, 기술의 발달로 대표되는 경제영역의 변화가 정치·사회적 변화는 물론 인간 의 의식구조도 변화시킨다고 본다. 기술적·경제적 측면이 사회변동에 끼치는 영 향력을 설명하는 데 유용하나, 기술적·경제적 측면의 사회변동의 중요성을 지나 치게 강조한다는 문제점이 있다.

문화결정론이란 문화가 정치, 경제, 사회의 변화를 가져온다고 보는 입장이다. 이 입장에 따르면 여러 사회에서 기술적으로 같은 진보가 나타난다 하더라도 각

사회의 비물질문화의 차이에 따라 사회변동은 다른 모습으로 이루어진다. 인간에게 내재한 가능성을 비중 있게 다룬다는 점에서는 긍정적인 평가를 받으나, 경제나 기술의 변화, 국가 주도의 정책 등과 같은 인간 외부의 변화에 의해 인간의 정신세계가 변화하는 현상을 설명하지 못하는 약점이 있다.

🔍 보충 ◇◇◇

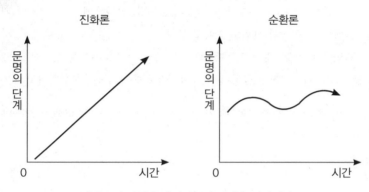

*화살표의 방향은 사회변동의 방향을 나타낸다.

≫ 해설
1. 진화론
　사회변동은 일정한 방향을 가지며, 이때의 변동은 진보를 의미한다고 본다. 그러나 모든 사회가 같은 방향으로 변화하지 않으며, 사회변동이 항상 발전을 의미하는 것이 아니라는 비판을 받는다.
2. 순환론
　사회가 성장, 쇠퇴, 해체를 반복하는 것이 사회변동이며, 역사 속에 반복되는 사회변동의 설명에 유용하나, 사회변동의 예측이나 대응에는 적합하지 않다.

(가) 진화론

　로스토는 모든 사회가 일정한 단계를 거쳐 경제성장을 이룩할 수 있다고 주장하며, 경제성장 5단계론을 제시하였다. 이는 경제성장이 1단계(전통사회단계) → 2단계(도약준비단계) → 3단계(도약단계) → 4단계(성숙기) → 5단계(대량소비단계)를 거친다는 것이다.

(나) 순환론

　슈펭글러는 모든 사회가 생물 유기체의 생애과정과 같이 변동하게 된다고 주장하였다. 그는 사회가 성장, 발전, 노쇠, 몰락의 단계를 거치며, 여러 문명들이 이와 유사한 단계를 밟는다고 주장하였다(순환론). 따라서 문명들을 서로 비교하면 어떤 사회가 어떤 단계에 이르렀는지 알 수 있다고 보고, 이를 근거로 서양 문명의 몰락을 주장하였다.

　≫ 해설

　(가)는 사회변동을 바라보는 진화론적 관점의 글이다. 진화론에서는 인간사회가 일정 단계를 거쳐 진화할수록 복잡한 사회로 간다고 본다.

　(나)는 사회변동을 바라보는 순환론적 관점의 글이다. 순환론에서는 사회변동 과정에서 발전과 함께 퇴보의 가능성도 언급하며, 현대사회가 전통사회보다 우월하다고 보지 않는다.

◇◇◇

2. 근대화

(1) 의　　미

　근대화란 전통적인 농경사회가 공업사회로 이행하면서 발생하는 총체적인 사회변화로 상황에 따라 공업화, 서구화, 도시화, 합리화, 민주화 등을 가리키는 의미로 쓰인다.

(2) 형성 배경

　정치적 측면에서는 절대 왕정과 구제도가 무너지며 시민의 의미와 참정권의 인정 범위가 넓어진 시민혁명이, 경제적 측면에서는 공장제 기계공업을 특징으로 하는 대량생산을 가능하게 한 자본주의를 발달시킨 산업혁명이, 사회 · 문화적 측면에서는 개인주의와 합리주의, 다원주의 확산, 대중교육을 확립한 계몽주의가 그 형성 배경이다.

(3) 근대화를 바라보는 이론적 관점

　근대화를 바라보는 관점은 근대화론과 종속이론 두 가지로 나눠볼 수 있는데,

우선 근대화론은 진화론을 전제로 서구의 발전과정을 표준화된 근대화 과정으로 여기는 서구화론으로 산업화, 민주화, 근대화 등의 내용을 포함한다. 전통 농업사회가 산업사회로 이행하는 과정을 체계적으로 설명할 수 있는 장점이 있지만, 서구 중심적·이분법적 관점이라는 점과 전통사회에 대한 잘못된 개념을 정의해 외적 요인에 의해 발전하지 못한 경우를 설명하기 곤란하며, 진화론적 관점을 전제로 하여 서구 자본주의 국가들이 제3세계 국가를 지배하는 것을 정당화하는 이론이며, 개발도상국의 주체성을 무시하는 이론이라는 비판도 있다. 전통사회에 대한 잘못된 개념정의는 신근대화론(전통과 근대에서의 조화추구)이 등장하게 되는 배경이 되기도 하였다.

종속이론은 후진국의 사회적 불평등이나 경제적 문제가 선진국과의 종속관계 때문이라고 주장하며(탈서구화론), 제3세계가 미(未)발전의 상태가 아닌 저(低)발전의 상태에 있다고 본다. 주로 라틴 아메리카 국가들의 근대화를 설명하는 데 용이한 개념이지만, 우리나라나 타이완 같은 신흥공업국가들의 경제발전을 설명하기 어려운 면이 있고, 저발전 사회와 자본주의 중심부 간의 외적인 관계에만 과도한 관심을 깆고, 저발진 사회의 내부적 특성에 대해서는 관심이 없어 1960년대 라틴 아메리카의 발전문제에 대해 연구하면서 형성되었으나 현재는 그 의미가 퇴색했다.

(4) 여러 나라의 근대화 과정

선발선진국인 영국, 프랑스, 미국은 3대 시민혁명의 발상지로 시민계급의 주도로 아래로부터의 근대화(민주적, 수평적 과정)로 서서히 진행되었다. 독일, 일본과 같은 후발선진국은 국가(정부)가 주도하는 형태로 위로부터의 근대화(권위적, 수직적 과정)로 발달하였다. 후발선진국들은 전체주의 국가를 경험하였지만, 빠르게 진행되었다. 한국, 싱가포르, 홍콩, 타이완 등의 신흥공업국은 강력한 정부주도를 통한 근대화(권위적, 수직적 과정)로 위로부터의 근대화였으며, 아주 빠르게 진행되었다.

≫ 제2장
현대사회의 문제와 대응

1. 사회변동과 사회문제

(1) 산업화와 노동문제

1) 산업화

생산활동이 분업화되고 기계화되면서 전체 산업에서 공업이 차지하는 비중이 높아지고 그에 따라 생활양식이 변화하는 현상을 산업화라 한다. 과학기술과 기계의 발달, 직업의 분화와 전문성 증가, 관료제의 원리 확산, 생산성 향상, 대량생산과 대량소비, 대중교육 확산, 이촌향도 등의 양상으로 니디난다.

2) 노동구조의 변화

농업이 쇠퇴하고 제조업이 중심이 되는 산업사회가 형성되었는데, 산업화 이전의 노동구조는 토지를 매개로 한 노동구조로 자영 노동이나 부역 노동의 형태로 나타났다. 산업혁명으로 산업사회가 등장하면서 자본을 매개로 한 노동구조와 임금노동의 형태로 변화하였고, 정보사회로 진입하면서 지식·정보를 매개로 한 노동구조로 변화하였으며, 그 형태 또한 고급 수준의 창의성을 발휘하는 노동의 형태로 변화하였다.

3) 노동문제

노동문제는 실업문제, 임금문제, 노사문제, 인간소외 등으로 나타나는데, 우선 실업문제의 양상으로 개인적으로 자아실현과 생계유지 곤란의 문제 및 사회적으로 경제적 손실, 사회안정을 위협하는 양상으로 나타나며, 그 대책으로는 경기부양, 직업교육 등을 들 수 있다. 차별에 따른 임금격차, 임금체불, 저임금문제가 임금문제의 양상으로 나타난다. 이러한 양상의 대책으로 최저 임금제, 노동자의 생존권 보장 등이 있다. 노사문제는 근로조건, 복지 등을 협의하는 과정에서 파업, 직장폐쇄 등으로 기업과 국가경제에 부담을 줄 수 있으며, 노사가 동반자 의식을 함양하고, 정부는 관련법과 규범을 정비하고 분쟁을 조정하는 등의 대책이 필요하다. 노동의 주체인 인간을 노동과정에서 소외시키는 인간소외 현상 또한 나타나게 되는데, 인간의 존엄성 회복 등의 대책을 수립해야 할 것이다.

보충

● 노동 3권

노동자들이 근로조건 향상을 위하여 노동조합을 조직할 권리인 단결권, 노동조합을 통해 사용자와 협상할 권리인 단체교섭권, 자신들의 주장을 관철하기 위해 쟁의 행위를 할 수 있는 권리인 단체행동권을 말한다.

(2) 도시화와 도시문제

1) 도시화

인구가 도시로 집중하는 과정에서 나타나는 도시 수나 도시인구 비율의 증가 및 도시적 생활양식이 확대되는 현상을 도시화라 한다. 도시화는 산업화와 함께 진행되며, 공업화 초기에는 일자리나 교육기회를 찾아 도시로 이주하는 사람들이 증가하여 도시로의 인구 집중현상이 일어나며, 공업화 후기에는 도시적 생활양식이 농촌으로 확산되는 양상이 나타난다. 우리나라는 1960년대 이후 급속히 진행된 산업화에 따라 도시화도 빠르게 진행되었으며, 도시화율은 90%를 넘어섰다.

2) 도시문제와 농촌문제

① 도시문제   도시의 경우 산업화로 인한 인구의 유입 등으로 다양한 문제가 나타나게 되는데, 크게 주택·교통·환경·상대적 박탈감과 도시범죄문제 등으로 압축해 살펴보자.

우선 주택문제의 양상은 도시인구의 급증으로 주택공급이 인구증가에 미치지 못하는 주택 부족 문제와 빈곤층의 열악한 주거환경, 주택을 대상으로 한 투기 등 사회적 병리현상이 증가하고 있다는 것이다. 이와 같은 문제를 해결하려면 주택공급을 늘리고, 주거환경을 개선하거나, 주택을 투기의 대상으로 삼지 못하도록 하는 법적·제도적 장치를 마련하는 등의 대책이 있다.

교통문제는 교통혼잡과 주차공간의 부족, 교통사고가 증가하는 등의 양상으로 나타나고 있으며, 도로나 주차공간을 확충하고, 대중교통이나 자전거 이용을 활성화하는 대책이 있다.

환경문제는 인구, 주택, 차량, 산업시설의 도시집중으로 인해 대기오염, 소음공해, 쓰레기 문제 등이 발생하는 양상으로 나타나며, 대도시의 기능과 인구를 분산하는 정책이나, 친환경적인 대중교통 체제를 마련하거나, 도시 내 녹지를 확보하고, 쓰레기를 줄이는 등의 대책으로 해결할 수 있다.

또한 도시는 농촌에 비해 문화 및 위락시설이 풍부하며 소득과 소비수준이 높은 편인데, 이는 과소비 풍조나 계층 간 위화감을 조성할 수 있다. 또한 상대적 박탈감과 위화감으로 인해 도시범죄가 발생할 수 있으므로 지역 간 균형발전과 빈부격차 완화, 공동체 의식의 회복 등의 대책이 될 수 있는 정책을 함께 추진해야 한다.

② **농촌문제**　　농촌은 노동력의 도시 유출로 인한 노동력 부족과 농촌 총각의 결혼문제, 농촌의 전통적 규범이 와해되는 현상, 농촌인구의 급격한 고령화 및 도시에 비해 생활수준이나 교육·문화 혜택이 낙후되는 등의 현상이 나타나는데, 이를 위해 지역사회의 균형발전과 농촌지역의 소득증대 방안을 마련하고, 문화시설 및 교육의 기회를 확충하는 등의 대책이 필요하다.

(3) 인구변천과 인구문제

인구변천이란 인구가 일정한 기간에 걸쳐 증가 혹은 감소하는 것을 말하며, 그 요인에는 자연적 요인인 출생과 사망, 사회적 요인인 전입과 전출이 있다. 인구가 얼마나 증가하였는지 알기 위해 자연증가율과 사회적 증가율을 더해서 인구증가율을 알아볼 수 있고, 자연적 증감만을 반영하는 인구변천단계모형으로도 예측해 볼 수 있다.

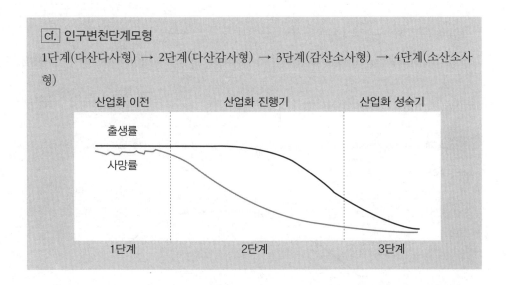

cf. 인구변천단계모형

1단계(다산다사형) → 2단계(다산감사형) → 3단계(감산소사형) → 4단계(소산소사형)

산업화 이전　　　　산업화 진행기　　　　산업화 성숙기

출생률

사망률

1단계　　　　　　2단계　　　　　　3단계

　인구문제는 크게 개발도상국과 선진국의 두 가지 형태로 나누어서 살펴보자.

　개발도상국은 주로 인구증가로 인한 문제이다. 따라서 그 양상이 식량 및 에너지 자원부족과 인구의 도시집중, 세계 인구증가와 1인당 자원소비 증가가 빠르게 진행되는 등의 문제가 나타나며 각국의 자원소비 수준이 매우 다르게 나타난다는 특징이 있다. 농업의 생산성 향상과 에너지 절약, 대체자원을 개발하는 등의 대책이 필요하다.

　반면 선진국은 저출산·고령화로 인한 문제가 주를 이루는데, 저출산 문제의 원인은 여성의 사회활동이 증가하고, 소자녀관의 가치관이 확산되어 출생률이 감소하는 양상으로 나타난다. 이에 따라서 노동력 부족과 사회복지비용이 증가하는 문제가 발생하며 출산장려 정책의 시행과 직장여성의 출산으로 인한 불이익을 제거하는 등의 대책이 필요하다. 선진국의 고령화문제는 생활수준의 향상 및 의료기술의 발달로 인한 평균수명 연장이 그 원인으로 노인 부양비 등 사회복지 부담이 증가하고, 노동력이 부족해지며, 노인문제가 발생하는 등의 사회문제가 발생하게 된다. 이에 따른 대책으로 노인 일자리를 마련하거나, 각종 사회보장제도를 마련하는 등의 노력이 필요하다.

cf. 인구 부양비＝피부양인구/부양인구×100

＝{(유소년인구＋노년인구)÷생산가능인구}×100

고령화지수＝(노년인구÷유소년인구)×100

💡 보충

● 우리나라의 인구구성비율

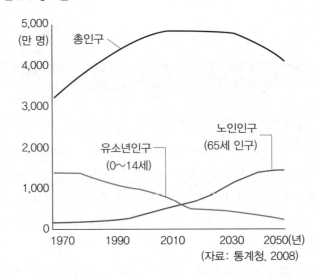

(자료: 통계청, 2008)

1. 총인구

2010년경부터 증가되지 않고 정체되다가 2030년경부터 감소할 것으로 예상됨

2. 노인인구

급속히 증가하여 고령사회(노인인구 비중 14% 이상) 및 초고령사회(노인인구 비중 20% 이상)로 진입할 것이 예상됨

3. 유소년인구

출산율 저하로 지속적인 감소가 예상됨

4. 예상 결과

저출산 고령화로 노년 부양비의 증가, 잠재경제성장률 저하, 노인문제의 증가, 국민연금 고갈 등 다양한 사회문제가 예상됨

● 우리나라 인구정책의 변화

- 덮어놓고 낳다 보면 거지꼴을 못 면한다(1960년). → 인구억제(가족계획)
- 하루 앞선 가족계획 십년 앞선 생활안정(1970년) → 인구억제(가족계획)
- 잘 키운 딸 하나 열 아들 안 부럽다(1980년). → 인구억제, 성비 불균형 해소
- 엄마 젖은 건강한 다음 세대를 위한 약속(1990년) → 아기 건강문제 관심
- 아빠! 혼자는 싫어요. 엄마! 저도 동생을 갖고 싶어요(2000년). → 저출산문제

≫ 해설

1. 양적 억제정책(1960년대~1980년대)

인구의 폭발적 증가에 따라 산아제한 정책으로 아이를 적게 낳도록 적극 권장

2. 성비 불균형 해소 강조(1970년대~현재)

남아 선호에 따라 성비(性比)가 파괴되어 남자 아이의 수가 많아져 사회문제화됨.

3. 저출산 고령화 대비(2000년대~현재)

출산율 하락과 인구 고령화에 따라 출산장려와 복지확충 등 다양한 대책 마련

2. 현대사회의 변동과 대응

(1) 세계화

국경을 넘어 세계 전체의 상호 의존성이 높아지면서 단일한 체계로 통합되어 가는 현상을 세계화라 한다.

세계화는 정보통신기술이 발달해 인적 · 물적 · 문화적 교류의 범위가 확장된 것이 가장 핵심적인 요인이며, 기타 세계경제의 통합과 다국적 기업의 확산으로 인한 자본의 자유로운 이동, 냉전시대의 종식과 국제기구가 활성화되고 국가 간 교류의 폭이 확대되는 것 등이 세계화의 배경이 되었다.

정치적 측면에서 민주주의가 확산되고, 경제적 측면에서는 자본주의가 확산되었으며, 사회 · 문화적 측면에서는 다양한 행위자의 등장과 세계 각 지역 생활양식의 확산으로 세계화가 나타나고 있다.

세계화로 인해 전 지구적인 상호 의존성의 증가로 한 지역에서 발생한 문제가

세계 전체에 영향을 미치게 되고, 전 지구적 문제 해결을 위한 지구촌 공동의 노력이 필요하며, 지구적인 상호 의존성이 강화되는 현상 외에 교통과 정보통신기술의 발전 덕분에 물리적 시간과 공간의 제약이 감소하고, 문화적인 교류와 상품과 자본의 거래가 활발해졌다.

그러나 서구식 민주주의, 시장경제체제, 서구의 의식주 · 언어 · 학문의 영향력이 확대되어 정치적 · 경제적 영향력이 약한 지역이나 집단의 문화 소외현상이 나타나기도 한다. 이에 따라 소수 문화의 약화나 소멸로 문화적 다양성의 감소 우려 또한 있다. 즉, 특정한 문화권의 생활양식 확산에 의한 문화적 다양성을 저해하거나, 국가 간 빈부격차가 심화되는 문제와 민족의식 약화 및 국민국가의 개념 쇠퇴 등의 문제가 나타날 우려가 있다.

따라서 우리는 우리 상품에 대한 경쟁력을 확보하기 위한 노력과 자문화 중심주의적 태도는 지양하며, 세계는 공동체라는 의식을 가지고, 시민, NGO, 국제기구 등이 주체가 되어 다양한 목소리를 대변할 필요가 있다. 또한 세계화에 따른 부작용을 완화시킬 수 있는 법적 · 제도적 노력이 필요할 것이다. 세계화에 따라 특정 국가나 지역, 집단의 관점에만 머무르지 않고, 인류 전체의 보편적인 가치를 추구하고 행동하는 세계 시민의 자세도 요구된다.

(2) 정보사회

정보와 지식이 생활의 중요한 자원이 되고, 정보와 지식을 다루는 정보산업이 경제의 주축을 이루며, 정보와 지식을 다루는 사람들이 사회의 중심 세력을 형성해 가는 사회를 정보사회라 한다.

정보사회는 정보통신기술의 발달과 자원과 에너지 고갈이 심화되어 지식과 정보를 중요한 경제적 자원으로 인식하게 된 것, 획일화된 대중사회에 대한 반발로 정보욕구의 다양화와 개인의 욕구가 변화하는 등의 현상을 배경으로 등장하게 되었다.

정보사회에서는 지식과 정보 중심의 서비스 산업이 발달한다든지, 소품종 대량 생산 체제에서 다품종 소량생산 체제로 산업의 형태가 전환된다든지, 재택근무, 전자상거래의 확산으로 업무의 효율성이 증대하고, 쌍방향 통신매체의 발달로 기업의 제품생산이나 정부의 정책결정 등에 의견을 제시하는 것이 가능해지는 등의 현상과 네트워크형 사회조직이 발달하며, 국경을 뛰어넘는 상호 교류가 증가하고, 정보 관련 직업이 부상하거나 다원적 사회로 발달하고, 정신적 가치를 중시하게 되는 등의 특징 또한 보인다.

그러나 정보의 격차가 생기고 정보나 기기를 통한 사회적 통제와 감시가 심해지며, 정보기기에 대한 의존도가 높아지고, 정보의 오남용, 정보윤리가 미흡해 중요한 정보가 유출되거나 대면적 관계 감소로 인한 인간소외 등의 문제점도 발생하게 된다.

이러한 문제점에 대한 대책으로 지적 재산권을 침해하거나 정보유출, 사생활을 침해하는 등에 대한 예방과 정보윤리에 대한 교육과 실천이 필요할 것이며, 정보의 선별 및 활용 능력을 함양해야 하고, 정보기기 중독에 대한 절제 노력과 정보격차 해소를 위한 지원정책 등이 필요할 것이다.

(3) 정보사회에 대한 낙관론과 비관론

정보사회를 낙관적으로 바라보는 입장에서는 정치적으로 다양한 경로로 직접 정치에 참여하는 것이 가능해져 직접민주주의의 이상을 실현가능할 것이라는 전망을 하지만, 국가권력이 시민에 대한 정보를 독점하여 감시와 통제를 강화할 것이라는 비관론의 입장도 있다. 경제적으로는 생산력과 효율성 증대로 여유로운 삶이 가능해질 것이라는 낙관론에 비해, 대량실업이 발생하고, 선진국에 대한 후진국의 경제 종속이 심화될 것이라는 비관론의 입장도 있다. 사회적으로는 자유와 평등과 같은 보편적 가치의 공유 및 실현이 가능할 것이라는 낙관적 주장과는 반대로 정보격차로 인한 사회불평등 구조가 심화되고 사생활 침해 문제가 심화될 것이라는 비관적인 전망도 있다. 폭넓은 문화교류로 지구촌 공동체 의식을 형성할 것이라는 주장과 선진국 문화의 침투로 인해 문화의 다양성이 파괴될 우려가 있다고 말하는 비관론의 주장이 팽팽하다.

(4) 정보화에 대한 대처 방안

정보의 생산자와 소비자가 정보사회에 걸맞은 역량과 태도를 갖추어야 하고, 사회적으로는 정보 인프라를 갖추고 정보격차 해소를 위해 노력해야 한다.

(5) 진 지구직 차원의 문제와 대응 방안

첫째, 무분별한 산업화와 개발로 인한 다양한 생물종의 서식지가 파괴되고 삼림의 파괴로 온실가스가 증가하고 이상 기후와 해수면 상승 등 지구 온난화 문제가 나타나고 있는 환경문제에 대해서는 세계인의 관심과 협력이 필요할 것이며, 국제환경보호단체 등의 활동이나 기후변화협약, 생물다양성협약과 같은 국제적 노력 또한 필요하다.

둘째, 석탄, 석유 등 에너지 자원 고갈이나 물 부족 문제에 대해서는 자원을 절약하고 재활용하는 노력이 필요하다.

셋째, 종교, 민족, 인종적 갈등이나 영토의 획득과 경제적 이해관계의 대립 등으로 전쟁과 테러가 발생하는 문제가 생긴다. 이에 대해 분쟁 당사자들의 해결 노력과 국제기구의 중재 및 지속적인 관심이 필요할 것이다.

≫ 색   인

≫ 공저자 약력

김용철

경희대 석사(법학 전공)
동국대 박사과정(법학 전공)
전 원광보건대학 공무원행정학과 겸임교수
    공주대학교 특강교수
    호원대학교 특강교수
    노량진 남부행정고시학원
    대구 한국공무원학원
    부산고시학원
    KT인재교육원 행정법 전임
    울산행정고시학원
    대전 법학원 등
현 노량진 아모르 이그잼고시학원 행정법 대표강사
    주식회사 에듀윌 행정법 · 사회 대표강사
    대전 국민고시학원 행정법 대표강사
    전주 한빛고시학원 대표강사
    공무원저널, 법률저널, 한국고시, 모의고사
      출제위원
    9꿈사 행정법 대표강사
    지티고시학원 대표강사

[주요 저서]
비핵 김용철행정법(도서출판 에이스), 김용철행
정법 판례집(도서출판 에이스), 김용철행정법 콘
서트(에이스출판사), 핵심요약 행정법(에이스출
판사), 행정법 기출350제(에이스출판사), 명품명
장 행정법(시대고시기획), 5인5색 행정법(시대고
시기획), 김용철행정법 기본이론(법률저널), 정
답이 씨~익 웃는 사회(고시연구원), 정답이 씨~
익 웃는 행정법(고시연구원), 2014 행정사 행정
법(주식회사 에듀윌), 행정사 주관식 2차시험 행
정법(주식회사 에듀윌), 한달만에 끝내는 행정법
(이그잼출판사) 외 다수

김동복

조선대학교 법과대학, 동 대학원 졸업(법학박사)
남부대학교 경찰행정학과 교수/입학처장
한국공법학회 부회장
한국국가법학회 회장
전남지방경찰청 인사위원회 위원
광주지방법원 민사조정 위원
광주고등검찰청 항고심의위원회 위원

[주요 저서 및 논문]
경찰행정법, 문두사, 2005
법학원론, 도서출판 푸른세상, 2005
조세소송의 입증책임론, 한국학술정보(주), 2007
컴퓨터포렌식과 사이버범죄수사, 시보출판사, 2007
기초행정법총론, 도서출판 동강, 2009
법학개론, 청목출판사, 2010
형사 · 민사 · 행정법률의 이해와 실제, 시보출판사,
  2013
"미국조세소송에 있어서의 납세자입증책임
  (Taxpayer's Burden Proof in Tax Litigation in
  U.S.A.)"
"미국헌법상 프라이버시권의 보장―실체적
  적법절차이론을 중심으로―(Theoretical
  foundation on the Right of Privacy in the
  U.S.A.―focusing on the substantive due
  process theory―)"
"공유수면매립지에 대한 지방자치단체간의 관
  할구역확정―율촌 제1지방산업단지 관할권
  다툼을 중심으로―(Decision of the Extent of
  Jurisdiction between Self-Governing Bodies
  of the Reclaimed Field about Public Surface
  of the Water―On the Focus of Controversy
  over the Extent of Judiciary in YulChon's First
  Local Industrial Complex―)" 외 다수

김형만

숭실대학교 법과대학 졸업
일본 명치(明治)대학 대학원(법학박사)
경찰청 치안연구소 위원
경찰대학교 강사
사법시험출제위원
현   전라남도 행정심판 위원
      광주고등검찰청 행정심판 위원
      전남지방경찰청 수사이의심의 위원
      광주대학교 경찰법행정학부 교수

[주요 저서]
경찰학개론, 법문사, 2004
형법총론, 형지사, 2009
법학개론, 홍문사, 2012
비교경찰제도론, 법문사, 2012
형사소송법, 청목출판사, 2013

조만형

전남대학교 법과대학 수석졸업
조선대학교 대학원 법학박사(학술상 수상)
한국공법학회 부회장
입법이론실무학회 부회장
유럽헌법학회 부회장
전국시 · 도의회의장협의회 정책자문교수
중앙행정심판위원회 위원
법무부 인권강사
국회입법지원 위원
동신대학교 경찰행정학과 교수

[주요 저서]
판례행정법, 동방문화사, 2013
교정학(제2판), 동방문화사 , 2013
경찰행정법, 경찰공제회, 2011
행정법 1(제2판), 박문각, 2010
법과 생활(공저), 오래, 2010

박영하

건국대학교 법학과 졸업
건국대학교 대학원 법학과 졸업(법학박사)
국토연구원 책임연구원 역임
영국 University of Newcastle upon Tyne 국비
    파견교수
한국공법학회 이사
전주대학교 사회과학대학 경찰행정학과 교수

[주요 저서]
인권론(공저), 패스앤패스, 2009
경찰행정법, 문두사, 2012/2013
해양경찰학(공저), 문두사, 2011

경찰사회

초판인쇄	2014년 3월 15일
초판발행	2014년 3월 25일
지은이	김용철 · 김동복 · 김형만 · 박영하 · 조만형
펴낸이	안종만
편 집	우석진 · 김양형
기획/마케팅	김원국
표지디자인	홍실비아
제 작	우인도 · 고철민
펴낸곳	(주) 박영사
	서울특별시 종로구 평동 13-31번지
	등록 1959.3.11. 제300-1959-1호(倫)
전 화	02)733-6771
f a x	02)736-4818
e-mail	pys@pybook.co.kr
homepage	www.pybook.co.kr
ISBN	979-11-303-0086-3 93350

정 가   29,000원